近现代名家传记丛书

国画大师
赵望云传

GUOHUA DASHI ZHAO WANGYUN ZHUAN

李书宇　冯新广　著

南开大学出版社

天津

图书在版编目(CIP)数据

国画大师赵望云传 / 李书宇,冯新广著. —天津:
南开大学出版社,2020.1
　(近现代名家传记丛书)
　ISBN 978-7-310-05802-0

Ⅰ.①国… Ⅱ.①李… ②冯… Ⅲ.①赵望云(
1906—1977)—传记 Ⅳ.①K825.72

中国版本图书馆 CIP 数据核字(2019)第 108820 号

南开大学出版社出版发行
出版人:陈　敬
地址:天津市南开区卫津路 94 号　　邮政编码:300071
营销部电话:(022)23508339　23500755
营销部传真:(022)23508542　　邮购部电话:(022)23502200
＊
天津市蓟县宏图印务有限公司印刷
全国各地新华书店经销
＊
2020 年 1 月第 1 版　　2020 年 1 月第 1 次印刷
240×170 毫米　16 开本　24.5 印张　8 插页　376 千字
定价:78.00 元

如遇图书印装质量问题,请与本社营销部联系调换,电话:(022)23507125

20 世纪 30 年代农村写生时期的赵望云

1933 年秋,赵望云(右)与冯玉祥(中)将军在泰山合影

1956 年在莫斯科

1962 年为《甘肃画报》作画

春耕图

重林耸翠

风雨归牧

乡村街头(埃及写生)

傍晚农忙归(埃及写生)

林区写生

农闲时节

塞外人家

高原春晓

醉染重林二月花

写在前面

河北省辛集市原名束鹿县，素有"诗洋画海金束鹿"美誉，现当代画坛巨匠、陕西省第一届美协主席赵望云先生就诞生在这里。

在半个多世纪的艺术生涯中，赵望云先生走遍冀、鲁、豫、辽、川、陕、甘、新等大半个中国，开创了用国画描绘平民生活的先河。他曾追随冯玉祥将军，三次诗画合作，留下了光耀千秋的墨宝和碑刻；他曾投身抗日前线，办刊募捐，奉献爱国忧民的赤子之心；他曾与共产党的领袖人物促膝交谈，向延安圣地献上宝贵的艺术珍品；他曾为西北的文物事业呕心沥血，使悠久的历史文化重放异彩；他曾深入西北的山川林海，发掘深厚的文化底蕴，鬻画授徒，创立了举世瞩目的"长安画派"……

艺术家在艺术史上取得地位，是由于他做出了别人无法重复和取代的贡献。这位农村写生的"开山鼻祖"，坚持"一手伸向生活，一手伸向传统"，为广大文艺工作者开拓了一条康庄大道。对照毛泽东《在延安文艺座谈会上的讲话》，他的超前意识和绘画实践彰显了一个革命文人的远见卓识和文化自觉。同时，他将文艺为工农服务的理念贯串一生，将俗中见雅的大众艺术升华到一个极致，达到了政治与艺术的完美统一。

纵观赵望云的艺术道路，可以用"奠基于冀，深造于京，成名于津，光大于陕"几句话来概括。这位从京、津、冀走出的画坛宗师，不仅是河北的骄傲、陕西的骄傲，也是全国人民的骄傲！

我们作为赵望云乡邑的两个后生，久闻先生大名，从小被先生的卓越成就所濡染，深怀弘扬先生业绩的夙愿，于是便有了为赵望云先生作传的念头。恰逢20世纪90年代初的一个特殊机遇，我们循着赵先生的足迹，踏遍故土，八赴京津，六上西安，查找资料，广征博求，搜集素材。我们多次与赵家子女促膝长谈，书信电话交流，细研赵望云研究者令狐彪生前的采访笔录，千里迢迢专访另两位研究者程征、张波先生，历经三载寒暑，始成初稿，由辛集市政协作为文史资料刊发。光阴荏苒，岁月流逝，在时间长河的检验中，该书受到了广大读者的喜爱和有关部门的关注。二十六年后的今天，在我市创建精神文明、弘扬辛集传统文化、筹建赵望云艺术馆的热潮中，我们对这部资料重新整理，增删补充，形成了这部传记。

应该说，赵望云先生的艺术成就精深，我们只是窥见了一斑，还有许多事迹需要搜集寻觅，因此有待于今后的补充完善。在这里，我们由衷感谢赵家子女和两位先行研究者以及辛集市委、市政府的支持帮助。由于年代久远，该书难免有局部失实或挂一漏万之处，恳望各界朋友批评指正，不吝赐教。

李书宇　冯新广

2019 年 6 月于河北省辛集市

目　录

引　子

　　对 20 世纪上半叶中国画发展产生过重要影响的有五位画家。他们是：高剑父、陈师曾、齐白石、黄宾虹、赵望云。

　　　　　　　　　　　——摘自中央美术学院《中国近现代美术史讲义》

　　中国美术史，为中国画坛的历代宗师树立了一座座丰碑：

　　高剑父，融合日本和西洋画法，独树一帜，始创岭南画派；陈师曾，从师吴昌硕，又师法造化，首创了城市风俗画；齐白石，晚年变法，吸取传统写意和民间绘画精髓，创立"红花墨叶"；黄宾虹，以书作画，践行"五种笔法，七种墨法"；本书的传主赵望云，则以赤子之心，开创了用国画写生、反映农村现实的先河。他创作宏富，笔墨雄浑豪放，充满泥土气息，囊括了华北、西北一带风情，成为"长安画派"的创始人。冯玉祥将军赞他为"走出象牙之塔的平民画家"，郭沫若誉他是"别开生面貌"的巨子，叶浅予称他为"中国画闯将"，长安画派则尊他为"奠基者""祖师爷"……一句句赞美、一顶顶桂冠为这位大师做了恰如其分的评价。这位人民的艺术家、丹青大师，人虽去了，但其作品已成为中国画库和世界画库的珍品。赵望云，这个响亮的名字，必将名垂青史，令后人景仰！

　　在百花齐放、万物生发的今天，让我们循着他的足迹，铺开他那用巨笔描绘的长卷，饱览他多彩的人生与艺术吧！

望云篇

　　一只初学的鹏鸟，才生出了翱翔千里的野心。在平常人看来，家贫、失怙、失恃，是多么怆心的事！他却巧妙地安排着，一步步由小学、完小、京华、艺专，为其所欲为了……

　　　　　　　　　　——王森然《群众画家赵望云》

第一章　彩色童年

一

束鹿县地处冀中冀南的交界处，是河北平原最平缓的地带。几条纵横境内的中原古道，是联结德州、沧州和石家庄、北平的咽喉之路。这里土质肥沃，地平如镜，每到春暖花开的季节，千里旷野上便一片碧绿；树木葱茏，麦苗青青，野花飘香，桃李吐红。

束鹿县原叫陆成县，束鹿县志中，就有描写春景的诗句："陆城三月胜初春，十里朝光杏圃新。"据古籍记载，大禹治水时，经过疏导，把泛滥神州的洪水引入大海，分出了陆地和海洋，这里便出现了大陆。因"陆"与"鹿"同音，久而久之，便演化成"鹿城"县了。唐朝时，发生了"安史之乱"，安禄山的统治地区是冀中冀西一带，束鹿也在其中。等到平定"安史之乱"后，皇帝下令，将安禄山作乱统治过的地方，凡带有安禄山及其同音三字者，均改名。这样，鹿城县就改名束鹿县了，即捆住安禄山的意思。

这里风光秀丽，人杰地灵，自古民风淳朴。勤劳善良的庄户人家，日出而作，日落而息，靠着简陋的生产工具，在这块土地上一代代地生息繁衍。然而，到了清同治十一年，横贯境内的滹沱河北移至深泽县后，从此河走水断，一遇旱年，便寸草不收，赤地千里。有雨可吃粮，无雨去逃荒。盼天祈雨，成了这一方百姓的宿命。

20 世纪第十个年头上，这里又逢大旱。千里平原，赤日炎炎，一块块的土地龟裂了，夏播后的玉米、谷子、高粱曲卷着叶子，拧绳打蔫儿。千亩百亩的良田在渴盼着雨水，仅有的几眼水井，除了供人们饮用，就只能维持几亩菜园了，哪能轮到大片的庄稼！乡民们盼雨盼红了眼，束鹿城西周家庄的村民们敲锣打鼓，排着长队，抬着纸扎的龙王爷，来到村南的白龙庙，祈祷上苍，早降甘霖，救护这一方生灵。如得好雨，八月十五唱戏酬天。也许是人们的虔诚感动了上苍，不久就真的下了两场及时雨，万顷庄稼又拔节展绿，中秋挂锄的时候，乡民们便如约还愿了。

这天下午，周家庄村南的白龙庙前，戏台高矗，幕布高挂，喧天的锣鼓把十里八乡的村民们吸引来看戏。台前人头攒动，四周卖小吃的、瓜子糖块的小摊贩叫卖声不绝。这偌大的戏场是刚割了谷子的空地，四周是散发着清香的红高粱、老玉米，数月前的青纱帐已变成了黄纱帐。锣鼓一响，管弦齐鸣，真是人游禾田里，锣响秋风中，村戏野趣，比城里的戏院又别有一番风味。

咚咚锵，咚咚锵……紧锣密鼓过后，定州秧歌剧团唱起了人们熟悉的《小借年》，许多人对这出戏的曲调、台词都能背下来，可一个个仍看得如醉如痴，只听王汉西的未婚妻爱姐唱道：

> 这是两只肥羊腿，
> 还有两只风干鸡，
> 五斤重的一块肥猪肉，
> 半斤重的两条大鲤鱼，
> ……

正唱到兴头上，忽然幕布一撩，一位年过半百的老太太踮着双小脚走出来，手里拿着个月饼，一溜碎步走向台角。

这突如其来的插曲，把观众的视线一下子吸引了过去，只见台角有个抱着柱子看戏的六七岁的小男孩，瓜子脸上镶嵌着一对双眼皮大眼睛，后脑勺束一条细长的扎着红绳的小辫儿，穿一身用无数根长布条连缀的"百家衣"；按照这里古老的乡风，几代单传，或是老来得子，儿子娇贵，为了保佑孩子能平安长大成人，就要向一百户人家各讨一条布，做成"百家衣"，不过，一般农家很少付出这种辛苦。

"八妮。给你。"那位老太婆弯腰递过月饼。

那孩子好像没听见，依然抱着台柱，目不斜视，痴迷地看他的秧歌。

"好妮，你还没吃饭哩，边吃边看吧。"老太太又往孩子手里塞。

"别吵吵！"孩子的目光仍没离开戏台，小手一扬，竟把那个月饼打落在台沿上，骨碌碌滚动着，眼看就要掉下去。

情急之下，老太婆一个"傻闺女扑蝶"，身子一歪压住了月饼。台下"哄"地一声笑炸了锅，一时，台边的戏夺了台上的戏。那老太婆却不着慌，旁若无人地把月饼从身下抠出来，用衣角掸掸，强哄着掖进孩子的衣兜，嘴里嘟囔着，这才满意地离去。

邻村的戏迷们一阵议论："谁家的孩子，这么娇贵！"

有那知根底的人就搭了腔："周家庄赵老朝的呗，人家半百得子，也难怪呀！"

"这孩子真有个魔劲儿，看戏啥时也少不了他。"

束鹿县最大的集镇辛集，离周家庄仅有五里路，每逢戏园子里唱戏，八妮就缠着大人去看，哪里起庙唱高台儿，那里的台子上就有八妮的小身影。于是，老戏迷们都认得这个小戏迷了。提请大家注意的是，这个名叫八妮的戏迷，就是未来的国画大师赵望云。

二

周家庄街心，路南有一座青砖垒砌的二进宅院，外院有门屋、马棚，进了二门，是一座不大的三合院，三间砖北屋，东西各两间土坯房。整个院落，显得古朴苍凉。赵家三十亩地一匹马，辛集镇上还有入股的皮店，在村上来说，算得上殷实人家了。

晚上，凉风习习，月光如水，整个赵家宅院沐浴在一片银色的光辉里，显得清幽而恬静。赵老朝和老伴儿——那个送月饼的老太太，摆开小饭桌，一边吸烟喝茶，一边赏月聊天："明天，又该咱妮儿过生日了。"

"真快呀，妮儿已经满七岁了。"老伴儿感叹地说。

赵老朝笑了，他把长杆烟袋一磕，乐呵呵地说："是呀，有苗儿不愁长，有孩儿不愁大，眼瞅着就长成个大小伙子了！"

这当儿，小八妮正蹲在屋里窗前的油灯下，为伙伴们赶做泥人。八妮有一双细长的手，跟五姐那双巧手一样，对那些好看的东西，只要看上一遍，就像过电影一样，反复在脑子里回忆，最后深深印在心里。此时，他正回味着那个巧手老汉捏面人的过程：把一块黄色的江米面搓成椭圆形，用竹签一点拨，便成了一个人的脸，又把黑面拍成薄片，在面人头上一按，转着圈一捏，就成了少女头上的小纂儿，再拿竹签刮刮，头上的发丝、额前的刘海儿，就像真的一样了。那些红、白、黄、绿、青、蓝、紫的七色米面，仿佛具有了生命，在他手里一拧一搓，就变成了各色各样的花儿……

八妮学着老人的样子，用娘的发簪当竹签，找来几根秫秸，揉揉捏捏，比着面人很快捏出了三个泥人。

他对自己的"作品"左瞧右看，总不满意。那面人五颜六色，可他的泥人黑咕隆咚，不好看。忽地，他想起五姐放在家里的颜料盒，里面有各色的小盘盘，五姐染花点叶，画画描鱼，都离不开这个小盒盒。他爬到炕沿，打开抽屉，学着五姐的样子，抽出一杆戴铜帽的小毛笔，舀了一杯凉水，比着面人的色彩，蘸着颜料涂抹起来。

月上中天，皎洁如水，赏月的两个老人谈兴正浓。八妮染完泥人，放好一看，嘿，还真美。这回可让小伙伴们满意了。他一下子来了精神：五姐能画什么"麒麟送子""莲年有鱼""张羽煮海"，不全靠这些颜色和一个小本本吗？她能画，我咋不能？

八妮想得小手发痒，他迫不及待地跳到炕沿边，拉开抽屉，找到了一个蓝皮本本。凭着好奇和自信，不管三七二十一，打开本子，趴在窗台上，蘸着颜料，想着戏台上那些英俊潇洒的公子和花枝招展的小姐，画起了带"色"的小人。

他画呀画呀，越画越来劲儿，以前他都是用木棍儿蘸着墨汁在白纸上画，这回能画出五颜六色的画来，心里可乐开了花。他一口气画了多半本子，这才惊喜地喊起来："爹，娘，快来看哟！"

赏月的两位老人不知发生了什么事，争着往屋里跑。赵老朝先进了屋，看到窗台上那些七扭八歪的泥人，满是皱纹的脸上绽开了笑容。

"爹，你看这个。"八妮跪在炕上，把作画的本本递给老爹。

"啊——"赵老朝霎时变了脸，他嘴唇颤抖着，脸由红变紫，气呼呼地举起铜烟锅，怒吼道："败家子儿，我打死你！"

铜烟锅在空中颤抖着，却舍不得落下。赵老朝为人忠厚，从没有发过这么大的火儿，这可把小八妮吓坏了，他往炕角退缩着，不知道自己究竟做错了什么事。

一只手从旁边伸来，按下了赵老朝的胳膊。八妮娘探头看了看儿子画的那个本本，也变了脸色，带着哭腔嚷："小祖宗呵，你糟什么不行，偏把咱皮店的账本给毁了，这店里的买卖还怎么算！"

难怪俩老人伤心，这账本是赵家在辛集恒盛皮行里的股份账，每次交多少皮子，每月支了多少现钞，都写得清清楚楚，年终时再凭这个账本结算盈亏。全家除了种地的收成外，就是这个皮革生意了，算得上一半家产哩。再说，这账本也是生意人的凭据，倘若涂改，轻者失信于人，重者还要吃官司哩，赵老朝怎能不着急呀！

"妮儿他爹，孩子小，不懂事，你打他也没用。"老伴儿颤声说。

"唉……"老朝叹口气，瞪一眼缩在炕角里的儿子，气呼呼地嚷："没儿子盼儿子，有了儿子却又和我捣乱，你呀你呀，这不毁了我的皮行生意吗！"

皮行来之不易啊！

八妮还没出世时，"老佛爷"慈禧降旨剿灭义和"拳匪"，赵老朝冒着身家性命，救护了一个团勇。后来，那团勇在北京开办皮庄，一下子发了，团勇不忘救命之恩，捎信让老朝进京经商，可他执意不肯，他觉得庄稼人不能离开土地，有吃有喝就行了。无奈那人催促甚急，还捎来一笔路费。死心眼儿的赵老朝把钱交给他的连襟王民庆，自己仍不肯出门。不久，王民庆去北京搭上了关系，也开了一个皮店，发了家。

这事传到辛集恒盛皮店掌柜张老建耳朵里，他登门请老朝出面挂钩，和北京建立一条业务通道，条件是让老朝吃个空头股份。正直本分的赵老朝，答应了对方的要求，却又不好意思吃空头股份，便入了实股，为皮店加工皮货。从此，赵家宅院里添了那两口大缸和这个账本。

看着老爹娘那伤心生气的样子，八妮知道自己闯了大祸，心里一难受，泪珠成串地滚下来。

母亲忙撩起衣衫给儿子擦泪，嘴里连连叹息："宝贝疙瘩呀，刚才，我和你爹还念叨你的生日，说你有出息哩，想不到你在屋里闯了祸，唉……"

"儿子儿子，"赵老朝生气地嘟囔，"有了儿子倒有气生了，哼！"

这话一出口，他又有些后悔，虽说儿子淘气，可还是有了儿子好哇。二十多年来，自己天天想，夜夜盼，不就是希望抱个儿子吗！前妻撇下两个女儿，撒手归天了，赵太太续弦后，又一连生了五个女儿，眼看要绝户了，这偌大的家业谁来继承！他饭吃不下，觉睡不香，干活没劲儿，后来，经人说合，他与当家哥哥铺下文书，准备让侄儿继嗣。谁料天不绝人，老伴儿在四十六岁这年又怀孕了。记得那是中秋节的晚上，一轮明月照着这个恬静、安澜的农家小院。老伴儿在屋里疼痛翻滚，自己和女儿们请来了接生婆，不仅他，全家人都捏着一把汗，生男生女，关系着赵家的家业啊！

听着屋里老伴儿的一声声呻吟，赵老朝把心提到了嗓子眼儿，他在院里坐不住，来到外屋转圈。旱烟袋抽了一锅又一锅，弄得屋里烟雾缭绕。

父女们一直等到凌晨，忽听屋里传出接生婆的欢叫："哎哟，立生，好个大胖小子，还是十字披红哩！"按照这里的规矩，孩子一落地脐带缠在腰里的叫十字披红，据说这样的孩子有出息。老来得子，赵老朝惊喜若狂："谁说我是老绝户，我有了儿子，儿子呀！"他兴奋地喊着，一撩门帘冲进去……

那晚，天上的月亮格外圆，分外亮。这以后的每个中秋之夜，老两口的心也像圆月那样明净透亮。

起个什么名字好呢？乡间有个男孩起女名才成人的说法，赵老朝费了一番脑筋，终于想出了个瞒天过海的主意，让儿子排着他的七个姐姐的顺序，就叫"八妮"。八妮跟当时的小皇帝溥仪同龄，也是两个老人心目中的"小皇帝"。

自打有了儿子，赵老朝可就吝啬起来，拿出存放多年的蔓菁干，让闺女们泡了掺在饭里吃，说这是土人参，营养好。闺女们回娘家，愿意多呆几天，老朝开口就撵："我还给俺八妮省着哩……"

往事如烟，赵老朝长吁一口气，心里的气恼消失了许多。他惋惜地拿起那个账本，一页一页地翻看着。突然，像荒地里发现了好庄稼，他那浑浊的眼里泛出光亮！嘿，本本上这些五颜六色的笔道，不正是戏台上的公子、小姐吗！谁说孩子是胡抹乱画，这孩子有心眼儿、有本事哩，甭看画得简单、嫩气，要是换别的孩子还画不来哩！赵老朝翻来覆去地瞧着，总也看不够。老伴儿凑上去，目光也粘在那上面了。

八妮画得还真不赖，那穿着红衣裳的小姐，戴着儒巾的公子还真像戏台上的人物。老两口越看越爱，紧蹙的眉头渐渐舒展开来。

见爹娘高兴，八妮又来了精神，他破涕为笑，扒着两个大人的肩膀撒娇："这本本上有字，画不好，俺要新本本。"

"好，好，我给你买。"老爹皱纹纵横的脸上露出了笑容，"你爱画就画吧，练好了，你小子就靠这个吃饭。"

"嗯，俺要学五姐。"八妮的小嘴答得蛮脆生。

娘高兴地在旁边搭了腔："鸡有鸡道，狗有狗道，咱娃儿天生是文人料子，你就给他买些纸笔，供他上学吧。"

一席话，激起赵老朝望子成龙的雄心，是啊，周家庄数赵三爷文化最高，所以能开药铺发家；民庆的儿子王西渠，爱写爱画，才能走京串卫。成大器的还是这些文化人，自己一辈子土里刨食，到头来也没混出个人样儿来。他一拍大腿，说："好，妮儿迷这个，就让他好好练！"

老伴儿张开缺牙的嘴，笑了，她知道老头子的脾气，一旦放了响炮，就像那铁轱辘大车不改辙，一直走到底。

账本既然弄坏了，赵老朝是个讲信誉的人。他主动找股东说明情况，用股份抵了账目。

三

天刚拂晓，赵老朝就起了床，他担水扫院，把里里外外收拾得干干净净，还特意给马添了细草好料，八妮属马，今天过生日，他的属相也该犒劳一天。

吃过早饭，八妮就倚着屋门，眼巴巴地盼着姐姐们到来。每年这天，姐姐们都回娘家，给弟弟带来生日礼物，热热闹闹玩上一天，这是八妮最高兴的时候，七个姐姐都喜欢他，可他最喜欢的，还是三姐和五姐，这不，三姐来啦。

三姐中等个儿，白净的瓜子脸上，镶嵌着一对双眼皮大眼睛，模样酷似父亲，纤细的臂弯里挎着个篮子。三姐比八妮大十八岁，除了两个隔山（即同父异母）姐姐，她其实就是大姐了。她是里里外外一把好手。爹在菜园子里忙不过来，她帮着去压北瓜蔓儿，锄草间苗，娘生了四妹一弟，她一手抱大，在这个大家庭里，立下了汗马功劳。八妮听爹娘说，他出生后，接生婆嘱咐：像这样金贵的孩子，要防妖镇邪，由亲人用带狗头的狗皮褥子抱养七天，才能平安长大。赵家老的老，小的小，三姐挺身而出，她爬到娘的炕头上，用狗皮褥子裹起小弟，整整七天八夜，没让弟弟离开过一下怀抱。七天后，她被抬下来，下身已经麻木，屁股起了两块褥疮，她和八妮筋连着肉啊！

"三姐！"八妮冲上去，一头扎进姐姐的怀里。

"八妮，想姐姐了吗？"三姐摸着他的头问。

"想，想死啦！"八妮的小手指着自己的胸口，说得诚心实意。

"好弟弟，有良心。"三姐理理他的头发，高兴地笑了。

"他三姐夫没从保定回来？"赵老太太关切地问。女儿这么大了，该要个孩子了。

"他们民军从保定迁到蠡县，驻防哩。"女儿垂着眼皮回答。

"哦，蠡县，好地方，金束鹿、银蠡县嘛。"

"好什么，还不是高粱窝头老咸菜。"三姐鼓起嘴巴。

赵家二门外又传来一阵"咯咯咯"的笑声。"五姐来啦！"八妮欢叫着，撒丫子又往外跑，正撞见五姐、六姐。她们每人挎一个篮子，上面盖着红布。八妮伸出小手，要掀五姐篮子上的蒙布。

"慢！"五姐挡住弟弟的手，神秘地一笑，说："不蒙不盖，变不出来，到屋里看。"

五姐长得富态，随娘，她是这一带有名的巧姑娘。她画的蝴蝶、剪的金鱼、绣的牡丹，真是姿态各异，巧夺天工，方圆十几里的农家婆媳聘闺女，都要请五姐做女红。

这当儿，八妮拉着五姐的手，闹着要掏出篮子里的"秘密"，爱逗的五姐，故意用一只手按住蒙篮布，另一只手在篮子里摸索了半天，这才慢吞吞地掏出了一个用胶泥捏的、染着五彩的古装戏剧人物，这比八妮捏得那些强多了。他爱不释手地欣赏着，五姐见他看得入迷，又笑眯眯地说："还有哩，快合上眼，要不就变不出来啦。"

八妮忙顺从地合上了眼睛。

"睁。"五姐话音一落，八妮睁眼一看，嗬，顺炕沿铺开了一条粉布，足有七尺多长，上面画了好多穿古装的美女，还有粉色的荷花，翠绿色的荷叶，好看极了，只是后面还空着一截。

八妮看着这条没有完成的画卷，两只大眼瞪得溜圆，他长这么大，还没见过这比戏台上的人儿还要漂亮的画儿哩！

五姐告诉他，这是有钱人家雇她画的蚊帐腰，挂在蚊帐上面做装饰品，这幅画叫"群仙采莲"。

八妮认真地看了一会儿，突然开口问："五姐，你跟谁学的？"

"跟先生呗。"二十岁的五姐俏皮地眨眨眼。

八妮紧紧拉住五姐的手，急切地问："先生是谁？在哪里住？"

"咯咯咯……"五姐笑弯了腰，随即又捂住嘴，指指篮子说："先生就在里面。"

"你骗人！"八妮伸出手，要去捏五姐的"呱儿"。五姐在家时，常跟八妮做游戏，捏着鼻子，"呱儿呱儿"地学青蛙叫。

"骗你是小狗！"五姐一边招架，一边从篮子里摸出一本书，"你看，这就是我的先生。"她珍重地捧着本本，一页页地翻给弟弟看。

八妮看着，只觉得眼花缭乱，里面用五色颜料描绘的那些花草，似喷吐着芳香；那些鸟儿，似在啁啾鸣叫；那些虎豹，似在狂奔咆哮；那些美女似要从纸上走下来……八妮看呆了，以前，他只看过五姐画画，觉得她就是天底下画得最好的人了，想不到还有这么好的"先生"。八妮先惊后喜，末了拍着巴掌跳起来，要去夺五姐的书。五姐早有准备，把书举过头顶，任凭八妮蹦得再高，也无法把书夺到手。

"给我，快给我！"八妮抓住五姐的衣角，带着哭腔恳求。

五姐可作了难，只好耐心地哄他："八弟，你要什么都行，唯独不能给这个。”

八妮任性，在五姐身上打坠儿：“俺啥也不要，就要这个。”

这一喊，惊动了东间屋里的老母亲，老太太跑进来，不问缘由，先冲女儿一顿数落：“你这闺女，不好好哄他玩儿，偏逗他哭闹！”

五姐受了委屈，噘着嘴嘟囔：“这是俺托西渠哥从北京南纸店捎来的《芥子园画谱》，俺得比着给人家赶活儿，哪能让他拿着玩！”

母亲为难了，她知道，五妮婆家日子紧巴，全凭五妮一双巧手挣点儿零花钱。她只好又劝娇儿：“好八妮，你等着，我让你爹给你买本好的。”

“不，不，俺就要这本！”八妮平时被宠惯了，这会儿毫不让步。

这下母女俩可作了难，硬不给吧，又怕八妮哭闹个没完，扫了过生日的兴，给吧，又实在等着急用。

五姐想了一会儿，哄弟弟说：“这样吧，我给你照着描一本。”

八妮咬着手指头，眨动着那双聪明的大眼，说：“不，俺要自己描。”

母女俩又嘬了牙花子，把样册交给这个鼓捣星，她们实在不放心哪！

“五姐，你不给我，我就跟你走！”八妮步步紧逼。让儿子跟女儿走，娘不放心，一天见不到儿子就想得慌。她正要阻拦，忽地眼睛一亮，说：“干脆你住在这里好了，回头跟婆家说一声，有什么活儿拿到这里来做，妮儿成了画画迷，你正好教教他。”

八妮一听，乐得拍着屁股直蹦高，咧着小嘴咯咯地笑。五姐也乐了，她本来愿住娘家，只要爹娘不嫌多吃了粮食就行。

打这以后，五姐就常常住在娘家，手把手地教弟弟画画，笔怎么拿，纸怎么摆，葫芦怎么扯蔓，菊花怎么点叶……这位启蒙老师，有时还和弟弟做游戏，搞绘画比赛，看谁画得好，画得快。

娇惯执拗的八妮，从此有了正事干。连他自己也不曾想到，这竟是他走上艺术殿堂的第一步。从那时起，他就把童稚的爱倾注在绘画里，消磨在了笔墨中……

第二章　学子春华

一

又是一个炎热的暑天，火辣辣的太阳炙烤着大地，北付庄小学开始招收新生了。乡间穷，上学的人少，几个村合办的小学就设在这里。三三两两的农民领着自己的孩子来报名上学。这时，街上走来了一老一小，那小男孩刚剪过辫子，前额留了个齐眉帘儿，一双大眼闪烁着聪颖、新奇的光彩，他就是赵八妮。多顽皮的孩子，到了学校里也就老实了。八妮在父亲的带领下，规规矩矩地站在一个戴疙瘩帽盔的五十多岁的老先生面前。

这就是晚清最末一代秀才石广西先生了。他博学多才，可脾气也挺古怪，在这一带颇有名气。

"叫什么名字？多大啦？"石先生板着面孔冷冷地问。

"赵八妮，八岁了。"赵老朝忙赔着笑脸回答。

"回去，"石广西抬头蹙着眉说，"我们这里不收女孩子。"

"先生，他可是个男孩。"赵老朝急忙辩解。

石先生摸摸短胡须，打量了一下眼前这孩子，不悦地问："既是男孩，怎么叫个女孩名字？"

"这……"赵老朝一时语塞，小八妮倒说话了："爹，俺不叫八妮了，俺要改名。"在村里，伙伴们常拿他的名字取笑，他早就讨厌这个名字了。

"好，改，改。"赵老朝答应着，冲先生憨笑着说，"俺们庄稼人不会起名，请先生给起个学名吧。"

"自家名自己起，外人安能越俎代庖！"石广西一脸的严肃。

"唉，常说师徒如父子，先生学问高深，就赏个名字吧。"

先生脸上有了笑模样，他抬眼望望门外，见路边苍翠挺拔的白杨树冠上，落着几只花喜鹊，正喳喳乱叫。一阵微风吹过，杨叶哗哗作响。石先生灵机一动，抬头说道："今年乃民国元年，一元复始，万象更新，就叫新国吧。"

八妮笑了，他觉得叫什么也比八妮强。

"这名起得好！"赵老朝把烟袋往肩上一搭，"就这么写吧。"

石先生得意地拿起笔来，在花名册上端端正正地写下了这三个字。

石先生讲课声音不高，略带沙哑，那张古板的黄脸，很让学生敬畏。据说，他是个大文人，诗词书画都作得好，可从来没见他亮过底儿。只不过听他朗诵《三字经》《百家姓》《神童诗》，抑扬顿挫、朗朗上口。他教摹帖、写仿影，用毛笔写过几笔横竖撇捺，跟字帖就像一个模子里出来的。他管学生极严。一次讲古文的一个故事，讲到热闹处，他神采飞扬，好不来劲，一个学生忍俊不禁，扑哧笑了，他马上板起面孔，把这学生训斥一顿，罚站了一堂课。还有一次，新国拿个麻糖边吃边走进学校，被先生看见了，当即把他撵出校门，让吃完洗净手才回来。

自从有了管束，赵新国变得规矩起来，新的知识也像磁石一样吸引着他。那些生动有趣的故事，比三姐讲得更好；那些抑扬顿挫的诗文，活像戏曲里的唱词；那在石板上练习的字，就像他跟五姐用铅笔勾出的花草，那在皮纸上摹写的大楷，就像他用彩笔画出的线条……每逢上习字课、国文课，他就异常兴奋、活跃。

这节是习字课，石先生讲完用笔方法，便让学生练习。

赵新国看看"左邻右舍"，见有的用皮纸照好字帖，比葫芦画瓢，还一个劲儿地哆嗦；有的写成一个字，左描右描，越描越丑。他心里得意起来，看咱的！他迅速展开皮纸，不照不摹，比着帖上的字临写起来。两年的涂鸦和描摹功夫没有白费，五姐的土教法也帮了忙。他觉得心里有底，手不抖，笔不颤，一笔一画都恰到好处。

写着，写着，眼前浮现出一幅图景：早饭后，他背着书包走出稍门，父亲早坐在门口的半截碌碡上，一口口地吸着旱烟。背锄、扛锨的叔叔、大伯们在街上走过。父亲忙不迭地磕掉抽了半锅的烟沫，用两手把儿子写的大楷仿影举起来，上面用红笔画着一个接一个的圈圈，象征着先生的赞许。"看呀，看俺八妮的字，打了这么多的圈圈！"那神采，比一亩地多打两布袋粮食还高兴。回答他的，都是称赞和喝彩。入学快一年了，新国总是这样的"常胜将军"。

不一会儿，十二个大楷字临写完毕，看看别人，还在摹呀描呀。他满意地重新欣赏了一遍自己的仿影，这回，红圈圈保准又是最多的。

新国是个闲不住的孩子，手又痒痒起来，他从书包里抽出了那个随身宝贝——样册摹本。后面，几页在观音庙临的画牵动着他的心。那是这两年他最得意的画了。他把画本藏在桌子底下，翻到后面几页，想再仔细欣赏一遍。

"赵新国！"身后传来一声喝叫。

"到！"他一激灵，条件反射地站起来，画本掉在地上。

"你在桌子底下鼓捣什么？"

新国自知闯了祸，低着脑袋不敢吭声。

"拿过来！"

他像揣着一窝小兔，拾起画本、怯生生地交上去。

"中午，你到我屋里去！"

赵新国偷眼一看，啊，那张黄脸好吓人！

二

午饭没吃饱，心情烦乱的赵新国一抹嘴，就往学校跑。

周家庄到北付庄只有一里路，在这段低洼的黑土道上，旱天是凸凹不平的疙瘩路，雨天是粘鞋陷脚的泥浆。路旁的高粱、玉米像秃子头发，被碱得一片一片。庄稼人只好在地边栽上一蓬一蓬的柳树墩，秋后砍了，编篱笆，打簸箕，到镇上卖，挣点儿零花钱。村里人把这片地叫作"柳树圈"，这里有赵家一部分土地和坟茔。

新国心里就像那扎蓬的柳树墩，一会儿浮现出那慈眉善目的金身菩萨，一会儿浮现出那黄鸭梨脸的石先生，渐渐地，菩萨的魅力压住了老先生的威严。他重又陷入了那美妙的神仙画中。

年景越差，人们越是把希望寄托在神仙身上，村北的观音庙，修缮得金碧辉煌，两边粉墙上画了壁画，一天到晚香烟缭绕。

"绝啦，这是新城一个大手笔画的。"五姐领他一边看画，一边自豪地夸赞着，给他讲起了画庙的经过。观音庙属周家庄、尚家庄两村供养。为画好内殿，两村人各请了一个画庙的师傅。这俩师傅，一个年近五十，一个三十多岁。他们在殿中隔了一领苇席，互不偷看，要暗中比试高低。小师傅脑瓜子活便，他画《西游记》，白天就像孙悟空驾筋斗云一样，骑上车子，赶集上庙，与耍猴艺人交友，临场画下猴子的各种顽态。扒着猪栏，绘下肥猪的诸般憨相。老师傅更不示弱，他晚上左手举灯，右手用碳棍在粉墙上打稿。凭着多年的经验和一本翻烂的绣像《红楼梦》，十二钗在他笔下争芳斗艳。苇席拆处，游客如云，众口一词，《红楼梦》压倒了《西游记》。

如今，他当作命根子的画本却被先生夺走了。一股犟劲儿冲上脑门：我今天宁愿挨板子也得要回画本！中午，他壮着胆子闯进石先生的卧室。

石广西没睡午觉，正一页一页地翻看着新国的画本。看来他已被那些不太匀称的铅笔线条、毛笔线条、涂彩的画面陶醉了。这些画，分明是那本《芥子园画谱》的翻版。画面有好多处是经人改动的，摹本还夹着几幅熟悉的"喜鹊登梅""麒麟送子"剪纸。他猛然想起来：这不是巧手五妮剪的吗！五妮婆家与他家是邻居，两家来往甚密，五妮样册里有他家的花样，他家窗户上有五妮的窗花。听说五妮正在教她的八弟学画。他不由陷入了沉思。

石广西原是个私塾先生。他诗书琴画皆会，尤精书法，写得一笔好颜体，自以为才高八斗。可偏偏时运不济，在私塾教了几个富家子弟，都因朽木难雕，未成气候。一气之下，便弃馆而去。后来，经几村族长三顾茅庐，才勉强答应"出山"，当了学堂的"孩子王"。他心灰意冷，以为在这穷乡僻壤，再难有他这样的一代天骄了。

今天，看了赵新国的画本，他不由大吃一惊。这孩子，不论是字还是画，都超过了少年时期的他。

"若能好好培养，定成大器！"石先生捻着胡须，自言自语道。

对书画的嗜爱，对神童的偏袒，对个人声名的企望，使他那几乎泯灭的热情又燃烧起来。他决心像当年恩师培养他那样，精心培养这个学生，在久负盛名的辛集镇树起一面旗帜……

"报告！"

"进来！"

赵新国看见先生头也不抬，还在翻着画本。他偷眼看看这间普通的屋子，桌椅板凳，粗糙无奇。引人注目的是那雕花的砚台，细瓷的笔洗，插满毛笔的竹节笔筒，散发着沁人的墨香。墙上贴一幅先生落款的中堂，对联是两行苍劲的颜体大字："淡泊以明志，宁静以致远"。中间用水墨画了一幅"风竹"。

"你是五妮的弟弟？"

"嗯！"

"你常去观音庙临画？"

"嗯。"

"我问你，那节真假猴王，孙悟空棒打六耳猕猴时四溅的鲜血，是怎么画的？"

"点的呗。"

"不，"先生胸有成竹，"点的没那么自然，出不了那个效果。记住：那是用笔筒蘸着红颜色，吹的。"

啊，先生怎么知道？

"我再问你，查抄贾府那段画有一幅对联，上面的一角倒卷下来，那翻着的字是怎么写上去的？"

"这……"新国还真没动过这个脑筋。他勾的是小草图，真要画大的，确是个难题。

"窗户纸一点就破，那是在房椽上吊根绳子，绑住胳膊，手朝下写的。"

"啊！"新国惊得吐出舌头，"老师，您怎么知道？"

"画《红楼梦》的师傅，是我的表弟。"

"他现在在哪儿？"

"一个画匠，打听他干什么！"石先生脸上露出一丝不快，似有懊意。接着把话引开，"书画要学正宗，要当堂堂的书法家、国画家。国画讲究书画同源，用书家笔力写画，用画家笔力作书。所以，练画先练书，从书道中悟出画道。"

"你看我画的这幅墨竹，"先生指指中堂，得意起来，"竹竿用的是藏锋，为篆字功力；竹节，一挑一落，势为隶书；小枝，盘根错节，乃草书功夫；竹叶，则完全是正楷，脉络清楚。写字作画情同一理，要多摹、多临，这跟作诗一样，熟读唐诗三百首，不会作诗也会吟啊！"

赵新国呆呆地站在那里，听着先生侃侃而谈。有些话他似懂非懂，但他觉得先生的话就像戏台上穿龙袍的皇帝那样，金口玉言。这种高深理论，他是第一次听到。

校园里响起了嘈杂的人声。石先生从书橱里取出几本书："这是颜、柳、赵几本法帖，你可在家自己临习，课堂上要学好诗词歌赋，放学无事，可来我屋看我练字方法。"

"是，谢谢先生。"赵新国规规矩矩地鞠了一躬。一出屋，马上活跃起来，一蹦三蹿地跑回教室。这会儿，他觉得这"老怪"并不怪，对他有一种特殊的爱。他屋里又没拴着老虎，只要能跟他学字练画，怕什么！他突然想起三姐跟他讲的《西游记》的一个故事：悟空跟师父学艺，师父在他背上击了一掌，打个哑语，机灵的悟空便在半夜去跟师父讨艺。结果学会了筋斗云、七十二般变化……这会儿，自己不正像悟空学艺吗！

三

几度春秋过去，赵新国长高了一头，眼看升入四年级了。

这个暑假，他在家过得很烦闷。跟先生学字，长进很快，他模仿先生的颜体字，简直快以假乱真了。相比之下，那最先入门的画，却不见起色。长期接触先生，他才知道，先生只会画梅、兰、竹、菊，而且都是从《芥子园画谱》和古人的画中套下来的，先生开口"古人"闭口"四王"，却连把茶壶也画不好，而这三乡五里，哪个又能压过先生的声望！看着自己临摹的这些死死板板的画，他心里一片茫然。

"八妮爷，"声到人到，是好友赵庆余，"快去看呀，三爷家请冯师傅画画哩。"

"哪个冯师傅？"

"听说是倾井村那个画庙的。"

啊，是石先生的表弟。新国脑海里马上映出庙里的壁画。

那壁画他不知看过多少遍了，越看越觉得有神采。

"走，找他去。"他撒脚就跑。

赵三爷住在他家西边，是周家庄的首富，种着两顷多地，还开着药房。他们来到那个黑漆大门前，见大门紧闭着，便和庆余隔着门缝看起来。只见一个中年汉子，衣衫一般，风度却很潇洒。他拿着个巴掌大的小本子，上面用铅笔勾着鹰、树等小图。不时翻看一下，然后拿着碳棍在石灰影壁上起草。哪些地方画得不满意了，便用湿手巾擦掉重画。

正看得出神，后面传来一声呵斥："看什么，走开！"他扭头一瞅，见一个体胖腰圆的人来到门口，正是这家主人赵三爷。别看他四十多岁了，论辈分还该管新国叫叔哩。

他一见是新国，神色一变，红润的脸堆下笑来："八妮呀，没去上学？"又转脸瞪一眼他的侄子："你凑什么热闹？"说罢，拨开大门的上关，又关紧了。

赵庆余做了个鬼脸，摆摆手，走了，他怕三爷再出来训他。

新国可不在乎，只要是他入迷的事，五头牛也拉不走。

他仍旧扒着门缝偷瞧。看那画匠怎样先描出一只雄鹰，怎样在鹰下画出一株苍松，后面再衬上一个圆圆的太阳；怎样从褡子里拿出各色颜料，在几个碗里调好，怎样用墨勾线，在线内着色。那着色的方法他从没见过，由浅到深，有的要点染三四遍，那鹰的勾嘴炯目、蓬翅利爪、松的青翠叶针、棕红枝干，太阳的五彩光环，便陆续凸现出来了，赵新国从日出一直看到日落。

第二天，他又隔着门缝去瞧。可是，门洞里已打扫得干干净净，只有那栩栩如生的松鹰，再不见那画匠的影子。他想起庆余跟他说的还要画佛像的事。再看这关门闭户的样子，猜想那画匠一定还在里面。

情急之下，赵新国从家里搬来个梯子，靠在赵三爷家临胡同的墙头上，往里张望。好阔气的赵家大院啊，青堂瓦舍的五间北屋，玻璃窗前，栽着梅、兰、竹、菊四时花草，竹影摇曳的窗内，映出那汉子临窗作画的身姿。可惜离得太远，看不清人家怎样运笔勾线。厨房里闪动着一个漂亮女人的身影和锅碗盆勺的声响，顺风飘来一股香味儿……

骄阳似火，心急如焚的赵新国顶着烈日，又去倾井村找五姐求援。

"唉，你怎么又迷上冯老智这个怪物啦！"五姐苦笑着说，"我也没办法呀，他只让人看画，却不让人看他怎么画！"

五姐告诉他，冯家是新城镇的名门望族，几代书香，却都有怪癖。冯老智年轻时在北京一所美术学校学画，没等毕业就背着画夹去游历名山大川。后来在洛阳龙门石窟一住半年，从此常画佛像壁画。他以画为生，但决不外传。也忌讳别人在一旁围观。他铅笔本子不离手，说是什么写生，师法造化，临摹了不知多少人畜禽兽。比如画松鹰图，他家里就喂着一只大鹰。

啊，又是一个怪人！

这天晚上，爱动脑筋的赵新国失眠了。在他学画的道路上，出现一个岔路口，石先生讲笔墨之道，师法古人，用书法功夫作画；而冯师傅讲究"写生"，照物画物，何不试一试？在赵新国幼小的心灵里，又冒出一个新道道儿。

从此，他的兜儿里多了一个小本子，每当放学回家，随手掏出小本在自家的小院里就画起来，家里喂的鸡、狗、猪，院里放的缸、盆、罐，天上飞的燕子、麻雀，地上长的花草树木，都成了他临摹的对象。

最使他感兴趣的，还是外院那匹枣红马。每天，他都要搬个蒲墩，拿着铅笔和本子，坐在二门口，看父亲怎样给马儿添草料，怎样给马儿梳洗打扮。下地前，枣红马被牵出了马棚，那是他最精神抖擞的时刻。父亲给马儿提来一桶清水，那马儿嘴角沾着草料沫子，伸出长长的舌头，先在水里一卷一卷地喝，不一会儿就扎下头，一气喝下半桶。然后蹬紧四蹄，昂着头，冲天空咴儿咴儿叫起来。吃饱喝足，父亲牵着它转上两圈，它便四蹄蜷下卧在松土里，再舒直蹄腿，打起滚来。那密匝匝的红毛，沾满了黄土，好一场舒坦的"土浴"啊！打完滚儿，父亲把马拴在东墙边的木桩上，去准备犁耙绳套；那马抖鬃毛、摇身躯、翘尾巴、尥蹶子，一招一式，都是一幅幅骏马图。几个月功夫，光马的各种动态，就画了一百多幅。

　　小学快要毕业了，同学们都准备送给先生一份礼物，赵新国动开了心思，自己该送一件什么最珍贵的礼物呢？石先生对他有知遇之恩，手把手教他用笔，面对面跟他习帖，肩并肩和他临写梅、兰、竹、菊，他感觉到，在先生那古板严肃的黄脸下，藏着一颗火热的心。作为一个独得厚爱的学子，应该怎样报答恩师呢？

　　蓦地，他想起一个好主意，先生最爱的是梅、兰、竹、菊"四君子"，三爷家就有这些花草，何不用写生方法临摹熟练，再用笔墨功夫画出，让父亲在镇上裱成四条屏，作为礼物送给先生呢？

　　赵新国是个想到就要做到的孩子，为了画好四条屏，他开始走出家门，按照这些花草的节令，到邻居家去写生。临近毕业，他终于完成了这套花鸟四条屏。当他双手捧给先生时，石广西那张古板的黄脸上绽开了满意的笑容……

四

　　连年歉收，皮店本小利微，再加上一笔弄不清的账目，赵家光景日渐衰落。赵老朝的脊背佝偻了，赵老太终日头重脚轻，她不知道，疾病正在威胁着她的生命。家境艰难，三姐开始常住娘家，丈夫杳无音讯，她一肚子苦水没处倒，还要抚养两个男孩，上有老下有小，整个家庭要靠她那孱弱的身子支撑着。就是这样的日子，赵家老老少少，还都有一个心思，再苦要供八妮读书，生日照常贺，年节照常过。高小录取的榜文还没贴出来，一家人便天天念叨八妮去辛集穿什么衣服盖什么被褥，开始为他准备行装了。

　　初明事理的赵新国心里却像压着一块石头，他心疼父母的艰辛，体谅姐姐的操劳，但他出家门进校门，家里地里的活计很少插手，实在有点儿爱莫能助。他盼望上学，上完高小，再考美术学校，将来当个画家。可是，梦寐以求的愿望能实现吗？在学校，他国文、习字都遥遥领先，但算术却是个瘸腿儿，他厌倦这门功课，所以考试经常不及格。这次考高小，算术又砸了锅。唉！

正当他悲观失望的时候，辛集高级小学发来通知，周家庄小学四年级八名学生，只有他一人被录取了，同时又传来一个消息：石广西先生被聘为高小教师了。小小周家庄居然出了一个"秀才"，全家人高兴得不得了。赵新国反倒冷静了，他拦住要上街炫耀的父亲，一声不吭地走进屋里，随手把通知书塞到书包底下，斜靠在被摞上，心里翻开了锅：这一定是石先生从中帮忙，哎，强扭的瓜儿，吃着不甜哪！

一条黄土大道，遥遥伸向远方。路上，一匹枣红马拉着铁轮车咯噔噔，咯噔噔地过来了。叭，赶车的赵老朝甩个响鞭，随口哼起了小曲。

赵新国坐在车上，望着那无际的原野和蓝天白云，心里升起一股眷恋；是啊，自己就要离开家了，开始独立学习了，十二岁的他，觉得自己已经长大了。男子汉大丈夫，长大了就要干一番事业！人生一世，草木一秋，来这个世界一趟不容易，总得留下点儿什么。要学习，要上进，一股豪气从他心底油然升起。

前面出现了一片青砖瓦舍的房子，那宽敞的大院里，有水井、垂柳、老槐树，四周围着篱笆墙，显得幽雅而洁净。

当，当……千年古松上那口铁钟，发出了洪亮而悠扬的响声，赵新国心里怦怦直跳，他怀着兴奋而又胆怯的心情，随父亲走进学校。

一位熟悉的老教师迎上来，正是石广西。他那古板的黄脸上露出笑容，开口说："新国，先去报到吧。"

"哦，他老师，"赵老朝感激地望着他说，"新国能考上高小，多亏了您教育有方哟。"

"过奖过奖，还是他本人天资聪颖嘛！"石广西得意地笑着，关切地看着他的爱徒。父子俩向报到处走去。

辛集镇的繁华打开了他乡下人的眼界，高级学堂为他提供了驰骋的天地。在这里，他的诗书画突飞猛进，像一颗璀璨的星星，在银河中依旧耀人眼目。他的算术课也赶上来了。一提赵新国，师生们无不称赞他是个活泼向上、出类拔萃的学生。

国文课诗词歌赋的韵律、散文的纯真曼妙情愫，像一根根艺术的琴弦，拨动着赵新国的心。《阿房宫赋》《岳阳楼记》、唐诗、宋词……像一罐罐浓烈的美酒，令新国沉醉。凭着他的苦学，不出几天，就能倒背如流了。课余时间，他还阅读了许多古书、新书，他的求知欲越来越强烈。

一个星期天，赵新国乐呵呵地哼着戏曲，跑出校门。辛集镇有两个戏园子，三天两头唱戏，这个小戏迷真开眼了。

然而今天，他却不是去看戏，而是为着一个重要的消息上街的。繁华的镇子上，行人来来往往，那一家家酒肆、店铺、饭庄鳞次栉比。摊贩的叫卖声、吆喝声，刀案、锅勺有节奏的撞击声，汇成一曲市镇特有的音乐节律……对这些，赵新国都无心观看，只管朝前走。他径直来到商业街的一个店铺前，门上挂个牌子，写着"冯记画像馆"。只见临街的玻璃窗上，挂满了巨幅画像，有憨厚朴实的农民，有风尘仆仆的商贩，有喜笑颜开的弥勒，有端庄俊秀的菩萨……

有个顾客笑呵呵地拿着画像走出店门。赵新国探头往那儿一看，正是两年前见到的那个画匠冯老智。昨天，听同学们议论，说街上新来了一个画庙的神手，赵新国猜想八成是他。

新国摸摸衣兜，只有三个铜子儿，恰巧是画一幅像的价格。他知道，这个古怪的师傅，是不喜欢围观和闲聊的。

"师傅，画张像。"

冯师傅让他面对面坐在四五尺远的地方，拿出一张板纸和一支粗大的铅笔，对他端详片刻，便落笔沙沙画起来。约有二十分钟，一幅草图画成了。师傅交他自己鉴赏。

"像吗？"

赵新国接过一看，那用炭铅勾出的线条，明暗相间，刚劲有力，那椭圆的脸蛋，双眼皮的大眼，高高的鼻梁，无一不抓住了他的特征。

"像，像极了！"他惊喜地叫道。

冯师傅接过草图，用小毛笔，蘸着炭粉，又仔细点染起来。他边看边画，不一会儿，一幅像画成了。

新国第二次接过画像，很快被那逼真的仪容吸引住了，小时候，他曾跟父母来镇上照过相，这画像与照片一样地相像和细腻，然而，画像更具有美感、立体感，比照片更多了一种艺术色彩。

"您真是个大画家！"新国由衷赞叹。

"小小年纪，别光学奉承人，我离画家还差一大截哩！"冯师傅板着面孔说。

"噢，原来当画家这么难！"新国吐吐舌头，似乎又长了一点见识。

他不急于掏钱，想利用这难得的时机，跟这位奇人唠一唠："师傅，您画的佛，我怎么越看越像咱们普通人哩？"

"哦？"冯师傅眼里射出喜悦的光彩，"年纪不大，倒挺有眼力。那么，你见到过真的神仙菩萨？"

"没有啊！"

"《华严经》上说：'一切众生皆为树根，诸佛菩萨皆为华果。'佛与众生，原为一体，佛是觉悟的众生，众生是未悟的诸佛。你看，这菩萨不过是穿上佛衣的仕女，弥勒也不过是披上僧袍的百姓罢了。"

新国头一次听到这种议论，忙问："您参过佛，学过道？"

冯师傅凝望着小屋里那渐暗的光线，深沉地说："看破世情惊破胆，参透人情冷彻心。世上的真佛，其实就在平民中间啊！"

此时，又有几个画像的找上门来，新国只好付了钱，恋恋不舍地走出店门。

一路走，他一路回想起三姐给他讲过的一个孝子把母亲当神仙的故事，心里若有所悟：家乡的父老乡亲，不都是勤劳善良的人、圣洁庄重的佛吗？等我学好了，也要为他们画像。

寒假前的一个下午，赵新国穿着棉袄，躲在学校房后的土台上画像，他不时哈哈冷麻的手指，继续画下去。

每天下午和晚上入睡前，是他练画的黄金时间，学校的土房、槐柳、球篮、铁钟，都入了他的画本。自从在街上画了那幅像，他回校临摹了一幅，仍不解气，又照着镜子，画出第二幅。他的自画像被同学们看见了，都争着要他画像，他像五姐那样，欠下了好多"画债"。高小科目多，课程紧，他只能尽快勾出一个个同学的草图，再慢慢加工。

"新国，叫我们好找，体育老师等你去练球哩！"刘峙君和李兴亚两个好友从墙上露出头。

"给，你看像不像！"赵新国把那幅画递给刘峙君。

"啊，像，像极了！"两个人异口同声地叫起来。

李兴亚噘起嘴："人家是班长，你就哄着人家！"

新国憨厚地一笑反唇相讥："你是校长的外甥，我更得哄着你啦！"

李兴亚一时无言答对。

新国又安慰说："我说定了的，全班早晚每人一张嘛。咱们是朋友，更不能少啰。"

他们一路谈论着，来到篮球场。原来，校队最近要跟镇上一伙青年赛球，新国是球队的好前锋，自然少不了他。

新国甩掉棉袄，练了一阵投篮，刚要开赛，忽见一个同学气喘吁吁地来叫："新国，兴亚，校长叫你们赶紧去换黑板报，外地学校要来观摩哩！"体育教师没辙了，只好让他们去干更要紧的事情。

束鹿是有名的文化县。在县城这所最高学府里，黑板报又代表学校的面孔。所以，每期壁报的文字都由校长亲自定稿，门口耸立的带着防雨罩的黑板报下，已有两个同学用仿宋体书写了文字。赵新国负责插图，他看了看"体育消息"一栏，忽然灵机一动："兴亚，过来，我给你画张像！"

"什么，这时候？"兴亚感到意外。

"对。不过不是画你的头，而是画你的脚！"

大家不由把目光转向兴亚穿的一双球鞋上，当时这种球鞋是不多见的。

新国让兴亚站好，比着那双球鞋画起来，不一会儿，一幅新颖别致的栏头画便勾画出来了，蓝粉笔画的鞋面，白粉笔画的鞋底，绿粉笔画的鞋带，分外醒目。

"新国，石老师叫咱们晚上到他屋去写春联，说是镇上派给的任务。"王景平、石海涛两个同学跑来招呼。这两个人有才气，后来都成了河北有名的书法家，这是后话。

唉，晚上加班画像的事又吹了。明天一大早，还要去野外练嗓子，他还是宣传队的歌手，过几天还要登台演出哩！

那时，学校倡导美育，包括美术、音乐、戏曲、体育等多种艺术。多才多艺的赵新国，几乎天天这样忙，可他年轻气盛，精力过人，从来不知疲倦。

第三章　望云励志

一

1919 年夏天，北京爆发了反帝反封建的"五四"运动，斗争的烈火迅速燃遍了天津、上海、长沙等地。在古老闭塞的乡间，烈火未燃之处，人们还是像以前那样平静地生活着。在辛集镇商业街头，一位精神抖擞的小伙子正在漫步寻找着什么，这就是十三岁的赵新国，他高小就要毕业了。

他早就打好了主意，要报考美术学校。此刻，他是来找冯画师的，想打听一下有关美术学校的事。两年的学校生涯即将结束了，此时，他踌躇满志，对辛集充满了眷恋。

赵新国边走边看，茶棚一边，是著名曲艺家乔廷秀的书馆。两座戏楼里，评剧名优白玉霜和晋剧大王丁果仙对台献艺；宝宴楼关老常的山珍海味席，聚英春魏福利的炒里脊，福兴仁的酱牛肉、咸驴肉、热羊杂飘散着各种香味；日用杂货，五金用品，丝绸棉布……五行八作弹奏着协调的乐曲。

他大着胆子，来到那位画师的店门前，抬头一瞅，吓了一跳，只见门环上吊着大锁，两扇门关得铁紧，用封条打了一个叉，那记着查封年月的几个七扭八歪的毛笔字，分明不是冯师傅的笔迹。

新国怀着满腹狐疑，去店旁的制镜铺打听。那瘦老汉摇头叹息着："唉，作孽呀，前天局子里来封门，说冯老智因事进京，正赶上闹学潮的学生讲演，他也掺和进去，游行，喊口号，被一块儿逮捕下狱了。这年月，好人难活呀！"

像一桶冷水，浇得新国浑身冰凉，回去的路上，赵新国心里像十五个吊桶打水，七上八下，很不平静。

回到学校，又一个意想不到的消息传来：父亲病了。他顾不得多想，急急忙忙朝家赶去。

一进外院，新国一眼就看到，马棚空了，槽里剩下的一点儿拌草也早晾干了。他三步并作两步进了屋，只见爹躺在炕上，颧骨隆起，脸上的肉塌陷下去。爹看见他，失神的眼里浮上一丝微笑："妮儿，回来啦！"娘红着眼告诉他，爹长了浑身疥疮，用药水洗，着了凉，半个月一直发烧，姐姐们轮番伺侯着，怕耽误他的学习，直到现在才告诉他。

新国背过脸，泪珠簌簌掉下来，轻声问三姐："咱那马呢？"

"爹躺下后，拖了一屁股债，又没人饲养，便托人卖了。"

新国心里像刀剜一般难过。见父亲烧得迷迷糊糊，便去请医生。

赵三爷正坐在柜台前拨算盘，听新国说了父亲的病情，淡淡地说："前两天我去过的，这病难治呀，先拿点药吧！"说着，从一旁的药罐里拿出几个药丸，在本子上划下了赵老朝累记的赊账。

赵老朝吃了药，烧得更厉害了。手在空中一个劲儿抓挠，低声呻吟着："水……水……"

新国慌了神，又急忙跑到药房，央求赵三爷去给爹看看。

赵三爷皱皱眉头，说："等会儿我去吧。"

新国忽然想起回家时路过赵三爷家的沙岗田，长了满地西瓜，他家长工在窝棚里守着。

"赵掌柜，我摘你两个瓜，你先记在账上吧。"

赵三爷皱皱眉，不高兴地说："唉，那瓜还没熟呢，过几天吧。"

赵新国心情烦闷地往家走，恰巧碰上了好友赵庆余，便把这事跟他说了。赵庆余气得直跺脚："什么他妈一家子，黑了心的，认钱不认人，你先照看大爷去，让我想想办法。"

晌午，赵庆余和尚小五汗水淋淋地背着两筐草来找新国，掀开青草，每只筐里盛着个熟透的大西瓜。新国如获至宝，顾不得感谢二人，忙把瓜切开，给父亲端过去……

　　赵家不大的宅院里，传出一群女人嘤嘤的哭声。赵老朝半睁着眼睛，撒下一家人匆匆走了。断了这根顶梁柱，一家老小顿时没了主心骨，像塌了天，全家人被压得喘不过气来。

　　出完殡，大家一路没说话。三姐怀里抱着女儿，身后跟着儿子。新国看看已有六岁的大外甥冯振生，心里更加感伤。他想起自己如梦的童年，想起父亲对他的百般疼爱。如今，这样的日子再也不复返了。要不是怕引起母亲伤心，他真想大哭一场。

　　路边这原来属于他家的土地，这会儿有一半归了三爷家。没等父亲咽气，赵三爷就以无钱进药为名，逼他家还债，母亲只好忍痛把十几亩好地转给了赵三爷。

　　父亲卧床一个月，好心的乡邻们跑里跑外，帮着整地、起圈、拉粪、耕种，父亲一死，又是这些患难兄弟，东拼西借，帮着料理完丧事。短短十几天工夫，在新国纯净的心灵里，开始懂得了恩、仇、爱、憎这些字的含义，稚嫩的目光里增添了几分深沉。

　　他们在悲痛欲绝的气氛中度过了一天。吃罢少油没盐的剩菜汤，赵老太太把儿女们招呼到一块儿，在菜油灯的映照下，她的脸更显得苍老，头上的银丝几乎吞噬完仅剩的一点儿黑发，充满血丝的眼里满是凄凉和悲怆。

　　"妮儿，你过来。"新国理理分头，顺从地坐在母亲身边。看来，母亲有什么大事要嘱咐。

　　果然，母亲郑重地说话了："今晚咱一家子再聚一场，明天，你姐姐们就该回婆家去了。你爹去了，丢下这个穷家，有我和三妮撑着。你们哪个还记着娘，就常来走走。"

　　屋里响起一片压抑的叹息。

　　"八妮，娘有一件事要对你说。"赵老太太转过身，情深意长地说，"爹娘答应过你，让你上学，让你学画，可眼下咱家实在没有气力了，只怨爹娘没本事，断绝了你的出路……我思谋着，咱没钱上学了，你在家又肩不能担，手不能提，想给你找点儿事干。昨天你也见了，张掌柜来咱家吊唁，我把他叫出来，求他收下你作个徒弟。你苦熬着吧，往后总有出头的日子……好妮儿，你答应我！"

　　一阵长时间的沉默，新国心里乱极了，几天工夫，他像掉进了冰窖里。

学画画，进美校，当画家的美梦，一下子被扫荡一空。他难过极了，也苦闷极了，他要冷静地想一想，面前还有没有一条更现实的路。

见八妮不语，母亲顿时眼泪汪汪，颤抖着身子说："妮儿，娘也是没有办法呀。只要有一条好道，娘也狠不下这个心哪！呜……"

新国的心颤抖起来，他已经长大了，再不是跟爹捉迷藏、跟娘耍犟筋的八妮了。尽管他不愿经商，时刻做着画家梦，可残酷的现实逼着他不能再这样做了，他已经成了赵家的顶梁柱，他要撑起这个家。他赶紧上前搀住娘的胳膊，帮娘擦掉眼泪，说："娘，我早就盼着在辛集谋个事哩。"

二

不久，赵新国来到辛集镇的皮店街。只见三里长的街道挨门矗立着皮货的商号，大商号称为皮庄，小商号叫作皮店，这条街共有皮庄七十多家，皮店四十多所。束鹿有句民谚："进了皮行家，带毛的不剩渣。"牛、马、驴、羊、狗等皮毛、皮革能制多种产品自不必说，捋下的毛能纺毛线、织毛衣、做毛毯、擀毛毡、做毡鞋毡袜；牛头皮专做拉车的后兜儿；马尾能做掸尘的甩子、筛面的马尾罗；死狗皮、烂羊皮能拧鞭子，做鞭稍；皮油熬制蜡烛、肥皂，臭皮碎皮熬阿胶，皮渣子是养猪喂鸡的精饲料……

皮店街上，车水马龙，分外热闹。穿街而过的，有当地的大车队、西北的马帮、骆驼队。将皮货装箱入篓，运往各地。皮行商业中流传着这么一句话："舍得了婆娘，舍不了皮行。"

赵新国所在的恒盛皮店是一所熟皮卖革的小店，只有掌柜夫妇和两个伙计，他算一个不计酬、只吃饭的学徒工。

张掌柜是个圆脸矮个儿小老头，对顾客不笑不说话，对伙计们却爱指手画脚摆谱儿。赵新国跟着掌柜走进临街的店铺，只见货架上放满各种熟好的毛皮和皮革，旁边是账房兼会客室。进了穿堂门，是一个小院，张掌柜老两口儿住两间，另一间作厨房，盘着烧木柴的大灶。看这屋院倒也错落有致。拐过厨房后的一个暗门，后面又有一个小院，可就龌龊不堪了。院里放着两排泡着皮子的硝水大缸，地上摊满发散着臭味的白皮子，上面趴满绿头苍蝇。排水沟的污水里，有许多长尾巴蛆虫在蠕动。院角有间快要倒坍的土房，这就是他的卧室兼库房。刚进后院，新国差一点儿呕吐出来。

一进卧室，张掌柜便把准备好的四件工具指给他看，那是一把扫帚，一担水桶，一根木棍，一把板斧，并给他交代了这些东西的用场：每天五点起床，要把前院、后院和门前的街道打扫干净；上午要担几十担水，把熟皮子和做饭的大缸灌满；中间，要翻晒白皮子，用木棍翻搅大缸里的白皮；还要劈柴，帮老板娘烧火做饭……那两个伙计，一个是熟皮子的师傅，一个是跑业务的行家，自然高人一等了。

寄人屋檐下，怎敢不低头。初出茅庐的赵新国，就感到了肩头的沉重。

新的一天开始了，听到晨鸡报晓，赵新国一骨碌爬起来。他按掌柜的吩咐，轻手轻脚扫好屋院，又找到水桶，到井台去担水。井深足有两三丈。他慢慢放下柏木桶，学着人家的样子，摆起桶来。长这么大，他还没担过水哩，他提心吊胆地摆晃着木桶，猛一蹾，咚的一声，糟了，木桶脱钩了。

赵新国沮丧极了，却又束手无策。后来在众人的帮助下，好不容易找来捞桶的九连环，把桶捞上来。这次，他学乖了，用铁链子把桶梁绑上。这样一来，又耽误了别人不少工夫，遭到了刻薄人的白眼和议论。太阳老高了，赵新国才一步三晃地担着两桶水回了店。

搅硝缸，翻皮子，又臭又脏。那两个伙计把干皮子拿到前院，还要在腰里系上围裙，可他只有一身破衣裳。他一声不吭，脱光膀子，光着脚丫，只穿一条短裤干活。人常说，有享不了的福，没有受不了的罪。这会儿，他算真正体验到了。

吭——吭——，赵新国抡斧劈柴，掌柜事先教过他，劈柴不看纹，活活累死人。他把木纹顺好，轮圆板斧，劈呀，劈呀。一不留神，一块木屑溅进眼里，肿了好多天。

烧火做饭，是最轻闲的活计，他可以一边烧火，一边梳理那烦乱的头绪。还可以用木棍在灶边的地上画画，用这须臾的享乐来补偿生活的乏味，消除身体的劳累。

"哎哟，水开了，把锅盖顶起来了，你也不言声！"背后传来老板娘大惊小怪的训斥。他一激灵，忙起身去淘米。后面又听到一阵唠叨："这么大小子了，什么都不懂，呆眉呆眼的……"

在家里，新国常听娘讲，爹怎样跟恒盛皮店联系北京的买卖，使这家皮店起死回生；怎样为皮店加工好皮，让皮店赚了一笔钱；怎样讲义气，毁了账本，撤了股份；怎样看重感情，与张老建亲如兄弟……可如今，人在人情在，人去万事休，他开始尝到了这人情冷漠、世态炎凉的滋味。

时间一长，赵新国渐渐适应了这个环境，他的肩和手都磨出了厚厚的老茧，嘈杂的货场，腥臭的气味，似乎把他的五官也磨出了老茧。别的好说，唯有不能有更多时间练画，难以忍受，他白天没有时间作画，晚上又累成一摊泥。画欲上来想抹几笔，又不能睡得太晚，生怕早上不能按时起床。

在皮店干活，他最大的兴趣就是一边在前院劈木柴，一边听掌柜海吹神聊。买卖清闲时，掌柜端着茶壶，讲的生意经比书馆的评词还动听。这会儿，掌柜又跟两个伙计吹上啦：

"干咱们这行，穷了是孙子，富了是爷爷，伙计们好好干，赚了钱让他们看看咱的气派！"

正说着，有人进了客房。

"哈哈，胡代办，什么风把您吹来啦？……啊，您给外国人定做的掏羔皮袄。算好眼力，甭说在辛集，踏遍整个中国你也难找第二家。你想，隔着母羊肚子，能看出揣着的羊羔毛正好长到一寸长才开杀，一般师傅能办到吗？为这，我每月花两块大洋，请了一位祖传掏羔师傅……这种羊羔皮实在难找。咱们店仅存两张，您等着，我到后院拿去！"

张掌柜一进后院，便低声吩咐赵新国："去，把墙角晾着的那两张羊羔皮拿来。"

"呦，那是两张死羔皮呀。"新国惊讶了。

"多嘴，叫你拿你就拿。"掌柜铁青着脸，狠狠瞪了他一眼。

赵新国明白了，又想起前几天掌柜让他捆羊皮时，把驴皮革卷进牛皮革里。他以为掌柜看花了眼，忙提醒他，哪知遭了一顿训斥。

这晚，新国失眠了，他想了很久很久，人世间的事情，怎么这么复杂呀！

在恒盛皮店，赵新国也有欢乐的时刻，那是表兄王西渠来看他的时候。

王西渠年近三十，是个讲义气的热心人。自从父亲在北京开了皮店，他就负责业务，来往于北京、辛集之间，和街面上的掌柜都挺熟悉。这天晚上，他特地来看新国。

一进屋门，他就皱起眉头：那用木棍支撑的破窗前，朽木板上放着一盏遮风的油灯，表弟正伏在板上专心作画，身后除了临时搭起的一个床铺外，垛满了晒干的皮子。这哪里是人住的地方！

王西渠鼻子一酸，他知道这个小表弟过去的日子，想不到竟落魄到这个地步。受人之恩，如今当报了。"新国，还画呀？"

新国抬起头看见表兄，忙起身让座。王西渠低头看看木板上的画，马上被吸引住了。他走京串卫，也爱书画，经常去北京琉璃厂赏画，所以能看出点儿门道来。他高兴地说："光知道你爱画，还不知道画得这么好。我看你别干这个了，到北京去学画吧！"

"北京有画画的学校？"

"有，国立艺专，京华美专，都是专干这个的地方。"

新国惊喜地站起来，但马上又泄气地坐下了："我……我没钱呀！"

"不要紧，你跟姨母去说，只要她点了头，我供你上学。"

新国激动得不知说什么好："表兄，您要能帮我进京学画，我永远不忘您的大恩！"

王西渠摆摆手："说这话就远了。亲帮亲，恩报恩，姨夫对我家的恩情，那是终身难报啊！"

表兄走后，赵新国心情久久不能平静，悲痛、委屈、甜蜜、向往，一阵阵涌上心头。他想了很久很久，很远很远，不知什么时候才合上了眼。

三

赵新国欢天喜地地回到家里，在皮店这两年，他还没有这样高兴过。表兄帮他办的这件事要能实现，那将是他最大的幸福了，把他当作掌上明珠的母亲，一定会答应的。

一进门，他那欢快的心陡地阴沉下来。他看见，母亲正抱着瘦弱的小外甥，坐在厨房里熬药。他不由想起十年前的光景：锅里常常炖着牛肉，煎着馅儿饼，摊着笼糕。他在灶前常看到火光映照着母亲那张含笑的胖乎乎的大脸。这会儿，那张胖脸像被掏空了血肉和水分，变得憔悴干黄了，浑浊的老眼里饱含着病痛和忧虑。

新国接过外甥，问起母亲的病。母亲告诉儿子，她整天头晕眼花，不能走远路。多亏女儿们离得近，你拿钱，我送米，她买药，才撑起这个家。天旱无雨，地干得裂了缝，这不，三姐领着大儿子浇地去了。

"妮儿，皮店待你可好？"

每次回到家，母亲都要这样问。

"好，好！"新国也总是这样回答。

新国鼓了鼓勇气，嗫嚅着说："娘，西渠哥说……说要帮补咱点儿钱，让我……去上学哩。"

娘一时没说话，过了一会儿，嘴角抽搐了一下，眼里闪出泪花："你愿意去上学，娘不拦你。可娘总担心，外头这么乱，你三姐夫落得活不见人，死不见尸，家有千口，主事一人，往后你是当家人了，还要娶媳妇生孩子，接替赵家香火哩……"娘呜咽着，说不下去了。

儿子最理解母亲的心，娘让他学徒，是怕他种地受累，娘不愿让他出门，是怕他有个闪失，绝了赵家唯一的根苗。娘一片心全是为儿子，做儿子的更要体谅娘。如果硬走，娘也不会拦阻。可看看这个家，又怎能放心哪！

"娘，我是说句笑话，"新国又孩子似的凑到娘跟前，"其实，我可不愿出去，在家多好，半小时就能回来，往后再给您娶个媳妇，让她好好伺候您。"新国苦笑着安慰老母亲。

春种秋收，逢年过节，赵新国都泡在家里，他逐渐担起了家庭的半副重担。好在皮店干活不挣钱，有他也初一，没他也十五，他便来去自由了。

麦收，是他最怵头的一关，他跟着三姐学泼场、轧场。天不明，就被三姐叫起来，到地里拔麦。十来亩麦子，一望无垠，全凭着一张腰板两只手啊！一麦抵三秋，姑娘小姐也下楼！"别人能干的，我为什么就不能？"他跟三姐学打药，捆扎，不一会儿腰就像折了一样，想直身子都得探着头慢慢来。可是，眼看麦子熟焦了，地快干了，天要下雨，还要抢收抢种，又没牲口，就是千手观音，也顾不过来呀！姐弟俩急得快要哭了。

远处，驶来一辆大车，上面坐着几个人。近了，才看清是赵庆余、赵大林、尚小五等几个儿时的朋友和同学。他们二话没说，赶紧帮姐弟俩拔麦子、装车。

"患难之交情最深！"赵新国在心里说，他像看到一群救命菩萨，济世活佛。

"八妮不是孬包，八妮能干着哩！"乡亲们都这样夸他。

"人敬我一尺，我敬人一丈"，在新国那北方汉子的热血里，播下了"重感情""讲义气"的种子，他们自发地组织起一伙"帮工队"，他又成了年轻人心目中的"头儿"。

铜臭熏天的店铺，贫困潦倒的家景，没有他摆放画案的地方，也没有他挥洒彩笔的时间，他心绪不宁，也难得鼓起这个雅兴。但周身的艺术细胞鼓胀着，又使他与艺术难解难分。晚上，一有闲暇，他就拿起写生本子，串戏园，走书馆，有时还到民间自发组织的京剧清唱班"同乐会"去"玩票"。在这段时间，他的写生本上画满了"生、末、净、丑、旦"各种角色脸谱。

丝竹管弦的美妙境界，陶冶了他。他再不满足于会唱几段京、评、豫剧和大秧歌了，他还要亲操管弦，去体验那与唱段和谐的音乐。从辛集步行回家，要经过一个叫试炮营的村庄，他听说有个叫孟大根的半瞎子，吹拉弹唱俱精，便登门拜师学艺。历经两年，他学会了拉胡琴、吹笛子。拉和唱不能一心二用，他却靠着聪明与技巧，自拉自唱。

夜深了，丝竹的纯情感染着他，使他难以成眠。凭窗仰望，他发现天幕也像他的梦境一样，幻演着各种戏剧。有时，皓月当空，云霞涂彩，像一幅绝妙的风景画，叫他好兴奋，这不正是他的"锦绣前程"吗！有时，月如羞女，云似轻纱，扑朔迷离，又令他好惆怅，好悲怆。人生如梦，时光荏苒，真中了冯师傅那句话，该彻悟成佛了！有时，天幕上乌云翻滚，霁日难逢，又引得他好悲酸，自己的前程，莫非就如同月沉云海吗！这变幻奇巧的云翳，又多像高深莫测的书画艺术啊！渐渐地，"望云"这个字眼儿，在他幻想、躁动的年轻心房中形成了。灵机一动，他用京抓写了"望云轩"三个颜体大字，又用《陋室铭》中的两句写成对联："南阳诸葛庐，西蜀子云亭"，贴在门口。书斋名是他宏图大志的表露，而对联则是他无可奈何当隐士的悲叹了。

慈母最能体察儿子的凄苦与孤独。十八岁，该给他找个媳妇了。不久，经五姐介绍，他娶了倾井村的一个姓权的女子。权氏温柔和顺，很讨婆婆和姐姐们的欢心。可令她们不满意的是，八妮就像多了个大两岁的姐姐，心思仍没放在家里，只要一有空闲，就钻进他的小书房。

进了农历腊月门，"望云轩"的灯光便彻夜通明，给乡亲们写对联、画佛像，一家挨着一家。那用毛桃纸剪成的画纸，摞了足有一尺多厚。这是春节前后家家门前一双闪亮的眼睛啊。少吃几顿饭，少睡几宿觉，也得给乡亲们赶出来。

此时，《芥子园画谱》的画法，石先生的书法，冯师傅的诀窍，特别是他那巴掌大的写生本子，都有了用武之地。寂寂长夜，油灯如豆，赵新国打开他积累的写生画，用毛笔蘸着五彩，画起一幅幅乡邻们最熟悉、最喜爱的图景，他自己也沉浸在那乡风浓郁的诗情画意里。

这幅一老一少，两个妇女推碾子的构图，是描摹的他二婶和嫂嫂的形象。她们婆媳和睦，经常在一起干活儿，嫂嫂一边推，一边用笤帚搅拌着摊在碾盘上的高粱糁子，脸上泛着满足的微笑。他抓住这个场面，疾速地画了一幅《推碾图》，让二婶看。二婶和嫂嫂看了，连声叫好。嫂嫂忽然惊叫起来："呀，这推碾子的方向画反了！"他仔细一看，不由羞红了脸，便重新蹲下，仔细观察，画出了一幅新的《推碾图》。

这个吹喇叭抬轿娶媳妇的图景，画的是东院小叔刚过的那场喜事，那天，他顾不得放鞭炮吃卷子，跟着轿画下了十来幅红火场面。媳妇娶到院里，在北屋窗前上拜时，他凑过去想看看新媳妇的脸。不料那媳妇是个爱逗爱闹的主儿，一把推了他个跟头……

一幅幅农家的生活场景，记载着周家庄人的喜怒哀乐。他要把这些民间的风俗画绘在画纸上，让家乡的父老去品头论足，从中汲取更多的民间艺术营养。

除夕夜，一街两行的灯笼挂满了周家庄，几百个男女老少都出来观灯了。

"看啊，这叼长烟袋的是我大爷……"

"嘿，八妮这小子，怎么把我也画进去啦！"

"八妮真行，让咱周家庄人都上了灯影。"

赵新国穿着新做的黑布长衫，拿着铅笔和画本，无声地笑了。一年一度，这别具一格的绘画展览，是他最欢欣鼓舞的时刻！

过了春节，紧接着又要组织鼓队。那时，锣鼓要靠村里人募捐购置。赵新国学会了锣鼓点子，辈分又大，被选为"鼓乐会"的会首。他挨门集资，在资金不足的情况下，卖掉了自家的一口猪，买下了一面鼓。他和那些穷兄弟们，练上一冬天，到元宵节那天，便赶着骡马大车去镇上赛鼓。这年，束鹿县三百四十八个村镇，他们的鼓队争了第一。赵新国一跃登上车辕，把一面夺标的杏黄旗插在车厢上。十几个半大小子在车上笑哇，跳哇……

赛完鼓，紧接着是排戏、演戏，闹戏的都是他儿时的子弟班。他自然又是戏班的导演、主演。得空时，还要当一会儿琴师。春节的民间文化活动，使他那郁闷的心情有了短暂的欢乐。

四

春节过后，他又回到那令人窒息的皮店，继续着那费力不讨好的学徒生活。

一次偶然的机遇，改变了他在皮店的地位。皮庄、皮店的掌柜为招徕顾客，别出心裁，在自家门前竖起一幅幅广告画，宣传本店经营的皮毛商品。张掌柜知道新国爱写爱画，便抱着试试看的心情，让他给店里画幅广告。这件事，无非是轻描淡写一句话，说完也就忘了。不料过了几天，赵新国真的不声不响画成了。当然，都是夜间加班画出来的。在门口一挂，马上在赶集上店的小贩客商间轰动了。众口一词，都说字好画美。张掌柜见顾客骤然多起来，自然高兴得合不拢嘴。

这天，王西渠又来看望表弟。他知道表弟不能进京深造，心情一直不好，便时常来安慰一番。刚到门口，他就被那幅工整的广告画吸引住了。

看了半晌，忽地想起一件事，便快步进了后院，告诉表弟一件新闻。

原来，镇上新建了一家最豪华的"新新宾馆"，馆里招了几十个漂亮女招待，那老板别出心裁要在迎门大厅里画一幅整墙大的《百美图》，以招徕顾客。他嫌束鹿"小药铺没人参"，要去北京请名家来画。末了，王西渠说："可惜呀，表弟只能画广告。"

"表兄，请你替我承揽下来，我要给兄长丢了脸，马上卷铺盖回家。"新国坚定地说。

几天后。赵新国将自己精心画的一幅彩色仕女图交给王西渠，作为样品，托他转交宾馆老板。王西渠一看这幅仕女图，顿时乐了，说："没想到表弟有此神通，这事一定能成！"

不出所料，这幅大型壁画拍板成交了。"新新宾馆"先付给皮店一笔劳务费，张掌柜便欣然答应。

赵新国画壁画与众不同，他跟老板讲定，每天来宾馆画一个女招待的肖像。带回皮店一边干活一边打腹稿。他从周家庄村东的柳林圈里折来干柳枝，烧成木棍，制成炭笔。夜里，用炭笔在粉墙上勾出一个个仕女的草图，再浓笔重彩，描绘那神态各异的花容月貌。就这样，整整用了一百天，一幅雍容典雅的《百美图》画成了。

壁画完工那天，轰动了整个辛集镇。工、商、文、教等各界人士都来观赏。只见"新新宾馆"门窗大开，门前里三层，外三层，足足有三四百人围观。壁画高有丈许，宽有三丈，白漆作底，五彩为釉，古香古色，金碧辉煌。

那百名古装仕女，或站，或卧，或坐，或飞天，或步云，千姿百态，艳丽迷人。远处看去，多而不杂，繁而不乱。近前看时，更令人惊讶不已，望望壁上的美女，再看凭栏观望的女招待，一个个何其相似！真个是人从画中来，画从人中出，分不清是人中画，还是画中人。丽人披上古装，着了重彩，更加俏丽多姿，怪不得这些姑娘顾盼神飞，流连忘返哩！赵新国的《百美图》，在辛集一时传为佳话。

小荷崭露头角，香花引来蜂蝶。小城一些文人墨客也慕名来访。诗文并茂的"金玉声"掌柜石书轩，酷爱戏曲的医院院长罗耀西，医生杨德运，武术名师马骥良，都与赵新国结为忘年之交。他们谈诗论画，唱戏抚琴，研文习武，为日后"诗洋画海金束鹿"的盛名奠定了基石。

　　新国十九岁这年秋天，妻子为他生了一个女儿，取名桂秋。赵老太太当上了祖母，自然欢喜。新国的姑母病故了，老太太又赶去奔丧，这一喜一忧，突然患了脑溢血，没等抬回家就咽气了。

　　母亲暴死，使赵新国悲痛欲绝，好心的朋友们资助他，做完了父母的合葬大礼。他不堪忧伤，也大病了一场。几天后，他支撑着病体，为母亲画了遗容，和父亲那幅画像并排放在神龛里，逢年过节香纸供奉。他不信神仙佛道，受了冯师傅的启迪，把衣食父母敬为神仙。

　　黄昏时分，红日西斜，他拖着初愈的身体，提个小篮，踱到村东的柳林圈。在父母坟前烧完纸钱，跪在地上恸哭起来。几年的苦辣酸甜，使他渐渐懂得了人生，他要在泪水中发泄对亲人的怀念和歉疚。

　　他无力地坐在一棵老柳树下，呆望新坟，泪如雨下。激情所至，忽生灵感。从兜儿里掏出铅笔和速写本，画了一幅《柳荫饮泣图》，把此景此情如实地再现在画面上。后来，他用彩色重绘，裱成一幅中堂，挂在家里，作为永久的纪念。

　　此时，金乌西坠，晚霞映红了半边天。浩瀚奇特的火烧云，有的如烈马奔腾，有的如神女飞天，有的似八仙过海，有的像天兵交战……

　　云霞勾起他更强烈的丹青云梦，他想起那天西渠兄来吊唁时说的一句意味深长的话："送走了父母，你也该走了。"想起了文友们常勉励他的那句"人杰地灵，有志之人当在大邦之地……"

　　同时，一个势利小人的面孔也在他脑海中闪现，那是周家庄首户赵三爷。他想起上学时赵三爷那讨好的笑脸，到他家写生时那肉麻的俏话，回家种地时那副鄙视相。

　　最不能令人容忍的是，今年春节的一天晚上，他和赵庆余、赵大林一伙朋友在"望云轩"排戏时，在街上的厕所里，听赵三爷议论得正欢："我看老朝家这小子完啦，整天不是琢磨画画的雕虫小技，就是扮演下三滥的戏子，北瓜蔓子拧绳——没个正劲，这个家业要让他败光了！"

　　赵新国一听，气往上撞。可转念一想，赵三爷是村里一跺脚满街颤的头面人物，便尽力忍住。不料，解完手往稍门走时，赵三爷发现了他，又当众高喊了一句："浪荡娃，败家子！"

　　这下，赵新国忍无可忍了，他最重面子、名声，自以为没搞歪门邪道，可偏有人把屎盆子往他头上扣。他折转身，挺着胸脯走到三爷近前，忍住火儿平静地说："您老可不能把话说绝，我赵新国自知无才，但雕虫小技不见得比缺德差到哪儿去！"

　　"好小子，这话可是你说的，你敢跟我这不大不小的财主比试比试？"

　　赵新国一跺脚："你别欺人太甚，十年河东，十年河西，咱们走着瞧！"

　　想到这儿，他一握拳头："干不出个样子来，我誓不回周家庄！"

　　咔吧一声，笔杆被他握断了。

第四章　京华云梦

一

1925 年秋，一个高个子青年风尘仆仆地来到北京西城丰登胡同京华美专，他就是千里求学的赵新国。凭他的聪明才智，完全可以成为家乡的土画家、书法家、演员或琴师，但百里小县盛不住他的一颗雄心，在王西渠的资助下，他毅然来到北京。本来，他听说国立北京艺专条件好、收费少，要去那里报考，但该校只在暑假招生，良机已失，只好多花些钱到这所私立学校插班了。

接待他的是教务长邱石冥。一见这个一身蓝衫、满面尘土的青年，邱石冥就知道是个地道的乡下人。但凭他多年的教学经验，越是出身卑贱，往往越成大器。他对这个满头高粱花子的青年先有了几分好感。

"老师，这是画画的学堂吧？"赵新国腼腆地问。

"对，你要上学？"

"嗯。"

"有习作吗？"

赵新国从伴随他几年的那个书包里抽出一大沓铅笔写生画，这是他在周家庄、辛集淌下的心血啊！他从积累的半人高的草图里，选出了这些比较满意的作品，作为他初登京华的答卷。

老画家细心地审视着这些画稿，时而摇头，时而点头，脸上泛着莫名其妙的微笑。凭他的慧眼，看得出这个青年是下了很大功夫的，他的求真写实的临摹水平，在乡下够不上状元，也得算个举人了。但严格来讲，他的基本功还欠扎实，路子也不大对头，写生要从素描入手，要靠线条表现，而他的画大都是用铅笔、毛笔进行明暗反差的擦皴。

"你叫什么名字？"

"赵……赵望云。"新国把这个千思百虑、向往已久的名字说出了口。

"跟人学过画吗？"

"看过一点儿。"

邱石冥点了点头，心里明白了，也当即想出了对症下药的办法。

"你去西画班学习吧。"

"西画是学什么的？"

"先学素描，后学油画。"

"老师，我可是用毛笔作画的！"他惊叫起来。

邱石冥一摆手："你先在西画班学一年素描技法，再去学国画。"说罢，在西画班的名册上，写上了"赵望云"三个字。也从这时起，赵望云的名字陪伴着他度过了终生。

赵望云一走进教室，二十多个学生便投来不同的目光：鄙视的，惊讶的……在这些衣着华丽的纨绔子弟中，他无疑是一个引得众目睽睽的土老帽儿。

这是一所私立学堂，课桌和凳子都是学生自己带去的，他被安置在后面一个高个子女生桌旁，这女子被人称为"密司杨"。

他不敢正面看这位女生，只嗅到一股沁人的香味。他把眼投向黑板前的桌上，那里，摆着一个石膏人头像。同学们都按照这个头像去画，这大概便是老师的作业了。赵望云从书包抽出一些画稿，在背面临摹起来。

一堂课快要结束了，他的头像也画成了。他对自己的习作比较满意，左瞧右看，觉得和那石膏像分毫不差。无意中，他把头歪向了旁边，不禁被同桌笔下的头像深深吸住了：那幅头像，画得虽不十分准确，但那棱角分明的脸庞，炯炯有神的眼睛，特别是那粗细、明暗不一的线条，放射出一股活生生的神采，这刚劲粗放的笔道，居然出自这个文雅的小姐之手！赵望云情不自禁地又把目光转向那个女子的脸，蓦地，一股热流涌遍了他的全身：这个年龄与他相仿的女子，乌发下一张白嫩的鹅蛋脸，五官端正，目光温柔，比他临摹的百美图还要美丽十分。好个天姿国色的绝代佳人！

那女子也看见了他的画，樱桃似的小嘴儿一抿，笑着问："望云君，让我看看行吗？"

赵望云兴奋地点点头，扫视了前排的同学一眼，迅速把两幅画调了个个儿。

下堂课还是写生、素描。同学们完成了作业，便我行我素。有的借口小解，到街上去兜风；有的拿出小说看；有的凑成一伙儿，甩起扑克。

"密司杨"和赵望云把精力全放在了艺术上，他们粘在课桌前，轻轻地、不断地交流着画法，也谈论一些课余的话题。赵望云了解到：她父亲是北洋政府的一个大员，原在上海，后调到北京，她也就跟着来到了这里。

"密司杨"翻看着赵望云带来的一张张画稿，对他临写的农村人物很感兴趣。赵望云则对"密司杨"的素描功夫由衷佩服，为遇到一位强手和知音而暗暗庆幸。

放学了，一辆辆自行车、黄包车载着这些红男绿女离开了校门，驶进各自的安乐窝。赵望云那一度明快的心境又暗淡下来。他得步行几里路，到西城石灯大庙，去替和尚们看守千年古灯，以换取在庙堂寄宿的资格。

京华美专分国画、西画、音乐三科，设在一个不大的四合院里，这是由一些画家联合自办的院校。虽然学费比较昂贵，但画家们仅靠这点儿学费也不能养家糊口，他们平时还得在家画画，每隔三四天才来这里上一天课，再加上学生们大都是游手好闲的子弟，学校的纪律很糟。

赵望云交了当年的学费——二十块大洋，已经捉襟见肘了。一向勤奋的他，在这里更不敢有一分一秒的懈怠。纪律不严，他便见缝插针，完成西画作业之后，就到国画班去旁听，同样的学制，别的同学只学一门，他却既学了素描的基本功，又学了国画的技法。

国画班请吴一舸教山水，徐燕荪教人物，汪慎生教花鸟。这些先生都不坐班，那些有门路、有心计的学生，白天练画，晚上经常找到先生家里去吃"偏饭"。赵望云没有车子，晚上还要打更，哪有这个条件，只能在课堂上和业余时间发奋努力了。

赵望云最喜欢徐燕荪教的人物画。徐有时把自己画的仕女挂在墙壁上，让学生临摹，有时拿粉笔在黑板上当场示范。赵望云紧盯着那只胖乎乎的手，随着他的挥洒转动，一道道美丽均匀的线条飘逸而出。直的、弯的，条条有分寸，有力度。徐燕荪以擅画仕女著称，但又以历史故事、人物鞍马为特长。作画时不起草，信笔落墨。画人物，衣纹跌宕，随势运转；笔下的战马，用笔遒劲，奔腾勇武；复杂的场面不显凌乱，而且造型生动，满纸生风。这些谈笑之间的工笔画，凝聚着画家多少年的功力啊！赵望云暗下决心，将来一定要当这样的一个大画家。从此，他对写生、素描的基本功练得更加勤奋了。

转眼到了期末，学校准许学生每天下午外出写生，实地作画。

这天下午，杨小姐早早雇好了一辆黄包车，约他去香山写生，香山风景秀丽，是理想的习笔作画的场所。

几个月的相处，他们的心越来越贴近了。望云察觉到，少女已经偷偷爱上了他。平心而论，这是个温柔多情、才华横溢的女子，从感情上讲，她就是他心中的"维纳斯"。但是，理智告诉他，他们的门第相差太远了，他的根应该在农村。道德告诉他，他已经是丈夫和父亲了。他全力追求的应该是艺术。尽管长期的苦行僧生活，青春的余力苦苦折磨着他，但他不敢跨越雷池一步。

这就是花开似锦的香山，这就是深秋红叶的香山。满山的青松翠柏，枫树梅林，都是他们写生的好素材。

他俩手拉着手，爬山跳岩，阳光下，浓荫里，描绘着他们神往的图景。

到黄昏时分，他们便都勾画了十来幅小景。

两个人披荆斩棘，钻进乱树丛中。眼前豁然一亮，这里，绿树萦绕，中间是一片绿茸茸的草床，那半尺多高的茵茵绿叶，似在暗示他们，这里从来没人问津。

"真美啊！"杨小姐一屁股坐在草坪上，从书包里掏出一瓶汽水，打开来，先递给望云。微风轻拂，蝉声长鸣，醉了一对年轻人的心。

赵望云仰脸望着苍穹，苍穹浩瀚博大，但却似乎看不见自己的立锥之地。爱情在向他招手，只要他一转身，就能得到。然而，一旦播下这多情的种子，后果将不堪设想。姨父已将自己的一幅画稿作为考卷，交到国立艺专。不，不能只求一时的欢娱，留下难以想象的感情纠葛。更不能辜负了亲友的厚望，贻误了自己的前程。

他缓缓坐起来，装成一派淡然的样子："啊，时候不早了，咱们该走了。"说罢，逃也似的钻出了树丛，他分明感到，身后正射来一道幽怨的目光。

二

在西城二龙坑国立艺专校长林风眠的办公桌上，摆着一沓画稿。二十五六岁，温文尔雅的林风眠先生正神情专注地审阅这些作品。国立艺专每年招取学生不多，事必躬亲的林校长要亲自把好这一关。

一幅署名赵望云的农村题材的国画摆在他面前，他已经看了足足半个钟头了。这幅画题款是"为衣食奔忙者"，画面的背景是低矮的坯房，表皮剥落的枯树，一群衣衫褴褛的村民正攒行在田野的黄土大道上，道旁的土地龟裂如麻，稀疏的庄稼早已拧成了绳。这些人有的推车，有的挑担，有的肩扛，像在逃荒，又似赶集上庙，整个画面给人以凄凉酸楚之感。画中的人体结构虽欠准确，构图也不那么精美，但她那强烈的时代气息、丰富的政治内涵却深深打动着年轻校长的心。

林校长也出身于贫苦的农民家庭，饱尝过农家的苦难。十八岁时，他在亲友的帮助下，去法国勤工俭学，学习西洋绘画。一踏上归国的轮船，便已分文皆无，所幸很快被聘为该校校长，开始了他的中西画结合的探索。这幅现实主义作品，马上使这位在农村土生土长的画家产生了共鸣。他拍案惊呼："好一幅农村风景画！可与陈师曾的城市风俗画并肩媲美了！"欣喜之余，他在画稿一角打上了最高分数——95分。

赵望云以优异的成绩入选的消息很快在师生中间传开了。

国立艺专设有国画、西画、图案画等科，有宽敞明亮的教室，有廉价的学生公寓，比京华美专条件要好得多。按招生规则，赵望云被编入国画班预科，同时住进了学生公寓。

在这里，他受到了更为正规的美术理论教育，同时，观摩了许多著名画家的表演和作品，大开了眼界。有几堂课，是他铭心难忘的。

过了春节，同学们便风传着，林校长三顾茅庐请著名国画家齐白石到这里来讲课。初进北京，他就听说了这位老画家的大名，齐老先生数次变法，他的红花墨叶，以大写意开创了一条新路，令他钦佩。齐老兼任美专董事。但赵望云从未见过齐老一面，他多么希望一睹这位名家的风采啊！

这天，忽听院内汽车喇叭响，林校长领着一位六十多岁的老人进了教室，他头戴一顶黑毡帽，身穿蓝布长衫，白皙的尖额下，银须飘拂，一双大眼闪烁着慈祥的神采。

林风眠恭敬地请他坐下，然后走到讲台上，说："今天我们请了当代杰出的大师齐白石先生授课。他亲自任教，这是我们学校的光荣，也是每个同学的荣幸，大家一定要认真学习。"

说完，林校长走下讲台，俯着身子，轻声对齐白石说："开始吧，齐先生！"等齐白石走上讲台，他才慢慢踱出教室。

齐白石一字一板地说："今天是临摹，这是学习中国画的基本功，一定要达到乱真的程度。"

说罢，他拿出新画的一幅《螃蟹图》，用图钉钉在黑板上，又说："我一向反对死临摹，因为这样陈陈相因，会把中国画推向绝路，我曾做过一首诗：

> 山外楼台云外峰，
> 匠家千古此类同。
> 卅年删尽雷同法，
> 赢得同侪骂此翁。

但临摹又是画家登攀的阶梯，只有临摹熟练，才能创新。现在就请同学们先面临，后背临。"说罢，重又坐到台下的椅子上，一言不发了。

画面上那浓淡相宜的几个墨蟹，用写意的笔墨，寥寥几笔，便使这些蟹形神兼备。赵望云越看越觉得有意境、有趣味。几年的写生功夫，他已经把看到的物像牢牢记到心里，背临起来能以假乱真，不一会儿，便面临、背临出两幅满意的墨蟹图。

以后，他又聆听过齐老的不少教诲。

一天，学校忽然响起紧急集合的铃声，全校学生匆匆集中到一个小礼堂里。林校长走到台上，激动地对大家说："同学们，今天，我们特请著名文学家、教育家鲁迅先生来校讲学。鲁迅先生不仅在文学方面造诣极深，而且对美术颇有研究，他收藏大量版画，有独到的美术见解，下面，就请他为我们讲演。"

鲁迅！这个鼎鼎大名的先生，赵望云早已听说过，想不到竟有缘相见。

掌声中，一位中等身材、留着直竖寸头、穿一件旧长衫的中年人从台后走出来。他那刚毅的目光、浓黑的短须，分外引人注目。

鲁迅操着一口绍兴口音，讲演铿锵有力：

"同学们，我受林校长之邀，来这里略抒己见，以抛砖引玉。我曾在《美术意见书》上阐述了美术三要素，即'天物、思想、美化'，我认为，美术学校培养的不仅是精熟的画师，还要有进步的思想。我们应该到社会生活中去，学会用画笔告诉群众见不到和不注意的事情。绘画是世界通用语言，我们要善于利用这种语言，传播我们的思想……"

这话说得何等好啊，赵望云听入迷了，自己过去不正是在无意地做着这种尝试吗！

"目前，有人提倡艺术至上，搞形式主义，模仿什么'达达派''未来派'，只会画古里古怪的画，留着长头发、大领结的丑恶形象。我们应严防这种堕落与衰退，要先做革命人，才能画正正经经的画，我们反对迷信，相信科学，要敢于向新路探索，其出发点是为中华民族的眼前利益和长远利益服务！"

礼堂里鸦雀无声，赵望云用颤抖的手迅速记录着，这些言简意赅的话语，像春风鼓荡着他的青春热血。

一年之后，赵望云以优异的成绩学完预科，就要转入正科了。正当他跃跃欲试、孜孜以求时，一场厄运却劈头向他袭来。当时，国民政府教育部规定，进正科必须持有中学毕业文凭。这是他始料不及的。好心的同学们知道林风眠对他很赏识，便劝他去找校长。

望云摇摇头，苦苦一笑，说："让我去托校长的门子，这种事我干不来。"

"你呀你呀，咋这么死心眼儿！"几张嘴一齐冲着他埋怨："人在矮檐下，不能不低头，校长器重你，去通融一下，不会不留你，莫非还能让人家找你来吗！"

望云涨红着脸，不自然地说："俺长这么大，还没低三下四地去求过谁……"

"你不求人家行吗？能升学深造吗？"

望云的脸由红变青，升学的框框像利刃刺痛了他的心，一股犟气油然而生，他把画笔一掷，硬梆梆甩下一句话："要那样，这学俺宁可不上！"

他卷起铺盖，愤然离开了国立艺专。

三

在京华美专、国立艺专的一年半学习，两次辍学，像灰色的天幕拨开一条云缝，透出一点儿阳光，但很快又布满彤云，手上一文不名，衣食窘迫，使望云心灰意冷。回家吧，他想起与赵三爷赌下的誓言，七尺男儿，决不能这个样子去见"江东父老"！可是，在这灯红酒绿的京城，没有铜板一天也混不下去呀。无奈，只得又去找开皮店的姨父王民庆。

王民庆在北京望宝禅寺街开了一座皮店，生意倒还可以。他的原配是赵望云的大姨母，可是，姨母生下西渠没几年，便病逝了。如今的姨母是后续的。所以望云只要有一线生路，也不愿再去投奔姨父。这次，他打定主意，用自己在辛集皮店学到的那点手艺，靠一双勤劳的手，过自食其力的日子。

他又像在恒盛皮店那样，早起晚睡，姨父让他做干洗皮子、剪皮革等杂活，尽管苦闷、彷徨，但好歹算是一名青年徒工了。

京华真不愧是天子脚下！那宽阔的马路，疾驶的轿车，飞跑的黄包车，拿文明棍的富翁，蓬头污脸的乞丐……组成一个纷乱的世界。他挥动画笔，迅速记下这摄入眼底的一幅幅图像。

在皮店门口写生。有个中年学者的形象经常出现在他的视线里。那人看上去三十挂零，五短身材，穿一件干净的旧长袍，分头，方脸，脸上常挂着一种自然的微笑。每天清晨，他骑车路过，傍晚，又骑车返回来，车架上夹一个小型公文包。赵望云对这个常来常往的文人很感兴趣，就在本子上特意为他辟了几个专页。一旦骑车人路过，便在上面反复描画他的面容和身影。

这天，不知为什么，那个中年人回来得很早，见他专心画画，便下了车子，笑眯眯地朝他走来。望云不好意思地收起画本，却被那人伸手按住了。他反复端详本上画的自己的两幅素描，脸上露出惊喜的神色。又详细询问了望云的出身、经历和生活状况，他的眉宇不断蹙紧，听完便邀望云一起去找掌柜。一进门，便直截了当地对王民庆说："这孩子有绘画天分，他失学干这个，太可惜了！"

王民庆把手一摊说："这我知道，可学校把孩子撵出来，没人教啊！"

"那由我来教，这样吧，先让他跟我到家坐会儿如何？"

"好，好！"

赵望云跟此人来到家里。他家原来就在这条街上，离皮店不远。这是一座不大的院落，南屋一间是书房，中间是过厅，后面有三间北屋。

在那间摆着画案和书橱的小书房里，赵望云看了书、画上的署名，才知道他叫王森然，在北京任教。他操着一口浓重的保定口音，论起来算半个老乡了。

王森然蛮有兴致地翻阅着赵望云的写生本子，忽然兴奋地叫起来："你听过鲁迅先生的讲演？鲁迅是我的启蒙老师啊！"接着，兴奋地讲起他与鲁迅的一段交往。

为了研究文学，他一边在学校教国文，一边在北大文史研究院进修，鲁迅先生当时在那里任教，负责给他们讲"中国小说史"。每当鲁迅先生讲课时，教室里就挤满了人，连门旁过道里都站得满满的。授课前虽然印发讲义，但鲁迅并不是简单地照讲照念，而是随时加以发挥。

王森然不仅有幸听完了小说史课程，又听了鲁迅的"文学理论"。他那革命民主主义者的思想倾向，在王森然的心里产生了共鸣。

"后来，我们几个文学、美术青年爱好者意犹未尽，便到鲁迅先生住的阜成门内宫门口西三条胡同去拜访。鲁迅先生高兴地接待了我们，并拿出他珍藏的版画，跟我们一起研究、评论。"说着，王森然从抽屉里拿出一个本子，"这是先生评论《穿皮鞋的人和穿草鞋的人》的一段话：'五四运动时期，有人穿着皮鞋革履，踏进文艺园地，而且得了地位。另一些穿草鞋的泥腿子工农大众，也踏进了文艺领域，于是皮鞋和草鞋间展开了斗争。这时便有了第三种人，主张超时代的文艺，认为艺术是以少为贵的。造谣！目前，只有文艺大众化，才是文艺的出路。当今的时代，已不是皮鞋时代，而是泥脚草鞋时代了！'"

王森然动情地念着，讲着，他仿佛又登上了课堂。赵望云聚精会神地听着，仿佛又面对鲁迅讲演的言谈举止。

望云的热情被鼓动起来，他突发奇想："王老师，您能带我去拜见鲁迅先生吗？"

王森然歉然一笑："可惜他走了，去广州讲学了，好在他的谈话记录全在这个本子里。"

赵望云紧紧盯着这个笔记本，两眼发亮，像要把上面的每个字吃到心里、咽到肚里。

打这儿以后，王森然家里便经常出现赵望云那瘦长的身影。

渐渐地，望云了解到，王森然青年时代就参加了辛亥革命、"五四"运动。他跟随李大钊、邓中夏、鲁迅，提倡民主、科学，为新文化奔走呼号，他曾在保定和邓中夏一起研究社会问题，寻找民族解放道路，是最早传播马列主义的知识分子之一。他培养了方志敏、邹韬奋等一批革命者。数十年后，他成为我国著名的学者和画家。

王森然同鲁迅先生一样，是个关心青年、爱贤若渴的热心人。他打开画箱，让望云饱览他收藏的古今名画，"扬州八怪""四王""四任"、石涛、朱耷，还有近现代画家吴昌硕的花鸟、陈师曾的人物、齐白石的草虫、黄宾虹的山水、徐悲鸿的奔马等等。

王森然是位花鸟画家，所以他收藏"四任"花鸟画最多。另外，还有"四任"的一些人物画。最令赵望云感兴趣的，是任伯年的人物画。他摹仿、背临了不知多少遍，从这位画家的一笔一式，他仿佛看到了画家的言谈举止、性情秉赋。

王森然下学回来，晚上一边作画，一边与望云聊天，但题目总是围绕着"人生""艺术"。赵望云尊称他老师，他不答应，说："你师法造化，在绘画上并不比我差，只消补上传统这一课。要拜师，我可以帮你介绍。咱们就以兄弟相称吧！"

　　为使望云学习方便，他让望云搬到他的书房里，终日临摹、看书、作画。他和妻子、母亲、妹妹一家住在北屋。夏天炎热，他就搬到过厅去睡。

　　一个穷教师，养着里里外外五口人，生活是可想而知了。王森然把他的薪水分成三十份，每天的钱再分成五份，这样，每人每天便只有几块烤白薯的钱了。他把其中一份交给望云，嘱咐他饿了到街上买点东西吃，一家人就这样勒着腰带过日子。

　　半年工夫，赵望云已积累了厚厚的几本写生，把王森然家里的藏画面临、背临了数遍，技法、墨法突飞猛进。

　　王森然在艺术上给予他的巨大帮助，使望云感激不尽，他把他看成是挚友、兄长。士为知己者死，他暗下决心，一定要刻苦钻研艺术，决不辜负兄长的一片好心。

　　寂寂长夜，赵望云房间的电灯经常亮到后半宿。他像一只春蚕，香甜地咀嚼着贮藏在书橱里、柜子里的"桑叶"。鲁迅的著作和讲演笔记、王森然的国文讲义、《世界妇女运动大系》《李大钊先生评传》等大量新文学理论文章，使望云大开了眼界。同时，他还阅读了好多外国的译著，使他看到了外边的世界，拓开了一片新的天地。

　　这天，他拿出"四王"的画，正和石涛、八大山人的画比较对照，耳边又响起王森然那亲切的教诲："先抛开'四王'的摹古画法，学习石涛、八大山人的创新，走自己的路。"

　　在临摹古画中，赵望云总有一种拘板、被禁锢的感觉：历代的山水画，都是奇峰峻岭，小桥流水，枯林草屋；隐士淑女，几乎都从一个模子里脱出来。现代画应该怎样创新呢？他又茫然了。

　　这时，王森然走进书房。生活的重负，总也抹不掉他脸上的笑容。今天，那张宽厚的方脸上更是笑逐颜开："望云弟，明天我去齐白石先生家里，你不是要拜师吗？你可与我同去，我就此引荐你，拜他为师！"

　　望云一时无言，他要好好想一想。齐白石名声显赫，功底深厚，跟他学画，将来是不愁衣食的。但他朦胧感到，他们走的不是一条路。齐翁画的是花鸟昆虫，写的是江南水乡。他如放下乡间的写生，再另学一家，就有点南辕北辙了。

　　"森然兄，我不想去！"

"你如不愿拜齐翁，那北京的画家由你挑，我都可以给你介绍。"

这时，徐燕荪的形象在他眼前一闪，但马上又打消了这个念头。刚来时，他给森然兄画了《洛神》《文姬归汉》《昭君出塞》几幅画作纪念，从此便发誓对仕女画绝笔了。

忽然，他想起在一本刊物上见到的介绍山水画大师溥心畬先生的一段文字："先生以府中所藏历代名画之便，随意临摹，而无师承。先生言：'盖有师画易，无师画难。无师画必自悟而后得，由悟而得往往工妙，惟始学时难耳。'"他心里一亮，一个想法在头脑中油然而生，而且越来越坚定。以前他曾多次这样想过，只是还缺乏信心，这会儿他终于坚定了这一条信念：到农村去，走自己的艺术道路……

他终于鼓起勇气说："这些天来，我考虑再三，根据我的绘画特点，决定谁也不拜了，就到农村去写生，走一条前人没有走过的道路……当然，这种师法自然的做法困难不少，可我坚信能够成功……"

王森然认真地听着，深深被这个年轻人的大胆设想感动了。他感慨地说："你的想法很好，我深为敬佩。中国有四亿人，三亿多是农民，为谁服务的问题，不是挺清楚了吗！五四新文化运动，就是向封建贵族文化开战。土地能长出庄稼，有价值的艺术作品，必然从劳苦大众中生出；钻在象牙塔里的艺术家是没有出息的，到民众中去，有出息，有奔头，我完全理解和支持你！只是，闯一条新路不是那么容易，你要有精神准备啊！……"

王森然侃侃而谈，赵望云入神地听着，心里更加坚定了为劳苦大众而歌的信念。

行 云 篇

赵君望云独能勇敢地开辟一个新天地，深入劳苦大众的群里描写他们的实际生活。这种作为，才算真正尽着"大众时代"艺术的任务……

——冯玉祥《赵望云塞上写生集·序》

第五章　坎坷画旅

一

　　与王森然的长期切磋，使赵望云的文学、美术修养日益提高，为使他站稳脚跟，王森然推荐他到自己任教的北京师范学校教美术课。

　　当时，在那里任美术课的还有艺专毕业的李苦禅，共同的贫穷落魄，使他们结成了挚友。赵同时联络了美专、艺专的王雪涛、张伯武、侯子步，王清芳等，组织了一个"吼虹艺术社"，研究国画的创作和改革，活动地点就在艺专或师范学校的学生公寓，这便是北京早期的一个美术沙龙。

　　一个寒冷的深夜，北京师范学校的校园里万籁俱寂，人们已经进入了梦乡，可是靠东头的那间小屋里，窗口上还闪烁着灯光。

　　此时，望云静下心来，正凝神构思自己的新作，过去的文人画家，描绘的都是潇洒出尘的居士，堂皇富丽的厅堂寺院，或者淡泊宁静的山川河流，人物也是帝王将相、文人墨客、才子佳人……广大劳动人民都被排斥在外。自己一定要改变这个局面，要画就画广大劳动人民。此时，他想起了辛苦可怜的三姐。那年从高小回家，只见烈日暴晒的土地裂开了缝，庄稼旱得拧成了绳。三姐踮着一双小脚，正挥汗如雨地摇辘轳浇园，打出的水半天浇不了一畦；八岁的小外甥顶着烈日在挥锹开畦，瘦弱的小脸上挥洒着滴滴热汗……他心里一阵凄冷，揉揉眼，仿佛又看到了另外一幅情景：在沥涝成灾的风雨中，多少间茅屋草舍飘摇欲倒，贫困的乡亲们躺在墙角、倚在门口，他们身无御寒衣，家无隔夜粮，抬头仰望着这混沌的世界，呼唤晴天……

此刻，他只觉得有一股激流在周身奔涌，便提起笔来，饱蘸浓墨，满怀激情地画出了这催人泪下的场面：《疲劳》《风雨下之民众》，两幅反映农民悲惨生活的画面。

探索开了头，便一发不可遏止。看着本上那一幅幅真实的写生，他灵感如泉，一口气画了十来幅……

这当儿，门板笃笃响了两声，打开一看，是王森然，他又惊又喜，急切地说："快看看我作的这些画，行不行？"

王森然立刻被这些画吸引住了，他退后几步，仔细审视起来，时而眉头紧皱，时而微微点头。赵望云紧紧盯着他的脸，对这个一贯支持自己的良师益友，他寄予了莫大希望。

足足有抽一支烟的功夫，王森然终于说出了自己的看法："嗯，有创见，你用质朴勤劳的农民，取代深山的醉翁隐士，用简练的题款，取代文人的诗词歌赋，很好，很好，符合时代潮流的国画探索，年轻人，大胆干吧！闯出一条属于自己的路子！"

话虽不多，却使望云激动得浑身发抖，他一把握住王森然的手，声音有些发颤地说："王老兄，还是您了解我，有您的大力支持，这条路我走定了！"

秋天是一个黄金季节，二十三岁的赵望云，此时踌躇满志，他和"吼虹艺术社"的画友李苦禅、侯子步、张伯武的国画联展在北平中央公园（后改名中山公园）水榭首次展出了。他的一幅幅反映农民生活的国画，受到北平工商界和市民的好评。许多评论家在报上发表文章，称赞他们是"苍头特起之艺术前锋""荒凉阴郁的大地上的绿色生命""中国的 Millet（小米、黍子）"。

当时，农村经济萧条，城市工人失业，城市的市民与农村的农民有着共同的遭遇，赵望云这些反映现实生活的忧国忧民的平民画，无疑会使广大底层人民产生共鸣。

可是，这批"异军突起"的画卷却触犯了护法学府的一些政客的神经，他们认为这是"不尊师道""不法古人"，展出不久，便对这个年轻教师追究查办，终于以"没有大学文凭"为由，把他撵出校门。

当局不断对这个美术团体施加压力，为了不牵连别人，赵望云把自己的那部分画撤了下来。

失业，不怕；高压，不屈！义愤之中，他想起岳飞《满江红》的词句："莫等闲，白了少年头，空悲切！"于是，他背上画卷，一路风尘，千里云月，自费去天津开画展。

在天津，望云经同学帮助，在法租界永安饭店举行了个人画展。开展头一天，便有《中华画报》《北洋画报》《大公报》《庸报》《盖世报》等报社记者来观摩采访。他们都被这些画的潇洒技法、新颖内容吸引住了，纷纷拍照采访。第二天，这些报社便在醒目版面发了新闻和照片，记者们称赞这些作品"充满战斗的勇力""用诚信之爱的国画唤醒群众的势力"。展览搞了七天，天天车水马龙，观者如潮。

当时，《大公报》是北方发行量最大、最有影响的一家报纸。副刊主任何心冷独具慧眼，当晚便找到望云下榻的饭店，说他打算在副刊《小公园》开辟一个"艺术周刊"，邀赵兼任美术编辑，赵望云又推荐王森然兼文字编辑，从此，他们与《大公报》结下不解之缘。

两次展出的成功，更坚定了望云描绘平民的信心。

正当此时，传来一个不幸的消息，他的妻子因肺病亡故了，赵望云只好匆匆赶回老家。

一进家门，他的心不禁一阵战栗，这哪还像个家哟，院里到处是破砖烂瓦、垃圾柴草，屋里传出的哭声更是揪心裂肺。迎门一条白被单，挡住了床铺上妻子的尸体，四岁的小女儿身穿重孝，坐在地上哇哇痛哭，几个姐姐在旁边陪着抹泪。

他撩起被单，只见妻子脸庞干瘦，眼窝深陷，两眼微睁着。她受够了人间的疾苦，带着一腔幽怨和对家人的无限眷恋，告别了这个悲惨的世界，永远地走了，赵望云只觉胸口发闷，两眼模糊，一股巨大的悲痛袭上身来，一头扑在床前，失声痛哭起来。

丧事一完，他病倒了。

赵望云躺在床上，伤心过后，又想起了绘画的事。他披着被褥，又挣扎着画起来。画呀画呀，他把自己的不幸遭遇、心头苦闷、满目凄怆融进了画中，只几天工夫，就画出了《贫与病》《狼狈荒途》等画，把民间疾苦淋漓尽致地表达出来。

二

可能是遗传吧，望云和父亲一样，患了疥疮，每天发烧发冷，这病在当时是很顽固难医的，弄不好会有生命危险。此时，赵三爷已去镇上医院了，即使他在，赵望云也决不求他！

尽管他受着病痛的折磨，但心里仍有一股兴奋的热流，他如今已是一位业余画师了，森然兄又来信告诉他一个消息，明年春天，中华民国教育部要在上海举办第一届全国美术展览，这个令人振奋的喜讯，更使他夜不能寐！

他对三姐说："我的病不用担心，你只管家务就行了。我要专心作画，你们就当家里没我一样！"

三姐默默地点点头。她已是四十多岁的人了，拉扯着自己和弟弟的四个儿女，最大的十五岁，最小的才两岁。还要踮着小脚，和男人一样下地干活儿。但看着弟弟的事业，她高兴，再苦再累，也心甘情愿。

上海的画展像佛殿的钟鼓，给望云送来了福音。为了安心作画，他用砖将"望云轩"的窗户堵起来。白天，带上写生本子，到田间地头、集镇乡村去写生。病情发作了，便到镇上医院去找好友罗耀西，开点儿药顶着。晚上早早插上大门，开始秉灯作画。当年那丝竹缭绕的"望云轩"里，再也听不到朋友们的说笑和歌唱了。他甘于这短暂的寂寞，他要分秒必争，拼出一批力作来。

正当他潜心作画时，他的刚满两周岁的儿子又患了麻疹，但一心投入艺术事业的他，顾不上给儿子请医抓药，一切全推给三姐。

他带病通宵达旦地画呀，画呀，用青春的热血，创作了一百多幅乡民的苦难图。画展就要到了，仅靠自己办展卖画的那点钱去上海，远远不够。他又向亲友告借，勉强凑足路费，便背上画稿搭车赴沪。

1929年春，赵望云在闷子车里熬过了几个日夜，终于来到了上海。这里高楼林立，人如潮涌，令人眼花缭乱。

望云无心逛街观景，一心想尽快找到国民政府上海教育局的美展筹备处。经过多方询问，终于找到了。不想此地如此寒碜，空空的屋里只有一张桌子，几把椅子，有四个人围着桌子正搓麻将。

"先生，这里主管全国美展？"望云踏进屋里，很有礼貌地问。

"啥子事？"一个戴近视眼镜的老头儿转过身，见这年轻人穿得土里土气，一身风尘，断定这是北方的一个土仔，心里便有几分轻蔑。

"我是来送画稿的，请先生审阅。"望云说着，把肩上那捆用牛皮纸包裹的画稿放下，抹一把脸上的汗水。

那老先生瞥了一眼地上的画，手里仍在搓着麻将，随口说："先放下吧，等会儿评委会的人来了让他们去看。"

"评委一会儿来吗？"望云很兴奋，他想当面聆听这些权威们的评点，便把画稿放在屋角，见里面连个板凳也没有，便坐在门槛上等候。

哗啦，哗啦，麻将进入了决战，那老头儿已经输红了眼，猛回头见他还在门口坐着，气不打一处来，吼道："好人不堵正道，你这人真魔障，快晌午了，还等什么！"

望云长这么大，虽说遭的挫折不少，可还没对谁低三下四过。他心里窝了一股火，忽地站起，不冷不热地问："先生不是说评委们要来吗？我在等着评选。"

"你……"那人碰上望云那火辣辣的目光，感到这年轻人也不是好惹的，便缓和了口气，"都这时候了，还来什么呀，你走吧。"

"好，那我明天再来。"望云把画放好，在附近找了个下等澡堂，好在没有别的什么牵挂，便胡乱住下了。

第二天，他又去咨询，见那近视眼正埋头看报，屋里空荡荡的，画稿已被人拿走了。

"先生，展品多会儿才能选出来？"

近视眼认出这个北方土仔，淡淡地说："等着吧，大约三两天就会出来。"

三天，五天，望云等了足足一个星期，终于盼到了画展开幕这一天。

一大早，他顾不得吃饭，便去展厅门前等候。他忐忑不安地猜测着，这次全国性的大展，究竟能选他几幅作品？一幅、两幅、十幅、二十幅都有可能。因为，他心里有数，这批作品质量比在北平中央公园的画展又提高了一个层次。

终于，铁门打开了。他急不可耐地冲进去看。大厅里花花绿绿，人山人海，一面墙是山水，一面墙是花鸟，一面墙是西画，一面墙是人物。奇怪，查遍墙角画缝，竟没有一幅是他的。他只觉脑袋嗡的一声，差点儿瘫倒在地。他强挣着身子，把那几百幅展品重新浏览了一遍，那些风花雪月的山水、形态逼真的花鸟、超凡脱俗的仕女，金发碧眼的人物，有的来自"四王"的墨迹，有的出自西方的名作，他心里恍然大悟：这里要的是阳春白雪，哪容得他的"下里巴人"啊！

他心里窝了一股火，去筹备处索稿。可是，一连两天，"铁将军"把门。

终于，等到有人上了班，他认出那是赌局的一员干将，便直截了当地索要画稿。那人翻翻白眼说："这事非我经手……那位先生嘛，是临时抽来的；评委会嘛，早已解散了。画展有规定，来稿一律不退，你不必再找了。"

半月的颠簸，十来天的焦心等候，就这样付诸东流了。无奈，还是回去吧。然而，路费已经花光，他只好冒险爬上一节货车，精疲力尽地回到家里。

屁股刚坐在小屋的土炕上，又听到一件天塌噩耗：儿子抢救无效，几天前就已死去。一领苇席，裹着他那爱子草草下葬。

他脑袋嗡的一声，几乎眩晕过去，一连串的打击，他又躺倒在炕上，想着：妻子和儿子都先后去了，自己守着这个穷家还有什么奔头！真是屋漏偏逢连夜雨，船迟又遇打头风！命运啊，怎么偏偏和我作对！唉——

他叹息了一阵，又想起了绘画，顿时，一股激情从心底油然而生，冲淡了他的悲痛、失意和惆怅，一个更坚强的意念在支配着他：我不能就这样算了，人争一口气，佛争一炷香，人活在世上，总得要干成点儿事业，我要画，要继续画，走出一条属于我自己的成功之路。

他挣扎着坐起来，抄起画笔，又满怀信心地画了起来。

社会的腐败、民众的疾苦更增加了他作品的形象表达，他画了一张又一张，不到几个月，他的床头又积攒了厚厚的一摞。

这些画是要给人看的，不是仅供自己欣赏的，虽然上海的国民政府教育局不承认自己的作品，可社会上大多数人绝不是这么看的，一定会引起人们的共鸣。此时，他想到了好友王森然，便决定带上作品再去找他，听听他的见解和主张。

于是，他筹借了一笔路费，毅然乘车去了北平。

望云顺利找到了王森然，挚友见面，分外亲热，望云直截了当地把自己的遭遇、不满和见解通通讲了出来。王森然认真地听着，又仔细地翻阅着他带来的这一张张画稿，他那和善的眸子里闪动着愤怒和坚毅："望云老弟，咱们不能靠这些人的怜悯，要坚定地走国画改革之路，要拿出自己的东西来，让他们大吃一惊。"

望云听了，只觉浑身充满了力量，他早就想过，国画改革有两条路子：一条是像齐白石那样，把手伸向传统，在继承中创新；另一条是把手伸向生活，师法造化，闯出一条新路。自己目前追求的，正是这第二条道路，至于拿出自己的东西，带来的这些画稿，不就是社会生活的真实写照吗！

王森然见他有些不解，又补充一句："我是说，咱们是否自己办个刊物，专门发表国画改革的文章和作品？"

"好哇，我怎么就没想到这一点！"望云高兴地跳起米，"老兄这一招妙哇，他们不用，咱们自己出版，我联络这里的几个画友，马上把刊物办起来。可叫个什么名字呢？"

二人商量了一阵儿，决定就叫《吼虹月刊》。第二天，赵望云联络了昔日的画友李苦禅、侯子步、王雪涛几个人，他们一拍即合，当即由望云担任主编，王森然担任文字编辑。年轻人火气盛，说干就干，他们立刻选稿编排，设计版面，几个小伙子硬是挽袖子捋胳膊干上了。望云兴奋地说："就用我们的作品来发表宣言吧！"

三

《吼虹月刊》终于诞生了，它像黑夜里一盏燃起的灯，一下子引起了世人的瞩目。月刊上发表的国画作品，有赵望云的"贫民图"、王森然的"醒世谣"、李苦禅的"讽刺画"等等。他们发表文章，呼吁艺术家"走出象牙之塔，迈向十字街头，到民众中去"。

赵望云精力充沛，浑身有使不完的劲儿。作为月刊的主编，编刊之余，他还创作了许多动人的画卷，其中《生育后》是他的得意之作，画面上，一个妇女脸色菜黄，愁眉紧锁，正用手揉着前胸，怀抱中刚生下不久的孩子号啕大哭。可是，食不果腹的母亲没有奶水，怎么活呀！这是他在家乡亲眼看到，又联想起自己死去的幼子而挥笔作成的。不久，这幅画在北方最有影响的《北洋画报》发表了。自从打开了这家画刊的大门，他的作品便雪片般地涌进，先后发表了《农夫》《归来》《收获》《这也是打高尔夫球》等。值得一提的是，在《这也是打高尔夫球》一画中，他把被人们认为不登大雅之堂、有伤风化的农民拾粪的形象也绘成图画，发表时，在上角配一幅摄影照片，那是一个身穿旗袍的贵妇正打高尔夫球，而大画面则是老农用粪叉捡粪球的场景，辛辣地讽刺了当时贫富悬殊的丑恶现象。

他们倡导画家迈向十字街头，到民众中去，望云本人更是身体力行，利用编刊的间隙，背上新创作的几十幅画稿，到东北营口、沈阳等地举办个人画展。他走一路，画一路，把土地荒芜、饥民遍地的情景一一绘下，由于他画的都是乡间实情，深受群众欢迎。东北画展又获成功，《生育后》《农村之役》等作品引起社会关注，当地报纸开了"赵望云画展选登"专栏，大力宣传。

这次，赵望云满载而归了，他得到的不仅仅是金钱，更是社会的认同。

回到北平，他又开始集中精力编辑《吼虹月刊》第三期，正当他准备付梓印刷时，几个画友匆匆赶来，心情沉重地说："政府勒令停刊，理由是受赤化影响。"

"这是什么幺蛾子理由？"望云把画笔一掷，气愤地说，"咱不过是为平民百姓们画了几张画，就触怒了他们的神经！不停，第三期照常出。"

"唉，算了吧，胳膊拧不过大腿。"几个人七嘴八舌地劝道，"别打不着狐狸惹一身骚。"

无奈，《吼虹月刊》只好停了。

刊物虽说停了，但望云创作的反映农村题材的一些画终于结成《赵望云画集》由震东书店出版了，王森然为画集作了序，他热情地写道："赵望云，真是一个奇怪的画家，他以爱情为烈火，将举世的燃料，都要焚为灰烬，在中国艺术的园地里别开一朵新花……他以战斗的勇力，改变旧有的画风；而产生一种新生命的新秩序，用诚信之爱以唤醒群众的势力……"

为了生活，赵望云在朋友们的推荐下，到山东临清县省立十一中担任美术教师。为人师表，这是他尊崇羡慕的工作，他想起童年时的恩师石广西先生，想起青年时的伯乐王森然先生，决心在这里培养出一批艺术人才。他把全部精力又投入教学中，课余时间还辅导学生排谱、拉胡琴，深受学生们的爱戴。

一年多后，他又应聘去上海中华书局担任插图编辑。不久，"九一八"事变爆发了，日本武装侵占东北的暴行，激起了望云的极大愤慨。他在编辑室听到这个消息，当即拍案而起，抛笔在地喊道："可惜我手中没有枪！不然我非和他们拼个死活。我宁愿身首两断，血洒疆场，也不甘辱于异族！"

可他哪里知道，蒋介石已下了"不予抵抗、力避冲突"的命令，他的不合时宜的言论，又成为国民政府"乏走狗"们的把柄，不久，给他加了个"侈谈国事"的罪名，将他辞退了。

望云回到家里，又开始致力于写生作画。数次的波折、磨难，不仅没使他的情绪消沉，反而更锻炼了他自强不息的意志。踏遍京、津、沪和东北，他眼界更宽了，信心更足了。因为，他从中体验了自己的力量，艺术的价值。

此时的赵望云，在家乡已小有名气了。本来，他雄心勃勃，立志创下大业再成家。可经不住姐姐们的劝说，更目睹着农事的劳苦，孩子没有母亲的凄凉，只好续娶。但是，他自有一套择偶的标准：要个能文能武的农村女子，既能帮姐姐料理家务和抚养孩子，又有利于他的农村写生，成为他搞艺术的贤内助。

秋天，经辛集医院朋友杨德运介绍，他认识了杨的当家姐姐杨素芳。

二十三岁的杨素芳，本城师范学校毕业，文雅漂亮，又有一双天足（大脚），能说能干，是城里才女中的佼佼者，当然也是望云的理想中人了。

旧历年前，一乘小轿将杨素芳抬入赵家，赵家又有了燕尔新婚的红火味儿。过门后，夫妻恩爱，相敬如宾。杨素芳知书达礼，非常疼爱前妻的女儿。这样，望云便能放心地搞他的绘画了。不久，杨素芳又别出心裁，在周家庄创办了女子小学，这对于封建枷锁沉重的农村来说，无异于夜间的一盏明灯。

　　1932 年上半年，望云在温柔之乡创作了大量的农村作品，又赴天津举办了一次展览，得到一笔画款，便将报刊发表的作品铜版搜集起来，自费印制成一册《田园集》，交由《大公报》代办部发售。从此他与《大公报》有了更广泛的交往，也为他开创冀中"农村写生"拉开了序幕。

　　几年的颠沛流离，喜怒哀乐，悲欢离合，再塑了画家的外表和内涵。文人的风彩、农民的淳厚、艺术家的激情、政治家的胆识，少年的倔强、成年的柔韧，都凝集在他那健美的体魄里。他像家乡深秋的一株红高粱，开始成熟了。

第六章　农村写生

一

1932 年冬，北风凛冽，雪花飘飘，北京南长街一个四合院里却热闹非常，一伙儿艺术家们正在聚会。

清贫的艺术家们难得一次欢宴啊！原来，赵望云被《大公报》特邀为旅行写生记者，就要从北京出发到冀中农村去写生了。"吼虹艺术社"的画友们得知此讯，感到非常荣耀，为了庆贺，木刻家王清芳在家里特地摆了一桌便筵，为望云饯行。送行的还有王森然、李苦禅、侯子步、张伯武、王雪涛、王清芳几个人。与王清芳住在同院的北大教授钱玄同听说这事，也高兴地赶来祝贺。钱老德高望重，他的到来，使这间低矮的小屋更增加了喜庆气氛，大家公推他主持宴会。

钱玄同是后来著名科学家钱三强的父亲，也是鲁迅的好友，语言学家，五四运动的闯将，新文化运动的先驱。望云经常听王森然提起他，钱老的出面，使一向崇拜革命的赵望云更加激动不已。

"各位年轻的同人、战友，今天我们为望云君送行，也是为'五四'运动的新美术运动鼓与呼。我不想过多地说一些溢美之词，我只借此机会与年轻朋友们回顾一下十三年前的'五四'新文化运动，由此可以明了望云君此次农村写生的意义……"

年过花甲的钱玄同教授眼里闪动着慈祥的目光，像在讲坛宣读讲义一样，又一字一板地说："新文化运动，提倡民主，反对专制；提倡科学，反对愚昧；提倡新道德，反对旧道德。在文学上，提倡平易的反映现实的新文学，号召打倒'贵族文学'，建立'国民文学'，要求从形式到内容对文学进行改革。那时，《新青年》由上海迁到北京，陈独秀、李大钊任主编、副主编，我和鲁迅等人任编辑，从第四期起改用白话文，采用新式标点符号，刊登新体诗。和新文学运动并行的，还有新美术运动、新音乐运动、新戏曲运动。这些美术形式虽不尽同，但目标是一致的，都是倡导为人民大众……"

这时，王森然忍不住插话说："在画坛上，形形色色的西方美术和写生方法开始冲击传统技法的一统天下，出现了几位国画改革的闯将。高剑父主张'折中中西洋画派，勇敢地把汽车、飞机等现代装备画在宣纸上'；徐悲鸿主张'古法之佳者守之，垂绝者续之，不佳者改之，未足者增之，西画可采用者融之'，试验新的题材和形式；陈师曾的笔下第一次出现了北京下层市民的形象。望云弟接踵而来，把全部心血倾注在描绘中国社会的主体——农民上，这应该说是开了用国画形式反映现实题材的先河！"

钱老接下去说："即如鲁迅先生在《故乡》里写的：'这正如地上的路。其实，地上本没有路，走的人多了，也便成了路！'"

这时，口快心直的李苦禅亮开了大嗓门儿，他爱说爱唱，拉开京剧花脸的架子一拱手："各位尊师高朋，三老四少，望云老弟此次下山，定能胜利还朝。听师长一席话，令苦禅茅塞顿开。过去，我以为国画无法表现现实生活，望云弟闯开了一条新路，使我钦佩不已！吼虹社幸甚！乐甚！我们城乡彼此呼应，来个'八仙过海，各显神通'！"

不知什么时候，家里又挤进三个青年，靠墙站在屋角。他们每人脸上红通通的，泛着青春的朝气，三人在墙角嘀咕了一阵儿，便站出一个代表向望云提出邀请。

原来，这几个青年是张仃、陈执中、荆梅丞，都是京华美专后期的学生。他们虽不认识赵望云，但早已熟悉他的画了，受这些平民画的影响，凭着一股爱国热血和革新勇气，他们采用每人的一个"C"字，组织了"三C"抗日宣传队，想一边外出宣传抗日，一边搞实地创作，特来向王清芳老师辞行。当他们知道面前这位穿棕色棉袍的高个子青年就是赵望云时，便抢上前说明了他们的打算，请望云担任他们的"队外导师"。

面对满座的师长和战友，望云的心情异常激动，他站起来，声音有些颤抖："各位老师、画友，你们的殷切厚望，我铭记在心。望云乃一介凡夫俗子，画我熟悉的乡间人，是我的天职和志愿。但我的画还很不成熟，论人物画，线条不如叶浅予，论传神不如丰子恺，我还要好好向各位学习……"他的话还没说完，便被一阵掌声打断了。屋里充满了欢乐、热烈的气氛。

这时，早有人从墙上拿下京胡，递给望云，一场京剧联唱会便开始了。这也是"吼虹艺术社"的老习惯，这些画迷兼戏迷们，人人都爱唱两段，特别是京剧。李苦禅投师尚和玉，交友侯喜瑞，听京剧常击节而唱，心往神追，有时干脆跑到天井，拽无形"硬靠"而起舞。王雪涛常拉上老师王梦白一起看戏，以求广泛涉猎，触类旁通。

这场临时商定的《秦香莲》，由望云饰陈世美，李苦禅饰包公，王雪涛饰王延龄，王清芳饰秦香莲，能够整场串下来。在这方面，望云更棋高一着，能边拉边唱。

一场别开生面的演唱会，把大家的心更紧密地连在一起了。

二

旧历年底，赵望云肩背文房四宝和琴囊，从北平出发，开始了他漫长而艰辛的农村写生。

七年的都市生活，使他赢得了画家的名位。但他的心从没有对这里产生过多的留恋，苍茫的农村才是他扎根的热土。

土生土长的庄稼汉，从农村到城市，又从城市回到农村，他要用土生土养的笔法，描绘一条新艺术之路。这次农村之行，他要踏着家乡的老路，追随捕捉北国田园的乡风民俗，用熟练的笔墨反映农村严酷的现实。

他先坐火车到保定，沿平汉铁路的农村小站，用画家的目光开始了艺术求索。"作画不同于摄影"，他脑海里时常闪现出《大公报》聘任他的那场情景。

那天，他应邀去《大公报》报社洽谈写生事宜。一进编辑室，见屋里坐着七八个人，都是《大公报》的头面人物，屋里烟雾缭绕，像正商议着什么。

一个文质彬彬的半百老人，挥着一沓巨幅照片向"艺术周刊"主任何心冷先生提出疑问："我不明白何君的这种标新立异，旅行通讯和一般通讯都是通讯，写生画法和现场摄影也都是艺术，何必再专门开这样一个栏目？"

西装革履的何心冷说话声音不高，可很有分量："我以为，旅行通讯和农村写生是一种更直观的通讯和艺术，更能直面破产的农村现状，没有矫揉造作之感，会使读者耳目一新。"

"那么。通讯和摄影不同样起这种作用吗？"

这时，望云走进屋子，何心冷一招手："正好，就让望云君解释这个问题吧。"

望云事先没有一点儿准备，但用国画方法搞农村写生，是他在画界呼吁已久的，当然有着自己的见解，面对报社领导和编辑，他不慌不忙地回答："摄影只能全部客观地把眼前的场景拍下来，而写生则可以通过我们的思想、认识、意图而去决定画什么、不画什么，突出现实的焦点。两者比较，摄影是平面地、消极地反映生活，写生则是积极地、有目的地刻画艺术形象……"

他的话还没说完，总编胡政之便把手一挥，拍板道："好，赵先生见解精辟，新颖独到，就请何主任与赵先生洽谈写生的具体方法吧。"

何心冷把望云拉到另一间屋里，逗趣说："看不出你这不会讲演的厚嘴唇，还真有点儿辩才！你和范长江，一个是高空行云，一个是大地流水，可得不蒸馒头争口气啊！"赵望云知道，与他同时搞旅行通讯的那位叫范长江，人们称他们是"行云流水"。

这次，他预支到一笔写生经费，开始了第一次为期最长的专题写生。

望云风尘仆仆，来到保定农村，在铁路沿线和乡间大道漫行。他背个大包袱，里面放着笔墨纸砚、换洗衣服和画夹速写本什么的，边走边画。那贫困的乡村，苦难的农家，土房坯屋，荒田败禾，尽收眼底。他熟悉这里的一切，就像自己的家乡一样，用那颗火热的心把眼前可以入画的场景一一描绘下来。

累了，他便爬上火车，坐上两站；晚上，就宿在乡间小店里。草稿积累多了，便插上店门，小桌上摆上纸砚，调好墨彩，点燃一支卷烟，边吸边踱起步来。白天画下的几十幅速写，在他眼前一一地过起了电影，画什么内容，命什么题目，画哪处房子、哪棵树、哪个人……于是，张家的头，李家的腿，在他的头脑里一一活现、组合起来。连续抽过几支烟，画家走到桌前——这说明他已经过深思熟虑，即将瓜熟蒂落了。他用笔润好墨，胸有成竹地挥洒起来。一支烟吸完，一幅画的大体轮廓便形成了。再燃上一支，审视一番画的布局、章法。然后又开始皴染、着色，半个钟头以后，一幅生机盎然的农村写生画便大功告成了。

　　他的标着农村写生题目的大幅国画，往往要经过几十幅铅笔速写的筛选，反复精密构思、提炼形成，既是若干农村写生的代表，又是这些现场写生的概括和综合，熟悉情况的当地人看了，都似曾相见，却又觉得更集中，更完美。

　　由于画家带着一种纯真、激奋的心情初次画农村写生，他的画既客观、真实地反映了当时的农村面貌，又主观、艺术地说出了农民的追求和向往。悲凉中蕴含着乐观，苦闷中饱含着憧憬，贫困中孕育着希望，愚昧中显露着觉醒。具有浓烈的生活气息和政治色彩，每当在《大公报》的专栏出现时，便引起亿万民众的关注和共鸣。

三

　　这天黄昏，望云拖着疲倦的双腿，来到了太行山东麓的石门（石家庄市）。这是一座新兴的工业城市，街道整齐，店铺林立，几座工厂响着隆隆的马达声，高大的烟囱里冒着滚滚黑烟，有点儿城乡兼容的味道。

　　看看天色已晚，他到一个大车店里去投宿。走进这个宽大的院落，只见里面拴着四五匹膘肥体壮的战马。有红色的、白色的、栗色的，这些马精神抖擞，鬃毛舒整，颈戴铜铃，身佩雕鞍，一匹匹驵骏威武，望云看了又看，觉得比自己家乡的骡马另有一番英武之处。

　　吃过晚饭，他不顾旅途疲劳，又铺开纸砚，习惯性地整理起了画稿。这次，他没有急于动手，而是闭眼把院中那几匹马的形象回忆了一番，一笔笔绘了起来。不一会儿，几匹威武的骏马跃然纸上。他对自己的得意之作情有独钟，反复欣赏起来。

看着看着，忽发联想：这些马正当盛年，可以任意驰骋，可自己已经二十七岁了，还碌碌无为，空有一番雄心壮志。唉，干点儿事业为什么这样难哪！

他不禁又感伤起来，一时无心整理画稿，便解开随身的包裹取出二胡，自拉自唱起来。

他拉得哀怨，唱得凄怆。正唱到动情之处，突然，门板咚咚地响了几声，他忙放下胡琴，站起来开门。

门开处，进来三个彪形大汉，借着灯光，他看清了，打头的是位五十来岁的胖大老人，长得鼻阔口方，浓眉大眼，气宇轩昂，头上的黑发像铁丝一样耸立着，显得精明干练。

他冲望云嘿嘿一笑，眼里流溢着慈祥、憨厚的神采："小老弟，唱得不错哟！"他伸手指着另外两个人说，"我和这两位朋友都喜欢唱戏，特来凑凑热闹。"

望云见他说话文雅，态度和善，先产生了几分好感，又听说来凑热闹，顿时乐了。拉弦就喜欢有人唱和，走到哪里都能凑一台小戏。于是，几个人说好戏，由望云拉弦，轮番唱起来。

唱了一阵儿，那胖大老人发现桌上的《骏马图》，忙站起来，凑到近前细看，一时被吸引住了。他那浓眉下的两眼闪烁着喜悦的神采，等琴声一住，立刻开口说："像，太像了，这是画的俺们那几匹马吧。老弟年岁不大，看不出竟是丹青妙手！"

"哪里哪里，"望云忙谦虚地说，"我看这几匹马实在可爱，便临摹了下来，胡乱涂鸦吧。"

"你常写生吗？"胖大老人看来对绘画也挺内行。

"是的，我这是专门出来写生的。"望云说着，随手把桌上的一沓写生稿拿给对方看。

那老人仔细翻阅着，脸上露出欣喜的笑容，他被那一幅幅真情实景吸引住了，忍不住赞叹："真好，真好，都是咱乡间的真人实事，看君几幅画，激起满腔情啊！"

"岂敢，岂敢，先生过奖了。"

此时，随行的那二人开口说："冯先生，您也即兴画一幅吧。"

"不，实在不敢班门弄斧！"那老汉说着，忽然想起了什么，掏出怀表看看，说："哟，时候不早了，小老弟，咱们后会有期。"

说罢，率先走出屋门，消失在黑夜中。

人去屋空，屋子里又恢复了先前的宁静。望云收起二胡，又继续整理画稿。刚才那浓眉老人的样子，像影子一样总在他的眼前晃动。他索性掏出写生本子，凭着记忆，为这位老人画了个像。

看看已近尾声，突然，一阵马蹄声由远而近，片刻，门板又咚咚地响起来。他急忙站起，开门一看，又是那三个"不速之客"。

一回生，二回熟，那老者径直进屋，笑呵呵地开口问："你是不是叫赵望云？"

"哦，您怎么知道？"望云怔住了。

"哈哈哈……"那人爽朗地大笑起来，"我早就在《大公报》《北洋画报》上认识你啦，只要在报上看到你的画，我就一幅不落地剪贴下来。刚才看了那些画，总觉得眼熟，没想到是你。出门一琢磨，对喽，除了你，又有谁画得这样让我着迷呢！萧何月下追韩信，我比不上萧何，可你的才能不亚于韩信哟！"

望云被夸得面红耳热，不好意思地问："您是……"

那人很随便地说："敝人冯玉祥，字焕章。"

"啊……"望云吃了一惊，这个威名赫赫、叱咤风云、统率千军万马的将军，自己从少年时代就听熟了的名字，居然就在眼前，他有些不相信自己的眼睛，紧紧盯着对方问："噢，您就是冯大将军？"那人摆摆手，说："别叫将军，你我一见如故，就以兄弟相称好了。"

从对方的神态和气质里，望云断定这真是冯玉祥无疑了。他那平易近人、和蔼可亲的神态，使他的拘谨一扫而光，他兴奋地说："冯先生，你我有缘，竟在这小店里相逢相识了。"

"对呀，俺又多了个画家朋友。"冯玉祥爽朗地笑着，"你画得好，画出了人民的呼声，我佩服你，今天算觅到知音了。"

俩人促膝长谈，越谈越投机，越说越亲切，望云分明感到，面前的冯玉祥已不是戎马倥偬的将军，而是像森然兄那样可亲可敬的老大哥了。

从交谈中，他才知道：冯玉祥此时正在张家口筹备抗日同盟军，准备狠狠打击日寇，收复失地，因事路过这里，要在天明前赶回去。那两位随从着了急，几次催促他上路，他谈兴正浓，总不肯动身。

灯油耗尽，晨鸡报晓，冯将军掏出怀表看看，这才恋恋不舍地站起身，紧紧握住他的手，深情地说："小老弟，今夜一别，不知何时才能相见。"

望云也是难分难舍，望着冯将军那慈祥的面孔，诚挚的目光，激动得不知说什么好。他一眼瞥见桌上的那幅画像，忙提笔写了"焕章兄雅正"几个字，郑重地递给冯玉祥，说："画得不好，送您做个纪念吧。"

冯玉祥接过，小心地收起来。随手从提包里掏出两听凤尾鱼罐头，憨笑着说："哎，没啥稀罕物，你收下做菜吧。"

望云见他一片真诚，也没推辞，顺从地收下了。

临别，冯将军再次握着他的手，依依不舍地说："你是个才子，事业对头，加倍努力吧。往后有机会，我会请你出山的……"

望云一直把他们送到大街，看着他们跃上战马。铃声叮叮，马蹄嗒嗒，顷刻消失在黎明的曙光中。

望云在寒风中呆站着，刚才的情景历历在目。千里难觅一知音，如今有了冯大将军这个忘年之交，真是幸事，他的脑海中反复回响着：冯玉祥，冯玉祥……

带着更高昂的激情，赵望云沿着沧石路畔的农村，徒步一百余里，在除夕这天，风尘仆仆地回到家乡。

辛集镇街头，空空荡荡，偶尔传来一两声枪响，叫人头皮发紧，这哪像过年的样子哟！在朋友家里，他见到了高小时的同学刘泽如，他是共产党任命的束鹿县第一任县委书记，这会儿，正被国民政府通缉搜捕。

望云还未接触过共产党，但他深受王森然的影响，已由一个青年爱国者，发展为一个革命民主主义者，他想起当年掩护义和团的父亲，想起自己靠人扶掖走过来的路，想起那些可亲可敬的先辈，不由热血沸腾，拉住老同学的手，说："走，到我家避避风，过个年。"

一进家，迎接他的是另一种忧愁与焦虑：妻子病了，正躺在炕上呻吟。他把一点儿钱和两听罐头交给三姐，自从父母去世后，他便把三姐当成老人了。

这个年，赵家是在忧愁、压抑、寂寞之中度过的，然而待人宽厚热情的赵家姐弟，却把苦闷深深压在心底，不让客人看出一点儿蛛丝马迹，他们把客人安置在西间屋里，每天，望云与他闲聊一阵儿，便到门口书房去整理画稿。为防意外，赵家借口有病人，春节一直闭门谢客。

"九一八"的战火，正向华北一带蔓延，周家庄人也失去了过年的兴致，没有当年的丝竹缭绕、花灯溢彩的红火味儿了。

望云心急如焚，他在日夜运筹着，怎样早日踏上征途，完成自己的使命。忧虑之余，他也没有忘记背上琴囊，到儿时的朋友家里聚会。其实，他是醉翁之意不在酒，要借这个机会，安排下一步的行程，

此时，赵庆余已从医科学校毕业，成为了村里有名的医生。赵大林呢，靠种菜买了一辆自行车，经常到集上卖菜。他们就在赵庆余家的厢房里，唱上几段京剧、评剧。

过了旧历大年初五，刘泽如要去寻找党组织，望云帮他化了装，一直送到县城。

回到家，他马上安排上路。他要去冀南一带长途写生。

临别，好友赵庆余把自家的毛驴大车借给他，赵大林带上自行车，与他同行。他把多病的妻子托付给庆余看护，又匆匆登程了。

隆冬刚过，春寒料峭，赵大林赶着毛驴，望云坐着大车。眼观旷野，手不停笔。大车走过了束鹿的柳林趟，衡水的长木桥，枣强的韩家洼，冀县的盐碱滩，宁晋的杨柳林，赵县的北门楼，高邑的防匪堡，柏乡的米粮市，尧山的采石场，巨鹿的沙土堤，南宫的盆瓦窑，新河的水淹地，广宗的杜木丛，威县的荒草坡……

太阳升起来了，天气变得暖烘烘的，麦苗返青，溪河解冻，一些富贵人家的姑娘小姐，套着骡马轿车，到田野里踏青。但这毕竟是少数，走过几座村庄才看到一辆，更多的是在地里干活儿的农人们，他们一个个衣衫褴褛，脸泛菜色，还有三三两两剜野菜、拾柴火的村妇和孩子们。她们拖着瘦弱的身子，踮着一双小脚，提着篮，背着篓，拉着孩子，在地里东寻西找。

"娘，我要风筝，我要风筝。"附近，传来了一个孩子稚嫩的喊声。

望云和大林循声望去，只见有个村妇正挖野菜，身边跟着个六七岁的小男孩，虽然穿得破旧，但面目清秀，一双大眼挺逗人喜欢。

那村妇停下手里的活儿，撩起衣衫给孩子擦擦脸上的泪水，说："傻孩子，咱连饭都吃不饱，哪有钱买风筝！"

"不，我要风筝，我要风筝。"孩子哪懂大人的心情，只管撒着娇。

望云走过去，开口问："大嫂，挖这些野菜干啥呀？"

那女人抬头瞥了他一眼，随即又低下头去。乡间的女人怕羞，讲究笑不露齿，目不斜视。

"用处可大啦，"那女人轻声说着，"人吃、喂猪都中，俺家没有猪，都是人吃。"

"咋吃啊？"赵望云看着那顶着小花的野菜，说实在的，他虽说生活不富裕，但毕竟也算是中等人家了，还真没吃过这些野菜呢！

"用开水煮煮，连汤带水都喝了。唉，饿了吃什么都香哪。"

"娘，我要风筝。"不懂事的孩子扯着她的衣角，又喊起来。

"娘没有钱哪。"那女人哄他，孩子不依，哇的一声哭了。

望云看着可怜，忙问："多少钱一个？"

大林在一旁搭了腔："至少也得五角。"他小时候常放风筝。

望云掏出一块钱，塞到孩子手里，说："傻孩子，不哭不哭，快拿去买一个吧。"

"啊，别，别，"那女人忙拦住，说，"孩子不懂事，怎么好意思要你的钱呀。"

"这点儿钱，算得了什么。"望云毫不在意地说着，又把钱塞给了孩子。

"哦，二虎，快给叔叔磕头。"那女人说着，就要拉孩子跪下。望云忙拦住，笑笑说："行了，快哄哄孩子吧。"说着，和赵大林跳上车，赶着牲口继续朝前走。

那女人拉着孩子，感激地望着他们的背影，在春风里伫立了好久好久。

四

一连三个月，他们晓行夜宿，渴饮饥餐，走遍了冀中、冀南十六个县。在大车上、田野间、闹市区、旅店里，赵望云速写了几百幅农村的真实情景，又先后提炼、创作出一百三十幅情景交融的国画，陆续寄往天津《大公报》。那时，交通不便，邮寄迟缓。他每画完一批，便让赵大林骑上自行车，到县城邮寄。

不久，《大公报》按他旅行写生的路线，每日一幅开始了连载。他的农村写生和范长江的旅行通讯一起，一直连载了三个多月，受到了读者的欢迎。每天，报童手中的《大公报》被抢购一空，人们首先要看的便是旅行写生专栏。一幅幅犁田、挖菜、推车、拾粪、推碾、纺线、摆摊、叫卖的农村生活情景，一个个贫困农民的形象，让城里人看到了农村的饥寒交迫，农村人看到了他们自身的真实写照，画面唤起了人们对社会改革的渴望，唤起了市民对农村的同情，《大公报》开辟的这个写生专栏，引起了全国，特别是北方人的关注，使报纸发行量骤增，成为北方影响最大的一家报社。

赵望云以"农村写生"为突破口，开始从"诗、书、画、印"的文人画的桎梏中冲杀出来。他以画面为主，题上一个简短的"穷款"。他的书法近学何子贞，远追颜真卿，与他的画珠联璧合。从他过去写的诗来看，够得上一个古体诗人。但他认为古诗今画，不大合拍，索性摒弃了那些古涩的诗词，更突出了农民画的通俗特色，这也是画家的匠心所在。后来，天公作美，配上了冯将军的打油诗，便成为相得益彰的田园姊妹篇了。

这一百一十幅"农村写生"在报纸连载后，报社收到了数百封民众的来信，篇篇都是赞美与感慨。为满足读者的要求，报社又专门出版了一本《农村写生集》。

"农村写生"的连载和出版，把画家推上了成名之路。他那独树一帜的国画革新，自然要在画史上占一席之位。此时，连远在江南的国画大师张大千都望画兴叹："赵望云真是国画革新的能手啊！"

若干年后，美术评论家程征同志精辟论述了"农村写生"的意义：

> 艺术家在艺术史上取得地位，是由于他做出了别人无法重复和取代的贡献。至少这两类画家的贡献是不可重复和取代的：一类是开山鼻祖，另一类是登峰造极者。前者的功绩在于从原先没有路的地方走出了一条路来，后者的功绩在于把某些方面推达极致。赵望云的早期属于前者，晚期在向后者登攀，并达到了相当高度……

多年的农村生活，赋予赵望云农民一般质朴、敦厚、坚韧的气质，也锻造了他"咬定青山不放松"的国画创新之路。他说："自然界无穷无尽的变化，社会间无数量的人群，好像都与我发生着密切的关联，伟大的自然社会，有一种微妙的力量在引诱着我的精神。"

在《农村写生集》的自序中，他写道："我是乡间人，画自己身历其境的景物，在我感到是一种生活的责任。此后，我要以这种神圣的责任，作为终生生命之寄托。"

第七章　珠联璧合

一

　　1934 年的春天来到了，天津街道上那一排排的杨柳悄悄染上了新绿，给这座古老的城市增添了勃勃生机。作为海河五大支流的汇合处，这里的空气是清新的，那徐徐的春风也裹挟着淡淡的水腥味儿。

　　赵望云坐在学校的办公室里，望着窗外一棵盛开的杏树发呆。近半年的艺术事业是顺利的，去年在冀南各地的写生，《大公报》上连载了一百五十多幅。由于读者反映强烈，《大公报》辑录出版了《赵望云农村写生集》。没想到一投入市场，便一下子卖光了；印了第二次，又是一抢而光。这不，报社里给他来了信，打算出第三版，征求他的意见。作为一个从农村里走出来的青年，这是他始料不及的。

　　丁零丁零……下课铃响了，望云从沉思中回过神来，轻快的心里又忧郁起来，自己整天东奔西忙，还是填不饱一家人的肚子。这不，妻子给他生了个女儿，按理说，添人进口是件喜庆事，可又多了一张吃饭的嘴呀。为了便于照料，望云把她们母女和三姐都接到天津来住了。可住房要交房租，吃饭要花钱去买呀！还真亏了朋友介绍，这所天津民众教育实验学校聘他担任了美术教师，每月给三块钱的薪水。钱虽少得可怜，但一家人能吃上口饭了。可这四个月的聘期，今天就结束了，以后的日子可怎么过……

　　望云正在自怨自艾的时候，突然，屋门被推开了，一个戴礼帽、穿长衫，神色疲惫，但却两眼有神的年轻男子走进来，他朝望云上上下下打量了一番，开口说："如果我没认错，阁下就是赵望云先生吧？"

望云急忙站起来，他看这人白净脸、双眼皮，眉宇间透出一股俊气，似在哪里见过，但一时又想不起来，他不好意思地问："您是……"

"您忘了，"对方眨眨眼，"那年冬天，在石家庄的大车店里，咱们一起清唱。"

"啊，您是冯大帅的人。"望云一下子想起来，那晚清唱，他的"抗金兵"格外动人。连忙拉过一把椅子，嘴里招呼："快请坐。"手里又忙着去倒茶水。

"赵先生，请不必客气。"那人彬彬有礼地说，"我叫赵逸云，和您只差一个字，是冯将军的传令员，先生寄给将军的《农村写生集》，将军非常喜欢。将军爱和文人交朋友。他敬佩先生的农村风俗画，因此特请先生到泰山会面。"

"他怎么去了那里？"望云感到诧异，"冯大帅不是去张家口组建抗日同盟军了吗？"

赵逸云看看左右无人，压低声音回答："说来话长哟，十几万同盟军在冯将军的指挥下，一举收复了康保、宝昌、沽源三县和塞外名城多伦，打得日寇抱头鼠窜。可南京政府硬是不让打，调兵从后面夹击。无奈，冯将军只好下野上泰山了。尽管受挫，可冯将军的抗日决心从来没有动摇过，他把东北三省的特产画在地图上，随时带在身边。他说，这叫瞅着地图，想着东三省……"

赵望云默默地听着，他深深被冯玉祥的爱国热情感动了。

赵逸云开口说："赵先生，冯将军思才若渴，一片诚意，这是他的亲笔信。"说着，从贴身的衣兜里掏出一封信，上面用隶书工整地写着"赵望云老弟亲启"。

望云心里一热，思忖：一个驰骋疆场、威名赫赫、统率过千军万马的将军，况且又比自己长二十多岁，居然和自己称兄道弟，这礼贤下士的美名实不虚传呀！他急切地展开信，一纸苍劲的隶书大字映入眼帘：

　　望云老弟台鉴：

　　石门一别，不觉一年有余，老弟博学多才，愚兄甚感敬佩。《大公报》之连载画稿，兄每期必读。所选题材，与兄不谋而合。常言道：人生难得一知己。弟若能来泰山一叙，兄实乃三生有幸……

望云读着，一颗心激动地狂跳起来。冯将军那胖胖的脸庞，浓黑的眉毛，高大的身躯，和蔼可亲的言谈举止，不时在眼前晃动。他一把抓住赵逸云的手，兴奋地说："好吧，我一定去泰山。只是家室的事，还得回去安排一下。"

"哦，差点儿忘了。"赵逸云说着，从包裹里取出一个布包，递到望云面前，说，"这是冯将军送给先生的六十块大洋，聊补家室度日，先生放心地去吧。"

望云心里又是一阵滚热，冯将军考虑得可真周全！可是，无功不受禄，这钱怎么能收呢？他忙推辞："不行，不行，我啥事儿还没干，就收这么重的礼，这咋行呢！"

"赵先生说哪里去了！"赵逸云认真地说，"这是给家里吃饭用的，您要是有钱，冯将军断不会送这个的。"

望云看对方诚心诚意，况且家里也正等着买米下锅，唉，恭敬不如从命吧。望云只好把钱收起来，负疚地说："那就愧领了。"

二

津浦路上的列车，拖着长长的车厢，宛如长蛇般蠕动。赵望云坐在车厢里，手里捧着速写本，眼睛盯着窗外那广漠的原野、苍郁的树林和远远近近的村镇。这是他的老习惯了，每逢外出，必定带上一个写生本，或坐车，或步行，把沿途所见记下来。多年的写生，使他练就了一双美术家特有的眼睛：不管什么景物，只要看上一眼，隔上半天或一天，再凭着记忆画下来，如果是人物，那神态、衣饰会惟妙惟肖，如果是杯盘碗盏，其口径、尺寸会分毫不差。有人说他眼毒，其实，下了多大的功夫，自己最清楚哟！

窗外，一片景色映入他的眼帘：广漠的原野上有一座小村庄，村边有一条潺潺流动的小溪，溪水在阳光下闪着粼粼的波光，有个洗衣的少妇正蹲在溪边洗衣服。她用力地搓着，不时用手别一下头上的鬓发。看得出，这是一个被家务、生活的重担压得喘不过气来的农家主妇。在她附近，有个小女孩兀自玩着什么。小女孩虽说衣衫破旧，可乌黑的鬓发上插着一朵小野花，显得娇小可爱。

望着这平凡的景象，望云想起了前天晚上那一幕：当他告诉妻子和三姐要去泰山时，杨素芳怀里抱着孩子，那怨艾的眼睛盯了他好久。他有些不自然起来，以前外出写生妻子都能理解和支持自己，今儿个这是怎么了？

"芳，你在家里就多受些累吧，你是知书达礼的人，你知道，每一个成功者的背后，都得有人做出牺牲啊。"

妻子不吭声，怨艾的眼睛还是盯着他。

望云心里发毛了，忙解释说："跟着我，你受委屈了，我常年在外奔波，你撑着这个家不容易。"

妻子长长叹了口气，泪珠大颗大颗地滚下来，她泪眼望着丈夫，有些呜咽地说："别说那个，还不是三姐给咱撑着家吗？你在外奔波我能理解，咱的孩子快一周岁了，你，你总得给她起个名字呀。"

"噢，就为这个。"望云悬着的心放下来，家里的柴米油盐，自己从没过问过，连给孩子起名的事儿也给忘了，唉，起个什么好呢？望云思来想去，最后说："大女儿叫桂秋，就叫她桂敏吧，愿她长大后像桂树一样秀美，像她妈妈一样聪敏。"

一句话使素芳破涕为笑，她深情地看他一眼，说："瞧你说的，像她爸爸一样聪明就更好了！"

……

列车驶进泰山地带，望云极目远眺，有关泰山的记载，他早在北平时就从地理书上看到过，至今还记得清清楚楚：泰山在山东省中部，从东平湖东岸向东北延伸至淄博市南和鲁山相接，长约两百公里。主峰玉皇顶在泰安县城北，古称"东岳"，海拔一千五百多米，山峰突兀峻拔，雄伟壮丽。有南天门、日观峰、经石峪、黑龙潭等名胜古迹。自己要去的泰山，实际是泰山的东岳主峰。

红日西斜，凉风扑面，列车终于在泰安火车站停稳。赵望云随逸云走出车站，顺着山路，向泰山的普照寺走去。

突然，从拐弯处涌出一群衣衫破烂的汉子，抬着几顶山轿，来到二人近前，争着嚷："先生，坐轿吧，价钱便宜。"

望云从没坐过这个，更不习惯被人抬着，他连连摆手："不，不，自己走着舒服。"

赵逸云看他执意要步行，便朝那几个轿夫挥挥手，说："不用了，我们还有别的事。"那几个山民无可奈何地停住了。

望云不安地问："这些轿夫怎么不在家种地，跑到山上干这种行当？"

"唉，没法子呀，"逸云叹了口气，说，"这里十年九旱，种地填不饱肚子，还要交纳各种赋税，人们不得不上山卖苦力。"

望云听了，心里酸酸的，他想起了家乡的父老，他们常年拼死拼活地干，到头来不也是填不饱肚子吗？唉，天下的劳苦人都一模一样啊！

越走，山路越陡，望云在家吃惯了苦，常年写生也练出了一双铁脚板，自然不把这当回事。走着走着，他突然想起一件事：自己到这里来，主要任务是干什么呢？他笑着问："赵先生，我和冯将军志同道合，到这里来，一是会会朋友，二也得干些事呀，你知道，我的特长就是画画，别的可不太精通呀。"

赵逸云抹一把汗，笑了，说："赵先生不必过谦，将军请你来，就是跟你学画。"

"哟，他那么忙，还有这个雅兴？"望云感到意外。

逸云解释说："雅兴大着哩，别看将军五十多岁的人了，学文化、练书法都挺用心哪，前两年，他请了北大教授陈豹隐给他讲《经济学原理》《政治学概论》《国际政治》，还请一些专家给他讲物理、化学、历史、地理……"

望云认真地听着，他暗暗敬佩冯将军这种好学精神。

说话间，他们来到了普照寺。望云抬头观看，这地方好大，前面是正殿，高大宏伟。起脊的房檐上安有兽头和惊鸟铃，里面木鱼声、诵经声隐约传出。旁边是配殿，顺山势起伏而筑。左右两边分别是高大的钟楼、鼓楼，镂花的门窗做工精细，展现着古老的东方建筑风格。

一条长长的石砌甬路伸向后面，望云探头望去，后面还有一座大殿，四周有许多房屋，高高的围墙环绕四周，苍松古柏给寺院增添了几许神秘和幽雅。

逸云把他领到东厢房前，开口说："请赵先生住这里吧。"说着，推门进屋。望云跟进去，只见里面窗明几净，中间放一张禅床，上面整齐地叠放着军用被褥。靠墙处放一张宽大的写字条案，旁边有几把椅子。室内摆设虽然简陋，但非常洁净，外面除了阵阵松涛，只有偶尔的几声鸟鸣。

逸云抱歉地说："条件不好，请先生担待，我去告诉冯将军，吃饭有人给您送，缺什么只管说话。"

望云是吃惯了苦的人，还没被人这样照料过，有点儿受宠若惊，连连说："赵先生太客气了，这就挺好，代我向冯将军问候，明天我就去看望他。"

赵逸云笑着说："别急，将军可没那个架子，说不定呀，他会先来看您的。"

望云送走了赵逸云，洗了把脸，解开随身的包袱，取出画夹、画笔，翻开速写本开始整理一路的旅行写生。

不知不觉，天已黑下来，望云见条案上有一对精致的锡蜡台，上面插着蜡烛。他找了盒火柴，划火点燃。这当儿，外面传来一阵悠扬的军号声，在这静谧的大山里显得格外嘹亮。

望云听不出这是什么号，但他断定这可能是吃饭的号子。听赵逸云说，山上共驻有冯将军两个连的卫队，自然还保持着严格的军纪。

果然，不一会儿，传来了雄壮的歌声，望云好久没听到过这种大合唱了，忙侧耳细听：

> 这些饮食，人民供给，
> 我们应该，为民努力。
> 帝国主义，国民之敌，
> 救国救民，吾辈无私。
> ……

望云觉得十分亲切，不由跟着轻声哼唱起来。

外面响起踏踏的脚步声，门开了，赵逸云端个红木托盘走进来，热情地说："赵先生，快吃饭吧。"说着，他把托盘放在条案上，揭去上面的蒙布，是四菜一汤：一盘炒豆芽，一盘炒白菜，一盘炒蒜苔，一大盆冒着热气的鸡蛋汤，另有三个馒头。

望云早饿了，他抄起筷子，大口大口地吃起来。

逸云在旁边说："忘了告诉您了，冯将军可不喜欢别人称他将军，喜欢称他先生，还有，他也不喜欢别人吸烟。"

望云忙说："我烟瘾太大，作画时爱一支接一支地吸，到时您可得提醒我呀。"

吃完饭，赵望云继续作起了画。上山时遇到的那一群轿夫，还有抬轿人在陡峭的山路上汗流浃背攀登的情景，又一幕幕出现在眼前。

他铺开宣纸，调好笔墨，提神运腕，画了一幅抬轿图：在那陡峭的盘山路上，两个衣衫褴褛的轿夫，弓腰驼背，抬着一个衣冠楚楚的大胖子，正在一步一颤地向上攀爬。

画完后，他左右审视，觉得还缺点儿什么，正在这时，外面响起了一个洪亮的声音："望云老弟来了，是在这里吧？"

望云正要回答，外面响起了赵逸云的声音："赵先生，冯先生看您来啦。"

啊，冯玉祥来啦！望云心里一阵兴奋，这位老朋友居然连夜探望自己来了，真是诚挚待人。他顾不得多想，急切中把烟掐灭，忙回答："啊，先生请！"

他正要迎出去，外面的人却推门进来了。在明亮的烛光下，正是布衣将军冯玉祥。将军朗声笑着，一双大手紧紧握住了望云那只拿惯画笔的手。

"老弟远道而来，照顾不周。"冯将军看似土气，说话却很文雅，"山上风凉，被褥够吗？"

"够了，够了，"望云感动地说，"先生太客气了！"

"嗳，别叫先生，"冯玉祥拍着他的肩膀说，"在石门那座大车店里，你我一见如故，还是兄弟相称吧。"

望云听了，心里又一阵发热，将军真是仁义待人。望云紧紧握住他的手，真诚地说："好，那就改称老兄了，小弟拜见冯老兄。"

"哈哈哈……"冯玉祥开怀大笑，一双浓黑的眉毛在额头颤动。他在望云的对面坐下，笑眼望着他说："你在《大公报》上连载的农村写生，我都剪下来贴在本子上了，后来行军打仗，丢了不少。我正惋惜，正巧收到了你寄给我的《农村写生集》，高兴得我什么似的。你画的都是乡间的平民，我平时爱写点儿诗，写的也是乡间平民，你说巧不巧！"

望云兴奋起来，感叹道："这正是有缘千里来相会，无缘对面不相识呀！"

"对对对，"冯玉祥大手一挥，更来了精神，"我看了你的画集，试着配了几首诗，你听听行不行？在你画的《父子锄地》这幅画上，我配了这样一首诗——"冯玉祥略一沉吟，朗声背诵起来：

炎炎烈日高，父子同锄苗，儿子体强壮，终日不辞劳。老父亦不息，汗在苗下滴。筋骨瘦如柴，挥锄无气力。锄苗锄草又松土，农民工作多辛苦，两眼睁睁望丰收，收得谷子归债主。印子钱，最凶残，铲去吸血虫，生活始得安。

望云拍手叫道："好，好极了，这正是画写意，诗抒情啊！"

"别忙，"冯玉祥大手一挥，说，"在你那《老农赶骡耕地》这幅画上，我配了这样一首诗：

老农六十一，赶骡耕山地，右手拿着鞭，左手把着犁。吁吁喘不住，汗流如雨滴。一亩未耕完，太阳渐偏西，身体疲欲死，犹自不肯息。"

冯玉祥见赵望云听得认真，精神大振，不等他说话，又继续说："在你的《高粱地》这幅画上，我是这样题的：

七月正当处暑，高粱将要成熟，满地密密丛丛，叶子定要劈除。这人独在地头，有如笼中蒸煮。通身大汗如雨，呼吸几被窒住，头晕眼黑气喘，从早忙到天暮。农民生活困苦，真是罄竹难书！"

赵望云认真地听着，他深深被冯玉祥这种同情劳苦人民、忧国忧民的诗篇感动了。不由敬佩地说："冯老兄文武全才，这诗写出了我想画却无法入画的东西。我画的是平民，您写的也是平民，您是平民诗人哪！"

"不，"冯玉祥认真地说，"你是平民画家，我是丘八诗人。"

"丘八？"望云有些不解。

"兵字上下拆开，不就成了丘八吗！"冯玉祥用手比画着，哈哈大笑。

忽然，冯玉祥的目光落到望云画的《山轿图》上，急忙拿起来，借着蜡烛看了又看。望云解释道："冯老兄，这是我刚才画的，不妥之处还望斧正。"

冯玉祥若有所思："怎么这样巧，昨天我写了一首山轿诗，你听听配你这幅画怎么样？"说着，他不紧不慢地背起诗来：

> 上泰山，坐山轿，好看风景好逛庙，一个安坐两个抬，三把轿子爬盘道。爬盘道，真苦劳，慢慢紧紧总不到；肩头皮带千斤重，汗流气喘心急跳。一劳苦，一逍遥，抬的坐的皆同胞，国难当头须要管，时间劳力不白抛。大名山，电车造，凡事都应用科学，时间劳力为国用，一点一滴皆生效。

望云怔住了，半晌才回过神来，说："芝麻掉进针眼儿里，真是天作之巧。"

冯玉祥点点头，说："是呀，你我真是不谋而合。看了你的画，我有个设想，我想把你那本《农村写生集》全部配上诗，再出版时，来他个诗配画全集，我还想亲自为老弟作序。"

望云听了，高兴地直点头，说："太好了，太好了，这可真是珠联璧合、相得益彰呀！"

冯玉祥也乐了，他大手一挥，重重地落在望云的肩头，亮开粗大的嗓门儿说："小老弟，咱这忘年之交算是交定了，明天到我那里去吃饭，尝尝你嫂子的手艺。"

三

第二天，望云如约来到了五贤祠。

这里位于泰山前麓，松柏参天，葱茏滴翠。一条小溪绕过寺边。淙淙的流水，仿佛是琴瑟在鸣奏。

望云向门卫通报了姓名，说明来意，门卫立即客气地说："您就是天津来的大画家吧，冯先生吩咐过了，正在书房里等您。"说着，领他进了院子。望云举目四顾，里面宽敞整洁，有里外两院。他跟着门卫走进了里院，这里绿树掩映，有出廊北房三间，东房三间。门卫指着两间西房说："这就是冯先生的书房兼会客室，您稍候，我去通报一下。"

片刻，屋里响起了那个熟悉的洪亮嗓门儿："是赵老弟吗？还不快进来。"

望云答应一声，起身向屋里走去。里面宽敞明亮，屋中间放着一张八仙桌，四周放着几把太师椅。最惹人注目的，是四面的书架上全摆满了书。上面用大楷写着分类：政治理论、社会科学、文学艺术、历史地理……一些社会上不多见的书籍，像《政治学概论》《国际政治》《春秋左传》《纲鉴易知录》……这里都十分齐全。正墙上贴着一幅对联，是用隶书写的，看得出是冯玉祥的手笔。上联是"救民安有息肩日"，下联是"革命方为绝顶人"。

望云不由思忖：冯将军不仅是位驰骋疆场的英雄，还是位博览群书的学者，同情人民疾苦的侠士。

冯玉祥把手里的书本放下，站起来迎接："哈哈哈，小老弟，快请这边坐。"

望云在一张椅子上坐定，冯玉祥已经铺好一张宣纸，润好笔墨，招呼望云："来作幅画吧，随便什么都行。"

望云本是个爽快脾气，能干的事从不推辞，便接过画笔，嘴里说着："那可献丑了。"凝眉思索一阵儿，便奋笔疾挥。不一会儿，一幅写意画画成了：在两棵参天的枯树下，几头披着褡裢的小毛驴正在垂头憩息；几个衣衫褴褛的农人，或倚靠大树，或抱头缩肩，正在寒风中抖瑟。望云又换了一支毛笔，在右下角用小楷题了"待雇"二字。

冯玉祥一直在旁边用心看着，不等墨干，便命人把画钉在墙上，站在画前看了又看。半晌，他才点着头说："嗯，不错，不愧是平民画家。"

望云笑笑说："老兄过奖，其实，我的画还欠成熟。"

他指着一处画面说，"像这种浓淡色彩的运用，就没有恰到好处，减弱了对画面气氛的衬托。"

冯玉祥没有回答他的话，沉思了一阵儿，猛然抬头，像下了决心似地说："你教我绘画吧，闲暇时我也爱涂抹，可不对门路，进步不大呀。"

望云静静地听着，这本是他意料之中的事，可冯将军说得这样坦诚、真挚，又使他异常感动，他望着将军浓眉下的那双大眼，认真地回答："好，我教，咱们相互学习吧。"

冯玉祥满意地笑了，他把一碗茶水递到望云手上，问："这么说你收下我这个学生喽？"

望云不好意思地点着头，连说："不敢不敢，冯老兄太谦虚了。"

冯玉祥一摆手，亮开嗓门儿说："别忙，还有，我那小女儿冯弗伐也爱绘画，正缺个老师，你也兼做我女儿的教师吧。"

"好，小弟一定尽力。"望云答应得十分畅快。

两人又攀谈起来，越谈越投机，大有相见恨晚之感。

冯玉祥谈得痛快，他站起身，一把拉住望云的手，说："走，到外面看看风景去。"

二人出了寺院，信步向西走去。巍巍泰山，春光明媚，山花竞开。赵望云不禁心旷神怡，他感叹道："人说泰山风景名胜众多，什么日观峰，朝阳洞，步龙桥，斗母宫……我早就听说过，只是这五贤祠名字的来历我还不太清楚。"

冯玉祥笑笑，解释说："这五贤祠是为了纪念过去的五个学者所修。他们是北宋的孙复、石介、胡瑗，明朝的宋焘，清朝的赵国麟。看，"冯玉祥指着前面一片青草茂密、繁花似锦的开阔地说，"这就是当年泰山上书院的遗址，也是那五位学者刻苦攻读的地方，千百年来一直受到人们的景仰。"冯玉祥的声音低下去，听得出他心里充满了对古代学者的由衷敬佩。

赵望云也肃然起敬，他默默地走过去，站在绿草如茵的场地上四面瞻望，发现草坪上有一块突兀的石头，酷似人形，觉得好奇。冯玉祥见他注目观看，指着解释："这是'侍立石'，就像当年石介拱手聆听老师孙复讲课的样子。当时，石介已经考中了进士，在南京做官，而孙复多次考进士不第，后来到泰山不分昼夜地苦读。石介见他果有真才实学，就恭恭敬敬地拜他为师，行弟子礼。石介不以功名禄位看人的品格委实感人。"

二人又继续朝前走，越过石涧，对面有一座石亭，四根光洁的石柱支撑着一个翘角飞檐的顶盖，正门上方镌刻着三个大字：洗心亭。

望云来到里面，只见上面的顶栏板上，镌刻着一行行隶体大字：打倒日本帝国主义，收复失地，还我河山……

看着这熟悉的字体，望云笑着问："这想必就是老兄的手笔了？"

冯玉祥点点头，面容严峻起来，心事重重地说："'九一八'事变，日寇侵占了东北，又向关内进犯。可咱们有兵不打，有防不设，照这样下去，整个中华民族就有沦亡的危险，凡是有良知的中国人，都不能做亡国奴啊！"

将军说得很激动，胖胖的脸庞抽搐着，炯炯有神的眼睛满含着焦灼和气愤。赵望云受了感染，动情地说："国家兴亡，匹夫有责，政府不抗日我们抗，有多大能力，干多大事业，反正不能当亡国奴！"

"好，赵老弟，你又说到我的心坎儿里去了。"冯玉祥的大手紧紧抓住他的臂膀，点着头说，"对，抗日有理，保国有功，只要全国人民心里装着抗日，记着收复东北，就一定能够把日寇赶出中国去……"

冯将军偶一抬头，失声说："哦，只顾说话，天都晌午了，走，回家吃饭。"

二人又回到五贤祠的书房里。这时，走进一位身穿粗布裤褂、面孔温柔清秀、鼻梁上架一副眼镜的中年妇女。赵望云见她举止文雅，一双天足迈得轻捷有力，既不失大家闺秀的风范，又具有良家女子的贤惠特征，忙站起身来。

冯玉祥呵呵一笑，指着介绍："这是你嫂子，叫李德全，吃饭做菜全仗着她。"

李德全腼腆地笑笑，冲着丈夫问："这就是你常说的望云兄弟吧，坐，快坐吧。"

望云忙说："小弟望云，新来乍到，有什么不妥之处还请大哥大嫂指教。"

冯夫人一双温和的眼睛笑望着他："随便随便，你大哥请来的客人，都是随便得很哪。"

冯玉祥摆摆手，说："老弟别客气。"又转向老伴儿，"饭做好了吗？我们的肚子可直叫唤哩。"

李德全答应一声，转身出去了。不一会儿，便端来了一盘盘香味扑鼻的炒豆芽、麻辣豆腐、油煎黄瓜……

冯玉祥抄起筷子，招呼望云："来，快吃，我这里没什么好东西，吃得惯吗？"

望云夹一箸豆芽放进嘴里，顿觉清香满口，忙说："吃得惯，吃得惯，这饭对我来说真称得上过年哩。其实，按我的习惯，每顿两碗面条，一个贴饼子就蛮好了。"

冯玉祥笑了，赞赏地说："看来你和我一样，都是苦出身，我小时候，记得有次跟着母亲赶集，看到卖油条的，馋得直流口水，闹着要娘给我买。母亲打了我一巴掌，说你不知道娘没有钱吗。后来，我再也没有要过油条。"

望云默默地听着，他想起了自己贫穷的家庭和受苦的乡邻们，心里酸酸的。正巧冯夫人端来一盆汤，他连忙岔开话题说："大嫂您也入席吧。"

李德全忙说："我在北房准备了饭，你快吃吧。"

冯玉祥抬抬筷子，说："她在那儿和孩子们一块儿吃。"

望云明白了，冯夫人吃的是粗饭。来时他就听赵逸云讲过，将军和家属的菜全是每人每天一角钱，可对请来的客人却招待得十分周到。他看着大口大口吃着豆芽菜的冯将军，觉得分外可亲可敬。

吃罢饭，冯将军让人收拾了碗筷，摆上宣纸、笔墨，朝部下招呼："去叫弗伐来。"

不一会儿，一位体态优美、面孔白嫩的姑娘走进来。她步履轻盈，仿佛一阵春风飘到桌前。冯玉祥指着姑娘向望云介绍："这是我的小女儿弗伐，就是不要打仗、只要和平的意思，可如今国难当头，事与愿违呀。"又指着望云向女儿介绍："这就是我给你请来的绘画老师赵望云，从今天起，你、我都是他的学生了。"弗伐大大方方地叫了声："赵老师！"

望云刷地红了脸，连连摆手说："别，别叫老师，就叫名字好了，这样多随便。"

"不，老师还是要叫的。"冯玉祥呵呵笑着，"当年石介拜孙复为师，终于学到了那样渊博的知识。我们不放下架子，怎么能学到你的绘画呢？"

冯玉祥说得风趣，望云却一时不知说什么好。这时，只听弗伐说："爸爸，请赵老师作一幅画吧。"

"噢，差点儿忘了，"冯玉祥一拍额头，指着铺好的宣纸说，"来，赵老弟随便画一张。"

望云连忙抄起画笔，在墨盒里润好，恣肆地挥洒起来。

望云就这样在泰山住下了，他有时出去写生，有时教将军和弗伐绘画，随将军出出进进。冯玉祥学画很专心，像他一样爱表现下层平民的疾苦。望云便专门教他画马拉车、牛耕地、茅屋草舍、拾粪的老头、纺纱的妇女、穷苦的孩子……苍凉、破败的农村实景一一出现在他们的画面里。将军不抽烟，不喝酒，望云却嗜烟如命，在将军的身边，他尽力忍着。

渐渐地，他和将军身边的士兵们混熟了。赵望云生来活跃，爱拉爱唱，吃饭前唱歌，他也夹到队伍中间，不到两天竟也唱得婉转悠扬。人们知道他是画家后，纷纷向他索画，他是有求必应。画赶驴的农夫、奔驰疆场的战马、威武的战士，可最多的，还是农家的毛驴。后来，士兵们和他开玩笑，叫他"赵望驴"。

四

早晨，阳光和煦，春色明媚，巍峨的泰山，苍松翠柏掩映，亭台楼阁点缀，蓝天白云添彩，无数的游人、香客络绎不绝地向山上攀去。

早饭后，冯玉祥邀了赵望云，说要在山上游览一番。这正合望云的心意，他带上速写本，和冯将军离开五贤祠，顺着山路向星罗棋布的景点走去。

来到关帝庙，这里游人如织，许愿的香客，摆摊的小贩，更多的，是路旁那些乞讨的人群。一群群的女人蓬头垢面，携儿带女，臂挎破篮，向路人伸着一只手，嘴里不停地嗫嚅："大伯大娘行行好，给几个钱吧。"

二人走过去，有个抱孩子的女人冲他们扑腾跪下了，伸出一只颤抖的手，呜咽着说："二位大爷行行好，救救俺这可怜的孩子吧。"

这女人头发蓬乱，身上的衣服补丁摞补丁，她怀里抱的孩子不满周岁，饿得皮包骨头。大概是吃不到奶水，正在拼命吮吸自己的小手，吮两口就哇哇地哭一阵。她身边依偎着一个六七岁的小女孩，手里提个破竹篮，里面放着几棵野菜。她木呆呆地坐着，一动不动，想必是饿的。

冯玉祥看看孩子，关切地问："怎么就你一个人，孩子他爸呢？"

女人抽泣着回答，她是从东北逃过来的，丈夫被日本人抓去做劳工给打死了，她拉扯着两个孩子靠乞讨过日子。

冯将军同情地叹口气，从衣兜里掏出五块大洋，放到了那女人手里。

"啊，恩人，恩人哪！"那女人连连给冯玉祥磕头。

二人又往前走，见路旁围了一圈人，分开众人一看，地上放着一副担架，上面躺着一个十五六岁的孩子。掀开盖着的破被褥，只见这孩子全身光光，肚子胀得像个小鼓。有个年轻女人半跪在他身旁，用手不住地抚摸。一名年轻汉子大概是孩子的父亲，顾自蹲在地上，两手抱着脑袋叹息。还有一位须发花白的老汉，坐在旁边的一块石头上，两只昏花的老眼愁苦地盯着担架上的孩子，这显然是他的祖父。

冯玉祥蹲在孩子身边，伸手摸摸，觉得那肚子又硬又烫，忙朝三个大人问："这孩子得的是什么病？"

三个大人相互看一眼，一齐摇头。

冯将军变了脸色，着急地说："怎么不送医院！"

那位白发老汉苦笑了一声，说："去年天旱，庄稼连种子都没收回来，饭也吃不上，哪有钱给孩子看病！"

"那你们把孩子弄到这里干什么？"望云不解地问。

年轻女人开口说："俺们想许个愿，求神仙保佑。"

"那顶什么用！"冯将军生气地说，"烧香要能治好病，还要医院干什么！"

"没法子呀，"女人一脸的无奈，"俺全家就这一根独苗，上医院没钱不给看，到这里多少花点儿钱就行。"

冯玉祥连连摆手说："别傻气了，快把孩子送医院治疗吧。"说着，把衣兜里的钱全部掏出来，数数才五块，悉数放到了那女人手里。望云也掏出仅有的两块银元，递给了孩子的祖父。三个大人扑腾冲二人跪下了，嘴里说着："二位老爷的大恩大德，俺全家永世不忘！"

他俩忙把仨人拉起来，望云又催促说："快送孩子去医院吧，晚了就没救了。"

仨人这才如梦初醒，忙不迭地抬起孩子，急急向山下走去。

太阳渐渐升高，照得二人身上暖烘烘的，刚才的情景深深刺痛了二人的心。好半天，将军才心事重重地问："赵老弟，这两个画面美不美？"

望云摇摇头说："不美。"

冯玉祥感慨地说："泰山虽美，却难遮社会的丑陋，同是一个太阳照，同是一个人世间，有骑马的、有当牛的，有享乐的，有发愁的，这个社会太不公平了，一定要改革！"

望云认真地听着，点头说："是啊，农民们啼饥号寒，又有谁可怜他们、关怀他们呢！"

冯将军没吱声。等攀上一座山峰、俯视苍茫大地的时候，将军突然吟诵起明代李岩的《劝赈歌》：

年来蝗旱苦频仍，嚼啮禾苗岁不登。米价升腾增数倍，黎民处处不聊生。

将军声音沉痛，似一把重锤敲击着望云的心。望云满怀激情地接口吟道：

草根木叶权充腹，儿女呱呱相向哭。釜甑尘飞炊烟绝，数日难求一餐粥。官府征粮纵虎差，豪家索债如狼豺。可怜残喘存呼吸，魂魄先归泉壤埋。

吟到这里，他想起了早逝的父母，还有被贫病夺去生命的前妻权氏和幼儿，止不住声音呜咽，泪溢眼眶。

冯将军遥望着那乞讨的人群，那一寸一寸向上爬的洋车，接口沉声吟诵：

　　骷髅遍地积如山，业重难过饥饿关，能不教人数行泪，泪洒还成点血斑？奉劝富家同赈济，太仓一粒恩无际。枯骨重教得再生，好生一念感天地。

声声句句，如泣如诉，长歌当哭。望云看他那浓眉下的一双大眼泪光莹莹，再也抑制不住心里的激动了，他一把抓住冯玉祥那双宽厚的大手，用力摇动着说："冯老兄，想不到您和俺们平民百姓的心贴得这样近！"

将军凝视着他那激动的面孔，点点头说："咱们是一棵藤上的两个苦瓜，都是苦出身哪！"他掏出手绢，揩净脸上的泪水，继续说："小老弟，刚才你都见了，在这山灵水秀的泰山中，还有一个人间地狱，老百姓的生活太苦了，泰山应该是他们的，他们不富强，泰山再美有什么用呢！"

望云用心地听着，觉得字字句句都说到自己心坎儿里去了。他认真地说："我想把泰山人民的痛苦全画出来，你老兄还配诗吧，咱们要向全社会呼吁，改变这种贫富悬殊的社会现象，建立一个人人平等的社会。"

冯玉祥没言声，仍是望着远山沉思。过了好一阵儿，突然把手一拍，大声说："好，就按你说的办，仍是你画画，我配诗。只是这一次不光是要印成书，我有一个更大的设想，就是把它们镌刻在石碑上，安放在咱泰山的科学馆里。这样来登泰山的人们就都看到了，让大家知道，泰山不仅有松石古迹，还有另一番光景，让人们心里都想着这些受苦的老百姓。"

望云听了，心里异常高兴，这可是一项前无古人的事业啊！他连连点头，说："这太好了，老兄想得真远，就把这事儿交给我吧！"

冯玉祥浓眉下的一双大眼紧紧盯着他，眼里满含着信任和期待："那你就负责操办吧，需要什么只管说话。你深入农家多做些观察，整理出画稿后，我再根据内容配诗。关于石料，我看咱泰山的青钢石就不错，还有石匠，就请附近的吧，别到外面去找什么名师艺人了，这样也能给当地的穷石匠们找碗饭吃。选料、刻石、安装这些事，都由你总管。"

望云是个急性子，说干就干。第二天，他早早起床，出了普照寺，顺着山路，来到大众桥西边的小王庄。（注：大众桥是冯玉祥隐居泰山时出资修建的，并亲自在桥头书写"大众桥"三个大字。）他早就听说，这里出产的黑色花岗石十分坚硬，经过打磨后非常光亮。他要亲自看看，把料选好。

望云来到采石场，只见几十名汉子光着脊背，正在抡锤采石，叮叮当当的锤钎之声不绝于耳。

望云来到一位老石匠旁边，只见他一手抡锤，一手执钎，正在雕凿一块石碑。随着他一下一下的敲击，那钢钎在坚硬的花岗石上不住地跳动，火花四迸，石屑飞溅。终于，钢钎在石碑上刻出了一片美丽的图案。

春天的早晨还很凉，可老汉的头上却冒出了腾腾的热汗。望云递给他一支烟，亲切地说："老伯，歇会儿吧。"

那老汉见他高瘦的个子，穿着蓝布大褂，留着大背头。虽然说话文雅，却全身上下透露着农家朴实的气息。忙停下手里的活，接过纸烟，满是皱纹的脸上露出笑模样，问："先生是哪里人？要刻碑吗？"

望云回答了他，又仔细看了周围的石料，问："老师傅，这花岗石质地好不好？"

老石匠一听说他是冯将军的客人，立刻敬重起来，又见他说话彬彬有礼，心里高兴，忙回答："这是有名的泰山青钢石，山上庙里的碑刻，大多是从这里采集的。你用手弹弹，还当当有声哩。"

望云听说，伸手弹了几下，果然有当当的金属声，立刻来了精神，便和老石匠攀谈起来。老汉告诉他，自己叫任宝义，从十岁上跟着父亲学手艺，如今已和石头打了四十年交道。望云见他忠厚老实，便把自己的计划一一告诉了他，让他找几个家庭困难、手艺又精的石匠，讲定付给优厚的工钱。

宝义乐了，笑呵呵地说："俺们石匠一把铁锤两只手，就是盼着有活儿干。找人选料的事尽管放心，我马上去办。"

任宝义很快找来了五名手艺精湛的石匠，望云详细说明了石料的用途，再三叮嘱要选好石料，断裂、混杂的一律不要，具体技术上的事由任宝义负责，自己最后查验。说干就干，任宝义领着几个人叮叮当当地干上了。

最初几天，望云一直在石场上搭下手干活儿。他看石匠们干得很仔细，便把事情托付给任宝义，自己背上画夹子到泰山附近的山村写生去了。

　　每次出门，他都是徒步而行，肩上背个包袱，里面装着画笔、砚台什么的，有时当天返回来，有时几天几夜在外面，一回到客房里就整理画稿，一画就是十几幅。然后选出最满意的一两幅，签名盖印，交冯将军配诗。不到半年，二人就精选出了四十八幅泰山社会写生诗配画。

　　碑稿有了，但石料选好以后还得精磨，然后才能把诗画弄上去刻制。望云有时去石场上转转，有时教冯将军和弗伐学画，余下来的时间，就是整理平时积累的写生画稿，在艺术的高山上，他扎扎实实地、一步一个脚印地向上攀登。

第八章　塞上之行

一

早饭后，望云铺开宣纸，润好笔墨，却没有动笔，而是一支接一支地吸起了烟。这是他多年形成的作画习惯，等吸够了，才扔掉烟蒂，抄起笔，洋洋洒洒，一挥而就。

他一口接一口，等吸到了最后一支，一幅画面在脑海中形成了，可还没等他扔掉烟蒂，外面就响起了急促的脚步声，一个中年汉子风风火火地闯进来。

他抬头一看，原来是冯将军的部下王华岑。

望云嘴里招呼着："王老兄，快请坐。"手里抄起画笔，仍想作他的画。

王华岑急忙说："外面有个人找你，说是《大公报》的记者，叫杨汝泉。"

望云一怔，他早就听说过爱国记者杨汝泉，曾冒着生命危险，深入抗日前线搞战地通讯。他来不及多想，扔掉画笔，跑出去迎接。

普照寺门口，有个肩背挎包的青年在那里徘徊。望云见他面孔黑红，两眼憨厚有神，心里产生了几分好感。忙招呼说："您是杨汝泉先生吧，我是赵望云。"

那人一把握住他的手，有些激动地说："您就是赵先生？我早就和您这个名字熟悉了，今天一睹尊容，想不到这么年轻。"

杨汝泉掏出一封信，递给望云，说："这是我们报社总编胡政之先生写给您的，请一阅。"

望云拆开一看，原来是邀他与杨汝泉同行，到塞上去旅行写生。由他绘画，杨汝泉写说明词。《大公报》专门开辟一个栏目，给他们连载。并建议他们从唐山起步，西行经沦陷区的罗文峪、古北口到八达岭，再顺京绥铁路线到张家口。

望云喜出望外，他是个闲不住的人，泰山石刻已安排就绪，正想出去走走。他安顿好杨汝泉，便去找冯玉祥辞行。

冯将军正伏在案前，一心一意地作画。以前，他只会画水墨荷花，以示自己出淤泥而不染。望云来泰山后，他又学会了画毛驴、茅屋草舍等。这当儿，他正在画牛耕地，一个农衫褴褛的农人在后面扶犁。

望云轻轻走进来，冯将军从脚步声就听出是他，头也不抬地说："望云老弟，快来看看我画的这幅画。"

望云走过去，见他画得虽然还欠火候，但比以前进步许多，先肯定了优点，又指出了一些不足："牛蹄子画得太大，牛头太小，周围的景色太艳丽，冲淡了主题……"

冯将军像个小学生似的听着。看完了画，望云这才婉转地说明来意。他怕将军舍不得自己离开，又补充说："我最多一个月返回来。"

冯玉祥听完，沉吟片刻，脸上闪过一丝难舍的表情，但很快就消失了，畅快地说："有出息的画家就是要走出去，把广大平民的疾苦画出来。老弟呀，我有一个小小的请求，等《大公报》连载完毕，再出画集的时候，我还给你配诗。"

"好极了，"望云巴不得他这样做，他握住将军的一双大手，激动地说，"你说出了我想说的话，等写生一结束我就赶回来。咱的石刻一天不完工，我的心就一刻也放不平呀！"

二

塞上旅行写生开始了，望云背着包袱，拎着画夹，和杨汝泉一起，乘车来到了唐山。

这是一个近代化的工业城市，随着铁路的修筑和开滦煤矿的开发，已经日益兴旺起来。市内有钢铁、煤炭、陶瓷、纺织等工业。

进了唐山市，二人没有去那繁华的商业区，却不约而同地向矿工们居住的广东街走来。这是一个又脏又破的贫民区，只见一群群衣服破烂的工人匆匆在街上走着。马路两侧有卖饼子、烟酒的小贩，更多的是灰尘满面、手脚脏黑的皮鞋匠和缝穷妇。几个妇女凑到一起，买些针线，缩在街头给人缝补衣服，好弄几个小钱填肚子。

二人沿着街道边走边看，心里一阵阵发酸。来到街的西头，见旁边有一座高大的红漆门楼，上面写着几个楷书大字：开滦矿务局。大门对过有两座古式的门楼，旁边挂着的木牌上分别写着"矿务局书院""工人换衣所"。这两座院落的后面，耸立着巍巍一座高山。

望云来到近前，发现这座山上的石头挺特别，是由一块块的活石拼起来的。他百思不得其解，忙向旁边的一位老工人询问。

那老师傅苦笑了笑，说："这不是山，是矿工们开出来的废石，是一车车拉来、一担担挑来的。"二人怔住了，不由感叹地说："这真是人间奇迹呵！"

他们又顺着街道朝前走去，只见大街里、小巷旁，到处蜷缩着一群群的乞丐。他们一个个蓬头垢面，衣不遮体，有的怀抱哇哇啼哭的婴儿，伸手向路人乞讨，简直是一幅活生生的城市饥民图。望云含着眼泪，把它画在了速写本上。

第二天，他们离开唐山，顺着大路向北走。这是一条中原古道，因年久失修，变得更加难走了。道路崎岖不平，坑坑洼洼。走完了这段险路，前面有条小河挡住了去路。这是黄河的一个支流，河不宽，上面有座小桥。望云正要上桥，杨汝泉一把拉住了他，说："你看看这是什么桥？"

望云低头一看，这哪里是什么桥，是把许许多多的柳木杆子插在河底，上面再铺上厚厚的一层谷草搭成的。人一踏上去就来回摇晃，别说是车，就是人也得格外小心，否则就会掉进河里。

日寇铁蹄践踏下的神州，处处满目疮痍。

他们边走边画，顺着乡间土道，一路打听着向玉田县走去。踏进县境，一幅苍凉、破败、荒芜的农村图景出现在眼前。时值初冬，在那空旷的原野上，一丛丛干枯的茅草在寒风中颤动。几个衣衫褴褛的农人，肩背粮袋，赶着毛驴，驴身上驮着一大捆柴草，在凸凹不平的土路上吃力地走着。

杨汝泉轻轻碰碰他，说："你看这些人，不把粮袋放在驴身上，却自讨费力。"

望云也觉得好笑，走到一位农人面前，招呼说："怎么不把粮袋放在驴身上？"

那人抹一把脸上的汗，苦笑着说："我们也想省力啊，可是你看，"他撩撩驴身上的茅草，露出干瘦的脊背，叹口气，"不成啊，放上这袋粮，就把驴压趴下了。"

二人这才看清，那小驴背负着沉重的柴草，一步三晃。牲口是农人的命根子，没了牲口，拿什么去拉车犁田！

"这是朝哪里送？"杨汝泉问。

"去集上卖呀，换俩钱好交捐税。没法子，家里又没多少粮食了。"那农人愁苦地长吁短叹。

二人听了，不住地陪着叹息。他们明白，这种情形不是一家一户，中国的农民过的都是这种苦日子。

中午，他们来到了鸿桥镇。这里原是一个大集镇，有四五千户居民。可如今房倒屋塌，街道堵塞，到处是破砖烂瓦、垃圾粪便，街头巷尾蜷缩着破衣烂衫的村民。

二人绕过瓦砾，来到这些人近前。攀谈了一阵儿，他们才弄清，这里刚刚经过了一场内讧，团警和团警打起来，镇子成了他们的战场，居民成了他们的牺牲品。有个居民讲：那一天黎明，突然响起了急促的枪炮声，一伙儿团警朝里打，另一伙儿朝外打，乒乒乓乓，居民们从梦中惊醒，以为是日本鬼子打过来了，纷纷跑到村外的小石桥下躲避，哪知桥东架着一挺机关枪，看到桥下有人，不管三七二十一就猛烈扫射，可怜这些无辜的居民惨死在团警的枪口下。最惨的是，有个十二三岁的小姑娘，死时还抱着她奶奶的一条腿……

二人听着，看着，信步来到了人们说的那座石桥旁。只见河水荡漾，绿柳依依。石桥下的墙壁上，还残留着斑斑血痕。望云展开画夹，速写下了这里的真情实景。杨汝泉在本子上记下了这悲惨的一幕。

当天晚上，望云就着蜡烛，一口气画出了劫后的鸿桥镇之一《灾民惨状》，之二《残迹的一角》，之三《荒凉的大街》，杨汝泉配上了说明词。五天以后，便在《大公报》上发表了，人们争相传阅，在社会上引起了很大的轰动。

三

三天后，他们到达了天险罗文峪。

罗文峪是马兰峪以东的第十四个关口，城墙毗连万里长城，四周群山连绵，地势十分险要。他们来到城南，看到的却是一片残垣破败的情景。因年久失修，不但戍楼找不到残痕，连城门也不知哪里去了。当年，热河失守，日本再攻罗文峪。二十九路军的师长刘汝明率领将士们拼死战斗，血把护城河里的水都染红了。由于他们孤军奋战，在日本飞机的轰炸下，只好退了出来。这里，便也成了日寇的统治区。

赵望云和杨汝泉一前一后，登上了罗文峪的东城墙。上面冷风嗖嗖，寒气袭人。远处的长城、房舍、山峦尽收眼底。他们极目远眺，只见西北方向的山顶上有三座古代哨堡，分别和长城连接着，互成掎角之势。远处，东山的长城上，也有三座犄角式的碉楼，衬着又高又陡的山势，显得雄伟壮观。

二人不出几天就来到了和日寇血战过的古北口。进了古北口，远远看见路西有一片巨大的土台，台后是万里长城，台上长满了梨树，原来是一个梨园。听本地人讲，这是城内最幽静的一个地方，每到梨花盛开的季节，土台上面就变成一个雪一般的世界，蜂舞蝶飞，把长城点缀得分外壮观。游人到此，都驻足观看。可现在不行了，为保卫古北口，有八百个中国勇士献出了生命。梨花台前，再也看不到如织的游人了。

四

赵望云和杨汝泉为了写生方便，乘火车来到了八达岭。这一带地处深山，土地贫瘠，居民们仅靠种地不能养活自己，还兼营抬藤轿和赶脚驴。有的到长城附近的山里拾取古箭头、古梭镖、古火镰等，然后到游人多的地方摆摊兜售。

当火车到达三堡车站时，天气突变，狂风裹着暴雨，劈头盖脸袭来，摆摊的居民忙冒雨赶回家去，抬轿和赶脚驴的居民却撑开雨伞，照常在风雨中等候。

望云和杨汝泉有随身携带的雨伞，又不用脚夫，便徒步出居庸关外镇，登上了北门锁钥。这里是一个长城关口，那用方石砌成的关门石额上，镌刻着"北门锁钥"四个大字。从这里上行，越走坡越陡，藤轿、脚驴再爬就要出危险了。无奈，那些出行的"贵人"们只好下来步行。

中午，风停雨住，二人沿着山道向西，登上了万里长城，顺长城登攀，前面是一座守望台，这是八达岭的最高处。站在这里遥望，但见群山奔涌，山峰错峙，那连绵不绝的万里长城随着山势的起伏，纵横其上，显得分外雄伟。

赵望云用画家独具的慧眼，尽情地看，尽情地画。他被祖国的壮丽河山、古代的万里长城陶醉了。回到旅店，他秉烛夜作，连夜画出了"阴雨中八达岭"之一《风狂雨暴竞归村》，之二《冒雨游山》，之三《居庸外镇》，之四《北门锁钥》，之五《云锁奇峰之壮观》，之六《最高峰上之长城》。

第二天，他们离开了八达岭，顺京绥线向张家口走去。经过新保安，赵望云画下了这里的水稻田；路过鸡鸣山，画下了这里的高山铁路；经过辛庄子，画下了村内施肥归来的农夫；途经宣化府时，他和杨汝泉做了详细的考察。这里地处塞外，风大沙多，春冬季节，大风卷起的黄沙能把房屋淤平，古代所说的沙陀国就源于这里。就是这样一个地方，战略地位却十分重要，它内拱北平，外控关塞，历代视为军事重镇。秦朝在这里设上谷郡，汉时置广宁县，元改宣德府，清改为宣化府。可是今天，这里什么防御都没有，看不到中国的一兵一卒。后来，冯玉祥在《大公报》上看到这幅画，写诗呼吁：敌兵已经占多伦，为何阵地还不筑？

从宣化西行六十里，他们便到了张家口。这里最著名的是大境门，它位于张家口上堡北部，是长城外边的一个关隘，到察北各县和库伦去，这里是必经之路。大境门的上额有高维岳书写的"大好河山"四个字。门外是西沟，1929年以前，西沟的商业异常繁荣，车水马龙，商贾云集。可如今由于洋货的冲击，已是人烟稀少、荒凉不堪了。

望云在这里考察了几天，画了十几幅写生，便和杨汝泉向张北县走去。他们边走、边画、边考察当地的乡风民俗，不断丰富着自己的文艺宝库。晚上找不到村店，就宿在山崖下、大树旁，甚至在茅草堆里过夜。他们走一村，过一寨，沿途画下了张北山村的妇女生活，画下了艰如蜀道的万全坝，画下了万全坝上的最高点神威台，画下了汉化了的西二台蒙古族农村，画下了盘山显化寺的牡丹。终于，他们来到了风光奇异的大同。

大同在春秋时为北狄所居，元设大同路，筑土城，明朝徐达改建成砖石结构，景泰年间增筑北小城，天顺年间又增筑东南两小城，这样就相互套着四个小城，势如连环，门中有门，城中有城，成为塞上的一个奇观。

二人在市里转了一阵儿，便坐上马拉轿车，直奔著名的云冈石窟。

这石窟在大同西南三十里处的武周山云冈堡北面的峭壁上面，又叫石佛寺。山壁上石窟林列，窟中各有一尊大石佛，石佛的四周还有许多小石佛。它们姿态各异，或站，或坐，或半跪，或飞空，神态鲜明，让人看了赞叹不已。当年，这些石窟都有佛殿遮掩着，因风吹雨打，年代久远，佛殿已荡然无存。云冈石窟从北魏兴安年间开始开凿，唐代太和七年竣工，计凿窟九十五洞，并建了镇国、护国、崇福、童子、华严、天宫、兜率等十个佛寺，元朝时又建石佛二十龛。这些大大小小的佛像，代表了古老的东方民族艺术，是中华民族的瑰宝。

望云一看就迷上了，忘记了疲劳，支上画夹子开始临摹。他从这个石洞钻到那个石窟，一连几天不休息，晚上还秉烛夜作，在这古老的艺术宝库里，他像蚕一样一刻不停地汲取着营养，吐织着墨丝。

离开云冈石窟，他们又到塞北牧区写生，那辽阔的内蒙古草原，成群的牛羊、骡马，使他们耳目一新。特别是在集宁这广阔的牧场上，他们看到了丛生的水草，起伏的岗峦，还有成群的野马。这些马膘肥体壮，奔跑如飞。望云和杨汝泉随马群忘情狂奔，直到大汗淋漓方住。

五

这次塞上旅行写生，前后将近一年，作品宏富，收获甚大。望云在艺术上又进一步得到了升华。在画面表现上，已突破了过去那种小家摆设，凭着丰富的实践、熟练的技法，敢于大刀阔斧地构图了。

他从成箱成堆的画稿中，精选出一百多幅，在《大公报》连载之后，又出版了《赵望云塞上写生集》单行本，由冯玉祥、胡政之、杨汝泉分别作序，杨汝泉写说明词，冯玉祥又在百忙中配了"丘八诗"。

这下子，如巨石激水，在全国引起了很大的轰动，人们争相购买、传阅。

在赵望云《唐山街市的流浪人》这幅画下，冯将军配诗道：

贫贫贫，穷穷穷，终日愿劳动，无处去谋生。跑到西，跑到东，赤身和露体，饥饿把命倾。为什么贫，为什么穷，除了富贵的人们谁也说不清。

在《战后之罗文峪》这幅画下，冯将军配诗道：

罗文峪，极险要，石桥破，城墙倒，热河失，日兵到，师长刘汝明曾把日本兵打跑。死伤如山积，血把河水染红了。日本飞机轰轰响，我们飞机见不着。

在"阴雨中之八达岭"之一《风狂雨暴竞归村》这幅画下，冯将军配诗道：

八达岭，民生苦，赶脚驴，抬轿夫，终日劳苦把口糊。八达岭，民生艰，找古箭，拾火镰，终日勤勤一口饭。八达岭，民生难，忽然间，天气变，急急忙忙奔家园。人民遇风雨，知道打伞，国家遭暴风，却无人管。

　　一幅幅风情画，一篇篇枪杆诗，像匕首投枪，刺向了国民政府和日本帝国主义，唤醒了普天下的爱国志士和贫苦大众。

　　冯玉祥在序中写道："大众时代的艺术，已经不是少数有闲阶级或有钱阶级的消遣品了，现代艺术的价值，已经不在于形态的美丽和雕刻的精致，而在于深刻地、赤裸裸地描写现实社会的真相。于此，艺术就变成了为大众服务的工具。无论诗或画，能够真切地写出劳苦大众的实际生活，终是中国当前急需的艺术……"

　　总编胡政之赞道："使无量数爱国奇男子慷慨赴义，伏尸流血之精神，随此青年画家之椽笔，复行跳跃于读者之脑膜间，何止有出生入死白骨之妙，抑又民族复兴之一帖兴奋剂也！"

　　杨汝泉对古今绘画颇有研究，也精通笔墨，他写道："我国绘事，自清初'四王'即沿于摹古，绘画范围，整个为传统思想所束缚，晚近尤甚。望云作品独能注重写实，树立创作功力之基础，此其所以可贵也！"

　　《农村写生集》和《塞上写生集》，从形式到内容，都有许多的相似之处。但明眼人能看得出，后者在思想性、艺术性上更进一步。她们是一对"姊妹篇""并蒂莲"。

六

　　1935年10月，蒋介石给远在泰山的冯玉祥将军一连发了三封电报，邀他到南京参加国民党的四届六中全会。冯将军和部属们经过多次磋商，采纳了余心清的意见，在党务、政治、外交、军事等方面提了十三条意见电告蒋介石，本人仍不去南京。

　　电报发出后，不想又连续接到了蒋介石、孔祥熙、于右任、李烈钧、覃振、石瑛等人的催驾电报，一齐劝冯将军早日到南京，共商国是。这些邀请尽管目的不同，但言辞恳切，使他再不好拒绝了。于是，冯将军只得改变了主意，准备轻车简从赴京。

这天早晨，他让部下整理好书籍和简单的行李，同家眷和一些警卫人员准备乘车上路。手枪营营长魏凤楼和许多将士、客人前来送行。冯将军恋恋不舍地看着熟悉的五贤祠和这里的一石一木，他清楚，此次离开泰山，还不知何年何月才能返回。他对这里是有感情的，不仅建了科学馆，修了大众桥，垒了储水池，还建了一座辛亥滦州革命烈士祠，在泰山附近办了十五所小学，特别是那尚未完工的泰山社会写生石刻……想到这里，他猛然发现送行的人群中没有赵望云，忙向左右询问。赵逸云回答："他出外写生还没回来。"

冯将军沉思片刻，向赵逸云嘱咐："你再去寻找他，找到后一起去南京见我。不过别急，让他先在这里搞几个月的石刻，等空闲了再去。"

赵逸云点点头，把自己的行李又从车上取下来。

冯玉祥同送行的人们一一握手，到了魏凤楼近前，他心事重重地说："我要走了，可有好多事还没有做完，别忘了，你带领手枪营的弟兄们修一条从小王庄到车站的公路，人们出门上车就方便了。春节前，还要像往常那样给附近的居民送些面粉和猪肉，让他们过个好年。"

魏凤楼点着头，一一答应了。

冯将军又环视了人们一眼，胖胖的脸庞上满是难分难舍的神情，他声音有些颤抖地说："弟兄们，你们多多保重吧，我还会回来的。"

七

又是一年芳草绿。

三十一岁的赵望云，正像这生机勃勃的春天，已经冲出了艺术的低谷，正走上初夏的征途。大量的农村写生，使他的表现技巧越来越纯熟，前些天，他在济南举办了一次个人画展。由于《农村写生集》和《塞上写生集》在社会上广泛传播，他的名气日益提高，他独辟蹊径的写生国画也被越来越多的人所接受，再加上他开的价格比较低廉，因此，参展的七十多幅画很快就卖光了，除去各种费用，还余了一些钱。虽不算多，但足以维持全家人的生活了。他自然高兴异常，带着这些钱返回天津。

一进家门，小女儿桂敏就颠颠地跑来迎接，嘴里清脆地喊着："爸爸回来了，爸爸回来了。"

看着渐渐长大的女儿，他不由一阵心酸，自己常年在外奔波，有时几个月不回一趟家，就是回来了，也是埋头作画，连孩子也没有抱过，自己对不起孩子，对不起这个家，没有尽到一个当父亲的责任啊！

他弯腰抱起女儿，在小脸蛋上亲着，柔声问："桂敏，想爸爸了吗？"

"想，"小女儿指着自己的心口，认真地回答，"俺这里想。"

赵望云乐了，他第一次体会到当父亲的幸福。

"妈妈和姑姑呢？"望云盯着她的小脸儿问。

"姑姑买菜去了，妈妈又给我抱来个弟弟，正喂奶呢。"小女儿懂事地回答。

怎么，妻子生了个儿子！望云心里一喜，妻子怀孕他是知道的，但没想到这么快，又是个儿子，这真是春风送喜啊！他放下女儿，几步走进屋里，见妻子正侧身躺在床上给孩子喂奶，他抑制不住内心的喜悦，走到近前高兴地问："啥时生的？"

素芳看他一眼，多情地笑笑，说："快一个月了，正好是你走后第二天。"

"唉，又没照顾上你。"望云抱歉地说。

"我算着还不到时候。"妻子宽厚地笑了，她理解丈夫为艺术抛家舍业，家庭的重担全落到自己身上。但丈夫人品好，有才气，为了他的事业牺牲自己的幸福也值得。

"这回我要先给孩子起个名字。"望云一边思索着，一边取出买来的点心，塞给女儿一块，又递给妻子一块。妻子接过又放到一边去了，她舍不得吃这种好东西，她要留给三姐的孩子吃。

望云想了一阵儿，开口说："就叫振湖吧，以后再生了男孩，都排在这个振字上。"

杨素芳笑着点点头，算是同意了。

望云在家作了十几天画，便觉得题材枯竭，准备出去写生。妻子见他好容易回一趟家，又要出去奔波，心里着实不乐意。她絮絮地说："你看看别人家，夫唱妇随过得多好，可咱们呢，你我都像没有家似的。"

望着妻子那幽怨的眼睛，他的心里一阵酸楚，是啊，夫妻情深，离开一天都想得慌，可好男儿应该志在四方，哪有光呆在家里的。再说，自己留足了家庭费用，也该一门心思往前奔了。

不知怎么，一路走着，他的脑海里总浮现出妻子那幽怨的眼神和女儿那倚门张望的娇小身影。

长长的大路，伸向一个不大的乡村，村头有三间青砖房，一根长竿挑着一个布幌，上面歪歪扭扭地写着"饭店"两个字。

望云走得又渴又饿，忙拣了个凳子坐下，先要了一碗茶水，端起来咕咚咕咚一气喝完。又要了一碗杂面，两个玉米面饼子，大口大口地吃起来。

正吃得香甜，只见大路上走来一个穿长衫，戴礼帽，肩背大挎包的人，这种打扮在乡间是不多见的，因此格外引人注目。望云觉得有些面熟，但那人戴着墨镜，又低着头，一时认不出来。

到了近前，望云一下子认出了来人，迎上去大声招呼："喂，这不是逸云吗，怎么到这里来了？"

那人一愣，忙摘下墨镜，果然是他。他揉揉眼，也认出了望云，急走两步来到近前，照着望云的肩上重重擂了一拳，亮开大嗓门儿说："好你个赵望驴，真真苦煞老弟了，总算找到你了。"

原来，他听说赵望云在济南搞画展，便乘车找到那里。一打听，才知道画展早已结束，望云回了家。他又找到天津，在偌大的城市里找户人家，无疑是大海捞针。正在一筹莫展，他猛然想起了《大公报》的记者杨汝泉，立刻跑到报社去寻。还算顺利，杨汝泉正在那里值班，便领他找到了赵望云的家。不巧，望云头天才走了，只说是去冀中农村写生，具体地方不清楚。无奈，逸云只好乘车到了石家庄，一路上逢人便问，追踪寻影，终于在这乡间小店里找到了。

望云带着歉意地说："叫你吃苦了，也跟着我这么长途跋涉。"

逸云摆摆手，说："别提那个，谁叫咱们是朋友呢！冯先生的嘱托不敢懈怠哟。"接着，他把冯玉祥嘱咐的话一五一十地讲了。

望云听完，忙给他要了一大海碗杂面和一盘花生米，关切地说："你先填饱肚子吧，等会儿咱就乘车去泰山。"

第九章　泰山石刻

一

泰山石碑的精磨尚未完工，赵望云找到任宝义，见只有两个石匠干活儿，忙问别人到哪里去了。

任宝义叹口气，苦笑着说："唉，听说冯将军走了，您又不在，又一连两个月领不到工钱，有几个人就回家另找出路去了。"

"这怎么行！"望云着急地说，"石刻不能停，冯将军全权委托给我了，你去把走的人都找回来，告诉他们工资照发。"说着，他掏出几十块钱递给任宝义，吩咐道："先把那两个月的工钱补上，我再到账房里给你们预领一个月的工钱。"

老石匠满心欢喜，乐颠颠地找人去了，望云这才向五贤祠的办事处走去。

贫苦的石匠们如约赶来了，工地上又像往常那样响起了叮叮当当的锤钎声，望云悬着的一颗心这才放下来。他不时到石场转转，和石匠们一起聊天儿、干活儿，有时还给他们画张像。

碑石还没打磨完毕，他插不上手，正巧又接到了冯玉祥的信函，邀他到南京举办画展。他喜出望外，忙准备了一些画稿，把刻石的事向魏风楼做了交代，辞别了任宝义，和赵逸云一起乘上了去南京的列车。

望云还是第一次到这里来，他被那宏伟的古代建筑陶醉了，那巍峨壮观的南京城，全是用条石垒砌，高大雄伟，气势威严，那连绵不绝的城墙，标志着古代工程的浩大。城墙根部那斑斑青苔，显示了年代的久远。三国时的东吴、东晋、南唐、明初和后来的太平天国曾在这里建都，现在是国民政府的统治中心，蒋介石的总统府就在这里。市内街道繁华，商贾如云，著名的游览胜地玄武湖、燕子矶、莫愁湖就在这里。

赵逸云对此地熟悉，和望云顺利找到了冯将军的住处——南京头条巷24 号，这是韩复榘的公馆，房舍宽敞，舒适雅静。

在门口，他们遇到了旧友王华岑。久别重逢，分外亲热，华岑握着望云的手，兴奋地说："冯将军时常提念你，业余时间还是喜欢作画，尤其是画驴，一抹就是十几幅，虽不及你画得传神，可也活灵活现。"

"将军身体怎样？"望云关切地问。

"还好，"王华岑的神情暗淡下来，他看四下无人，压低声音说，"就是情绪有些焦躁，将军性子急，一心想把日本赶跑，蒋委员长硬坚持攘外必先安内的政策，俩人有分歧。"

望云听了，心里像压了一块石头，他不禁担心地说："将军可别遭人暗算哟！"

王华岑摇摇头，说："这倒不会，一来将军威望高，深得人心，二来他和蒋介石还算名义上的拜把子兄弟，真要在他这里出了事，委员长怎么向世人交代？"

望云细细琢磨，觉得也有道理，悬着的心这才放下了。

王华岑领他穿过一个月亮门，来到一处幽静的院落。王华岑打开东厢房的门，里面放着两张床、两张桌子、几把藤椅。他抱歉地说："先住这里吧，那张床是冯先生的秘书王倬如的，人多房少，挤一挤吧。"

望云满不在乎地说："老兄别客气，这就挺好嘛。"

稍稍安顿了一下，赵望云便去客厅看望冯玉祥。

将军正伏案看文件，一见望云，忙起身迎接，爽朗地大笑道："哎哟，小老弟，到底把你盼来了，咱那石刻搞得怎样了？"

望云如实做了汇报，将军又紧接着问："画稿带来了吗？在这国民政府中心搞个画展，让那些成天打牌跳舞的人都开开眼界，看看下层农人是怎样生活的！"

望云忙说："带来了二百多幅，还没装裱。"

将军点点头说：“拿来我看，要多选那些能唤起民众、发人深省的画稿参展。现在国难当头，人们谁不忧心哪！”

将军叹了口气，眼里闪烁着怨愤的光，似有难言之隐。望云明白他的心事，不便说破，便知趣地走出来。

二

南京的街道，整齐洁净，酒店林立，十分繁华。赵望云总爱利用准备画展的闲暇工夫，到街上走走转转。

这天，他来到一座画店，迎门的一幅山水画映入他的眼帘。这是一幅泼墨山水画，作者运用近浓远淡的画法，用树的层次烘托出山的气势，把江南山川表现得淋漓尽致。江南炎热多雨，四季常青，葱茏繁茂，山川也总是给人一种湿漉漉的感觉。整个画面，体现着南方山水那种柔秀清淡之美。

望云很喜爱这幅画，忙看下面的题签，只见写着“叶浅予”三个字，一下子来了精神，自语道：“我以为这个有才气的画家在北平，没成想跑到这里来了。”忙向店主询问了叶浅予的住址，匆匆向那里赶去。

穿过几道大街，又拐过一条小巷，就到了叶家居住的三布胡同。按照店家的指点，他敲开了一扇油漆剥落的小门。开门的是一位妙龄女子，虽布衣旧鞋，却显得清丽俊秀，举止文雅，颇有大家闺秀的风度。望云仔细一看，认出是叶浅予的妻子戴爱莲，忙打招呼：“这不是爱莲吗？可找到你们了，叶浅予在家吗？”

此时，戴爱莲也认出了他，不禁又惊又喜，热情地说：“赵先生，您怎么找到这里的？快屋里坐。”说着，她向屋里喊道：“浅予，你看谁来了，还不快出来迎接！”

叶浅予闻声从屋里跑出来，他二十多岁，英俊的面孔上镶嵌着一对诚实的大眼睛。望云很喜欢他的人品，更欣赏他的才气。望云此时已经是出名的画家了，他亲自登门看望一个还未成名的青年画师，自然让叶浅予受宠若惊，由于激动和高兴，他一时不知说什么好，只是紧紧握住了赵望云的手，好一会儿才说："赵先生几时来南京的？"

望云作答后，又风趣地说："是你的画把我引来的。"

叶浅予见赵望云夸他的画，不好意思地说："先生过奖了。其实这后来的进步，还不是看了您的画受到了启发。"

望云连连摆手说："不，这是你苦学的结果啊！"接着他神情一转，问："你们不是在北平吗？啥时来这里的？"

叶浅予忙回答："我们是由朋友介绍来的，快半年了，眼下我俩都在一所中学教书，日子还算过得去。"

戴爱莲忙在旁边提醒："还不快让赵先生进屋。"

叶浅予连忙把望云让到屋里。里面十分狭窄，外间屋放着一张桌子，上面放着一幅尚未作完的画，四周放满了锅碗盆勺什么的，看来这是一间画室兼厨房，另一间放着一张双人木床，四周仅能站人而已。

望云笑笑，风趣地说："比我强多了，你们好歹有了自己的房子，我现在还打着游击哪！"

夫妻俩相视望了一眼，笑了，生活虽然窘迫，但夫妻之间恩恩爱爱，又有着共同的追求，日子自然过得和谐、甜蜜。

望云和二人攀谈起来，他们从生活谈到了绘画，谈到了技法与风格。望云点上一支烟，侃侃而谈："风格的形成来源于技法的体现，在古代，擅长铁线描的曹不兴和擅长兰叶描法的吴道子，便形成了人物画的'曹衣出水'和'吴带当风'的不同风格。在花鸟画中，黄筌设色浓丽，徐熙笔墨秀雅，而形成了'黄家富贵''徐熙野逸'的两大流派。在山水画中，李思训青绿勾金，王维则浅绛多皴，便形成了'金碧山水'和'浅绛山水'。还有，在文人画中的扬州八怪，他们的共性就是怪，怪在出新，就是立意新、笔墨新、格调新。现在白石老人告诫人们，'学我者生，似我者死'，这是很有道理的……"

夫妻俩听得津津有味，他们被望云这种渊博的学识、精辟的见解深深吸引住了。突然，外面又响起了敲门声，戴爱莲忙去开门。

片刻，她领进一位年轻的小伙子，这人面孔白净，西装革履，眉宇间透着英俊之气。叶浅予忙站起来介绍："这是美术评论家黄苗子，文笔犀利，为人正直。"又指着望云向那位青年说："这是画家赵望云先生，来这里举办画展。"

"哦，您就是赵先生。"黄苗子显得非常激动，他又上下打量了望云几眼，像是自语，又像是对着叶浅予夫妻说："想不到这样有名的画家如此朴实，如此平易近人。"

望云被夸得不自然起来，憨笑着说："咱们说定，从今后谁也甭客气。"接着问了黄苗子的年龄，转身对叶浅予夫妇说："我比你俩大六岁，比他大七岁，你们都叫我大哥好了。"

三个人看他一片真诚，忙点头答应了。

望云同三个年轻人又谈了一阵绘画，看看天近晌午，便告辞出来。三个人送了他一程又一程。望云忽地想起画展的事，忙叮嘱说："我的画展在励志社举行，别忘了前去助兴啊！"

三

在冯玉祥的帮助下，"赵望云旅行印象画展"开幕了。参展的一百多幅作品，都是望云近期精心创作的，标志着画家在艺术上迈上了一个新的台阶。画展一开始就轰动了全城，工农商学兵都争相来看，展厅里人山人海，川流不息。

叶浅予、戴爱莲和黄苗子三人早就来了，他们从头至尾，仔细地欣赏着这些充满乡间风情的佳作。在他们眼里，这些画仿佛具有了生命，一件件，一幅幅，下笔用墨是那样精当、着实令人叹服。

冯将军的手下王华岑、赵逸云、葛效先也来助兴，他们帮着维持秩序，向观众介绍画幅的内容和价格。有个叫何修尧的，是个银行职员，平时喜爱书画，经赵逸云介绍和望云成了朋友。他为人忠厚，这次望云聘他管账，凡来买画的都由他出面收款，结算成交。

望云来得最早，他坐在展厅的休息室里，看着如潮的观众，心情激动得难以平静。能有这么多人欣赏自己的作品，理解自己的创意，这是他最大的欣慰了。

这当儿，从门口走进两位中年男子，都穿着普通的中山装，一位留着寸头，戴眼镜，面孔有些黑红。另一位留着大分头，体态修长，两眼闪着和善、热情的神采。他们看了一阵儿画，不住地点头称赞，又低声交谈了几句，便向服务人员询问哪位是赵望云。

望云早就注意到了这俩人，见他们彬彬有礼，举止不凡，忙迎上去说："敝人就是，欢迎二位光临指导。"

"哎呀，您就是赵先生，久仰久仰。"留分头的中年人紧紧握住了他的手，自我介绍："我叫徐悲鸿，在南京中央大学艺术系任教。听说您搞画展，特地来看看。"

望云眼睛忽地一亮。徐悲鸿，好响亮的名字，这位擅长油画、国画，精通素描、人物造型，以画马驰誉中外的著名画家，想不到竟这样年轻，又这样平易近人。他兴奋地说："久闻大名，相见恨晚哪！"

徐悲鸿又指着那位戴眼镜的中年人介绍："他叫田汉，著名诗人、剧作家。"

望云又是一怔，他早就听说过这个名字，读过他的文章，他写的"义勇军进行曲"是那么慷慨悲壮，豪气感人。他握住他的手，敬佩地说："先生的大名我早有耳闻，只是未睹尊颜，今日得见，真乃三生有幸！"

田汉推推眼镜，憨笑着说："赵先生过奖了，我是徒有虚名。"

望云心里异常兴奋，有这样两位名家来助兴，并且能同他们晤面，真是机会难得，他忙把二人招呼到休息室攀谈起来。徐悲鸿早年留学法国，博学多才，画技高深，是把中西画法融为一体的第一人，在画界名声显赫，赵望云慕名已久。三句话不离本行，他们三言两语就扯到了绘画上，徐悲鸿理理那柔长的头发，笑笑说："赵老弟，我发现咱们在绘画的创作上很接近，好多观点、看法不谋而合。你主张创新，走出象牙之塔，到生活中去提炼素材，我主张'尽精微，致广大'，对咱们古代那些珍贵遗产、传统技法要继承下来，对那些死板的、不合大众口味的要改造，对于外国绘画，可取其精华，去其糟粕……"

望云认真地听着，不住地点头。旁边的田汉见桌上放着一个写生本，便随手拿起来翻阅。他插话说："赵先生，我敬佩您的才华，更敬佩您为人的品德，您画的都是底层劳动人民的形象，我非常赞成，您坚持画了这么多年，闯出了一条新路。目前画界虽然有些人还是说长道短，可您泰山压顶不弯腰，委实难能可贵。我不会作画，但看法和您完全相同，艺术要为大众服务，为广大人民所欣赏。"

望云见他真挚恳切，兴奋地说："田老兄，你我虽不是同行，但艺术是相通的，咱们交个朋友吧。"

"好，"田汉紧紧握住了他的手，"我先交了徐老兄，再交您老弟，真成了桃园三结义了！"

交谈中，望云感到田汉看问题新颖，见解独到，有很高的洞察力，心里很是敬佩。以后他才知道，田汉早已是一名优秀的中共党员了，为团结各界的进步人士，在国统区里做了大量工作。

徐悲鸿同赵望云又谈起了作画，两人颇有共同见解，技法上又各有千秋。不由越谈越投机，徐悲鸿说："您喜欢画马，我也喜欢画马，可您笔下的马和我笔下的马怎么相貌神态都不一样啊？"

望云笑了，解释说："您画的那些奔驰的马，是外国的洋马，我画的是俺们家乡束鹿拉车干活儿的马，品种不一样嘛。"

徐悲鸿扑哧笑了，说："我倒没注意这些。"

田汉听得津津有味，撺掇说："干脆，你俩每人画一幅马，比较比较！"

望云心里一动，思忖：徐悲鸿的奔马图驰名中外，又是有名的大手笔，听说蒋介石邀他画一张像都被拒绝了，自己如果能亲睹他作一幅奔马图，那可是打上灯笼也难找到的好事。忙说："田老兄说得有理，先请徐先生作一幅吧。"接着铺开宣纸，摆上笔墨，招呼悲鸿上前作画。徐悲鸿谦让了几句，便执笔润墨，凝眉沉思片刻，洋洋洒洒地挥舞起来。那支饱含浓墨的画笔，在他手里仿佛具有了生命，又像变魔术，几匹骏马的轮廓渐渐清晰起来。望云仔细瞧着他勾、抹、点、涂，真是外行看热闹，内行看门道，赵望云对他的一招一式、一点一笔都深深地刻在心中。

约莫一袋烟的功夫，一幅奔马图完成了，只见在那辽阔的草原上，几匹骏马昂头摆尾，腾蹄飞奔，那长长的马鬃，矫健的体魄，似狂风掠过大地，真有八面威风。

徐悲鸿审视了一下，把笔一掷，嘿嘿一笑说："献丑了，请二位斧正。"接着朝聚精会神看画的望云说："赵先生，别忘了，下面该您了。"

望云也不推辞，铺开宣纸，润好笔墨，略一沉吟，恣肆纵横地挥洒起来。他把二十余年的苦练凝于笔端，笔走龙蛇，似狂风急雨。时间不长，一幅车马图完成了，在那漫长的平原古道上，一匹骏马拉着车缓缓行走，车把式坐在上面悠闲地吸烟。这马神态凝重，腿如石柱，身负沉重的车辕，却安祥、沉稳、一步一个蹄印地前行，彰显出不辞辛劳、栉风沐雨的老马精神。

徐悲鸿和田汉仔细审视着，点头说："嗯，不错，果然是一匹劳动的骏马。"

三个人正品头论足，突然门外响起了汽车喇叭声。南京虽是首府，可汽车并不太多，凡乘坐者不是达官贵人就是社会上的显赫名流，他们连忙跑出去观看。

门口停着十几辆小轿车和几辆大卡车，一群持枪的警卫人员把住了展厅的门口和附近的街道，来参观的人员是放出不放进。三个人不知发生了什么事，一齐紧张地盯着那一排小轿车。望云更是把心提到了嗓子眼儿。

轿车的门一一打开了，从车里走出十几个气宇轩昂、衣冠楚楚的人，大多是西装革履，少数穿着军服。望云一眼便认出了那个穿军服的是冯玉祥，心里顿时轻松了，他忙低声告诉了二人。此时，徐悲鸿和田汉也认出了另外几个人是孔祥熙、孙科、张群、于右任、张治中、张钫等国民政府要人。于是，三个人迎上去，同他们打招呼。

冯玉祥显得很兴奋，他一把拉住赵望云，向这些要人们一一做了介绍。接着，他又一手一个，分别拉住孔祥熙和孙科，对着这些人讲开了："这些画可不平凡，是赵先生背着干粮和行李，亲自到农村考察后画的，特别是那些敌占区，画家是冒着生命危险绘成的。走，咱们去看看这些真情实景去。"

说着，他带头朝展厅走去。他知道，里面挂满了裱好的四尺宣大画，都是望云从大量的作品中精选出来，又经他反复审定的画稿。上面的价码，望云本来定得很低，他却一律撤掉，标成了较高的价格……

一行人从头看起，冯玉祥站在最前面，逐幅介绍着画面内容，俨然像个解说员："……看，这是日寇洗劫后的农村，已经残破得不成样子了；看，这是西北边城的真情实景，这样的天险却没有设防，它在军事上提醒了咱们；这幅画我买下了……看，农民多辛苦，天刚扑明就赶着牲口去播种，买下它常看看，就能时刻提醒咱们，中国的农村太落后，农民太辛苦，这种状况不改变，中国就富强不起来……"

参观完了，冯玉祥神情一转，开口说："各位同人，赵君忧国忧民，爱国之心跃然纸上，他的画，老百姓们都喜欢得不得了。以前搞过几次画展，都是一抢而光，咱们何不买他几张，挂在屋里常看看，心里时刻想着咱们的国家和百姓呵！"说着，便率先选购了几张，交部下付款去了。

张治中也打心眼儿里喜欢这些画，忙选购下了几张。二人一带头，其他人只好顺坡骑驴，每人挑了几张，付款买下了。

消息传出后，一下子轰动了全城，人们听说这些要人都喜爱望云的画，便纷纷前来观看、购买。更多的人是已经喜欢、理解了赵望云这种用山水画笔墨画农村人物、用国画画农村速写的独辟蹊径的风格。一连六七天，来展厅参观、购画的络绎不绝。上海《大公报》的记者和上海《宇宙风》杂志的编辑也闻讯赶来采访、约稿、联系出版事宜。这可忙坏了赵望云，他和好友王华岑、赵逸云、葛效先等人跑前跑后，接待来访记者、社会名流和同行画友。为了方便，望云干脆在展厅附近租了一处小院，搬到那里吃住。

时间不长，参展的近二百幅作品销售一空，这次展览收获颇丰，望云不仅结识了一些画界、艺术界的名流和政府要人，而且也得到了一笔可观的收入，除了钞票，还有一些银元、金条。望云从没有得到过这么多钱，一时不知该怎么处理。考虑了许久，他想起了热心帮忙的冯将军，决定把钱送给他，以表示自己的感激之情。哪知他把这个想法对冯将军一说，先生不高兴起来，耸着一对浓眉埋怨："你这是干什么，还怕这些钱没地方花吗！你自己先留着，用到最急需的地方去。"

一句话提醒梦中人，望云忽地想到，现在国难当头，日寇步步向华北紧逼，这笔钱最好支援抗战或是灾区群众。于是，他留了一些生活费用，剩余的让何修尧存在了银行里。第二年，卢沟桥事变爆发，他把钱全部支援了抗日前线。

四

展览虽已结束，望云却更忙了，上海《大公报》和他签了合同，准备把这次画展集印成册，初步定名为《赵望云旅行印象画选》，说好由徐悲鸿题书签，著名评论家盛成写序。《大公报》的人还没走，《宇宙风》杂志的编辑又找上门来，把厚厚的一沓文字脚本拿出来，这是一本农村故事的连环画文稿，内容是《秃子的故事》。委托他插图，而且时间很紧。事情虽多，但都是望云多年盼望的好事，他来者不拒，一一答应下来。他把自己关在小屋里昼夜鏖战起来。

这时的赵望云，刚过而立之年，正是年轻气盛、精力充沛的时候，他觉得浑身有使不完的劲，早起晚睡，还有一些剩余精力。有时他感到这些精力无处发挥，便用来拉胡琴、唱京剧，和朋友侃大山。

他新租的地方虽然处在闹市区，但房舍四周十分寂静，没有人声，没有车鸣，偶尔有几声鸟叫，更给这里增加了安澜、恬静的气氛。

赵望云乘兴挥毫，洋洋洒洒地信笔涂抹，随着技法的成熟，他开始在作品中追求稚拙的情趣、简练的笔墨、俊逸的意境和厚重浓郁、多层次的效果。他的大幅林区，用树的层次烘托出山的气势，有时连一块石头也没画出，却显得那样气势宏伟。许多现实生活中那些不入画和难以入画的平凡景物，经过他那支妙笔，便化平凡为神奇了。

此外，他的书法也有了显著进展，他吸收了汉隶、魏碑、造像石刻和张旭、怀素的狂草，形成质朴潇洒的个人风貌。他立意新奇，章法多变，作品中贯串着金石碑帖的高古之美。

五

夏天来到了，南京城里一下子变得酷热起来。望云把上海的约稿画完，又想起了泰山的石刻。正巧冯将军转给他一封魏风楼写来的信，说那些石碑已经精磨完毕，只等赵先生前去绘图雕凿了。于是，他马上收拾了一下，辞别了将军和朋友们，又到天津去看望家室。还没到门口，小女儿桂敏就发现了他，张着两只小手，燕子似的飞跑来，嘴里连喊着："爸爸，爸爸！"

望云乐了，感到了做父亲的幸福。

杨素芳抱着不满周岁的儿子振湖，忙着给他做饭、打水洗脸。夫妻久别重逢，自然有说不出的欢欣。几天小聚，望云惦记着泰山石刻，又要出门。

听说去泰山，妻子眼睛一亮，兴奋地说："都说那里风景秀丽，俺和孩子能不能跟你一块儿去开开眼？"

望云心里一动，思忖：这可是个两全其美的办法，一者能照看孩子，二者也不误那里的事情。便爽快地说："好吧，这回咱全家一块儿去。"

小桂敏高兴地跳起来，搂着父亲的腿说："爸爸真好！"

夏季的泰山，尽管也很炎热，但比南京凉爽多了，到处有浓荫泉水，游览的人还是络绎不绝。

熟悉的山路，熟悉的房舍，赵望云背着桂敏，妻子抱着振湖，顺利找到了留守泰山的警卫队长魏风楼。旧友见面，分外亲热，相互问候一番，望云把家小安排在烈士祠附近的一座小院里，便直奔采石场去了。

这里，磨好的石碑整整齐齐地码放在地上，任宝义和几个石匠正在细心地打磨着最后一块，噌噌，噌噌的声音不绝于耳。望云同他们一一打过了招呼，便查看起了这些碑石。只见块块长短规整，仿佛一个模子里铸出来似的。那磨好的一面油光黑亮，光可照人。每块都是一米高、半米宽，质量没有问题，望云满意地笑了。他握住任宝义的手，感激地说："你们辛苦了，这凿画刻字的活儿更需要技术，稍有一下不慎，整块石碑就报销了。"

任宝义拍拍胸脯说："赵先生放心，俺们这几个人都是在石头上雕花凿鱼、刻石人、石马、石牌坊的好手，最少的也和石头打了二十年交道了，赵先生绘成什么样子，俺们保证凿成什么样子。"

望云放心了，他对石匠们勉励一番，又拿出身上的纸烟，分给几个抽烟的石匠。接着，他打开带来的包裹，取出设计的画稿和冯将军亲笔书写的隶体诗文，把这些东西小心地、一笔一画地锤印在石碑上。然后，石匠们便像姑娘绣花那样，用大小不一的、各种各样的钢钎细心地、一钎一钎地照图形雕凿起来，叮叮当当的声音又从早响到晚。

望云这次可以守在工地了，他对石匠们特别和气，可对质量又要求特别严格，一笔一画也不轻易放过。对不合要求的，一定要磨掉重来。他俨然像个技师，除了拓印、重绘不清楚的地方，就是检查雕刻的质量，有时还给大家拉一阵胡琴，唱段京戏，人们打心眼儿里喜欢这位朴实的小老弟。

六

半年后，"泰山社会写生石刻诗画"终于完成了。这四十八块石碑，上半部分是画，下半部分是诗。这又是两个人心血的结晶——赵望云的画有冯将军的立意，冯将军的诗有赵望云的构思，形成一个牢不可分的艺术整体。这些石刻安放在泰山的科学馆内，一下子轰动了游山的旅客和附近的群众，人们纷纷来看，科学馆成天被挤得水泄不通。这是一些怎样的石刻呀，不同于泰山的其他碑刻，既没有记录统治者的武功文治，也不是为祖先歌功颂德，而是把广大劳动人民受苦受难的真实现状镌刻了上去。图是真情，诗是实话，诗情画意，全是心声，幅幅充满了对平民百姓们的同情和关怀。石碑上有开山的农民、石匠、担水的老人、卖大碗茶的，拉洋车的、开小饭馆的、放牛的、推小车的、上山的挑夫、泥瓦匠、洗衣妇、烧石灰的、打柴的、采野草的女人等，全是广大农民破产失业、饥饿乞讨、流离失所的真实写照。诗歌和画面浑然一体，相互映衬，直面惨淡的人生。人们越看越爱看，就好像刻画的正是自己的生活。有的还低声朗读上面的诗句。

在《运石》这幅画下，刻着这样的诗句：

石壁严，势如悬，有栈道，贯中间，两副车马运石过，努力劳动出大汗。弯腰驼背推又拉，二人在后二人前。运向城中去换钱，石工家口衣食住，需用完全恃此山。此山多石固可爱，莫忘东北之富源。黑的水，白的山，森林矿产与麦田，千里万里相牵连。日本国人逞强暴，一并夺去不肯还。至今华北尚垂危，敌人欲壑永难填。我们为要求生存，唯有武力保主权。驱逐强盗回三岛，人民安乐版图全。

在《五口之家》这幅画上，把黄泛区人民流离失所，走投无路的惨象刻画得惟妙惟肖。

> 黄河大水，汹涌如瀑，冲决堤坝，淹没田亩。人畜漂流，难寻尸骨。有幸生者，无有归宿。请看此家，人口共五。三个孩子，一夫一妇。面皆菜色，衣都破补。一犬一鸡，瘠背瘦肚，一篮一席，一只水壶，除此之外，别无长物。逃得性命，走投无路。瞪目无言，唯有啼哭。此景此情，伤心触目。省府救灾，用心甚苦，根本方策，筹划宜速。河道深挖，堤坝坚筑，全国财力，方能制服，努力于此，大众幸福。

看的人越来越多，观众们议论纷纷，七嘴八舌地说："这是画的咱村的事，看，石老大正和他儿子推车运石呢。"

突然，人群里有人抽抽泣泣地哭起来，大伙儿一看，有个衣衫破烂的妇女正掩面饮泣。人们忙问原因，那女人指着《五口之家》这幅画说："这逃难的正是俺们全家呵！现在孩儿他爹和三个孩子都饿死了，剩下俺一个女人讨吃要饭。"女人絮絮地说着，哭得更伤心了，旁边许多人陪着掉泪，屋子里一片悲怆……

自从有了泰山石刻，游山的人一下子多了几倍，特别是附近那些很少光顾的农民们，专程跑几十里来科学馆看石刻。为了方便那些不识字的人们，望云和几个士兵充当了解说员，轮流给人们宣讲、解释。从早到晚，这里的游人来来往往，络绎不绝。

看着动情的游人们，望云心里异常激动，他没想到这些石刻会受到人们的如此喜爱，便把这些事情一股脑儿写信告诉了南京的冯玉祥将军。

没几天，他收到了冯将军的回信，对他一手操办的工程很满意，由衷祝贺了二人合作的成功，并邀他抽空来南京，说要重重地慰劳一番。

望云心情更加激奋，但他没有马上起行，他想在这里多待一段时间，他喜爱泰山，喜爱这里的穷苦贫民，更喜爱自己亲手绘制的这些石刻，他要多看几眼……

七

时光如箭，日月如梭，不知不觉半年过去了，转眼到了 1937 年 7 月，卢沟桥事变的炮声，揭开了日寇侵华战争的序幕。残暴的日本帝国主义，疯狂推行"三光"政策，所到之处，烧、杀、抢掠，无恶不作。无数的村庄变成了废墟，繁华的城市、集镇弄得尸横遍地、阴风惨惨。中国军队在全国人民的抗日热潮影响下，奋起抵抗。英勇的八路军、新四军挺进敌后，发动群众，同世界上最残暴的日本帝国主义展开了殊死的决斗，中国现代史上最惨烈的抗战开始了。穷凶极恶的日寇，妄图在三个月内吞并中国，出动飞机、军队向中国的南部推进。

望云所在的泰山，此时也听到了远处隆隆的炮声，日本的飞机不断进行低空侦察、盘旋，弄得人心惶惶。一些国民党的达官贵人，携带家眷和金银财宝开始南逃。

这天中午，突然飞来一群敌机，黑压压的也不知有多少架。它们在天空盘旋一阵儿，便轮流俯冲投弹，顷刻，地上响起了巨大的爆炸声，铁屑、碎石、砖瓦四处飞溅，烟尘蔽日。人们惊呼着四处乱跑，魏风楼率领手枪营的士兵们维持秩序，招呼人们赶紧趴下。这当儿，第二批飞机俯冲下来，丢下了成串的炸弹，隆隆的爆炸声震得山摇地动，大团大团的烟尘笼罩了泰山。

随着一声震耳欲聋的爆炸，几棵千年古松哗啦啦倒下了。在这爆炸的间隙里，有人惊呼："科学馆被炸了！"

掩在岩石后的赵望云抬头一看，可不是，刚才还矗立在那里的科学馆，此刻变成了一大片瓦砾。像做了一个恶梦，赵望云简直不相信自己的眼睛，他不顾一切地冲过去，嘴里喊着："碑刻，我的碑刻！"伸手在瓦砾堆里刨起来。

魏风楼和几个士兵把他拽回来，焦急地说："敌机还没走，你想当靶子不成！"

望云两眼发直，神经质地自语："完了，我的石刻，全完了。"突然，他用拳头狠命地捶着岩石，声嘶力竭地吼："凶残的日本强盗，这笔账我迟早要和你们清算！"

敌机终于飞走了，躲避的人们从各个地方走出来，开始清理现场。由于泰山树多林密，地形复杂，敌机只炸毁了几处房舍和建筑，居民们伤亡不大。这时，又接到冯玉祥的急电，邀望云赶紧去南京。他接过电文，从悲愤中清醒过来，想起了住在烈士祠附近的家小，便急忙朝那里跑去。

他推开院门，走进北房，见妻子搂着两个孩子安然地待在屋里，悬着的一颗心这才放下来。

八

赵望云携同家小，在冯将军部下的护送下，终于安全地到达了南京。

他把家属安顿好，顾不得休息，便去看望冯将军。

冯玉祥紧紧握住他的手，哈哈大笑着说："你总算安全地回来了，我一直担心你哩！"

望云没有笑，他含着眼泪，声音颤抖地叙说了石刻被毁的经过。冯将军顿时收敛了笑容，炯炯有神的大眼睛放射出仇恨的光，脸色也变得铁青，一双硕大的拳头擂得桌子咚咚响："妈的，日寇这个狗强盗！"他用粗话怒骂起来，洪大的嗓门儿震得屋子直颤。两个部下闻声跑进来，冯玉祥向他们挥挥手，示意退下。等喊够了，冯将军才喘着粗气说："历时几年的石刻，我还没能够看上一眼就毁了，可惜呀可惜！"

等将军平静下来，望云解开随身的包裹，取出厚厚一沓纸说："石刻虽然没有了，但咱们还能看到它的原貌。在石碑镌成的时候，我和几个弟兄逐块逐块地制成了拓片，请老兄过目。"

冯玉祥先是一怔，随后神情一转，急切地走过来，小心地翻看着这些形象逼真、拓印精美的碑帖复制品。接着，他紧紧握住望云那双粗糙的大手，猛劲儿抖，用力摇，激动地脸都涨红了，声音有些发颤地说："赵老弟，真没想到，你是这么个有心人。石碑虽然没有了，可是这些拓片我们能出版，以后有了机会，还可以根据拓片再制成石碑。老弟呀，你真做了一件功德无量的事！"

看着将军那兴奋的样子，望云也振奋起来，他出主意说："这些拓片已成了孤本，为了妥善保存，还是想法出成画册吧。"

冯玉祥畅快地一挥大手，说："好，拓片你先保存好，出版的事，我想办法尽快促成。"

赵望云放心了，他由衷感激这位鼎力支持的冯老兄。

第十章 赤子深情

一

1937 年 7 月，中华民国教育部在南京举办了全国美术展览，有一千多幅作品参展，现代题材的占了五百多幅。然而，真正反映农村现实生活的作品仅有赵望云《鲁西水灾忆写》一幅。这引起了观众的注意，一致评价这幅作品是此次展览中内容最好、艺术最高的佳作。因此，它被编入当年 12 月出版的《教育部第二次全国美术展览会专集》中的《现代书画集》分册。

此时，日本加紧了吞并中国的步伐，疯狂地向华北的广大地区进攻，国难当头，形势危急，日寇的"三光"政策激起了全国人民的反抗。迫于形势，蒋介石不得不任命坚决抗日的冯玉祥为国民党第六战区司令，驻守济南，冯玉祥邀望云到南京来做些宣传抗日的工作。

当时，一些有良知的文人、画家为支援抗日，在街头展开了义捐、义画、义卖，赵望云决定以笔作枪，为抗日尽自己的最大努力。他画了许多宣传抗日的速写、漫画，还同画家们一起到街头捐款卖画，把自己搞画展的所有存款取出，全部捐给了抗战前线。

在日寇的猖狂进攻下，形势日益严峻，不久，上海沦陷，南京危机。赵望云随着冯玉祥撤退到武汉。一路上，到处是逃难的人群，日寇的飞机不断狂轰滥炸。望着这些惨景，望云不禁悲愤填膺，一股同日寇血战到底的豪气油然而生。

在武汉，望云居住在千家街福音堂，冯玉祥住在北楼。此时，望云心情沉重，在屋里待不住，便信步来到大街。只见这里一堆，那里一伙儿，到处是背着破烂行李的逃难人。有个头发蓬乱、两眼红肿、身穿长衫的中年人，正在激愤地向人们讲着什么。望云走过去，只听那个汉子操着江苏口音说："……日本兵占了南京。把居民们拉到靶场上，一枪一个，比赛着射击，两枪打不死的，就放出狼狗，活活地把人撕碎……还有的拿人练习拼刺刀，一下一个，死的那些人哟，简直堆成了山！最惨的是那些孩子们，他们拿战刀从头一下劈成两半，拿刺刀从前胸捅到后背，举在头顶上玩耍……唉，房子被烧了，东西被抢了，六口人只剩下我一个，说起来真像一场恶梦，这日子还有什么过头！"他说不下去，呜呜地哭起来，听的人也都抹起了眼泪。

望云想起了远在家乡的姐姐、乡邻们，他们生死未卜，不也和他们一样吗！他含着眼泪，从身上掏出三块大洋，递到那人手里，说："老哥，想开点儿，我们没有死在日本的枪口下，可不能又自寻短见哪！人争一口气，佛争一炷香，留得三寸咽喉气，要为死难的亲人们报仇！"

那人扑腾给他跪下了，连连说："老弟说得对，我这就去参军，亲手去杀那些日本鬼子。"

赵望云又继续朝前走，他来到一个十字街口，只见前面围了一圈人，正在踮着脚看什么。他挤过去，见对面吊着一幅几丈长的白布，上面绘制着一幅幅的图画：有日本侵华的暴行，有日军屠杀老百姓的场面，也有中国人同日寇血战的情景。旁边站着五六个年轻的后生，看那文质彬彬的样子，望云猜想他们一定是文艺界的。便迎上去，向前面那个穿长衫的小伙子询问。

那人看望云穿着蓝布长袍，态度可亲又颇有风度，忙客气地说："我叫汪子美，原在上海搞美术。"

望云一怔，他听说过这个名字，是上海的画坛新秀，也忙做了自我介绍。

汪子美听了，兴奋地握住他的手说："我早就听说过您的名字，想不到在这里碰上了。"接着，他转身向其他几个年轻人招呼："快过来认识一下，这就是有名的平民画家赵望云先生。"

几个小伙子闻声跑过来，争着和他握手，亲热地同他打着招呼，敬佩之情溢于言表。

望云微笑着，握住他们的手问长问短，俨然像个老大哥。几个青年很快消除了拘谨，高兴地和他畅谈起来。从交谈中，望云知道了他们的姓名和来历：那个穿西服，留分头的叫高龙生，抗战前在南京《朝报》工作；另一个穿长衫的叫张文元，原是在清江浦搞宣传画的；另一个年龄稍大些的叫秋农，是个老上海，搞装饰图案设计的。他们虽然年轻，但各有专长。

望云兴奋起来，冯玉祥早就建议他办个画刊，配合抗战做宣传鼓动工作，只是缺少人手，一时还没筹办。眼前这几个年轻人都是搞美术的好手，何不把他们请去一起干呢？

于是，他愉快地对汪子美几个人说："你们是美术界的新秀，又有宣传抗战的热情，冯玉祥先生早就委托我寻找这方面的人才，这样吧，你们跟我一块儿去见见他。"

几个年轻人乐了，他们知道赵望云和冯玉祥的关系，真是天赐良机，便收拾起画布，随着望云向冯将军的寓所走去。

二

武昌福音堂冯玉祥的公寓里，布置朴素、典雅。冯玉祥除了吃饭、接待客人、开会，便成天坐在办公室里，不是批阅文件，就是阅读书刊。他密切注视着抗战局势的发展，随时准备浴血奋战。

此时，冯将军的心情是愉快的，前几天，从沦陷区北平来的老舍、老向、何容登门拜访他，这几个人都是知名作家，冯将军见到他们格外高兴。一番推心置腹的畅谈，商定创办一个宣传抗日的通俗文学期刊，定名为《抗到底》，由冯玉祥解决资金，三个人负责编辑，每半月出一期。

昨天，将军出资创办的"三户印刷厂"已经开张营业了，名字是他精心考虑后起的，取自历史上的"楚虽三户，亡秦必楚"的典故。他向人们解释："我们立下'三户亡秦'的决心，小日本又算得了什么！"开办这个印刷厂的目的就是专门印刷抗日文章。

赵望云来到福音堂，向将军汇报了他想办个画刊的想法，并向将军推荐刚刚结识的几位画友。求贤若渴的冯玉祥，顿时来了精神，叫望云赶紧把这几个人请进来。

冯将军看他们都不过二十出头，一个个朝气蓬勃，精力充沛，分外欢喜，迎上去同他们一一握手。这几个年轻人受宠若惊，激动地一时不知说什么好。望云向冯将军逐个作了介绍，并把他们上街搞抗战宣传的事也说了。

冯将军呵呵笑着说："好哇，你们和我一样，一心想把小日本赶跑，咱们算想到一块儿了，我也喜欢画画，同行是朋友，咱们难得在这里相会。"接着，他吩咐部下让厨房准备一桌家宴，要款待这些从沦陷区来的青年们。

冯将军铺开宣纸，和小伙子们轮流作画。真是八仙过海，各显神通。画毕，一贯不抽烟不喝酒的将军委托望云照顾好客人们，便到书房里批阅文件去了。

宴席十分丰盛，饱受颠沛流离、饥饱无定的青年们，大开了眼界，大饱了口福。

席间，望云频频劝酒劝菜，让大家消除拘谨，吃饱喝好。他看人们吃得津津有味，喝得面红耳热，放心地笑了。

等大家吃饱了，望云让厨师收拾了碗筷，摆上茶水，平静地说："冯将军生活俭朴，在泰山是每天一角钱的菜金，到这里也是粗茶淡饭，可对请来的客人们却招待甚好。将军爱惜人才，思贤若渴，他看你们都有一技之长，托我向诸位转达他的意思，希望你们留在这里，咱们合力办一个宣传抗战的画刊。我们是文人，就要以笔作刀，宣传鼓动群众同仇敌忾打日本，也是为抗战出了一份力呀……"

赵望云娓娓地谈着，大家不住地点头。他的话音刚落，人们就七嘴八舌地说开了："好，我们留下，决不辜负冯将军和赵先生的一片苦心。"

望云乐了，笑眼望着大家说："那咱们就开始合作了。"

起个什么名字好呢？几个人思来想去，赵望云掐灭烟蒂，认真地说："老舍他们刚创办了个文学刊物叫《抗到底》，我看咱们这个就叫《抗战画刊》吧。"

大家齐声叫好。

　　年轻人气盛，说干就干，赵望云为主编，高龙生、汪子美、张文元、秋农为编辑，约定画刊每十天出一期，由冯将军出资支持，三户印刷厂印制，华中图书公司经售。内容以宣传抗战、唤起民众、驱逐日寇、洗雪国耻为主。办公地点设在冯将军寓所的北房里，正巧南房是文学期刊《抗到底》的编辑室，主编是舒舍予，笔名老舍，副主编是老向，和望云是同乡。舒舍予为人正直、憨厚，且又才思敏捷，文笔漂亮，望云和他一见如故，十分投机。二人各自主编一个刊物，老舍常为《抗战画刊》撰文，望云常为《抗到底》设计封面、插图，两个刊物像一对孪生姐妹，望云和老舍又像一对异姓兄弟，他们在一个锅里吃饭，有时来了客人，俩人就挤在一个炕上睡觉。

　　《抗战画刊》是锌版印刷，由华中图书公司制版，印刷相当精美。画刊的内容，全是清一色的抗战题材，图文并茂，画面丰富多彩；有抗日军民同日寇血战的场面，有日寇屠杀无辜百姓的速写纪实，有号召人民团结抗日的宣传画……

　　画刊印出后，很受读者的欢迎，人们纷纷购买，每期五千册，很快就销售一空。画刊被人们争相传阅，除了后方，还发行到前线，有的还流传到延安。人们喜爱这份刊物，把它当成了希望和主心骨。

　　望云和几个年轻人情绪高昂，他们除了征稿、编稿，还挤时间出去写生。有时跑到前线，冒着硝烟，把激烈的战斗场面画下来。有时在后方，则把男女老少踊跃捐款、成立各种抗日团体、支援前线的动人情景描绘下来。一张张，一幅幅，成为宣传抗日的有力武器。

　　为了保证画刊的质量，赵望云、高龙生和汪子美三个人还轮流创作一些大场面的画幅，有关控诉日军的暴行、南京惨案、军民协力打日寇等内容，分别在画刊的通栏里刊行。

　　十天一期的画刊，使几个人的工作量达到了最高峰。为了能够按时出刊，就算在严寒的冬天，几个人也要连夜工作，甚至画一个通宵，白天才能睡觉。

　　又是一个阳光灿烂的早晨，望云背着画夹，来到郊外写生。正画得起劲儿，突然，背后伸过一只大手，挡住了他的眼睛。望云吃了一惊，急忙拽开，回头一看，吓，不是别人，却是好友老舍，就势抓住他的胳膊，大声说:"好你个舒舍予,竟敢惊扰本人作画,该当何罪!"

老舍哈哈大笑,捶了望云一拳,说:"你甭跟我来这一套,成天捧着个画夹子画呀画的,要么是出来游览一番,回去就趴在桌上写生,我要像你这么干呀,不过十年,准能成个比你还出名的大画家。"

"算了吧,老兄,"望云不屑地撇撇嘴,"你天天就知道写日记,一有空就趴在桌上写呀写的,要是我呀,用不上十年,早成个大作家了,恐怕比老舍这个名字还响。"

"哎呀,把天上的云彩吹跑了!"附近传来一个熟悉的声音,望云扭头一看,原来是束鹿的老乡王向辰。他长得高高的个子,一头浓密的黑发下,镶嵌着一对和善的大眼睛。他是小有名气的通俗文艺作家,笔名老向。

"嘿,王老兄,什么风把你给吹来了。"望云点上一支烟,慢吞吞地吸起来。

"兴你们旅游,就不兴我来散步吗?"王向辰说着,伸手敏捷地从望云的衣兜里掏出一支烟,就着他的烟头引着,美美地吸了两口,问:"赵老弟呀,家属在什么地方?"

望云神色暗淡下来,有些凄怆地说:"日本兵到处杀人放火,城市里不安全,我把她们送回束鹿老家去了。"

王向辰收敛了笑容,脸上溢出焦虑和不安:"唉,我听说日寇占领了束鹿、旧城、辛集三镇,还在乡村里修了好多碉堡岗楼,他们杀人放火,把百姓们赶到一堆儿用机枪扫射,看到孕妇和小孩就用刺刀挑;在一口水井里推下了十三个人,最后又把两个石磙子扔下去,把人砸成肉酱⋯⋯"

望云听得变了脸色,正要说什么,忽见高龙生匆匆跑来,一见望云就着急地说:"《抗战画刊》出事了,我们把四千册书刚装上船,突然跑来了几个警察,非要进舱检查。看他们来者不善,工人们挡在舱口不让进去,双方正在拉扯。"

望云一怔,着急地问:"冯将军知道了吗?"

"已经派人送信去了。"

"好,咱们快去找他想办法。"望云说着,同高龙生和老舍几个人急忙往回赶。

来到福音堂,只见卫队长葛效先率领十几个全副武装的士兵,站在门口等候。一见到他们，就低声说："快进屋，冯将军正等着你们哪。"

室内，冯玉祥直挺挺地站在桌旁，一对浓眉紧皱，仿佛一头暴怒的狮子。他一拳擂在桌上，震得笔盘碗砚叮当乱响："姓蒋的真他妈的不仗义，竟然欺到老子头上来了，难道抗日有罪？"抬头瞥见了望云几个人，神色一转，平静地说："你们来得正好，快换上军服，咱们将计就计，教训一下警察局这几个浑小子。"

望云他们马上跟着冯玉祥部下去换衣服，穿上这镶有金属片的上校军服，他们顿时变得威风凛凛，像一个个驰骋疆场的勇士，大家乘上冯府的专车，飞快地向江边驶去。

那里，几个如狼似虎的警察正舞着枪乱嚷："妈的，你们想找死呀，再不让检查老子就开枪了，有种的冲着这枪口来！"

这当儿，葛效先率领士兵们冲了上去，把几个警察围在中间。为首的那个老鼠眼、满脸横肉的家伙见势不妙，仗着自己有军统局这个后台，大声问："你们是干什么的？"

"你们是干什么的？"葛效先反客为主，锐利的眼睛直直地逼视着对方。

"俺们奉命来查私货。"老鼠眼得意地说着，拿出一个小本本递了过去。

葛效先瞟了一眼，扬手"嗖"地扔进了江里，鄙夷地说："假的，你们是一帮土匪。"

老鼠眼大怒，抽出手枪吼道："你吃了豹子胆，想找死呀。"几个警察也持枪在手，气势汹汹地对着葛效先。

葛效先冲士兵们一摆手，大声说："把他们的枪给我下了。"

十几名士兵像猛虎一样扑上来，扭住他们的胳膊，把枪夺下了。警察们见对方人多，不敢硬碰，瞅个空子想溜，但早已被堵住了去路。

这当儿，一位五十多岁的大个儿带着一名随从走过来。他浓眉大眼，气宇轩昂，这便是冯玉祥，紧跟在他身边的是赵望云。冯将军对赵望云眨眨眼，神秘地说："你到舱里检查一下，看钞票丢了没有。"

望云答应一声，跑进船舱，不一会儿走出来汇报："船工说幸亏军队来得及时，不然这批款子就被劫走了。"

此时，葛效先也跑过来汇报："这些人正要抢，被我们扣住了。"

老鼠眼面对着荷枪实弹的军队，知道碰上了硬茬，刚才的威风一扫而光，他苦着脸对那位大个子说："长官，俺们奉上级的指示，说有一批禁书装在这条船上，让检查扣留。"

冯玉祥冷冷一笑，说："司令部也得到可靠消息，说你们要来抢前方的救济款。"

老鼠眼急忙申辩："这是从哪里说起，我们确实是来搜查书刊的。"

冯玉祥一股火气直冲头顶，但他忍住了，平静地对赵望云说："把款搬出一捆让他们看看。"

望云应声走进船舱，不一会儿提出一个四四方方的纸包，打开封条、绳索，果然是一沓沓的钞票。

老鼠眼吃了一惊，鼠眼眨了几眨，奸笑着说："噢，误会误会，只是不知那别的纸捆里也是钞票，能否让进去看看，当差不由己呀。"

这家伙边说边往船舱里瞅，此时，赵望云再也忍不住了，大声说："出了差错你负责呀！"

葛效先也气愤地嚷："这家伙贼心不死，想趁机劫款。"

"我们是执行上头的命令，没法子。"老鼠眼振振有词地狡辩着。

"什么命令，你是想发国难财！"冯玉祥再也忍不住了，他铁青着脸，大吼一声："把这个混蛋给我拉出去毙了！"

葛效先一摆手，几个士兵冲上来，像拎小鸡儿似的把他架起来。

老鼠眼慌了，苦着脸哀求："长官，别误会，这确实是上头的命令，出了事谁兜得起！"

冯将军大手一摆，声如雷吼："天塌下来由我冯玉祥顶着，快执行吧。"

一听冯玉祥三字，老鼠眼顿时像被抽了筋，要不是被士兵架着，早瘫在了地上。他语无伦次地哀求："饶命，冯将军饶命……"

冯玉祥怒视着这只赖皮狗，理也不理。

老鼠眼被拖到岸上，只听砰的一声，他直挺挺地倒在了地上。

那几个警察吓坏了，一齐跪下求饶，纷纷说："冯将军饶命，俺们是被警察局派来的，没法子呀，家里还有妻儿老小……"

冯玉祥看他们那副可怜相，心也软了，大声说："回去告诉你们的上司，谁敢揩抗日的油，或者给抗战活动设置障碍，我冯玉祥饶不了他！"

"是是是。"几个警察连连答应着，爬起来，像夹尾巴狗没命地跑了。

冯玉祥哈哈大笑，风趣地说："咱们这出《柜中缘》演得不错，杀鸡给猴看，不怕他们再来找麻烦。"

货船起航了，满载着书刊驶向远处，赵望云几个人长长舒了口气。

三

由于南京政府实行文化专制，凡出版的书刊都要受到严格检查，《抗战画刊》虽说锋芒毕露，但有冯玉祥出面保护，后来就免了检查。冯玉祥对这几个年轻人很是信任，每次把样稿送给他审批时，他都乐呵呵地照准。

《抗战画刊》和《抗到底》两个刊物积极宣传抗日，相映成辉，两个刊物的年轻编辑们团结协作，彼此建立了深厚的友谊。

1938 年 2 月，根据赵望云保存的拓片，由三户印刷厂印刷，出版了赵望云和冯玉祥合作的《泰山社会写生石刻诗画集》，老舍给他们写了一篇感人肺腑的序言："图是真情，诗是实话，常来看看，足以提醒大家……这本石刻集，把二人的诗画合作推向了一个高峰，凝结着将军与画家三度合作的情谊……"

由于国难当头，国共合作成为广大人民的心愿。迫于形势，蒋介石也不得不做出一些表示，委任著名进步作家、中共代表郭沫若为国民党军事委员会政治部第三厅厅长。

郭沫若年轻有为，才华横溢，是当时著名的作家、诗人、历史学家、剧作家，又是著名的社会活动家，在一次画展中，郭沫若也慕名赶来参观。望云和他一见如故，二人紧紧握手，相见恨晚。

望云感叹地说："想不到您这个大名鼎鼎的作家、诗人如此平易近人，又这么年轻。"

郭沫若笑了，真诚地说："我熟悉您的作品，清楚您的为人。今日相见，果然人品如画品！您办的《抗战画刊》，我看过多期，真是太好了，老百姓就是渴望这样的精神食粮！"

望着眼前这位大作家，望云的心里更加豁亮了，抗日救亡，这是每个有良心的中国人义不容辞的责任啊！

打这儿以后，郭沫若常到冯玉祥的寓所来看望赵望云，而他也常去找郭沫若，二人成了艺术挚友。

当时，由于日寇的猖狂进攻，国民党实行片面抗战路线和单纯防御方针节节败退，国民政府不断南迁，赵望云几个人也随着冯将军由武汉迁到长沙，《抗战画刊》已成为人民的心声，他们克服种种困难始终办了下去。由于印刷条件差，锌版无法镌刻，便改成了木刻。后由长沙迁到桂林，最后辗转来到重庆。此时，画刊已出到 23 期，为了保证质量，他们改成了月刊，由重庆中华图书公司印行。在民族生死存亡的紧急关头，画刊像一把火，点燃了亿万中国人的抗日激情。它时时在向人们呼吁：日本不败，抗战不休！

四

赵望云和冯玉祥一家住在重庆的双路口巴县中学，画刊的办公处也设在这里。老舍主编的《抗到底》杂志也在这里复刊了。

重庆风景优美，空气湿润，弥天大雾常常笼罩着市区。一个月难得遇上几个晴天，日寇的飞机常来轰炸，有时一来就像满天的飞蝗，黑压压的足有几百架，嗡嗡的轰鸣撼天动地，闹得鸡犬不宁，人心惶惶。

迫于形势，蒋介石任命冯玉祥为抗战总司令，冯府顿时门庭若市，连那些平日里远离他的达官贵人，此刻也登门拜访。

每当这时，冯玉祥的小女儿冯弗伐总会轻轻地走过来，悄声告诉赵望云："老师，这是宋子文、孔祥熙，这是……"

这天早饭后，望云捧个画夹子，正在门口速写，冯弗伐过来了，她朝望云笑笑，白嫩的脸庞上挂满了红晕，显得非常兴奋。望云忙问："你又作了一幅好画？"

"不，"弗伐取出一个小本子，递过来说，"您看看这是什么？"

望云展开一看，是一沓表格。只见抬头上写着："抗日募捐花名册"。下面写着一排排的姓名：宋子文，应捐一万元；孔祥熙，应捐一万元；孙科，应捐五千元……

望云兴奋起来，忙问："你要搞募捐活动吗？"

弗伐点点头，认真地说："这还是父亲和母亲给我出的主意呢。表格上的名字，应捐款数的多少，是父亲根据他们的地位和收入开的。前些天我搞过一次，有人来找我父亲，我先拿着本子让他看，然后说，'我负责抗日妇女工作委员会下属的儿童基金会，为在战争中失去父母亲人的儿童办点儿慈善事业，这是根据你的经济条件定的数目，你看着捐些款子，救救孩子们吧。'他们见我说得挺诚恳，就捐了款。可有的硬是推说没带着，答应过后给送来，但几天过去了还不见影儿。"

望云静静地听着，心里充满了由衷的敬佩：一个女孩子为抗日都这样奔走呼号，自己一个堂堂的七尺男儿，为什么就没想到这些呢！他红着脸问："弗伐，我能帮你什么吗？"

"能啊，"姑娘畅快地说，"咱们一块儿搞募捐，总比我一个人孤零零地好。还有，您可以画一些画去卖。"

"对，我想起来了。"望云乐了，一拍手说，"我画好多抗日宣传画，先送给他们，再动员对方捐款，既做了宣传，又让他们不得不掏钱。"

弗伐高兴地跳起来，亮开银铃般地嗓子说："赵老师，还是您有办法。"

第二天，望云带着画好的十几幅画来找弗伐。客厅内冯将军正和女儿聊天，一见望云，高兴地说："你们的办法很好，动员大家都为抗日出把力吧。"

正说着，外面响起了汽车喇叭声，冯玉祥低声说："来客了，你们先在这里接待，等募捐完了我再出面。"说着，悄悄踱到后面去了。

片刻，院里响起了咔咔的皮鞋声，部下来报："陈立夫来访。"

弗伐和望云相视一笑，低声说："来了个大富翁。"接着朝部下摆摆手，"让他进来吧。"

陈立夫大摇大摆地走进来，头发油亮，西服笔挺，完全是绅士派头。

二人迎上去，弗伐开口说："欢迎陈叔叔来访，我爸爸正在更衣，片刻就来，叔叔先请坐吧。"

陈立夫点点头，在一张椅子上坐下了。弗伐忙指着望云说："这是有名的平民画家赵望云先生，他有一幅佳作要送给陈叔叔。"

陈立夫早就听说过赵望云这个名字，又看过他的画展，最主要的，他知道望云和冯玉祥的关系。忙起身接过望云递过来的画，赔着笑脸说："啊，真是太好了，有幸饱览赵先生的佳作，实乃幸事！"

"陈先生过奖了！"望云谦逊地笑笑，看他正在观赏，忙解释说，"国家兴亡，匹夫有责，现在国难当头，俺们这画画的，只有用笔为抗日效力了。"

陈立夫看着画，心不在焉地"嗯"了一声。

这当儿，冯弗伐捧着个本子走过来，摊在陈立夫面前说："我在儿童基金会工作，负责为失去父母的儿童捐款，这是根据您的经济条件订的数额，赵先生捐了画，陈叔叔，您看该怎么办呢？"

陈立夫怔住了，他这才明白：这是变相动员自己捐款的。忙拿起本子细看。只见上面列满了姓名，有的是军政大员，有的是富商巨贾，还有许多不认识的，上面开列着捐款的数字，还有捐赠人的签名：孔祥熙、孙科、陈诚……原来好多人已经捐过了。

陈立夫思忖，自己作为国民政府的要员，百万富翁的名声显赫，又是冯将军的女儿搞的募捐，况且还收了人家的画，这钱不拿不好。于是他提笔在一万元的款额下面签了名，接着吩咐秘书开了一张支票，交给弗伐说："抗日捐款人人有份，你陈叔叔啥时落后过！拿着支票去银行提款吧。"

赵望云和冯弗伐急忙客气地说："太感谢您的支持了。"

这当儿，冯玉祥从内室里走出来，哈哈大笑着说："陈贤弟，让您久等了，真对不起。"

陈立夫急忙回答："没关系，咱们是挚友嘛！"

冯玉祥点点头，指着弗伐说："我这小闺女挺缠人，耽误了咱的要事，还望见谅。"

"哪里哪里，"陈立夫勉强笑着说，"现在国难当头，都是为国出力嘛。"

"哈哈哈……"二人一齐大笑起来。

募捐初战告捷，二人更加来了劲头，后来只要听到门口汽车一响，或者看到有客人登门，他们马上跑去募捐。

他们把这些钱分别送给了抗战前线和沦陷区的灾民们。

五

终日雾气缭绕的重庆，遇上了一个难得的晴天。艳阳高照，景色秀美。街上，有个男子背个大包袱，急匆匆地走着，这便是赵望云。包袱里有他近期创作的二百多幅作品，他想在这里搞一次画展义卖，再次为抗日捐款。

展厅找好了，只是地方太小，只能容纳一百多幅作品。他想把这些画筛选一下，猛然间想起了前几天遇到的美术评论家黄苗子。虽说黄苗子年轻，可对自己的画很有研究，何不去征求一下他的意见。再说，他的住址离展厅不远，把画先存放在他那里不是更方便吗。

他无心欣赏这明媚的春光，背着包袱穿街过巷，走得汗水淋淋，终于来到了广成街西胡同。按照黄苗子说的，他走到一座低矮的门楼前，轻轻叩响了门板。

门开了，黄苗子一见他就高兴地说："早就听说你在这里办画刊，想不到又走到一起来了，快进屋。"

黄苗子接过他背上的包袱，领赵望云进屋。里面虽说狭窄，但十分整洁，家什物件摆放得十分得体。望云称赞说："苗子啊，还是你会过日子。"

"赵先生过奖了，"黄苗子说着，给望云递烟倒水，"我一个人住这两间屋，很是清静，您要嫌那里热闹，就搬到这里来吧。"

望云摆摆手，惋惜地说："我倒是愿意来，可办画刊离不开，这么办吧，我把东西先放在这里，咱俩去布置一下展厅，回来你再帮我挑选一下展品。"

黄苗子是个爽快人，欣然答应了。他打开一个木柜，把包袱小心地放了进去，又把柜锁好，这才带上门同望云向展厅走去。

离这里不远有座小礼堂，礼堂的二楼东边是一座宽大的厅房，作为展厅再合适不过了。望云选中了这里，一者来人多，地方繁华，二者东西齐全，礼堂的人员和冯府关系很好，不用另找专人看管了。黄苗子精通美术理论，赵望云又有丰富的绘画知识，二人谈得十分投机。只顾了说话，不知不觉来到郊外。旁边有座峰峦叠翠的小山，山上树木葱茏，景色宜人。

望云见了，一把拉住黄苗子，说："走，时候还早，咱到山上去转转。"

黄苗子年轻力壮，平时最喜欢登山跑步，他答应一声，转身就向山上爬去。望云不甘落后，紧紧跟在后面。

二人顺着羊肠小路，一口气爬到了半山腰。黄苗子累得呼呼直喘，望云也是汗流浃背。二人登上一块高高的岩石，让春风尽情地吹拂着，突然，市内响起了凄厉的警报声。

战争年代，这种声音显得格外恐怖吓人。黄苗子失声说："坏了，日本的飞机又来空袭了。"

这当儿，从西边天上黑压压地飞过一队机群，像涌动的乌云，伴随着震天动地的轰鸣，向头顶渐渐接近。

面对这惨烈的情景，望云反倒镇静了，思忖：把这幅图景描绘在画刊上，不正是日本帝国主义屠杀中国人民的又一铁证吗！

他正仰头观望，黄苗子一把拉住他，焦急地说："快找个地方躲起来，敌机要投弹了。"

望云这才醒过神来，随着黄苗子绕过一座山崖，穿过一片灌木丛。恰巧，山腰有座石洞，被树枝掩住了洞口。二人弯腰钻进去，倚着岩壁坐下。这里正对着市区，天空上那乌云般的飞机都看得十分真切。机身上的"膏药旗"在阳光下闪烁，日本飞机在市区的上空盘旋一阵，便开始轮番俯冲，投弹。

轰隆隆，一片火光闪过，地上腾起了高高的烟柱，眨眼之间，那一片片的房舍便被笼罩在烟雾之中。

望着眼前的惨景，望云不禁悲愤填膺，他用手狠狠地捶着石壁，咬牙切齿地骂着："惨无人道的日本强盗，你们炸吧，杀吧，只要中国人死不绝，就和你们拼下去！"

黄苗子紧紧盯着一架架俯冲的飞机，眼里喷射着仇恨的火焰。

天黑了，警报没有解除，二人在洞里默默地坐着。赵望云经常外出写生，好在吃惯了苦。黄苗子刚从沦陷区来，也饱受了颠沛流离，二人全不把这当回事，交谈了一阵儿，便进入沉沉的梦乡。

六

敌机疯狂到了极点，他们隔一阵儿就来一批，一连轰炸了三天三夜，到第四天凌晨，浓浓的大雾笼罩了市区和天空，警报终于解除了。赵望云和黄苗子拖着疲倦的身子，艰难地下了山。

市里完全变成了另一个样子，到处是残垣废墟，石块、瓦砾堵塞了街道。那东倒西歪的房屋，尚未燃尽的家具，还在冒着缕缕残烟。街上，横七竖八的尸体触目惊心。从防空洞里走出来的人们，无精打采，体弱的老人、孩子被人搀着、背着，在街上蹒跚。

几天前还繁华的城市，此时像一座人间地狱，死里逃生的居民们，立刻又被无家可归的灾难笼罩了。

赵望云和黄苗子毕竟年轻力壮，他们忍着饥渴，来到黄苗子居住的小胡同，想在这里吃些东西、喝点儿开水，再做打算。

刚过拐角，二人被眼前的情景惊呆了，哪里还有什么房舍，只见在成堆的瓦砾中，升腾着一缕缕的残烟。

黄苗子呆望了片刻，接着就不顾一切地扑上去，双手在瓦砾堆里乱扒拉。

望云一把拉住他，伤心地说："别找了，房子都完了，东西还能剩下？"

黄苗子直起腰，大口地喘着粗气，用沙哑的嗓子喊了起来："那画轴，二百多幅画轴，还有咱的生活用具，全完了啊！"

此时，望云倒冷静下来，他点上一支烟，狠狠吸了几口，平静地说："留得青山在，不怕没柴烧。咱们人还在，画可以再作，家具可以添置。这样吧，你也成了无家可归的了，跟我走吧，到冯将军府上找个住处。"

事到如今，也只有这条路了。

二人勉强打起精神，一步一挨，终于回到了巴县中学。

还算万幸，这里没有遭到飞机的轰炸，景物依旧。老舍、老向、汪子美几个人一见赵望云，像是见到了久别的亲人，一齐拥上来，拉住他的手不知说什么好。

　　望云拉着黄苗子向人们做了介绍，都是搞文学艺术的，大家立刻熟悉了。老舍把望云拉到一边，低声说："冯将军很惦记你，快去看看他老人家吧。"

　　望云心里一热，眼睛立刻湿润了，他顾不得再说些什么，急忙向冯将军的客厅里走去。

　　将军正在伏案工作，见了他立刻迎上来，炯炯有神的大眼睛在他身上仔细看了一番，这才握住他的手，激动地说："你终于活着回来了，我还真担心咱们见不上面了呢！"

　　望云笑笑，平静地说："我福大命大，日寇的炸弹躲着我走。"

　　"哈哈哈……"将军开怀地笑了，他转身吩咐部下："让伙房快准备些稀饭。"接着又嘱咐望云："肚子饿极了，不能一下子吃得过饱，要好好休息几天。"

　　望云一觉睡到了黄昏，醒来后，擦了把脸，觉得身体已经恢复了正常，便信步踱到院里。

　　这当儿，汪子美从外面匆匆走进来，他眉头紧锁，面容凄怆，一见望云就难过地说："不好了，长涧区的防空洞里死了好多人。"

　　望云大吃一惊，烟也忘了点，急忙问："怎么回事，是被飞机炸死的？"

　　"不是，这个洞子很大，敌机来时，好多人在里面躲避，可三天警报不解，里面的人闷得受不了，就到洞口上去呼吸新鲜空气。洞口又用铁栏杆锁着，谁也出不来，结果人压人，人摞人，挤死了很多，政府的汽车正清理呢。"

　　望云心里一酸，又是一件惨案，中国的百姓们为什么就这么多灾多难！他把手一摆，着急地说："走，看看去。"

　　二人穿街过巷，不一会儿就来到了长涧区。防空洞门口，铁栅栏门大开，门口停着好几辆汽车，一具具的死尸被抬出来，扔在车上，像装粮袋那样，一层层垛得冒了尖，然后呜的一声开走了。

　　望云和汪子美挤到近前，只见那些负责清理的士兵不住地挤眉弄眼，每个人的身边放着一大堆好衣服、皮鞋和帽子——这显然是从死人身上扒下来的。士兵们的衣袋都鼓鼓囊囊的。汪子美低声说："他们简直像一群饿狼，争着在死人堆里挑拣、搜寻，什么手表、戒指、耳环、手饰、钞票……

都被拿走了。"

望云听得心头火起，忍不住低声骂了一句："妈的，竟有人发国难财！"

正说着，突然从洞里抬出了一位妙龄女郎。虽然已经死了，但那白皙的面孔、乌黑的秀发和俊美的身躯，依然显示着她的妩媚。她头上挽着高雅的发髻，戴着漂亮的头饰，耳朵上吊着金耳环。

她是谁？怎么跑到这里来躲避？围观的人们纷纷猜测。虽然穿得华丽，但绝不会是政府要人的家室，因为这些人家家中都有防空洞，是不用跑到这里来的。

那些清理的士兵心里更明白，上头没有找人的命令，他们肯定都是平民百姓，这女人也只是普通有钱人家的小姐罢了。没有谁招呼，他们就麻利地把这女郎的头饰、手表、耳环扒个一干二净，有几个没抢到手的，索性把她那身漂亮的衣服扒了下来。

人群里响起了怒骂声："日本鬼子欺负咱们，国民党军队也这样兽性，真不是东西……"

此时，望云再也忍不住了，他大声吼道："你们算是什么东西，发国难财不算，还拿自己的同胞开心，如果是你们的母亲姐妹，还肯这样胡闹吗！"

几个士兵不屑地瞪他一眼，大胡子撇撇嘴，哼着鼻音说："狗拿耗子多管闲事，你是什么人？有种的站出来，老子这枪子儿可不是吃素的！"

望云怒火攻心，他大步走到那个士兵跟前，怒不可遏地说："有本事去打日本，冲自己的同胞逞什么威风！"

"好哇，你敢骂人。"大胡子军官把手一摆，几个士兵哗啦啦压上了子弹，黑洞洞的枪口对准了赵望云。

望云哈哈一笑，指着自己的胸脯说："有种的朝这儿打。"

这句话倒把几个家伙震住了，他们不知道赵望云的身份，还真不敢贸然开枪。

此时，汪子美见势不妙，急忙跑过去，大声说："你们真是吃了豹子胆，知道他是什么人吗？他是冯将军的客人、著名画家赵望云先生。"

一听说是冯将军府上的人，几个士兵立刻变了脸色，赶紧把枪放下了，大胡子赔着笑脸道歉："哎哟，真是大水冲了龙王庙，一家人不认一家人！赵先生海涵，多多原谅，多多原谅。"

望云看他那副奴颜媚骨的样子，打心眼儿里恶心，他看汽车已经开走，便说："你们抓紧清理，别光想发国难财。"

"是，是，卑职一定照办。"大胡子点着头，转身朝士兵们一挥手，说，"快他妈的给我清理。"

围观的人们松了口气，敬佩的目光一齐投向赵望云。

不一会儿，从里面又抬出了一些老人和小孩儿。奇怪，他们都活着，呆滞的目光不断向人们扫视，大概是在寻找自己的亲人。

原来，当人们跑到洞口去呼吸新鲜空气时，他们自知无力去挤，便老老实实地呆在原地等死，不想竟保全了性命。

突然，有个士兵抱着一个五六岁的男孩走出来，他告诉大家，这是在洞里的长椅下发现的，孩子孤身一人，让他的父母亲人赶紧来认领。

这孩子胖墩墩的，剃个光头，眨着两只大眼睛挺逗人喜爱。俗话说，大难不死，必有后福。围观的人们骚动起来，有十几个人跑到近前，几张嘴冲着那士兵嚷："这孩子是我的。"

有几个妇女伸手去拉那个孩子，争着用亲昵的声音说："乖乖，快叫妈妈。"

那孩子躲避着她们，眼里满是惊骇、惧怕的神色，显然，这些人都不是他的亲人。

正嚷着，突然，有个戴眼镜的中年人拨开人群挤进来。他探头望望孩子，失声喊起来："小马，我的孩子，想不到你还活着！"

那孩子看到中年人，眼里立刻泛出喜悦的光彩，嘴里喊着爸爸，张着两只小手扑过来。

那中年人紧紧把他抱在怀里，声音呜咽着："急死我了，你叔叔呢……"

"叔叔扔下我走了。"孩子懂事地说。

此情此景，使得那些冒牌的"亲人"们好不尴尬。

防空洞清理完，赵望云和汪子美随着人流朝回走。望云的心里像压了一块铅，半晌喘不过气来。离巴县中学不远了，汪子美开口打破了沉寂："唉，日寇惨无人道地屠杀咱们，可政府的士兵又那样兽性。国难当头，我们自己的同胞为什么就这样麻木？难道他们就没有一点儿人性吗！"

一直大口吸烟的望云用手狠狠掐灭烟蒂，几乎狂喊起来："妈的，日寇屠杀咱们的同胞，有人不以为然，还趁机发国难财，没本事打日本，却有本事搞内讧，这叫什么世道！"

"噫，小声点。"汪子美急忙打手势制止他，凑过去低声说，"您知道沈逸千的事吗？"

望云一怔。沈逸千是一位年轻有为的画家，也是他们《抗战画刊》的供稿人。自从望云开辟了农村写生的路子后，他是积极响应者之一，还毅然背上行李到沦陷区去写生。正当他在画刊上接二连三发表抗战画稿的时候，却突然断了消息，最近一个多月再没露过面，望云一直惦记着他，忙问："出什么事了？"

汪子美对着他的耳朵低声说："我听说被人暗害了，是军统的人干的。"

望云惊呆了，半晌才醒过神来，不解地问："他犯了什么罪？不就是画了几张抗日的漫画吗？"

"唉，有人说那内容触犯了政府的利益，是搞赤化宣传，欲加之罪，何患无辞哪！"

"他们这样对待抗日群众，还想不想打日本？"

"还打什么，"汪子美气愤地说，"你知道汪精卫的事吗？"

有关汪精卫要投降日寇当汉奸的事，望云也早有所闻，现在听汪子美提起，更如火上浇油，气愤地说："这个民族败类，全国人民不会放过他！"回到住处，他不声不响地走进工作室，摆上纸、砚，埋头作起画来。

他画了一张又一张，越画越快，简直像变魔术，手里的狼毫似乎具有了生命，满含着画家的一腔悲愤。漫漫长夜，一直笔不离手，烟不离口，弄得屋子里烟雾缭绕。

黎明时分，汪子美和老舍来看他，只见屋里到处摆放着新作的画稿，望云毫无倦意，仍在挥笔疾画。

二人俯首细看，只见一张张的画，展现的都是日本侵华暴行和国民党士兵胡作非为的情景，那成群的日本飞机，正对着和平居民疯狂扫射、轰炸，相反，一群荷枪实弹的国民党士兵，不去打日本的飞机，却去掏地上死者的腰包、手表，甚至扒他们的鞋帽。还有几张汉奸投降的漫画，旁边默然写着"讨汪特辑"……

老舍吃惊地说："赵老弟呀，我理解你的心情，可这是掉脑袋的事呀，你是不是把这些画珍藏起来，以后有机会再发表？"

望云把画笔一掷，毫不在意地笑笑说："没关系，我要赶在这近期的画刊上发表。明人不做暗事，看，每幅画上我都签名盖印，他汪精卫有种就冲着我来！"

汪子美担忧地说："留得青山在，不怕没柴烧，汪精卫权倾朝野，咱们乃一介平民，要想下毒手可太容易了。"

"不怕！"望云的话像甩出的石头，"不就是一颗脑袋吗，除了一死，还能把我怎么样！"

停顿片刻，他若有所思，神情暗淡下来，幽幽地说："岳飞千古忠烈，后人争相纪念，可真心学他的又有几人呢！"

这些话，望云只是一时感慨所发，并没有讥讽谁的意思，老舍深知他性格耿直，说话率真，也没往心里搁。汪子美却激动起来，大声说："赵老兄，就在画刊上发表吧，出了事，我跟你一起坐牢！"

《抗战画刊》一连推出了几期针砭时弊的作品，人们纷纷抢购、传阅。特别是那期"讨汪特辑"，更引起人们的愤慨。可是，望云他们也听到了一些风声，说汪精卫看了那些画，气得掀了桌子，嚷着要找望云算账，但被冯将军一句话顶了回去："我不信你敢动手！"有人劝望云隐姓埋名，出国躲避。也有人劝他停办画刊，到学校里教书。对这些好心的劝阻，望云只是付之一笑，照常到农村写生，照常办他的画刊。

这以后，日子倒平静下来，不知是冯将军德高望重，汪精卫不敢轻易招惹，还是证据不足，反正一直没敢下手。

七

随着抗日战争的发展，中国共产党领导的八路军、新四军在沦陷区展开了广泛的游击战争，每一座村庄、每一片丛林都变成了打击敌人、消灭日寇的战场，抗日军民们拖住了日寇的大量兵力。日本也因战线过长，深感兵力不足，战争进入了相持阶段。

1941 年，冯玉祥受到国民党反动集团的排挤，以"视察、练兵"为由，被削了军权，接着蒋介石又以出国考察水利的名义，一再让冯将军到美国去，实际上是把人挤走，免得他在国内给自己找麻烦。

冯将军虽说威望很高，但没了实权便困难重重，蒋介石又削减了经费，《抗战画刊》面临着无米之炊的困境。无奈，赵望云从华中图书公司借来一些经费，版面由 32 开改为 16 开本，勉强支撑了几个月，终于，到了山穷水尽的地步。

万般无奈，冯将军只好和赵望云商量停刊的事。他把几个年轻人叫到一起，神色忧郁地说："《抗战画刊》断了经费，只好停了。关于你们的前途，我已经给蒋介石写了信，想把你们安排到国民政府政治部去工作，那里薪水高，也好混碗饭吃。"冯玉祥心情沉重地说着，脸上充满依依难舍的神情。

望云心直口快，平静地说："冯老兄，我们几人私下里议论过，俺们都是搞艺术的，不是当官的料，再说也不愿意走仕途，只要求政治部拨给一些经费，帮着把画刊办下去就行了。"

冯玉祥认真地听着，不住地点头，相处六年，他深知这位平民画家的心情，立刻站起来说："你们稍等一会儿，我去给他们挂个电话。"

时间不长，冯将军便返回来了，他浓眉紧锁，一脸的愤怒和懊丧。不用问，交涉失败了。

望云和几个年轻人站起来，一齐安慰说："先生对我们已经仁至义尽，请别再费心了，好在我们年轻，又有特长，到哪里也能混碗饭吃。"

冯将军阴沉着脸，愤愤地说："政治部这帮家伙真不是东西，过了河就拆桥，我还没死，他们就这样冷言冷语地噎人！"

几个人安慰了他一番，便开始收拾行李。近三年来，他们出版画刊 34 期，和冯将军一家情同手足，现在要走，真是难分难舍。冯将军送了一个又一个，赵望云最后一个离开。他背上行李卷，提着画夹，深情地望着送行的冯将军，一时不知说什么好。倒是冯将军先开口了："你还年轻，到处都有用武之地，国民政府这个地方，唉，好人不得志呀！官场上尔虞我诈。我有一言在先，自古道'得人心者得天下'。将来的中国不会是国民党的。你我后会有期，让我们共同寻找一条救国救民之路……"

赵望云不住地点头，望着将军头上那斑斑的白发，不禁更加崇敬。他心里默默地说："冯老兄，交友贵在交心，咱们真算得上肝胆相照啊！"

播 云 篇

运用民族绘画形式反映现实生活，开拓传统艺术的新天地，望云先生是勇敢的先驱者之一。

——关山月《同行如手足，艺苑赞知音——观〈赵望云画展〉感怀》

第十一章　蓉城再塑

一

1940 年春天，被誉为"天府之国"的首府成都，风和日丽，榕桂成荫，青荷满淀，旖旎宜人。在紧依江畔的影剧院，"赵望云范长江成渝沿线写生画展"开幕了。

已过而立之年的赵望云，穿梭般地送走了蓉城党、政、军、商各界要人，坐在休息室的沙发上，点燃一支"哈德门"香烟，享受起这片刻的宁静。

此时，展厅里人声鼎沸，画家、名流、收藏家前来观展买画了。买卖自有经济人应酬，每张画上也有明码标价，再不用他自己忙活了。

一杯热茶递上来，望云悠然自得地掀开碗盖，呷了一口。这时，忽听大厅里传来一声洪亮的四川话："朗个子（怎么）这样绝，只拣那最贵的，我别脱（干脆）全要！"

"八兄，要这么多，你一人拿得了？"

"不生关系（没有关系），等会儿让车来拉……"

望云一愣，他听说张大千和他一样，在家排行老八，听这口气，莫非……

他疾步来到展厅，只见一位四十多岁的大胡子，正和一个头戴帽盔的绅士指手画脚地评点。

望云抢上前，一拱手："您是大千先生？"

那黑须飘拂的中年人打量了他一下，急忙还礼："你是望云先生！"

二人惬意地大笑起来，两只丹青妙手紧紧握在了一起。

望云把二人引到休息室。张大千指着那位客人向望云介绍："这位是成都著名收藏家严谷声先生。"

主客寒暄一番后，赵望云由衷地说："小弟飘忽四乡，画多稚拙，还望二兄多多指教。"

张大千拂须大笑，爽朗地说："老弟休要过谦，饥饿时好吃的是大饼油条，寒冷时最暖的是大红炭火，在国难当头的时候，老弟的画是最高级的食品和炭火！朗个子稚拙！"

这贴心熨肠的一番话，说得望云心里热乎乎的。

"望云老弟，到了我这一亩三分地，别的事不拓闲（不管），明天，我在严兄家设宴接风，可得赏脸呀！"大千说罢，又声震屋瓦地大笑起来。

好客的严谷声，今日鸿儒临门，分外高兴。由张大千作东，借他的客厅，专为望云摆了一桌家宴。

张大千有个习惯，每逢家宴，他都亲自下厨，跟厨师学了一手绝活，自己能炒几道好菜，所以，人称张大千是能吃能做的美食家。

酒菜上桌，张大千解去围裙，打开了话匣子，向望云显摆起来："我们这川菜正宗，色、香、味、麻、辣，一应俱全，全国八大菜系，川菜排在前列。你看这樟茶鸭、王胖鸭、怪味鸡、白斩鸡、卤肉、夫妻肺片、麻婆豆腐，比起你们河北的拿手好菜来，味道如何？"

望云拿双筷子，吃了一口麻婆豆腐，只觉得舌根发麻，天气虽冷，鼻尖却沁出了细汗。

大千刚才的开场白，分明流露出对故乡特产的热爱和自豪。望云不由想起几年前的一件小事：他随冯玉祥在南京时，一次宴请法国公使，由他陪席。席面上有一盘卤煮鸽子蛋，他没看清，用筷子夹起一个，放在嘴里一嚼，这才知道弄错了。可当着外国人的面又不能吐，只好连皮嚼起来。那德国人盯着他，咕哝了几句，翻译便问："赵先生，您怎么连皮吃啊？"他灵机一动，微笑着回答："蛋皮营养丰富，我向来就是这个吃法！"那德国人信以为真，也夹起一个连皮吃了。事后，冯玉祥对他大加称赞，说他有中国人的智慧和幽默。

大千的话，勾起他对家乡的眷恋，他决定借此机会，让异乡人了解一点儿束鹿的风土人情，便笑笑说："萝卜白菜各有所爱，要论土的，我们束鹿有熏菜、扒鸡、羊杂、咸驴肉，那扒鸡端到席上，满屋生香，用筷子一点，骨酥肉烂；吃了回民的热羊杂，讲究'跑风口'，让风一吹，打个嗝儿，十里飘香；关老常的山珍海味席，活氽鱼又熟又软，直到吃完，鱼头还睁着眼珠喘气……"

望云连荤带素地一扇呼，把大千一颗豪胆扇晕了，他捋着长髯，若有所思："我去过北平，尝过京味，还不知有个金束鹿，朗个子再去，绕道也得去你那儿解解馋！"

"欢迎，欢迎！"

酒足饭饱，两位画家即席为严先生作了一张画。然后欣赏起严先生积年的藏画。

打开画柜，望云的眼睛睁大了，只觉目不暇接：东晋的顾恺之，五代的顾闳中、荆浩，宋代的李唐、范宽，元代的王绎、倪瓒，明代的曾鲸、唐寅，清代的"四王""八怪"……虽没有这些大家的代表巨作，却也卷卷都是显露大家深厚功底之作。对古代传统画，赵望云欣赏较少，此时身入宝库，令他耳目一新，所以他看得格外精细。

见画友如醉如痴的样子，大千很感动。他是模仿古画的能手，自己见到古人的一张名画，不也是这个样子吗。他看天色不早，便帮主人下了逐客令："老弟，来日方长哩，严兄的画你可随时看。别脱（干脆）随我去青城山，我的藏画让你看个够。"

"好，一言为定！"

此时，望云的心里已有了主意，自从在森然兄那里看了"四任"的画，特别是对任伯年的人物画，他心摹手追，画风大进，使他以后的农村写生画一举成名。这回，难得结交这两位传统深厚的大师，必将受益终身！想到这儿，他补充一句："等画展结束，我要回请二位兄长！"

二

青城山，青山如城，群峰滴翠，豪爽好客的张大千，以东道主的身份，充当了望云的导游。

张大千领他游了天师洞、建福宫、上清宫。一路上，大千兴致勃勃，唠叨不休："一次，我由小道士引导，去爬最高的赵公山，小道士要我在腰里拴根绳子，绳头握在他手上，害怕我跌到岩下。嘿嘿，华山、泰山、黄山我都上过，怕啥，我才不怵哩，到底谁厉害，告才（谁能）晓得！"

"眼看要到峰顶了，小道士弓着背还在爬，我趁他不防，一运劲儿，先到了上头，哈哈！"

比赵望云大七岁的张大千，体态矫健，谈锋爽利，回头望望跟上来的赵望云，忽然问："青城山和泰山相比，你看谁美？"

望云略一思索，答："泰山雄奇险峻，可比学富五车的美男子；青城明幽秀丽，可比才高八斗的俏女人。"

说完，他疾步抢上几级台阶。他怕好友追问："那你为什么不画这样的美男子和俏女人啊？"若回答"我决不画名山秀水，不画不劳动者"，岂不是损害了画友的偏爱和雅兴，人各有志，都在探索着自己的一条路啊！

不料，张大千却豪爽地笑起来，逗趣说："望云弟，不是我捧你，你就是这样的美男子、俏女人，既有泰山的阳刚之风，又有青城的阴柔之气，我要是个女人，非嫁给你不可，哈哈哈！"

张大千客居青城山上清宫，这天，他和望云一起作画。按照老习惯，他一边作画，一边和旁观者闲聊，就像赵望云拉胡琴唱戏一样，越是人多，越是精神。他侃侃而谈："石涛处理章法，善于截断。他认为，对实际中复杂多变的真山真水，经过观察、分析后，必须有所选择，有所提炼，不是把山水的全部表面现象都描绘出来。而用"截断"的方法，落在纸上的画面都是山川精华部分，是最理想、最典型的山川形象。

"石涛认为，画山水画，要了解各种不同的山石纹理，根据峰的不同形体和真实面貌，运用皴法，使峰与皴结合。所以有披麻皴、解索皴、牛毛皴……"

张大千谈笑风生，似闲云野鹤，彩笔在他手下任意挥洒，说话之间，一幅俊逸的山水画呈现在眼前，望云不禁暗暗佩服对方的技艺。

此时，上清宫的冯道长进屋送水，见到这幅画，提出了异议："施主，贫道不懂画，既然题名《上清宫》，为啥又不全像它的模样呢？"

大千笑笑，意味深长地回答："炼师，可闻陆放翁的七律《登上清阁》，其中两句'云作玉峰时北起，山如翠浪尽东倾'，我想，像上清宫这样的道观，我们中国多得是，而青城三十六峰皆白云的景趣，却不多见。'欲求灵药换凡骨，先挽天河洗俗情'，一下钻入我的胸中，天河安在？岂不是青城'山如翠浪'吗？所以，就借这三十六峰白云、翠浪来洗俗尘。笔一下去，便成了这模样。"

张大千引经据典，博学多才，使观画人都点头叹服。

"望云弟，你这名震华夏的人物画家，该洒点儿笔墨了。"大千把头转向他。

望云深吸了几口烟，心里翻腾起作画的激情，他想起与悲鸿兄画马的趣事，再看看放荡不羁的张大千，"天马行空""独往独来"这样的词忽地跃上心头。儿时那匹耕地拉车的枣红马，冯将军走南闯北的大洋马，送他们进山的川青马……都在他心里奔驰起来，他甩掉烟蒂，拿起笔管，一鼓作气，淋漓尽致地画出一匹骏马，没等题款，张大千便孩子似地鼓掌叫起好来。

"大千兄，一家人不说两家话，还望多多指教。"

张大千将将大胡子，沉吟半晌正色道："望云弟，我只知你擅画人物，尚不知你的走兽也画得这么好，不是我恭维你，你的马与徐兄各有千秋。"

"不敢！"

"以愚兄之见，徐兄的马是天马行空，纵横驰骋；老弟的马是脚踏实地，辛勤躬耕，这马的脊梁骨都是直的，真是画如其人啊！"

"老兄过奖了！"

"此乃由衷之言，老弟披荆斩棘开国画新风，步步维艰，以愚兄之见，这幅画就题名《拓路图》吧，这正是老弟的自身写照啊！"

没等望云说话，张大千拿起毫管，为画题了这三个字。

作画之余，张大千便引赵望云欣赏他的"大风堂藏画"，画家兼鉴赏家的张大千发现：赵望云画的画娴熟有余，传统不足，在一些基础造型上还欠扎实。他知道这位北方汉子心高气盛，自信心特强，出于对画友的赤诚之心，便有意让他开阔视野，认识一些传统的源头。

"大风堂"藏有明清字画一千余幅，但大都在老家存放。在青城山深居，大千只把他视为生命的一批名画，特别是石涛的画卷带在身边，他酷爱石涛，藏有石涛真迹百幅，曰"百石堂"，画库案头还有一沓沓线装"书画论"，一本石涛著的《苦瓜和尚画语录》，被翻得皱巴巴的。张大千把房门钥匙朝望云手里一放，自去作画和招待客人了。

半生"师法造化"，踏遍半个中国的赵望云，此时虽未大彻大悟，也算半个"神仙"了。多年的写生基础，一身的艺术素养，锻造了他博闻强识、心摹手追的本领，粗览一遍，他便深深感觉到了这笔艺术遗产的分量。石涛一生不断追求，刻意创新，"师法万物""法自我立"，这正合乎他矢志不移的艺术道路。看了石涛开创的新派山水，心里像是又打开了一扇天窗。

《苦瓜和尚画语录》，一段段精辟的论述使他如饮甘泉："在墨海中立定精神，笔锋中决出生活，尺幅上换去毛骨，浑浊里放出光明。借笔墨写天地万物而陶咏乎我也。""搜尽奇峰打草稿"，一句句闪光的至理名言，在他沉积的艺海中激起一圈圈涟漪。

一连数日，他置身于画库和借住的一间小屋里，将那些入木三分的警句刻印在脑子里，把那些与自己灵犀相通的画面背临下来。他像一只贪婪的春蚕，在桑田里咀嚼结茧。

两位不同经历的画家，有着共同的赤子之心，张氏兄弟也曾为抗日捐款、筹赈，为国分忧。可是，在艺术道路上，他们又是这样地截然不同，一个在传统中拼搏，一个在现实中奋击。然而，他们却能朝夕与共，肝胆相照，靠的是心有灵犀一点通，在交流中吸取营养，在现实中运筹革新。

多年后，赵望云经常对人说起，自己艺术经历了三个阶段，一个是故乡的艺术启蒙，受益于石广西和冯老智；一个是京华艺术道路的确立，受益于王森然长兄；一个是在四川青城的深造，受助于张大千益友。

三

这年秋天，张大千要到敦煌临摹壁画，邀望云同去。望云因惦念老舍、文友等人，便婉言谢绝了画友的盛情，又赶赴山城重庆了。

来到这里才得知，从武汉迁往重庆的第三厅被国民党无理解散了。在文艺界进步人士的强烈反对下，蒋介石只好又成立了一个文化工作委员会，老舍就在那里工作，住在赖家桥。在去赖家桥的路上，望云见一家饭店挂着一个开画展的招牌，出于职业习惯，便不由自主地走进去。

在饭店二楼的大厅里，几十幅雄浑秀逸的山水画令望云深深陶醉了。那嶙峋的山石上像披着一层黄土，石土上屹立着苍劲的青松翠柏，这感情溢于笔端的山水石树，竟与他画的泰山松云、桂林山水如出一辙，如若把作者"关山月"的名字换成他赵望云，观者也会深信不疑。赵望云被这个酷似自己、尚不出名的作者感动了，他环顾一下这冷冷清清的餐厅，大声喊道："谁是关山月，谁是关山月？"

"我！"从屋角跑出一个年近三十戴眼镜的青年，他那小巧瘦削的身材和脸庞，带着典型的岭南特色。

"我叫赵望云，咱们交个朋友吧！"说着，伸出一只宽厚的手。

青年镜片后迸发出两道惊喜的光彩，他伸过那只瘦弱的小手说："您是赵先生，久仰，幸会，请多多指教。"

两个画友一见如故，边看边聊起来。关山月像见到了挚友和兄长，向望云讲起自己的艺术道路：他自幼爱画，刻苦自学，在广州师范学校毕业后，曾到中山大学听高剑父讲课，高发现了他的绘画才能，收他进"春睡画院"学习。

当时，望云的几本农村写生画集，正风靡全国。关山月东拼西凑，买了这几本画集，又潜心研习，从中受益匪浅。在"师法造化"的影响下，他背上画囊，从澳门出发，经广西、贵州、云南、四川等地，搞了数百幅速写和创作，没有经费和衣食，就靠开画展卖画维持生计。

二人志向相投，自当引为知己了。望云热情地说："你等着，我去找朋友们，帮你宣传。"

老舍被好友拉来观展了。这时，迎接他们的，又多了一位年轻漂亮的女子，她是关山月的妻子，画坛上的知音李小平。看着这对郎才女貌、夫唱妻随的佳偶，望云联想到自己，心里只觉酸楚楚的。他心不在焉地沉思着，猛然被老舍幽默的话语牵回思绪："怪不得云兄这样赏识你，你俩真像一个魂劈成了两半儿！"

"不，我的一半里还有这一半呢。"关山月指指贤惠的妻子，李小平妩媚一笑。

"对，对，难得贤内助啊！"

这时，李小平拿出丈夫为他画的一本册页："请作家先生题字留念！"

老舍翻了翻那本精美的画册，略加思索，挥笔写了两句。

"山高月小，关远云平。"

他用胳膊肘碰碰正在出神的望云问："云兄，你看如何？"

望云用眼一瞟，便看出了这句话的含义，捅了老舍一把："好哇，你这刀笔把我们三个人的名字都捆在一起了！"

这一说，四个人都会意地笑了起来。

望云忽然想起一件事，问老舍："冯将军什么时候回来？"

"大约就在这两天吧。这两年，他被老头子削了实权，只让他视察呀，练兵呀，他倒更有时间练画了。"

"他画得可有长进？"

"什么师傅教什么学生，他和你一样，不肯仿效古人！"

大厅里又洋溢起笑声。

望云转脸对关山月说："等冯将军一回来，我就请他来看画。"

出乎关山月夫妇意料的是，这天傍晚，赵望云便把冯玉祥将军请来了。

年过半百的冯将军，风尘仆仆，面带倦容，那双大眼睛却依然很精神，经望云介绍，夫妻俩才知道，冯将军刚刚回来，屁股还没坐稳，听说有位画家在这里开画展，而且画法和他们有许多相似之处，脸没顾得洗，饭没顾得吃，便匆匆忙忙地随望云来了。

"好，这幅画真是刚柔相济。"

"妙，这幅画的线条实在洒脱！"

将军边看边品评着，对青年画家不断鼓励。

等将军浏览完毕，关山月夫妻早卷起一幅用六尺宣纸画的山水，作为见面礼赠给将军。

冯玉祥先是不收，后来想了想，说："这样也好，可作我的一个师范样本，我从师赵先生学画，近来不断咀嚼回味，今天给诸位先生作上几幅，作为焕章的一份答卷吧！"

说罢，他索过笔纸，凝思有顷，笔墨淋漓地画了一幅《农夫骑驴图》，赠给关山月；又画了一幅《睡狮图》，赠给李小平。最后，他又精心绘制了一幅《黄包车夫》送给赵望云，开玩笑地说："一日不见，如三秋兮。望老师赐教。"

望云仔细欣赏着，由衷地点着头："一日不见，当刮目相看。果然是'会当凌绝顶，一览众山小'！"

送走将军，望云跟关山月一直攀谈到深夜。

经过赵望云的宣传、推荐，关山月的画展获得圆满成功。

画展一结束，望云又领关山月去拜访名画收藏家严谷声先生和侯宝璋教授。侯宝璋教授不仅收藏书画，还是位学富五车的大文豪，在两位老前辈家里，他们又瞻仰了历代名画，再次受到传统的熏陶。

此后，望云便邀关山月夫妻到成都，一起切磋书画。

中国有句古语：同行是冤家。出身卑贱的赵望云，对贫苦出身的同道却有着一种炽热之爱。前辈为他架了云梯，他甘愿也做梯子供后人攀援。

二人接触的时间一长，关山月对赵望云有了更深的了解，作为绘画同行，他觉得赵望云是个性格非常鲜明的人，他耿直、正气，有什么话就说，从不拐弯抹角。对朋友讲义气、不含糊。尽管性格有些傲气、执拗，但对人像一团火，对水平低、年岁小的绘画作者从不摆架子。关山月越来越喜欢他这种秉性。数年后，关山月在一篇回忆录中写他与赵望云的友谊：

我们作为同行之间，不立'敌国'，也没有丝毫的妒忌，有的都是互相支持互相鼓励。在困难的时间里，彼此给以力量和勇气。在我们的画风上，可以看到互相影响，他中有我，我中有他，这真正称得上志同道合的良师益友、挚友。他对我的友谊与帮助，使我不禁想起'在家靠父母、出门靠朋友'这句民间俗语……

四

蓉城的春姑娘婀娜多姿，自有江南秀女风韵。赵望云、关山月两位画友，在这神话般的南国里云游着，采撷着，丰硕的艺术之果天天装满他们的画本。

为了一心一意搞好创作，他们终日奔波于成都、灌县、青城之间。

辛勤的汗水浇灌出了丰硕之果，不久，赵望云在成都举办了第二次个人画展。

又过了一段时间，他奔赴嘉定举办画展。在这里，年轻的漫画家方成慕名来访，赵望云又多了一个有共同志趣的艺术相知。

喜讯不断传来，他在重庆绘编的《抗战画选集》图画教材，由重庆华中图书公司出版了。

画展，出书，使赵望云的知名度不断提高，他的画跟当时学院派的名画家开价一样高。无论是富商大贾，还是平民百姓，都以买到他一张充满"泥土味"的国画为幸事。而豪爽的赵望云却从不拿捏，只要你喜欢，来者不拒。

一天傍晚，有个剃光头的青年到督院街来找他。一进门便问："您是赵望云先生吗？"

"嗯，有事吗？"

"我爱好绘画，特别喜爱您的画，每次办画展我都去看，可是，我是个穷苦的司机，没钱买画，就找您来了。"

"这好办，"赵望云拿起画笔慷慨地说："你喜爱什么画？"

"我最爱您的毛驴。"

望云挥笔洒墨，不一会儿便画了两匹毛驴送给他。

光头青年左看右看，爱不释手，又说："我还喜欢您的骏马！"

"好，我再给你画上一张。"

　　赵望云又精心地给这个穷苦的美术爱好者画了一张。

　　那青年接过画，突然扑腾一声给他跪下了，说："赵老师，您收下我这个穷学生吧！"

　　望云没料到这一着，忙把那青年搀起来，解释说："对不起，我行迹无定，所以从不收徒。"

　　"不，我最喜欢您这样的老师，您不收我，我又跪下了。"

　　望云拗不过这个固执的青年，只好答应了。一问名字，才知道他叫杨乡生。后来杨乡生也成了一位有名的画家。

　　长年劳累奔波，铁打的汉子也招架不住。赵望云得了丹毒，淋巴结感染，腿肿得不能动弹，多亏关山月夫妻喂汤喂药，使他死里逃生。

　　一场灾难，使画家悟出了"糟糠之妻不下堂"的古训。关山月夫妇的相敬如宾，使他想起在泰山时的那段难忘的日子：冯将军去南京后，他携带家小在泰山监造石刻。一次，不小心被石头砸破了手指，妻子怕他中毒感染，忙用嘴吮住他那血土混杂的手指头，又扯下衣服上的一条白布为他包扎。晚上，他无论作画多久，妻子总是坐在一边，做着针线活儿陪伴他，饿了，就给他做一碗荷包蛋……

　　他强烈地怀念起家中的妻子，一个女人，在农村拉扯着几个年幼的孩子，该有多么艰难哪！他挣扎起大病初愈的身子，修了一封家书："素芳，难为你了。接信后，带孩子速来成都，我们将永远在一起……"

　　写完信，画家意犹未尽，又画了一幅小画，上面画了一个妇人，一只手拉一个女孩，一只手拉一个男孩……

　　寄去信，他又疲倦地躺在床上，回忆起往事：几年不见，妻子儿女可好？我那儿子振湖，也该长高了！

　　望云万没想到，他当初刚离家不久，正把全部精力投入艺术事业时，在远离西南几千里的华北平原束鹿故乡，他的儿子遭受了灭顶之灾。

　　一天深夜，几个手持大刀长矛的土匪越墙到赵家"绑票"，将他四岁的儿子振湖抱走了。

　　抗日游击队发现了动静，便鸣枪追赶，土匪在慌乱之中，丢下孩子，逃之夭夭了。

　　小振湖在庄稼地里迷失了方向，他哭喊着，走啊，走啊，终于看见了一个村庄。他走到村边的一家大门楼底下，又累又困，便蜷着身子睡着了。

第二天早上，这家人开门一看，见门口睡着一个俊俏的小姑娘，忙抱回家，再看，这孩子脸蛋像姑娘，腿裆里却有一把"小茶壶"，一家人乐坏了，他们只有女儿，缺的就是儿子，莫非是送子娘娘显了灵？

吃过早饭，这家人抱着孩子到村长家报户口，没想到竟露了馅儿。原来，这村子就是周家庄西面的张家庄。与周家庄只有二里之隔，村长的媳妇就是赵家族里人。那媳妇一见孩子，失声喊起来："这不是俺八姥爷家的小子吗！"这一说，把那家人吓呆了，只好说出了事情的经过。当天，杨素芳便悲喜交加地把孩子领回来了。

不料，孩子经过这场惊吓，起了一身麻疹，不久便死去了。

当时，杨素芳又怀孕在身，在悲痛中生下了儿子赵振霄。在画家心底和笔端，同样是一个儿子，但他做梦也不会料到：这个儿子已经换了名字和模样。贤惠的妻子怕丈夫伤心，一直没有告诉他。

不久，妻子看到丈夫的信和画，泪水糊住了眼睛，她最理解丈夫的心，多年的破镜，该到重圆的时候了。儿子该见见亲爹了！她毅然把大女儿桂敏留给三姐照料，带上儿子振霄，坐驴车到石门，从石门坐火车到西安，又从西安找到成都，历经坎坷，终于找到了大病初愈的丈夫。

第十二章　拓荒西北

一

1942 年夏，赵望云与关山月怀着创作激情，分赴南北。望云携家眷和学生杨乡生，来到古都西安。

一进城门，画家那双锐利的眼睛便被吸引住了。那四四方方的城墙，据说是盛唐时期的遗址，小巧整洁的店铺，显示着中华民族的古风。宽阔方正的街道，古朴典雅的楼房，衣着素净的市民，无不给画家以亲切的感觉。

华灯初上，赵望云租了三辆洋车，应邀去拜访河北老乡贾若萍。车过菜市口，忽听里面传出悠扬的丝竹之声。探头望去，戏报上写着"狮吼剧团今晚演出《红娘》"。望云心里怦然一动，他早就听说，河南有一位名叫樊粹庭的大学生，酷爱戏曲，放弃锦绣前程，来西安办了个"狮吼剧团"，他亲任编导，融京、豫、梆于一炉，革新家乡豫剧。这与他的国画改革，真是异曲同工。此时，望云像他乡遇故知般欣喜，忙叫停车。他付了全程的车费，忙不迭地去买戏票，没等夫人杨素芳和学生醒过味来，他早拉着他们进了剧场。

台上正演着折子戏《紫金冠》，由樊粹庭的得意弟子陈素真（后被评为豫剧四大名旦）饰貂蝉，她的唱、念、做、打，俱都身手不凡。不一会儿，赵望云的身心便全入了戏，被这位年轻演员的一手绝活迷住了，不住带头鼓掌叫好。

正本戏《红娘》开场了。主演红娘的是"六十花甲不服老"的秦腔名伶宋上华。宋上华甜润饱满的唱腔倾倒四座，望云一边入迷地看着，一边下意识地打着拍子，摇头晃脑地低哼起来。

《红娘》是樊粹庭改编的新本，赵望云发现这个本子情真意切、结构严谨，确有独特之处。但他同时也发现了美玉之瑕。戏一散，让夫人在门口等着，自己便跃身上了舞台。

在后台，望云见到了个子不高、性情豪爽的樊粹庭。他穿西服，系领带，显得精明干练。樊粹庭也久仰赵望云的大名，两个人一见如故，促膝畅谈起来。

"樊先生，我看您改编的《红娘》本子不错。但我觉得有些地方是否还再改一改。"望云开门见山地说。

"赵先生不必客气，欢迎您的批评指导。"樊粹庭高兴地拿出本子。

"这拷红一节，我看应该详写，突出红娘怎样说服老夫人，表现她的勇敢机智；拷红后的十里相送，则要略写，不然就会拖拉。"

"好！"樊粹庭一拍大腿，声震屋瓦。

两个人由戏曲谈到绘画，又从绘画谈到其他艺术门类，直到要熄灯睡觉了，望云才想起门外的家眷和学生。

从此，两位艺术家成了莫逆之交。

暮夏时节，西安城虽也炎热，但比起南京、成都这些南方城市清爽得多。望云此时的心情，就像昔日的塞上之行一样，分外爽快。他本来想找朋友安置家眷后，再去西北写生的。不想与樊粹庭邂逅。热心的樊粹庭，帮他把家小安排在小雁塔民生工厂朋友处，又领他登上了小雁塔顶。

放眼望去，南有秦岭翠峰遮拦，北有渭河银带缠绕，八百里秦川像依山傍水的一条绿龙，西安城则是龙身上的一颗明珠。

樊粹庭引赵望云站在塔顶南墙自西向东，如数家珍：秦岭主峰太白山，耸峙入云，刺破青天，故有"武功太白，玄天三百"的说法；城南的终南山，悬岩峭壁，孤峰挺秀；城东的骊山，风景优美，温泉潺流，"骊山晚照"为关中八景之一。

樊粹庭又领他去登大雁塔、古城楼，游览华清池、秦王墓，瞻仰兴庆宫，观赏钟楼、鼓楼……这些名胜古迹，有的富丽堂皇，有的衰败不堪。

战火连年，日寇的飞机给千年古城毁了容，但她那暗香四射的文化肌肤，仍然闪烁着华夏文明的风采。

画家身处这多姿的景色中，感慨着、悲愤着。特别是当他看到那座历史悠久、几近荒废的碑林时，心中生起难以名状的怒火。这座碑林是北宋哲宗元祐五年，为保存唐开成石经而建的，距今已有九百多年历史。一千多块石碑，刻着历代书法家的手迹，乃是书画界的无价之宝。如今，断壁残碑，字迹模糊，再不好好保护，将造成不可估量的损失。

看着这些被损坏的稀世珍宝，望云心里十分沉重，他悲愤地说："作孽呀，好好的艺术品，叫那些狗崽子给毁啦。这些宝贵遗产什么时候才能修复啊！"

数日后，樊粹庭为他和杨乡生借来两匹战马，师生二人沿着西兰公路，长驱西北去写生。

他们来到泾河之滨的平凉市，这里气候凉爽，景色宜人，如履仙境。二人在这里小住几天，画下了数十幅写生。

在西北新兴的工业城市兰州，他们看到了汉、满、蒙、回、藏杂居的情景，经过了玉泉山、白塔寺、黄河铁桥，又沿马衔山观赏陇右第一名山——兴隆山。只见两山对峙，大峡河和山间流水曲折迂回，水随山转，山因水活。连结两山的云龙桥，是拱形画廊式建筑，横跨河山，宛若一条彩虹，两山气势雄伟，林木葱茏，真不愧"甘肃之名山，兰州之胜境"。此时，古代荆浩、范宽、云林、倪瓒的青绿山水，近代石涛的写意山水，当代张大千、溥心畬的金碧山水，在画家眼前一一浮现。西北的山水林木，风土人情，为画家打开了思路，他用那支粗大的炭笔，在写生本上绘下了一幅幅奇景。

在兰州休息几日，二人又走马乌鞘岭，沿着当年的丝绸之路——河西走廊奔驰。河西走廊果然是一条绿色的长廊，南有祁连山为栏，北有龙首山、合黎山遮掩，武威、张掖，酒泉像长廊中的几个亭台、驿站，成为行人的必游胜地。这几块山地平原，荒漠绿州，又好比西北的摇钱树、聚宝盆。这里气候温和，水资源丰富，盛产五谷杂粮，酷似华北平原的田陌村落。更令人称奇的是，被誉为"金张掖，银武威"的平原地区，其民风民俗，跟"金束鹿、银蠡县"有着许多相似之处。赵望云仿佛又回到十几年前的故乡，在这里流连忘返。

走廊像个宝葫芦，时宽时窄。宽时沃野百里，一望无垠；窄时两山相夹，仅可走马。这为画家提供了山地、平原写生的方便，记下了不胜枚举的走廊奇观。

他们沿着富饶的走廊，经酒泉，一直到了长城西端的嘉峪关。第一次领略了大西北苍茫辽阔、雄浑粗犷的特色。要不是钱粮窘迫，他们一定会走到丝绸之路的尽头。

二

1943 年 1 月，重庆《新华日报》以显要位置登载了一则消息：

西北河西写生
——赵望云氏举行画展

（本报讯）名画家赵望云，于去年旅行西北河西一带，对沿途山水人物，作实地写生，历时半载而归。于今（廿三）日起将其西北之行的作品，在中一路中苏文化协会内公开展出两天。昨天下午二时，赵氏持柬邀文化界人士前往参观预展。计到者，有冯玉祥将军，郭沫若、老舍、茅盾、梁又铭、王昆仑、曹孟君、张西曼、高龙生、关山月等。画分三室陈列，其中有描绘祁连山上哈萨克族人民生活的，也有记录西北人民风俗习惯的。最精彩的几幅，是《雪中行旅》《归宁》及《今日之长城》，亦富有意味。陪都画展之多，几有目不暇接之势。但能如赵氏之刻绘民间疾苦，取材于现实生活者，尚不多见……

此时，画家正坐在重庆中苏文化协会展厅的休息室里，仔细阅读这则消息，抬头看看室外，陪都的文人墨客，工农商学，正蜂拥而入，确实有目不暇接之势！

这几年，随着名声的显赫，他的画价也与日俱增。但是，庄户人出身的赵望云，深知这一幅画十来块大洋的分量。这些画，虽然是他在几本写生画中百里挑一、呕心沥血的精髓，可十块大洋能顶一个农民黑汗白流苦干半年的收入，他实在为广大农工心痛。因此，他画的虽是平民画，却不愿卖给平民百姓，只有卖给那些万贯家财的官员、富商，他才于心稍安。

这些画比一般画家画的又大又实惠，大都用整张的四尺、六尺好宣绘成。在西安，他结识了装裱师、办展行家田亚民，由田经办，用绫、锦精心装裱后挂在大厅里，金碧辉煌，气势磅礴，观众无不交口称赞。

打这以后，他办画展不再亲自出马了，田亚民成了他的经纪代理人。

看着室外那些满意之作，听着人们七嘴八舌的赞美，他不禁想起昨天下午那令人快慰的场面……

在国民政府的陪都重庆，文艺界巨擘云集。代表着一股不可遏止的革命潮流。先前，郭沫若在武汉，任国民政府军事委员会政治部第三厅厅长，是共产党搞统战最活跃的一个厅，文艺界的人们团结在这个旗帜下，被人称为"人才库"。蒋介石下令撤销了这个厅。这下子遭到了全国文艺界的反对，国民党只好又在重庆成立了文化工作委员会，仍由郭沫若担任主任。如今这些和他经常交往的老朋友们都来助兴啦。看着挂满三个展厅的作品，看着西北黄土高原的苍茫景色，朋友们不由交口称赞："望云君，几年不见，这个见面礼，可真够重的了！"

老舍高兴地拍着老朋友的肩膀逗趣道："一顿两碗面条，就能作出这么多好画！"

赵望云咧着厚嘴唇笑答："在祁连山，有时连碗面条也吃不上哩！"

茅盾先生感慨地插嘴："穷文富武，搞艺术的都是在苦难中磨出来的！"

郭沫若一直徘徊在画廊之中，一双深邃的大眼睛透过镜片显得那样专注，他仔细地看完这些巨幅，忽然两手一拍，喊道："赵先生，走，到你屋去！"

望云心里嘀咕，不知道这位老兄葫芦里卖的什么药。他知道，这位博学多才的老兄，曾以文委会名义举办过多次美术展览，叶浅予、张乐平、傅抱石、李可染、王式廓、王琦等一批画家都在他手下工作。他精于美术研究，在《中国美术的展望》一文中，强调美术反映社会为民众服务，提倡画家的创新……他是个涉猎极广、德高望重的艺术大师。

赵望云领郭沫若等人来到休息室，这里备有文房四宝，供鉴赏家留言。

郭沫若精神振奋地拎起毛笔，捋捋袖口，略一思索，挥笔写道：

> 画法无中西，法由心所造。
> 慧者师自然，着手自成妙。
> 国画叹陵夷，儿戏殊可笑。
> 江山万木新，人物恒释道。
> 独我望云子，别开生面貌。
> 我手写我心，时代惟妙肖。
> 从兹画史中，长留束鹿赵。

> 望云兄雅正
> 1943 年 3 月

这发自内心的诗句，苍劲的书法，令艺术家们啧啧称赞。诗一写完，大家情不自禁地鼓起掌来。这掌声，是对代表他们执笔的大文豪诗篇的赞誉，更是对赵望云新的艺术成就的由衷祝贺。

朋友们刚走，冯玉祥将军便乘车赶来。望云喜出望外，迎上去握住他的手，这两个忘年交、师生、挚友，情感尽在无声内，交谈多在眼神中，望云陪着他，一幅幅浏览起来。

将军在一幅《相马图》前停下。画面上，像庄稼人一样质朴无华的伯乐，正捋着山羊胡须相马。那匹枣红色的千里马，正仰头长啸，悬蹄欲跃。天空中，飘浮着五彩祥云，整幅构图，呈现着一种英姿勃发的美感。与将军分手三年，他时刻记着对他有知遇之恩的将军。他把将军比作伯乐，自己好比一匹千里马，怀着崇敬的心情完成了这幅力作。画完，他在标价牌上注明：不卖。

心有灵犀一点通。将军站在这幅画前，品味了一会儿，含笑点点头，又默默往前走。

看完，将军坐在休息室里，与他促膝交谈："你的画风又有了变化。这是西北风情的反映。西北我待过，那块没被开发的土地，很深奥，很丰厚。这些画使我想起那儿的山山水水，西北很有特色啊！"

停了停，将军又试探地问："望云老弟，你漂泊半生，也该有个安身立命之地了。可曾想过，是定居天府之国的蓉城，还是十二朝的古都？"

望云沉思片刻，深情地说："这个我倒有个考虑，我倾向在西北定居，原因有三：一是西北的传统文化积淀很深，古城的名胜、敦煌的宝窟，都会给我以丰厚的营养，举手投足皆便于吸收继承传统国粹；二是山间林木，河流湖泊，美不胜收，正是我深入生活、放笔写生的天地，我在那里更能纵横驰骋；三是那里南邻巴蜀，北邻甘青，远接新疆，千里丘壑，还是一片未被开辟的处女地，数十个少数民族，俚风异俗，在等待我们的彩笔描绘……"

"哈哈哈——"将军开怀大笑起来，"英雄所见略同，比起南方来，那里是穷了点，可我们就是在'穷苦'里泡大的，算是有缘分。去吧，去那里干出一番事业来！"

天色渐渐暗下来，赵望云送走一拨一拨的要员望族，疲倦中带着几分欣慰。这次画展，题材新颖，盛况空前，他的许多力作被抢购一空，比在南京办展收入还高。但他头脑里只有艺术这根弦，天生不是理财的料。卖画的收入，全由他在银行的代理人何修尧负责，装在盒子里的金条、银元，在他眼里就像过眼云烟。他受过穷，挨过饿，但一想起他笔下画的那些实实在在的受苦人，说明自己又是人上人了。他虽没有张大千那种"富有敌国，穷无立锥"的气魄，却有"挥金如土"的大方，"抗日""救灾"是爱国艺人的天职啊。在这份报道他的画展的《新华日报》上，他同时看到了《为四邑赈灾》的一则消息：

广东台山、开平、新会、恩平四县为华侨之母地，邑民生活全赖侨汇维持，自太平洋战争爆发后，侨汇滞塞，接济中断，加以地瘠人众，粮食缺乏，发生空前之灾荒……

在他眼前，旋即闪过父亲救护义和团首领的义举，闪过王西渠等亲友资助自己赴京的场面，闪过王森然与自己分吃烤白薯的情景，闪过冯将军为抗日募捐的言行……他唤来银行经纪人何修尧，嘱咐道：

"你把咱这两天卖画的收入，全部捐给灾区。"

"那，你靠什么吃饭？"何修尧大惑不解。

"有剩下的这些画嘛，再说我还有两只手哩！"

何修尧还想说什么，见望云一脸的固执，只好遵嘱照办。

就在望云准备闭门收展时，一位英俊潇洒的中年人轻轻走了进来。此人面颊清瘦，头发浓黑，穿身熨过的土黄色军装，没扎腰带，没带领章，脚蹬一双擦得锃亮的皮鞋，透射出一股俊美威武的逸气。望云看此人似曾相识，却又说不出在哪儿见过，一时怔住了。

中年人首先打破僵局："我叫周恩来，赵先生，我没认错，你就是你！"几句轻松诙谐的话，顿时消除了两人之间的距离。

啊，周恩来，这个响亮的名字，他听过不知多少遍，也从报纸上看过他的照片。他知道，周恩来现在是共产党驻重庆的代表，还负责主编《新华日报》。冯将军最佩服周恩来，想不到，这位共产党的大人物找到他门上来了。

望云怀着激动的心情，把周恩来领进展厅。

此时，他心里有说不出的激动。自己虽是无党派人士，但凭着一颗热忱的爱国之心，对共产党素有好感。跟随冯将军多年，他最爱看的就是共产党办的《新华日报》，他从冯将军嘴里听到许多关于周恩来的事迹。前年发生的一件事深深印在他的脑海里：

皖南事变刚一发生，电台便把这一消息传给周恩来。当时，周正开会庆祝《新华日报》创办三周年。于是连夜赶写了一篇揭露文章，准备在头条发表。但是这篇文章却被国民党当局扣压了。愤慨之下，周恩来指令报纸以开天窗形式抗议。并写了一首诗，在报上发表：

千古奇冤，
江南一叶。
同室操戈，
相煎何急！

当晚，周恩来又走上街头，亲自卖报……

"恩来先生，我十分敬佩您的高风亮节，敬佩共产党有这样一批领袖人物。"

"望云先生，我们党也敬佩您这样的平民画家，您的功绩，人民永远不会忘记。"

他们边谈边看，十分投机。周恩来在那幅《相马图》前站住了。灯光下，那幅出神入化的力作更显得意境深远，情景交融。

望云心里暖烘烘的，他觉得这位来客又是一位知音，听说周先生经常和文人打交道，知识渊博得很哪！

周恩来站在画前，想得更深更远：我们党的干部就应该像伯乐一样，重视人才，爱惜人才，从善如流，搞好党的统一战线……

赵望云看看展厅那疏疏落落被人选剩下的画，凑前一步说："周先生，好画被人挑走了，就把这幅送您吧！"

"不，这是您的得意之作，我受之有愧！"

"不，这画除冯将军外，非您莫属！"望云说着，用画杆迅速把《相马图》挑下来，卷好。

周恩来执意不收，望云盛情相送，推让许久，周恩来只好收下这份情意。

临走，他请望云转告老舍，明晚一起到他住的曾家岩五十号去做客，还代表党中央，邀请画家到延安革命圣地去写生。

周恩来走后，画家才在桌上的茶杯底下，发现了压着的一笔画款。

党代表的邀请，使望云感动异常，去还是不去？这个平时执拗、自信的小伙子，此时却没了主意，便连夜去找老舍商量。二人说来论去，一时决定不下。最后，老舍分析说："现在国共关系非常紧张，我亲眼看到，周先生所住的那个八路军办事处门口有便衣监视，就是冯将军的公馆门前也有军统特务盯梢。咱们去那里，个人的安危事小，可给周先生惹了麻烦事大呀！弄不好，国共两党关系还会火上浇油。我的意见是：咱们还是不去为好。"

赵望云思忖良久，觉得很有道理，于是就放弃了赴约和去延安的打算。

这件事，成为他终生的遗憾。直到十三年后，他再度见到日夜思念的周总理时，才把胸中的话吐出来。

三

"西北画展"一举成功。不久，又出版了《赵望云西北旅行画记》单行本。一连串的成果，更使画家雄心勃勃，他筹划着第二次西北写生。敦煌的莫高窟是他景仰已久的艺术宝库，他准备循着大千兄的足迹，远赴敦煌。

这天，关山月领着一位高个子画家来找他。望云早就认识这位朋友，叫张振铎，是重庆西南美专教授。西北写生的丰硕成果，震憾了陪都的美术界，使他们钦羡不已，他们听说赵望云又要赴西北了，便专程赶来，要跟他结伴同行。

这几年，跟随将军转战南北，戎马倥偬，赵望云养成了爱热闹的性格。朋友们要跟他一起长途跋涉，他自然满心欢喜。可是，一盘算这几千公里行程的路费，几个人倒吸了一口凉气，路上每人要花几百块大洋，除赵望云勉强能够凑足外，这两个穷画家又到哪里筹措呢？富有经验的赵望云想出一个办法：先办画展，用卖画的钱作路费。于是，三位画家在一起，日夜加班地画起来，等每人赶完一百多张画，已是春暮夏初了。赵望云用自己的积蓄作路费，领着关山月夫妇和张振铎，一起来到西安办画展。

经过望云的四处奔走，赵望云、关山月、张振铎三人联展在西安东大街青年会礼堂开幕了。此时，望云已名震西北，又有樊粹庭、田亚民、何修尧等朋友们捧场，相比之下，赵望云处处占着上风。

可是，当一批崇拜赵望云的观众和买主们蜂拥而入的时候，却被室内的布置弄得莫名其妙。外面大牌子上明明写着著名画家赵望云领衔，可一进门，却见不到他的一幅画，都是关山月、张振铎的。等走到最里面，才发现赵望云的画挂在不显眼的墙旮旯里。

正当大伙儿为他鸣不平时，却见这位画家从斜刺里迎出来，满面春风地向大家介绍宣传关、张的画，在他的带动下，这两个画家先开了利市。

这时，一个青年急匆匆地跑进来，见人便打听赵望云。当见到他时，忙递上一封信。

这信是张大千从西宁写来的。通过这位青年自述，赵望云才知道：张大千去敦煌，途经西宁，在那里住了一段时间。这青年名叫陈之中，在西宁银行当学徒，经常去找张大千学画。提起赵望云，张大千连声夸赞，说他是农村题材的革新家，敬佩之情溢于言表。后来，陈之中要回老家三原，张大千便给陈之中写了封介绍信，让他有机会去找望云学习。

今天，陈之中终于如愿以偿了，他要好好瞻仰一下先生的作品，多买几张。

听了陈之中的叙述，望云把他拉到一边，诚恳地说："我们这是为筹款办展的，我比那两位画家富裕，还是多买他们的，他们画得不错嘛！"陈之中不好违拗，便每人买了几张。

从此，陈之中便成为赵家门上的常客，受赵望云的影响，再加上自己的勤学苦练，后来也成为一位有造诣的画家，此是后话。

资金筹备得差不多了，一行四人坐汽车顺西兰公路向大西北走去。赵望云第二次来这里，对这里的山水人物比较熟悉，他领大家走走停停，一边画，一边介绍着这里的风土人情，俨然像一个热情的向导。

越往西走，越显得破败荒凉。过了嘉峪关，河西走廊变得宽阔起来，时而是剥蚀不平的丘陵，时而是干涸燥热的沙漠，他们乘上沙漠之舟——骆驼，缓慢地向前行进。渴了喝一口皮囊里的水，饿了吃一点儿积蓄的干粮。水喝完了，干硬的馍馍划得喉咙生疼，他们忍着干渴，继续向西南方向行进。

一望无垠的荒漠，偶尔出现几蓬沙柳、芨芨草、骆驼刺，这便是沙漠中的绿洲了。空中盘旋的老鹰，窥探着步履艰难的驼队，有时，天上的飞禽也耐不住这燥热，一头栽倒在沙漠里。

经过数个昼夜的磨难，他们终于寻到了荒野里的明珠敦煌。连年战乱，敦煌破败不堪，像躺在山脚的一个穷困潦倒的乞汉，无人问津。城内只有那些餐风饮沙的土著居民。

从敦煌往东南走，在三危山北麓的崖壁中，就是举世闻名的莫高窟了。那几百个洞窟，数不清的塑像、壁画，令画家们叹为观止。他们忘记了饥渴劳累，一个个伏壁攀崖，忘情地临摹起来。

数日的颠沛奔波，难言的鞍马劳苦，苦苦追寻就是这向往已久的艺术宫殿啊！他们忘记了太阳的起落出没，忘记了月亮的阴晴圆缺，拼命地画啊，画啊！

此时，张大千早已离去，丢下几个灶坑和一些罐头瓶子，偌大的佛洞宝窟，只有两个看守的道人。

四个清贫的伙计，自然没有张大千生活得气派。他们一边嚼着硬饼，一边商讨方案，决定日夜不息，分头行动，把这里的瑰宝复制出来。

在长夜难眠的夏夜里，望云一手持烛，一手临摹，靠着过硬的临摹功夫，绘下了一幅幅生动的佛祖菩萨、飞天神女、群仙罗汉……

再看人家关山月夫妻，李小平为丈夫举着蜡烛，让他在灯下临摹，速度比别人几乎快了一倍。这使望云非常羡慕，他由此更体味到了"患难夫妻"的含义。来敦煌前，妻子又生下了三儿振川，倘若妻子不在月子里，他只要招呼一声，再大的苦难，妻子也会寸步不离啊！

用了二十多个日日夜夜，他们临完了莫高窟、千佛洞的大部分雕像和壁画，又回头去临安西的榆林窟。在那里，他们遇到了刚临完榆林壁画的吴作人、司徒乔两位画家，几位画友欢聚一堂，交流了一番临摹所得，便各自分手了。

连日的操劳，他们变得又黄又瘦，高原的稀薄空气，使他们头晕胸闷，两个多月下来，每人都掉了十几斤肉。但这四个三十多岁的艺术家，硬是靠对艺术的一股锲而不舍的追求，奇迹般地撑下来了。

从安西往回返时，他们商定，不再顺着比较平坦的原路走了，而是沿着雄浑的祁连山脉，逶迤而行。这等于给自己出了一道难题。但对于酷爱祖国山水、描绘壮丽河川的画家来说，又是"师法造化"的必修课啊！

雄伟壮丽的祁连山，像一个喜怒无常的巨人，时而喷云吐雾，时而兴风作浪，时而屏声静气。又像一个披挂怪异的将军，头上是经年不化的积雪，肩上是徐徐融动的冰川。森林、草地像缀在将军身上的一块块补丁，斑驳陆离。

最令画家们神往的，是祁连山那候鸟式的流动牧场。祁连山的雪水冰川，灌溉着苍莽的草地和肥美的"走廊"。夏天，高原上的牧地生机盎然，绿草如茵，是放牧人的理想场地。冬天，高原飘雪，寒风刺骨，大森林遮掩的山麓牧场，却温暖如春，牧民们便又聚居在这里，依山放牧。祁连山像是一个袒胸露腹的母亲，自身忍受着天公震怒的雨雪鞭笞，却用肉体的恒温养育着孩子。画家们充满激情地挥舞画笔，一一记下这位母亲的脊骨和胸怀。这位母亲则以无私的爱，关怀着走访她的画家。饿了，给这些儿女们一捧野果，渴了，给他们一杯白雪。靠这些天地恩赐，他们又挨过了几十个日夜。

从祁连山返回兰州，连日整理了一番画稿，三位画家在这里分别举行了画展。他们虽是同煮一锅饭，但每人煮出来的味道又大不一样，西北这块未被开垦的处女地，在他们笔下生花了。那服饰别致的少数民族青年、少女，就像引人入胜的古装戏剧，引起了人们极大的兴趣。

赵望云奔走于三个展厅之间，深情地浏览着他们的满意之作，心里久久不能平息，他分明感到：祖国大西北有着丰厚的创作源泉，中国古老文化的积淀在这一方土地上竞相媲美，"丝绸之路""河西走廊""敦煌莫高窟千佛洞"、逶迤乌鞘岭、雄伟峻拔的祁连山，特别是文化古都西安，历史上有十二代王朝在这里建都，华清池、秦王墓、碑林、大雁塔、小雁塔……真是不胜枚举，历史文化的积淀确实厚重。以后抗战胜利了，祖国要搞建设，文化要振兴，西北有画不完的奇峰峻岭、山村风景，西北需要自己，自己更需要在这里发挥绘画特长，鸟择良枝而栖，赵望云扎根西北的决心越来越坚定了。

这天，关山月捧着一张宣纸走过来，招呼说："赵老兄，咱俩合作一幅画吧。"

关山月是后起之秀，而且绘画技法与望云相似。俩人共同创作，真是珠联璧合。望云巴不得这样，忙铺开宣纸，冲山月招呼："老弟，你先下笔吧。"

关山月笑笑，略一沉吟，便饱蘸浓墨，画了一座嶙峋的山崖。山石突兀起伏，使人如临其境，接着把笔一搁，冲望云招呼："老兄，下面该您了。"

望云抟袖运笔，横涂竖抹，在那岩石上画了一株古松，那松枝杆苍劲，顽强挺拔，破石而出，显示出了强劲的生命力，真是劲松盘石，韵味无穷。

望着这壮观的松崖图，关山月顿发灵感，不等望云招呼，便提笔在崖下画了几个牵马的行役人。接着，俩人你一笔我一笔，画了小桥河流，男女老幼，最后，望云题了款：《松崖山市》。

艺术家的心是相通的，俩人看着这幅画，真是你中有我，我中有你，然而细看，关山月与赵望云绘画风格尽管相近却又各具特色。望云的画贴近生活，画风质朴，乡间泥土气息浓郁；而关山月的画具有岭南特色中的秀美滋润、细腻柔和，各有千秋。二人越看越兴奋，关山月欣喜地说："老兄啊，我有个想法，不知合适不合适。"

望云微笑着说："有话尽管说，咱俩还分什么你我。"

山月开口说："是这样，郭沫若先生一直关怀着咱们，搞艺术的都是殊途同归，我想把这幅画送给他，聊表咱俩的一番心意吧。"

"好，好。"望云拍手笑着说，"真是不谋而合，就让张振铎顺路捎给郭先生好了。"

于是，关山月把画小心地收起来，交给张振铎。望云又反复叮嘱，让他一定要亲手交给郭沫若。

振铎一一答应着，让二人尽管放心。

办完展览，望云要回西安，关山月夫妇要去青海，张振铎要回重庆，他们只好依依惜别。这断断续续的交往，使他们建立了深厚的友情。

后来，关山月在一首怀念望云挚友的感怀诗里写道：

> 艺海征途战火奔，
> 墨缘相结出三秦，
> 敦煌古探丹青窟，
> 北塞师寻造化根。
> 别此分离思实践，
> 开来继往志坚真。
> 勋劳播下长安种，
> 接力得人可慰君。

此是后话。

再说张振铎，他带着望云和关山月的一番盛情，把画送到了重庆郭沫若的手里。郭沫若非常喜爱，他挂在书房，有空就观赏品味。这天，他越看越激动，怀着一腔情愫，提笔写道：

松崖山市

　　望云与山月新起国画家中之翘楚也，作风坚实，不为旧法所囿，且力图突破旧式画材之藩篱，而侧重近代民情风俗之描绘，力亦足以称之。此图即二君之力作，磐磐古松破石而出，足以象征生命力之磅礴。劳劳行役咸为生活趋驰，亦颇具不屈之意。对此颇如读杜少陵之沉痛绝作，为诗赞之。

　　松崖山市图，现实即象征，

　　读之感沉痛，浑如杜少陵。

　　劳劳行役人，与马苦攀登，

　　荷担过小桥，临濯闻崩冰。

　　幼女念母心，得无感凌竞？

　　红衣粉烂漫，醇朴意难胜。

　　古松郁磐磐，破石气隆矜，

　　全无参天趣，磅礴如横肱。

　　生命力于此，屈服焉可能！

　　画道久凌夷，山川缺生趣。

　　揆厥所由来，殆因明失御。

　　人尽古衣冠，物皆唐宋制。

　　怀古发幽情，遂蔚成风气。

　　靡靡三百年，作家竞逃避。

　　春雷来天末，冬眠今破蛰。

　　望云与山月，起衰有大志。

　　作画贵写真，力迫当前事。

　　释道一扫空，骚人于此死。

　　诗情转蓬勃，秀杰难可拟。

　　若谓余不然，看此松崖市。

　　郭沫若这脍炙人口的佳作，是对两位画家的由衷赞誉，这在中国的文学史和画史上，留下了多彩的一笔。

第十三章　义助梨园

一

午饭过后，贤惠温顺的赵夫人第一次和丈夫怄开了气。冲着聚精会神修改剧本的望云数落开了："你就别睡，我看你晚上还有精神画不？画画的管戏，发的哪门子神经？俺拉扯着三个孩子，从几千里外跑到这里，你不管这个家，却用几百块大洋溅了水漂儿！"

夫人的责怪不是没有道理。赵望云爱戏似乎有点儿过分，樊粹庭拿他当梨园行家，新创作的剧本送来请他修改，为这，他打破了午休的习惯。去敦煌前，他节衣缩食，为月子里的夫人买下一百多个鸡蛋，便撒丫子走人。那鸡蛋却有一半泄黄的。画家靠办画展卖画为生，从兰州回来，他又在西安举办"西北风光写生画展"，赚了一大笔钱。那钱一点儿没打他手里过，全让何修尧转给了狮吼剧团，资助剧团买了行头。真是家徒四壁炊烟断，痴情粉墨唱升平，怎不令夫人伤心哪！

望云放下剧本，宽慰夫人："素芳，樊兄比咱更不容易。他身为大学生，放弃高官厚禄，却在戏曲界闯江湖。豫剧名旦常香玉、陈素真、崔兰田、马金凤，就有两个出自他的门下。他该算现代豫剧的祖师爷啦！你说他的剧社为什么叫'狮吼'，那是说中国的睡狮要醒了，要向倭寇反击。这样一个爱国艺人，如今跟陈素真闹翻了。陈素真带走了一批名角、行头，他还要重打锣鼓另开张，难啊！咱不该雪里送炭吗！"

夫人的慈心开始感化，但嘴仍然很硬："我就不爱见他那副酸相，像个化缘道人，一粘一层皮！"

"人要讲良心，讲义气，当初咱来到西安，樊兄费了好大气力哩！再说，他也是为事业嘛！"

说曹操，曹操到，樊粹庭一挑帘子进来了，他人矮声高，喜欢逗乐，说话就像铜锤花脸："兄嫂都在，承蒙不弃，指点一剧之本，小弟这厢有礼了！"说罢一拱手。樊比赵只小一岁，彼此以兄弟相称。

赵夫人掩饰着刚才的不快，给这个半文半艺的剧作家沏了一杯热茶。

樊粹庭是河南遂平人，毕业于河南大学。当过河南教育厅《教育日报》编辑、社会教育部主任等职。1934年冬，他不顾家人反对，毅然辞职，邀集一批豫剧艺人，在开封成立豫声剧院，后改为狮吼剧团。在组织上实行新老结合，"以科班培养新人"；在管理上，废除旧戏班种种陋习，改革新的规章制度；在艺术上汲取京剧、话剧优点，对表演、音乐、服装大力改革；内容上，倡导新编历史剧，坚持思想内容健康、情节曲折生动，先后创作了连台本戏《无敌楼》《孙悟空大闹花灯》《凌云志》《义烈风》《柳绿云》《三拂袖》《克敌荣归》《巾帼侠》等影射时弊的剧目。由于班底较好，演员精良，剧目新颖，深受人民欢迎。在河南、陕西被观众称为"樊戏"，他和赵望云的艺术道路、创作思想是一致的，两个人异曲同工，难怪一拍即合了。

樊粹庭编排的剧本，有许多是反映日本的侵略和影射国民党的不抵抗政策，自然引起了当局的反感，于是千方百计分化瓦解剧团，才造成了部分名演员拉帮另立山头的局面。樊和赵一样，有一股不到黄河心不死的拧劲儿，他又创办起狮吼儿童剧团，招收了一批难童，在北关贫民窟培训。为筹资金，将自己衣物卖光，和学生一起睡地铺，吃的是盐水拌杂和面儿，真有股卧薪尝胆的劲头。赵望云是个性情中人，能不同病相怜吗？

"樊弟，你来得正好，我刚看完本子，这边坐。"

俩人坐在桌前，赵望云翻开剧本，打开了话匣子："这本《涤耻血》，写的是宋代刘豫之女刘芳背父私逃占山为王、抗击金兵的故事，这个剧目选得好！刘芳就像共产党，建立根据地、扩大解放区、坚决抗击日寇！这个人物可得好好刻画刻画。有一个地方不妥，写刘芳私逃，是出于个人恩怨，后来才有抗击金兵的义举，我总觉得这地方该往深里挖挖，刘芳出逃，应该是为抗金而走。她为什么去抗金，也要交代她的动机。这样，前后也就一致了，人物也就树立起来了！"

"好，"樊粹庭一拍大腿，"当时我太受历史的局限了，应该脱开历史，为现实服务！"

"刘豫这段道白太多，也没韵味，可改成韵板道白。我试着改了几句：

> 世人皆愿生男子，
> 文缠玉带武披甲，
> 武披甲！
> 我家老妪不争气，
> 生下贱女一枝花，
> 一枝花！
> ……"

樊粹庭认真听着，不住点头。倚在隔山门的赵夫人，扑哧笑出声来。

两个人从念白到唱词，从剧情到场景，一唠就是半天。赵望云就像重温儿时的一场戏剧梦，进入了如醉如痴的忘我境界。

咚咚锵，咚咚锵！狮吼儿童剧团的响排开始了，观众却只有赵望云和夫人。原来，每出戏先练唱、念、做、打的过程叫初排，练熟开始正式拉场，叫响排。看看能正式演出了，再化上妆排一遍，叫彩排。响排的这出《三拂袖》，也是樊粹庭新编的一场古装戏，内容是一个文武双全的侠女，替父报仇，女扮男装杀敌的故事。

这伙童子班，大的不过十五六岁，小的才十一二岁，他们早晚练功，正时排戏，因排练不久，基本功较差，出现了许多串词、漏场事故。

演完，樊粹庭把画家夫妇请上台去，把小演员们集合起来，开始训话："今天，我特地请了两位行家来看戏、说戏。这位是全国著名画家，又是能拉会唱善写的戏剧家，他过去是家乡戏班的导演、主演，不简单哩！现在就请这位赵老前辈评讲评讲！"说罢，带头鼓起掌来，霎时，满台响起热烈的掌声。

赵夫人觉得好笑，人家好歹是个科班剧团，就凭丈夫这半瓶子醋，能行吗？不过，她不止一次见到这老兄弟俩一块儿研究剧本的情景，连樊粹庭这样的编剧、导演都那样信服丈夫，说不定他还真有两下子哩。

望云早有准备，他拿出在路上买的一兜糖果、瓜子，花生仁儿，走到这些孤儿面前，和蔼地说："你们都是被日寇烧杀抢掠失去家庭的孩子，我这里瓜子不多表个心意，来，每人一把，吃着唠！"

见孩子们腼腆地缩着手，不敢接，樊粹庭忙下令："拿吧，这是你们的赵伯伯，往后要听伯伯的话！"

话一落音，小手都伸出来了，一人抓一把，气氛马上活跃起来。

望云站在当中，边说边比划起来："唱戏、作画都讲究有矛盾，要学会自己制造矛盾。你们看，在台上一站，这子午步、弓前步就都是矛盾。连伸个兰花指，念白'你来看！'也是欲左先右，欲上先下地划一圈，才显得美，不然就发僵。一出戏没有矛盾起伏，台下早睡了！

"艺不压身，学功夫也是这样，不怕学得多，谭鑫培唱老生，武功底子特强，在表演上就能超人一头，唱戏也跟写字、作画一样，讲究方法：一人出将，满台有戏；俩人出场，顾盼生姿；众人武打，密而不乱……"

赵夫人在一旁听着，也渐渐若有所悟：这唱戏、画画的艺术，原来都是枝枝蔓蔓连着呀，怪不得望云爱好这样广泛。她开始理解了丈夫，把丈夫发剩下的果品，又默默地塞进孩子们的小手里。

二

赵望云经常到狮吼儿童剧团去看孩子们排戏，还爱带上七岁的儿子赵振霄。振霄是个聪明、淘气的孩子，他跟父亲一样，从小爱看地方戏。在成都，他见有民间艺人在街头卖唱，越是脏的穷的，父亲越要把人家拉到家里，换上一身新衣服，好吃好喝一顿。父亲拉着胡琴，叫人家唱上一晚，临走，还要给人家一把钞票。受戏曲的熏陶，振霄经常学着唱戏的样子比比划划，闹傻样儿。到了西安，小振霄经常跟着父亲看戏，更是如鱼得水。他也学着小演员们的样子，翻跟头，劈叉，不出几天，就把一双新鞋磨成鲶鱼嘴。

今天，又要排新戏《麻风女》啦，一向乐乐呵呵的樊粹庭却愁眉苦脸。原来，剧团的一个小演员，被他的亲戚领走了。剧团里缺了角色，没法出演。

"闹半天就这么点儿事，"望云笑呵呵地一指自己的孩子，"你看咱这个孩子怎样？"

樊粹庭看看小振霄，摇摇头。

"怎么，嫌小？"

"不，孩子眼看要上学了，我不能让你耽误孩子。再说戏班里的苦处你是知道的。"

"正因为苦，我才让孩子锻炼哪。我小时候吃了点儿甜头，长大吃尽了苦头。我看倒不如先苦后甜。培养孩子要因材施教，你先让孩子试吧试吧，是这块料儿，就给了你！"

樊粹庭见画家说话真诚，言辞恳切，便把小振霄拉到台口比比画画说了一会儿戏。工夫不大，锣鼓齐鸣，新戏开排了。

赵振霄在《麻风女》里，扮演一个看热闹的小孩儿。麻风女病好了，要办喜事，孩子们都来瞧热闹。大家蹦呀，跳呀，闹够了，都成群结伙地退下场去。只有小振霄，还故意踮着脚尖，伸着舌头，扮着鬼脸，翘首偷望……这一手，全是孩子的即兴发挥。

哈哈哈哈！两个人笑得前仰后合。

"怎么样，合格吧？"望云问。

"就怕你舍不得！"

"一言为定，给你留下了。"

这一年，樊粹庭与家乡妻子离婚，与武生女演员常警惕结婚了。他与小学员们的集体食宿才告结束。但是，他和小学员们一样，吃的是粘牙的杂和面儿，生活十分困苦。

这些孩子一起住在大宿舍里。这里没有床铺，睡的是铺着麦秸的地铺。热天，孩子们一个挨一个，热得像烙饼；冬天没有炉子，冻得又像一条条小棒鱼。小振霄在柴火窝里打滚儿，长了一身虱子，沿棉袄的夹缝看去，星星点点，就像缀着一层大芝麻。

伙房做饭用的是院里一口苦井里的水，刚去的孩子，喝不惯苦水，没一个不闹肚子的。小振霄在家里虽也清苦，可还没吃过这样的苦头，过了一段时间，就变得面黄肌瘦，脏得像个小叫花子。

艰苦的生活，改变不了他那天生淘气的性子。他爬树尖掏老鸹窝，下水沟摸泥鳅，经常独来独往，违犯剧团的规矩。儿童团的孤儿们还真抱团儿，小团长又是个赏罚严明的角色，台前饭后，经常开小振霄的"批评会"，就像一群小公鸡围啄一只刚进窝的弱鸡一样，把小振霄弄得抱头缩肩。

剧团离赵家不远，但团规严，不准随便出院。一到放假，小振霄才有机会回家向父母哭诉，素芳总不免抹鼻子擦泪劝丈夫给孩子安排上学，不要在这里活受罪。

望云却反过来劝慰夫人，什么战事混乱，孩子上学也不安宁啦，什么这孩子太娇弱，应该到戏班的大课堂锻炼一下啦，什么戏班里学剧本，同样是学文化啦云云。不管是真是假，反正大人孩子都被他稳住了。

赵振霄在狮吼儿童剧团学了两年，不仅学了一些文化和一套舞台艺术，还练成了一个能吃苦耐劳的"铁罗汉"。更主要的，这种摔打出来的科班艺术，造就了风靡国际舞台的一位音乐巨擘。数年后，他成了国际著名的大提琴家，此是后话。

三

赵望云在往来梨园的日子里，经常看到一个十七八岁的小伙子趴在台角。看没人注意，便展开一块用铅笔卷着的草纸，用大嘴吮吮笔尖，在草纸上画着什么。他长得四方脸，一字眉，眯缝眼，黑黄的脸上有几颗浅麻子，头发乱蓬蓬的，像一丛蒿草，一看便知是个生活困苦的小青年。画家每次来去匆匆，来了便坐在台边，看本说戏，对这个貌不惊人的男孩也未在意。

一天晚上，望云看完戏，正要找樊粹庭告辞。突然，那个小青年跑到他跟前，黄脸变得绯红，开口问："你是画家赵望云先生？"那口音，带有浓重的河北方言。

老乡见老乡，两眼泪汪汪，在离家千里、语音大变的古都，燕赵的乡土话令赵望云吃了一惊。他认真打量了一下这个蓬头垢面的小青年，问："你是哪里人？咋跑到这里来啦？"

那小青年说话爽利，一五一十向他诉说了自己的遭遇：他叫梁黄胄，是保定梁庄人。家很穷，父亲被抓去当兵，在战乱中死去了。他一个姐姐嫁到了西安，河北老家不能维持生计，母亲便带他来跟姐姐过日子。一家人苦扒苦掖，供他上了中学，可是，再没有能力供他深造了，他从此成了无业游民。同望云儿时一样，他只迷两件事，画画，看戏，因此整天围着戏台打转转，还学着画家的样子画速写。

"这是我今晚画的两幅画，请先生指教。"黄胄说着，恭恭敬敬地递过两张草纸。

纸上，用粗细不同的铅笔，勾画出一个威武雄壮的侠女和一个勾腿拉弦的琴师，线条虽不准确，却表达出了他的创作意图。一个从未从师学画的青年，能画成这样，也实在难能可贵了。

两代人的共同经历，共同爱好，共同的乡音，使乡情浓重的画家满心欢喜，不由连说了两个"好"字。

扑腾，机灵的黄胄看四下无人，赶忙跪下："赵先生，既然您瞧得起俺，俺就拜师了。"

望云可没料到这一着，他一时没了主意，结结巴巴地说："这，这……你先起来，先起来。"

这当儿，樊粹庭走过来，替他们解了围："望云兄，我看这孩子有出息，我做证人，收下他吧！"

望云笑了，他打心眼儿里喜欢这个活泼机灵的青年，一边答应着，一边把黄胄拉起来。

从此，黄胄便黏在戏院里了，有时剧班缺了人手，便披上戏装跑龙套。

抗战胜利前夕，日寇更加穷凶极恶，在西北狂轰滥炸。作家郑伯奇、画家赵望云、袁百涛、郑乃珖等一批艺术家，不顾生命安危，在西安苦撑岁月。为保护家眷，赵望云移家暂住甘肃平凉，他一人仍在西安专心作画，举办画展。

日寇的淫威吓不倒爱国艺人，京剧表演艺术家程砚秋、尚小云经常来西安演出，国粹的艺术魅力，稳住了离乱的人心。

一天，望云正在家里奋笔作画，樊粹庭兴冲冲地进来，扬着两张戏票喊："尚小云今晚演出他的打炮戏《汉明妃》，特地让我陪你去。他说西北最大的画家是赵望云，他早就崇拜你的人品、画风，请你一定赏脸。"

听了朋友的话，望云画也不作了，把笔一扔，兴奋地说："尚小云先生是河北南宫人，我们又是地道的老乡，他是四大名旦之一，也是我们河北的骄傲，朋友们跟我介绍过，俺俩虽没见过面，却算神交了，走。"

于是，二人一齐向剧院奔去。

这晚，他和樊粹庭坐在三排中间，如醉如痴地看着尚小云的精彩表演，轻轻在膝盖上打着板眼。尚小云唱完一段，他们就带头鼓掌叫好。

演完，尚小云又叫人把他俩请到后台去。尚先生长得身材适中，浓眉大眼，性情豁达又风度潇洒。和望云一见如故，爱好书画的尚先生顾不得卸妆，便和他亲热地攀谈起来。直到司机来催，尚先生才脱去戏装，油彩没顾得洗，邀俩人一起上车，到他下榻的公寓。

在公寓，尚先生打开一只皮箱，拿出他习作的国画，请画家指教。表演艺术家从自己的欣赏意趣和角度，画出了自己的风格，令望云肃然起敬。

他们从绘画谈到表演，谈到兴奋处，尚小云轻移台步，翩翩起舞，比之今晚昭君的长衣甩袖又别有一番韵味。望云拿起画笔，快速画成了一幅惟妙惟肖的凌波仙子。送给这位表演艺术家作为纪念。尚小云也从箱子里取出自己的一张戏剧彩照，作为回赠。

以后，尚小云每次来西安，都要拜访赵望云，后来尚先生定居西安，也来投奔赵望云、樊粹庭等几位须眉知己。

第十四章　撒种长安

一

1945 年 8 月，日本无条件投降了，古都人民倾城欢呼，庆祝胜利。锣鼓声中，赵望云举家迁回西安。

抗日战争的胜利，激发了画家的创作激情，他接连在西安、开封举办了两次画展，得了一笔不小的收入。便在离钟楼不远的粮道巷十五号租赁了一处房子，靠作画、鬻画为生，算是有了安定的家。

这是个不大的四合院，进了东南门，紧贴门廊两间南屋是他的画室和客厅。西屋两间是厨房和库房，东屋两间住着跟他学画的弟子。此时，黄胄已从姐姐家搬过来。三间北屋是他一家人的卧室。赵夫人又生了四子赵季平，小院里更显得红火热闹了。

一向不修边幅的画家，喜逢战事结束，变动为静，开始留意修饰自己的工作环境了。走进画室的东侧门，迎面摆了两张长条沙发，白粉墙上，挂着好友徐悲鸿的一幅奔马，张大千的一幅山水。紧依窗户，摆着一张画案，排满文房四宝。茶余饭后，人去屋空时，画家便一边来回踱步，一边慢慢吸烟，构思好了，将烟蒂一甩，又点燃了一支新烟，然后，伏在案前，拿起润好的画笔，蘸着调好的色彩，在宣纸上信笔挥洒，时间不长，一幅业经深思熟虑、不打草、不涂改的国画便作成了。其实，这样的时机很少，他的画室经常高朋满座，曲意寒暄，有时总打断他的思路，占去他不少时间。于是，他学会了张大千的一套酬客办法：客来笔不停，笔运嘴不歇，一边和客人唠着，一边照常作画。时间久了，作画就像拉胡琴一样，越是人多的时候，越能激发兴致，抒发神来之笔。

眼下，好多画家聚集西安，比较知名的有袁百涛、郑乃珖、蔡鹤洲、蔡鹤汀、康师尧、陈尧廷、叶访樵、贺志伊等，他们以赵望云为核心，经常来这里谈诗论画。他们一个个都是师法传统，在这样的氛围中，望云也生起一股争强好胜的勇力——别人能画的我也能画，而且要高出一头。受外来各种潮流的鼓动，他画了一批仿古山水人物，这一时期，他受古人和敦煌壁画的影响，线条细腻，色味浓重，古香古色，与过去的现实主义作品截然不同。

数十年后，他在这一时期探索的仿古画仍在国内外有着深远影响。

1990年3月22日。赵望云第四子、已成为著名音乐家的赵季平收到了著名导演陈凯歌从美国寄来的一封信；

季平兄：

　　……听说老伯父一幅画被纽约大都会博物馆列为永久性作品收藏，我特地赶到那里，要求一睹尊宝，博物馆将复制图拿给我看。这是一幅意境颇深的佳作：右侧为一孤崖，上有青松凌云，下为坡地，有马两匹，皆作松散状。有古人牧马者，坐于草地，性颇旷逸。题款为"赠中魁先生"，落款为"长安赵望云"……

这些随波逐流、即兴所作的古风画，赵望云很快又自觉摒弃了。他认为：用国画反映现实生活，是人民的要求、自己的创举，这条路子不能变！

西北的几次旅行，给画家留下了铭心刻骨的印象。在艺术家眼里，小溪流水，春华秋实是一种美；大漠烽烟，夏日冬雪也是一种美。也许是他画惯了苍凉凄苦、萧索破败的平民图吧，他爱的更是后者。西北和华北，在他憧憬的云图中冥冥接轨了。西北的旷野高山、莽林浊水、异族奇装，比华北的千里平原更能入画，他把西北称为"第二故乡"。

多年的旅行写生，养成了画家"搜尽奇峰打草稿"的惊人记忆力。他的写生，不是眼前事物摄影式的翻版，而是实与虚的高度提炼，就像张大千在青城山画的《上清宫》一样，在写生本子上，其立意、章法早已形成了一幅国画的雏形。

收入人民美术出版社出版的他专集里的《祁连途中》，是画家西北之行的真实感受。突兀的高山，倾斜的岭下，拥抱着一簇簇苍翠的林木，山中白云缠绕，林中青草如毯。逶迤的山路上，前后行进着两匹栗色马，一男一女骑在马上，一个沿途观景，一个举目远眺，山麓的空旷、林木的邃远跃然纸上。画侧题着画家在1963年的补款："此画为余十年前初游祁连山创作，今应赵生冈之嘱补题以做纪念。"

从这里，又可看出画家严谨的创作态度。他平时作画，往往一气呵成，画成之后，便已心力双竭。只好等元气恢复后再慢慢依画题款。他认为，作画难，题款更难，书法的章法、体势要与画面浑然一体，等于第二次创作，往往要等数日、数年后再去完成。无怪乎在画家百年之后，许多画款只好由何海霞、黄胄、方济众等朋友、学生补题了。

每天早、午、晚三刻，他都要伏案临帖，颜真卿的皮肉，赵佶的筋骨，石涛的朴拙，何绍基的清秀，在他笔下争奇斗胜。他的字和画渐成一格，就像砚台和砚盖一样，俨然合缝。

他不题款还有一个原因。有些得意之作，他都很快题款，而对一些不太满意的，或需加工整理的，他都要先放一放，不轻易示人。他觉得，一笔一画、一招一式都代表着一个画家的水准，现在，已不是"大饼夹油条"的时代了，应该给人以更精美的食品，不然就砸了牌子，坏了门市。

在画家的箱橱里，床底下，摞满了一沓沓题款和没题款的写生国画，却很少有收藏的所谓"古画、名画"。对一些名画珍品，他只在眼下过一过，便大大咧咧送了人。而对他所敬佩的、与他风格相近的冯玉祥将军的字画，却珍重地寄放在家乡好友石书轩家里。这与其他画家大相径庭的做法，是他坚持现实主义道路的一大特色。

二

望云的东厢房，分明暗两间，黄胄住在靠南头里间，他是个爱说爱唱爱戏爱舞的青年，望云喜欢他的活泼、他的天资和勤奋。作画、办展、外出总让他伴随左右。他和赵家子女兄妹相称，孩子们都亲切地叫他"黄胄哥"。每当振霄放假回家，这两个淘气头便在东间屋整日玩闹。黄胄一会儿把振霄夹起来，一会儿又把他举起来，逗得小振霄有时号啕大哭，有时咯咯直笑。

黄胄是个刻苦好学的小伙子，每天吃过晚饭，便拿上写生本子，串戏楼，走书场，四处写生。他那箍桶似的胖身子灵如狸猫，一天到晚不安闲。他整天穿着父亲留下的一身旧军装，油脂麻花，一个月也难得洗一次。有时，赵夫人实在看不下眼了，便替他洗一把。他每晚出去，总是大半夜才回来，望云便一边作画，一边掩着门等他。

黄胄穿着军装四处游荡，几个国民党特务看他有些蹊跷，便跟踪来到望云家，当他们知道主人是大画家赵望云时，变得恭敬起来，问："赵先生，这个人是你的什么人？"

"我的学生。"

"为什么他穿这身衣服？"

"他家里穷，没钱买新衣，这衣服是我叫他穿的……"一番对答，总算应付过去。

黄胄对绘画艺术爱得如痴如狂，激情上来，挥笔洋洋洒洒，有时画得兴奋，便情不自禁地把在水里涮过的笔随意挥舞，弄得到处五颜六色。为这事，师母经常给他打扫。有时，素芳便忍不住埋怨丈夫，赵望云总是笑笑说："我们都是从农村出来的受苦人，更该同病相怜。孩子家里挤不开，学画也不方便，照顾一点儿应该嘛！"

每天，赵望云都要画两三张画。黄胄站在老师身边，目记心追，一边看老师的用笔，听老师的讲解，一边眼力光滑地铺纸研墨。望云兴致勃勃，一边作画，一边侃侃而谈：

"画马在唐代盛行，讲究唐马、唐三彩。唐马画得好，但有富贵气。唐玄宗李隆基让韩干学画马，先拜陈闳为师，韩干不听，说：'陛下厩中御马，尽可为师。'后来，他饲马画马，成为画马的大师。徐悲鸿画的奔马，用素描的笔法，画马如画骨，笔法就如医生的解剖刀，所以画得那样灵动。"

画完一幅《驮运图》，黄胄又为老师铺开一张半开宣纸，望云开始画驴，自然扯起驴的故事：

　　"战国时王仲宣喜听驴叫。魏文帝给王送葬，让送葬人都学驴叫，以慰亡灵。我画驴与古人趣味不同，驴为农家拉犁耕田、挽车运场、负重远征，吃少干多，使役方便。驴与马交配，生出体大力壮的骡子，对人的贡献更大，所以我特爱画驴。

　　"我的驴因是独创，在重庆画驴时，老舍笑我说，你画的驴蹄太大，倒像马蹄了。我接受了这个意见，再画驴蹄时，便画得玲珑瘦小了……"

　　他们就这样边画边谈。从上午到晚上，老师从古到今，深入浅出地"侃聊"，使初学国画的黄胄渐渐开悟。

　　韦江凡来请老师看画了。

　　他是西安东洋市小学的教师。他的家乡在西安郊区的农村。上学时，教室设在"结义庙"的走廊下，周围全是三国壁画，受此影响，韦江凡临摹了大批古画。那时，他的一个同学买到了赵望云的一本《塞上写生集》。农村的孩子，看了这满带泥土味儿的画集，高兴地像得了宝贝。他和同学们便结伴日夜临摹，毕业时，每人临了一大本。

　　1942年，韦江凡刚到西安任教，听说他景仰的画家住在这里，兴奋得一夜没睡好，连夜赶画了一幅他最得意的三国人物画。第二天，便打听着找到了望云当时住的老关庙南大坑。

　　看了这个小学教师的画。望云像看到了自己青少年时代的足迹。他详细询问了韦江凡自学画画的过程，当得知他小时候也爱对景临摹，脸上泛起了微笑，启发说："不能画点儿现实生活中的现代人吗？年纪轻轻，可不能养成脱离实际的习惯啊！应该见什么画什么，在现实中充实自己。"

　　在画家的引导下，这位教师开始领悟了《塞上写生集》的现实意义。他从古人堆里走出来，迈向街头，坚持实地写生。他画日机轰炸的城镇，画受苦受难的灾民，画衣不遮体的"路倒"，画西安萧条的店铺……画成几幅，就步行到老师家里，恭敬地请老师一一指教，几年来风雨无阻。

　　今天，他给老师看的作品是《欢庆胜利》和《秦岭写生》，一幅是忆写抗日战争胜利后，西安人民群众激昂的场面，一幅是描绘秦岭的山水。那浓重的泥土气息，传神的现代人物，都酷似赵望云的风格。

　　望云看了，先是高兴，很快又把脸沉下来，告诫道："你的画还没有自己的东西，不能光靠模仿，白石老人说：'学我者生，似我者死。'这是一句至理名言啊！"

老师的几句点拨，使韦江凡理想的羽翼更加丰满。他早就迷恋北平的美术学府，一心要去那里深造，趁此机会他把这想法告诉了老师。

京华美专、国立艺专的两进两出，使赵望云放弃了幻想，走出了一条自强之路。如今这个学生又步自己的后尘，他怎不百感交集呀，便语重心长地说："你已经有了饭碗，有了一定知识了，艺术学府能培养学生，社会课堂同样也能培养学生，不可一味迷信洋学堂，你要三思啊！"在老师的劝告下，韦江凡又在西安待了几个月，他看到，有的青年带着老婆去上学，有的白天学习晚上做工，他那颗火热的心又燃烧起来。望云见他去意已决，便给在北平的徐悲鸿写了封信，让他带着信去找这位名画家，韦江凡终于在 1946 年去了北平。

徐悲鸿收到望云的信，高兴地收留了韦江凡。这位热心育人的画家，又想法帮他入学、深造，在两位师长的关照下，韦江凡后来终于成为一位著名画家。

这天，赵望云正教黄胄作画，一位朋友推门进来，他身后跟着一个十几岁的男孩。经介绍才知道，他叫杨善亭，是这位朋友的侄子。从四五岁起，便喜画猫、狗等小动物。后来，到西安老凤祥金店当学徒。可是，他不喜欢满是铜臭味的商业生涯，便偷偷考上了晋兴中学。在学校里，他又厌倦了学习，痴迷绘画，因此，伯父才带他来找望云。

眼前这个孩子，使望云仿佛又看到了过去的自己，他多么惋惜自己过去没有能力上中学而被关到美院门外啊！半生的坎坷，使他深深感到：要有文学、美学多种文化素养才能画好画。他对杨善亭说："干什么都不能见异思迁，好高骛远。你要好好学习，上完中学，绘画可在业余时间搞，我做你的课外老师。学习之余，要速写本子不离身，在现实生活中记录动态。"

他对这个学生讲，人是现实生活中的主宰，飞禽走兽，无一不和人物发生相辅相成的关系。因此，一切有生命的东西都要记录，缺一不可，天长日久，积累的素材，会给以后的正式创作打下良好基础。

又讲画人的诀窍，他强调摄神、慢写，描画真人时，先抓传神，后描轮廓状态。他说："神无则疲，如不先摄其神，必将形似而神失。"

又讲写生的一种方式："如偶游他乡，工具不便，可以默记，回家即可忆写，这也是习画中不可缺少的……"

从此，这个中学生便成了他家中的常客，成了他不寄食宿的室外弟子。

当时，这样的"流动弟子"很多，杨乡生、王朝翔等，都是这种不入室的穷弟子。

三

这年秋天，河南发了大水，黄胄学着老师的样子，到黄泛区写生去了。赵望云在西安北大厅举办了个人画展。

这天，车水马龙的展厅门口，来了几个二十来岁的年轻人，其中一个长方脸丹凤眼的青年，一看是赵望云的画展，便跟同伴小声嘀咕了几句，把同伴们都打发走了。他走进展厅，如饥似渴地看啊。随后，他走到街上买来笔墨和本子，比着展厅的画一幅幅画起来。画呀，画呀，一直在里面临摹了三天。三天后，一位身穿灰大褂的中年男子走进来，他就是画家赵望云，望云对这个勤奋好学的青年非常喜爱，经询问，他叫方济众，陕南人，自幼爱画。高中毕业后，到这里来考大学，不幸落榜。画家一听，同情之心油然而生，便给他一张名片，叫他有时间去家里。这便是以后望云收留的第二位入室弟子。下面是方济众写的一篇回忆文章：

> 1946年9月的一个星期日，雨已经下了好几天，灰蒙蒙的云层压得很低，几乎使人感到，天马上就要塌下来了。就在这天上午，我带着一卷平日习作的小画，踏着西安泥泞的北大街，来到粮道巷赵望云先生的门口。门环敲过，一位中年人，看了我的介绍名片，就让我进了望云先生的画室。
>
> 一进画室，使我感到惊奇和不安的，好像是我误撞了什么会场而觉得自己在这种场合的出现，是多么地格格不入。在不到三十平方米的房子中，挤满了大约有十多位陌生的中年人，在烟气缭绕中，他们正在高谈阔论。
>
> 人们陆续离去后，赵先生对我热心挽留，他问了我在西安的情况，

我也坦直地向他讲明了我学画的想法。当时在我心目中，上大学特别是上美术专门学校，是我至高无上的愿望。我请求他帮助我能去报考北平艺专或杭州艺专。但是我的希望，却被他斩钉截铁的语言拒绝了。他说："贫寒人家的子弟，是上不起这种洋学堂的，即使能上得起也没有什么好处。到了杭州，还不是到西湖边上游游逛逛，白费时间吗？我看你还是从生活中去找出路吧。"

当时，我对生活的理解几乎是莫名其妙的，带着怀疑的目光，我请他解释对"从生活中找出路"的含义。他说："真正的艺术家，不是产生在象牙之塔，而是产生在十字街头，为什么一定要非上学不可呢！"我的满腔热望被泼了一盆冷水，但仔细想想，第一条我就办不到，"贫寒人家的子弟，确实上不起这种洋学堂。"第一条路既然走不通，第二条路对我就比较实际了。不管到哪里，生活的大门总是敞开的。

暑假过去了，各种大学的招生活动，已陆续结束，但竟没有一个美术学院到西安招生，我于是处于失学和失业的困境之中。

越是困难，我越时刻向往着赵先生的艺术。白天，我看着自己的写生本子，回忆他的笔墨意趣。夜晚，我经常做着类似的梦，梦见赵先生的画面变成了一片散着泥土芳香的山乡美景，我正身不由己地走进图画里去。

打这儿以后，我经常到赵先生家去。除了每天上午看他作画外，也帮他家里做一点儿家务。日子一天天过去，他深知没有工作的苦恼，便为我谋了一个中学美术教师的职务，使我学画的心情安定下来。

这以后，我住到了赵先生的家里，成了这个和睦家庭的一员——他的一个学生。当时除了老师师母，还有三个小弟弟，加上我和做饭的老孙，总共七口之家。在那物价飞涨的西安古城来说，光靠老师举办画展维持生活，也确是一个很大的难题。从我到他家一年多来，几乎没有看到他一天停笔不画。即使朋友们来了，他还是边画边聊天。据我统计，最少每天他得画一张画才能保证一年有两次展览。如果没有两次展览，要维持一家人的生活就很困难。因而我愈来愈感到在他的家里增加像我这样可有可无的人，的确是一层额外负担。但是，我却从来没有感到过他有任何另眼看待我的地方。他甚至经常为我们奔波，为我们争取生活和学习的条件。

这年冬天，黄胄突然带着他大批在黄泛区的写生从开封来到西安，对于黄胄勤学苦练的种种传说，我早已听老师说得很多了。所以当这个活跃人物一到，全家立刻热闹起来，别有一番情趣。这些天南海北、无亲无故的青年，一来到老师的身边，比回到自己家里还要感到亲切。

1948年冬，我穿着老师送我的新棉衣，怀揣一册老师为我加班画的山、石、树、木教本，翻过大雪纷飞的秦岭，赶回老家。我在西安从师学画，生活了一年零八个月的时间。一年多来，我亲眼看到过他画了大约四百幅左右的作品。从构思到构图，从视察生活到艺术处理，从艺术见解到从艺生涯，我总算是比较了解了我的老师。但给我印象最深刻的，还是另外一个问题——"你为什么要画画？"

关于这个问题，经过长期的观察，我感到老师的作品体现了一种特色：他主要是画人物风景。他画的人物，从来看不到游手好闲的老爷太太少爷小姐；他画的山水，从没有什么园林小景，亭台楼阁。而经常看到的不是牧人赶着羊群，就是农民役着耕畜。工农学商、城市乡村、牛马驴骡、塞北江南，在他的眼里处处都成了画材。难怪他经常向我们讲："在我的画里，永远不画不劳动者。"看来这就是他对"你为什么画画"的答案了。

从这篇回忆录里，我们可以窥见画家鬻画课徒之一斑，他将这些跟他学画的入室弟子，一步步引上了艺术的殿堂。

四

方济众前脚刚走，田亚民又领来一个二十多岁的青年，他个子很高，戴一副近视镜，一脸憨厚的神情。他叫徐庶之，是田亚民在宝鸡认识的河南老乡。

他从宝鸡跑到西安，是专门来看赵先生作画的，他人地两生，便住在方济众原来住的东屋外间里。一连四天，这个奇怪的青年，在赵家吃过饭后，便不言不语地站在画家身旁，看他绘画。画完一张，他轻轻拿到一边晾好，笔洗里的水浑了，他重又换一盆清水。画家画多长时间，那双眼睛就痴痴地盯视多长时间。

画家有个边画边谈、不甘寂寞的习惯，没有客人时，便跟他随时聊天儿，这才知道了他的一段简单的经历：

徐庶之原籍河南，在汉中国立第一中学毕业。毕业后，一位姓赵的朋友，推荐他在宝鸡警备司令部当秘书。徐庶之上学时便喜画画，在业余时间坚持练习，没钱买纸，恰好河南一个当总务的老乡要回家，临走送他一匹粉连纸。徐庶之日夜加班，画了七十多张粉连画。在宝鸡青年会礼堂开了个画展。

宝鸡当时是个大镇，办有一张《晨报》，那里有位河南老乡帮他吹了吹，山野村镇，那时人们世面见得少，画又卖得贱。这批粉连画竟全卖光了。

有了钱，徐庶之便到西安找田亚民。

在田亚民住的"青门艺术社"里，徐庶之见门面上除窗户外，墙上都挂满了展销画，徐悲鸿、齐白石、张大千、黄宾虹、赵望云……各大画家的都有。这个农民出身的青年，唯独喜欢赵望云的那幅。这是一幅人物风景画，画一个农村妇女头裹毛巾，腰围护裙，穿一条黑裤，担一对水桶，在堤埂上挑水。他觉得这画很亲切，很美，越看越爱看。心想：怪不得人们说，西安最大的画家是赵望云哩！于是，他便央求田亚民领他来见赵望云。

四天之中，徐庶之看画家作画，从白纸到起稿，用笔、落墨、着色、题款，掌握了国画用笔用墨的全过程。

告别了画家，他回到宝鸡，经过一番认真揣摩，学着先生的样子，画了十来张画，过了些天，又去西安找先生。这次，赵夫人也在场，她一边看，一边在一旁称赞："嘿，多像你的画法啊！"

徐庶之趁机说："赵老师，我要跟您学画。"画家欣然同意。

过去，赵望云搞农村写生，是以人物为主，加上山水风景衬托。自从定居西安，受西北山水风情的影响，改为以山水风景为主，加上一点儿现代人物。所以，他常教学生们如何画山水画。

这天，黄胄、徐庶之、杨善亭、王凤翔等青年学生又围在老师身边，一边看老师作画，一边听老师聊：

"传统山水画应该学，但不能当传统的奴隶。《芥子园画谱》上有各种山石的皴法。虽是从实际观察中总结出来的，但并非万全。实景中的山形地貌，不可能一览无余。我们在观察中应认真学。至于皴法，不可以芥子园的皴法生搬硬套。不然，就会钻进'四王'的死胡同里，脱离实际，玩弄笔墨，万万不可取。

"有山必有水，有水必有源。一幅山水，不管高远、深远、平远，都应脉络清晰，有源有流，曲折掩映，顺流而下。若画成无源之水，必将影响山水的深度与空间感，成为一条直线上的死墙。这是在画瀑布、河流时应特别注意的。

"林是山水中不可缺少的组成部分，要为万林写照。要通过写生积累素材，把不同季节、不同气候下的植物表现出来。如热带的阔叶林、温带的杂树林、寒带的针叶林等。

"山水中的房屋桥梁、帆船舟艇，人物动物，均以简洁清晰为上，不可臃肿模糊。

"除了观察事物的一般规律，还要注意特殊规律。如晴天的中午向南观山，远处的高峰，太阳直射不上；近处的平坡，直接受光，形成远浓近淡。这和正常透视中的近浓远淡恰恰相反。所以，不深入生活，光看书本是不行的。古人说，信书不如无书。只有经常深入实际，才有取之不尽的源泉……"

望云就是这样，边画边讲；画哪儿讲哪儿，使学生能一目了然。这些日夜伴随他的学生，跟他学画，感到既精力集中，又轻松愉快。

20世纪40年代的中后期，赵望云传授的四五位入室弟子，教一个成一个，他们后来都成为大画家。其画都受赵的影响，具有浓郁的泥土气息，为"长安画派"奠定了基础。

在育人方面，赵望云被称为美术教育家也当之无愧。美术评论家程征先生对此有专门论述：

中国传统的美术教育手法，一是拜师授徒式，二是西式学校（学院式)。前者讲师承、临摹，难脱老师面孔。后者注重训练程序，易成千人一面，模式化。二者弱点在于轻视每个学生原本素质的特殊性，残害学生的个性和创造性。

赵望云认识到，艺术学校有害于艺术者有二：一是学生不幸坠在学校里学习七八年，却使他们没有享受到真正的艺术；二是传统艺术的糟粕得以繁殖，败坏多数人的趣味。

望云认为："古人之绘画法则在初学入门期间，深入钻研确属必要。但进到从事艺术创作阶段，更需以现实为师，以自然社会为摄取题材的源泉，勤于手脑并用，才能体现新型艺术之风格。"

赵望云青年时代虽在院校学习过一段时期，但没有奠定他的艺术基础。受新思潮的影响，他走出了一条土生土长的路子。又在这条路上去扶持后来者，出现了一大批艺术新秀。

五

自 1943 年西北旅行写生，在山城办展轰动西南、西北，望云的足迹遍及天府之国、丰镐两京。秦岭、太白、终南、祁连、兴隆、天山、贺兰群山，嘉陵江、黄河、渭河、泾河、洛河、延河、洮河诸水……他的作品强烈地折射着西北的风情地貌。

这几年，是画家安居乐业、潜心耕耘的时期。如果说，农村旅行写生是他政治加艺术的一次飞跃，那么，立足西北则是他艺术加政治的一次升华了。他找到了西北这块任他驰骋的战场，便以一颗赤子之心，绘写西北的苍山莽原。这种现实主义写生手法具有强烈的艺术凝聚力，他很快成为西北文化界的中心，长安画坛的龙首。

在他住的粮道巷画室，终日"谈笑有鸿儒，往来无白丁"，使他更怀恋起当年在北平组织的文艺沙龙"吼虹艺术社"，那时，他与王森然、李苦禅、王雪涛、侯子步、王清芳诸友谈诗论画，挥笔行文，研究书法的真谛，探讨国画的革新，使这些早期的画友一个个独步青云，各领风骚。如今，他与他们尚有书信来往，互诉离情。在这文人初展的西北，何不趁此良机，发起盛会，以团结画友、弘扬西北的绘画艺术呢？

主意已定，望云便在命名上动开了脑筋。过去，冯将军誉他为"平民画家"，他认为应该循着这条道路，组织个"平民画会"。可是有袁百涛、贺志伊等画家参加，叫"平民"似乎又包容不了，他忽发灵感，可取"平民"的谐音，叫"平明"，于是，"平明画会"在他头脑里酝酿成熟了。

赵望云是个说干就干、雷厉风行的脾气，他很快拟定了会章、活动方式、地点，印了请柬，让学生们寄发出去。

事情进行得出人意料地顺利，寄居西安的袁百涛、贺志伊、郑乃珖，蔡氏兄弟等七八位画家，几所中学、大学的美术教师教授，加上望云的室内室外弟子三十余人，都应邀赶来，挤满了赵家的东屋和南屋。

"平明画会"选举望云任会长，每周到赵家来活动半天，每人带两张近作，交流经验、评论得失。从此，赵家更成为西安令人瞩目的美术活动场所了。

"平明画会"的学术研究，有力地推动了西北的美术创作，更激发了他振兴长安画坛的雄心。这个一心献身绘画事业的人，却很少想到，这会给自己的家庭带来多大的负担。

此时，他已把女儿桂秋、桂敏接到西安，经人介绍聘请当地人老孙做厨师，大人、孩子、学生整日人来人往，每顿两张大圆桌都挤得满满的。当时，物价飞涨，市民们用过期的票子糊墙，赵家三两天就吃一袋面，消费大得惊人。很少注意家庭琐事的赵望云，从不过问这些，每天吃点简单的早餐，就一头钻进画室里。

有了组织，还要给画家们一个发表作品的园地，这样才能更广泛地辅导作者，交流作品。他用半生精力办《吼虹月刊》《抗战画刊》，对这些体会最深刻，他决心要自办一家文图并茂的刊物。

西安最出名的作家要数郑伯奇。这位老作家，当年在上海，最早发起"左翼作家联盟"，是鲁迅先生的好友，后来为躲避国民党的追捕，流落到了西安。办刊物需要经费，他又想到了在西安的束鹿老乡贾若萍。贾若萍和家乡的朋友王西渠、罗跃西、石书轩一样，是个助人为乐的人。他与望云夫人同村，在西安开了一座大千肥皂厂，望云刚到西安时去找他，他便送给画家一百张上好宣纸。他酷爱书法，两个人经常来往。

一封请柬，两位好友应邀而至。饭桌上，望云谈了自己办刊物的设想，两个人都拍手赞同。在议定刊名时，郑伯奇先提了一个"雍"字，他解释道："古雍州，即长安之地；古称'始皇帝雍天下之国'，周王定都丰镐，雍又为祭祀之歌……"望云高兴地插话道："长安乃华夏首府，再添一个华字就行了。"这便是《雍华》画刊的产生。席间，商定由望云编审画稿，郑伯奇编审文稿，贾若萍做后援，黄胄负责编辑校对。因赵家来人太多，又有画会活动，办刊物没地方，便将编辑部设在西安的"菊花园"。赵望云一来时间特别紧，二来为培养锻炼黄胄，便让黄胄来往奔跑，具体督办刊物。

郑伯奇为创刊号写了发刊词。为躲避国民政府的追捕，他化名"寥仲隐"，意思是聊以中隐，不能"大隐"，超脱尘世的意思。

《雍华》的问世，使西安画家欢腾雀跃，争相往赵家送稿，名家画友、风云际会。叶浅予、关山月、张振铎等画家得知音讯，也寄来画稿。郑伯奇还写了讽刺文章《国难当头，勿论国事》，赵望云的漫画插图，像一柄柄匕首，直刺当权者的心窝。

《雍华》办了九期，便接到了国民政府查封的通牒。此时，贾若萍的工厂也面临倒闭，"前门放炮，后门上吊"，画家只好忍痛割爱。

旧社会，画家靠展览、演员靠演出，才能勉强维持入不敷出的生计。此时，望云已是名震全国、雄踞西北的大画家了，他的温饱问题自然能够得到解决。越是这样，他越多了一层忧虑，那些像他当年一样的美术爱好者、初学者，生活出路又在哪里？就连他这些初学入门的学生，不也是两手空空、寄人篱下吗？物质是基础，钱能通神啊。他不由想起前几天发生的一件事：

一个冷风刺骨的夜晚，他正在画室作画，忽然听到外面有人敲门。开门一看，见是一个陌生的青年，那人一脸菜黄，穿一件破夹衣，冻得瑟瑟发抖。他递过一幅画，乞求说："我自学作画数年，这是最近画的一幅，家里断了口粮，我知道您门路宽广，请您帮我把画卖掉，算是对我的一点儿接济吧。"

望云打开一看，见宣纸上用工笔白描画了一幅富贵牡丹，那大红大绿的色彩，着实令人喜爱，虽不是大家手笔，但也能令俗家欣赏。可是，西安没有卖民间字画的部门，他也是爱莫能助啊！

画家想了想，一声不响地回到画室，拿来一件全新的棉袄，对这青年说："这事我也没法办，请你把画拿回去，先顾衣食要紧。"说罢，硬将那件棉衣和一沓钞票塞进青年手里。

钱能解一个作者的燃眉之急，可他一人能救所有穷苦的绘画人吗？想到这儿，他决定创办一个"青门美术社"，为美术爱好者大开方便之门。

数日后，在南院 18 号一个不大的门口，贴上了一幅广告：

　　　　青门美术社
　　承办展览，代销书画。
　　贱售纸墨，方便画友。

"青门美术社"是赵望云、田亚民和白冠五合股经办的。说起这白冠五，还有点儿来历。他和刘志丹是拜把子兄弟，刘志丹在陕北开辟革命根据地时，他被派往西安做地下工作，任胡宗南的侦缉队长，他善书喜画，掩护了文艺界的不少名人志士。

他最早结识田亚民，对田有救命之恩。那年，田亚民刚从河南来到西安，为谋生四处奔走。国民党怀疑他是宋庆龄、邓演达派来的人，便让侦缉队包围，要逮捕田亚民。当时，白冠五把别人支到另一处，他拦住亚民，暗中告密，田亚民问他姓名，他只说后会有期，把田放走了。后来，他们又在街上相遇，从此成了朋友。

经田亚民介绍，白冠五认识了赵望云。望云在粮道巷的房子，就是白冠五帮助租赁的。当时，画家虽不知道他的真实身份，但对他为人仗义、为朋友两肋插刀的性格，非常佩服。

"青门美术社"的宗旨是为美术界服务，赚不到多少钱，在那样的社会里，曾几度风雨飘摇。但赵望云苦撑局面，为来西安展览的画家和绘画青年办了一桩好事。

六

"哈哈……郎个好滋润……找得我好苦哇！"爽朗的笑声和话语声震屋瓦，听来好熟悉、好亲切。

正在作画的赵望云猛一抬头，顿时喜出望外，失声叫道："啊，大千兄！"

来人正是张大千，他穿一件黑袍，戴一顶道士帽子，黑须飘拂，正笑吟吟地望着他。赵望云几步上前，几年不见的老朋友拥抱在一起。

"大千兄，我想你想得好苦啊！"

"望云弟，在敦煌我还咒你呢，怨你不跟我一道走。我前脚走，你郎个子又去'盗仙草'，我一赌气，就跑到你这三分地吃窝边草来啦！哈哈哈……"

听说张大千要在这里办画展，望云高兴得一副厚嘴唇再也合不拢啦。他知道，大千三去敦煌，画风大变。能借此机会仔细揣摩一番张氏画风，确是一件幸事。

其实，张大千也是带着同样的心情来陕的。在青城山相伴的日日夜夜里，他被望云的勤奋、执着深深感动着。赵望云作的画，不论是精品还是习作，几乎没有一幅是雷同的，每时每刻都在探索着新路。这几年，听说赵氏的西北风景画成为国内一绝，好胜的张大千，便以展览为由赶来观摩。

张大千反守为攻，说："在赵家画室里，自然要先看主人的作品了。"

望云喜逢知己，乐呵呵地将自己的"家珍"和盘托出——在他的画案底下，放着一沓拓好的画片。他有个习惯，画完一幅，反复玩味，又让朋友、学生品评，大家都认为满意的作品，便先让田亚民裱成拓片，这一拓，笔墨韵味全出来啦，然后，再第二次评审，不满意的，照样撕掉，精选下来的，再装裱好去展览。

看着一幅幅笔墨苍润的艺术精品，张大千不住地啧啧赞美："望云兄，你好大步哟，几年不见，自当刮目相看！"

傍晚，张大千请人托运的展品也运到画室。望云迫不及待地打开一看，那线条传神的敦煌壁画，色彩明净的金碧山水，古香古色的仕女仙翁，无不显示着张氏的传统功底。望云不住点头，赞不绝口。

"望云贤弟，"大千忽然正色道，"你我多年相交，咱们不揣冒昧，互相挑挑弊病如何？"

望云想了想，真诚地说："要论画的瑕处，我以为这些画还多文人气，欠放开些。我的画，请老兄多多指教了。"

张大千顿了顿，也直言不讳地说："我以为，兄对文人画的看法太偏激，我们还是要吸收文人画的一些长处……"

正说着，赵夫人闻讯进屋，把张大千通身上下打量了一遭，道："果然名不虚传，张先生真是个美男子！"

张大千一阵开怀大笑，指着望云开玩笑道："嫂夫人，你看，美男子就在你身边哪！你俩是城隍庙的鼓槌——天生一对哟！"

见张大千说话爽快，赵夫人说话更随便了："我们家有个规矩，见面得有见面礼呀！"

"什么？"

"喏！"赵夫人指指放在沙发上的画轴。

"哎——"张大千明白过来，逗趣说，"刚才赵兄批评我有女人气，这回我要拿出男子汉的气魄来。"

说罢，他走到画案前，铺开一张四尺宣，挽起袖子，如风卷残云，笔舞神飞，不一会儿，一幅大写意泼墨荷花画成了。

赵夫人咂咂嘴，摇摇头，露出不满的神色。

"郎个不满意？"张大千戏问。

"我最爱小写意。"赵夫人亮了底！

"哈哈，嫂夫人还真内行，胡个做（怎么办）？"

"再给俺画一幅嘛！"

张大千只好遵命，画了一幅红彤彤的咧嘴石榴。这回，赵夫人也像石榴似的咧嘴笑了，把两幅画珍重地拿回北屋。

"这回，该你还账了！"

望云笑笑，挥笔为友人画了一幅"群驴图"。

张大千一边看，一边品评："我看中国论画马驴，非悲鸿、望云二兄莫属了！"

"不，我们走的可不是一条路哟！"

"唔，哈哈哈……"

"张大千画展"由青门美术社主办，张还是依照老习惯，不出面应酬。每天只与望云谈书论画。他在赵家住了十来天，载誉而归。

张大千走后不久，韦江凡气喘吁吁地扛着一包画，来找老师赵望云。

原来，在一次闲聊中，张大千谈到徐悲鸿画马又出新意，题材也更广泛，这引起了望云一睹为快的兴趣。他当即修书一封，邀请在北平艺专任校长的徐悲鸿来西安开个画展。

当时，徐悲鸿正在病中，闻讯大喜，便精选了六十幅新旧代表作，给韦江凡买了飞机票，专程送到西安。此时，徐悲鸿已破例招收韦江凡为北平艺专的学生，所以韦江凡对赵、徐二人都称老师。

韦江凡向老师讲述了一年前拜见徐悲鸿的情景。那天，他拿着一幅在赵家画的《难民图》去找校长。徐悲鸿打开画一看，见上面画的是一个十七八岁的瘦骨伶仃的妇女，骑在一头孱弱的小毛驴上，低头怜惜怀里吮着干瘪乳头的婴儿；一只小脚老妇，双目失明，拄着一条拐棍，累得张嘴喘着粗气，吃力地向前挪动着；在黄尘扑面的路上，有一群难民正在艰难跋涉，他们像服长期苦役的囚徒，衣不遮体，精疲力竭地向前走着……

徐悲鸿高兴地叫起来："你一定是赵望云的学生！"

从此，徐校长对韦江凡另眼相看。见弟子在京长了才识，增了技艺，画家深感欣慰。

看着徐先生一幅幅呕心沥血的精品，望云由衷地叹服。可是，当看到每幅下都用卡片别着"只卖不送"的字样时，又感到愕然。

韦江凡向老师解释了这件事的起因。当田亚民得知赵邀徐来陕西开画展的消息后，为了提高展览的知名度，便背着望云，给北平去了封信，建议徐先生先送几幅画给西安的国民党军政大员。徐悲鸿接信后，坚定地说："我宁愿一幅不卖也不拍这个马屁！"于是，特意写上了标签。

望云一听，非常恼火，立即把田亚民找来，狠狠批评了一顿，并说："徐先生不愧是仁人志士，换了我也得这么办，我情愿把画撕掉，也不巴结权贵！"

这件事使田亚民深受教育，他又想起在"青门美术社"发生过的一次不快。美术社展售着许多名家的字画，这天，望云来这里看展览情况。恰巧，一辆吉普停在门口，从车上跳下一个肩佩金章的将军。他和随从们看了望云的画，连声称赞。当他听说面前这个人就是赵望云时，忙打开皮包，拿出一个笔记本，请画家签字。望云冷冷地说："我不认识你，咱们非亲非故，师出无名啊！"那将军碰了一个橡皮钉子，悻悻而去。可是，对街上那些推车的、担挑的、打渔的、卖菜的，画家却有缕缕温情，有求必应……他就是这个怪脾气。

赵望云亲自帮徐悲鸿布置展厅，书写广告。展览过后，又为徐悲鸿奔走要账，凑足四千多万元，让韦江凡满载而归。后来，徐悲鸿用这笔钱，买下了北平火车站旁边的一幢房子。

"青门美术社"为画家提供方便，使各地画家慕名相投。齐白石、黄宾虹、吴作人、关山月也先后派人或亲自登门，托望云帮助办展，名人贤达对西北的瞩目，使冷落一时的古都骤然热闹起来。

这年春夏之交，叶浅予、戴爱莲夫妇从重庆坐邮车来到西安，他们曾远涉西藏边陲，画了四十多幅国画人物速写，找老朋友帮助办展。

赵望云被叶浅予那传神的人物、准确的线条、刚劲的笔法深深吸引住了，便请叶浅予在画室里当场表演。

叶浅予趁着酒兴，即席画了一幅《婆罗多舞》，望云等墨迹干后，便让田亚民去装裱，后来悬挂在画室里。

从青年时期，望云便画人物画，他最佩服丰子恺画的人物传神，叶浅予画的人物刚劲。老朋友的到来，使他又有了切磋人物画的知音。

叶浅予夫妇在赵家的一周时间里，畅谈了去少数民族写生的趣闻，还让他欣赏了许多身穿奇装异服的人物速写草图，这些草图就像古装戏曲人物一样，唤起了画家久眠的幽情。西北写生，他对回族、哈萨克族等少数民族曾产生浓重的兴趣。可是，那在祖国边疆的维吾尔族、哈萨克族等少数民族，他只在照片里见过，大西北在他的彩笔下留下了空白，这对探索西北的画家来说，确是一件憾事。

他的心又驰向遥远的大西北了。

七

20 世纪 40 年代末，张治中任西北长官公署行辕，驻防在兰州。他酷爱书画，特别是在南京、重庆看了赵望云的两次画展，一直深怀爱慕之心。他把在画展上买来的几幅画每年轮番挂在客厅里，反复瞻仰玩味。这年正当春暖花开时，他忽地兴致大发，心想，赵望云现在西安，何不邀他来写生作画呢？于是，命司机开上他的吉普，请画家来兰州会晤。

张治中虽是国民党上层人物，但他不是以长官的身份，而是以朋友的身份真诚相邀的，对他的画又爱如珍宝，可以说是艺术上的知音。因此，望云便欣然答应了。他带上黄胄和徐庶之，如约前往。

到了兰州，赵望云师生三个人被安排在张治中的公馆，待为上宾。张治中与画家朝夕相处，谈书论文，写诗作画，他们艺术相通，感情融洽。转眼过了数日，画展圆满结束，为新疆之行筹足了路费。望云便让徐庶之暂回西安，他与黄胄继续去新疆写生。

行前，张治中给新疆警备司令陶峙岳拍去电报，让陶派车在新疆入境处迎接画家一行，他又派车将师徒二人一直送到甘肃边界。

一路的车接车送，给师生俩减轻了不少旅途劳苦。赵望云自从农村写生一举成功后，虽也享受过免费乘车的待遇和随冯将军驱车视察的殊荣，但由两位将军先后派专车接送，还是第一次。两个秉性勤奋的师徒，决心在此次旅行中画出更多更好的作品。

新疆地广人稀，风沙袭面，小小的写生本子，在高原劲风中不好涂抹作画。行前，赵望云便设计了一块写生板，木板两边各接一个转轴，将纸卷在上面，画完一幅，用转轴卷过去接着画。这样，不怕风吹沙打能连续画十几幅，使他们更加如虎添翼了。

吉普车驶向哈密，在那里，他们品尝了新疆葡萄、哈密瓜，这甘甜爽口的新疆特产，比兰州瓜城的大籽多汁的打瓜、白兰瓜又别有一番滋味。

吉普车驶向古称"火州"的吐鲁番盆地，他们踏着高昌古城的遗址，追寻古代"丝绸之路"的踪迹。

　　吉普车驶向天山山麓的新疆牧区，他们看到了广袤的草原，游动的毡包，服装特异的牧民，矫健的伊犁马，肥美的细毛羊。最爱画平民百姓、骡马驴羊的画家，真有目不暇接之感。在西安常听人说的"成群骡马新疆羊""风吹草低见牛羊"的天然美景，如今真切地呈现在他们眼前了。

　　吉普车驶向海拔近两千米的阜康县，面前又突现一泓风景优美的高山湖泊——天池。登上天池，可见海拔五千多米、终年积雪的博格达峰。沿着天池两边的松林幽径，可到福寿山的福寿寺。该寺用青砖铁瓦建成，又称铁瓦寺。天池南有香炉台、竹杆山等秀峰奇观，北有小天池飞瀑鸣崖，令人流连忘返。

　　吉普车沿着数百里草原，驶向新疆首府——乌鲁木齐市。

　　在这座各族杂居的边塞之都里，他们仔细观察了维吾尔族、哈萨克族、蒙古族、柯尔克孜族，塔吉克族等民族的服饰，勾勒着少数民族一幅幅剽悍粗犷的容貌。这些民族大都信仰伊斯兰教，不吃猪肉，禁食驴肉、狗肉、死亡牲畜、飞禽猛兽和动物的血。他们入乡随俗，依照当地的风俗，吃起酱牛肉和手抓羊肉。在以后的日子里，赵望云养成了爱吃牛肉的习惯。

　　1948年，从春到冬，他们自甘肃到新疆，用了将近一年的时间，旅游了西北边陲的高山雪岭、盆地沙漠，冷热悬殊的奇景怪象吸引着他们，少数民族的奇闻逸事感召着他们，边沿地带的独特风光挽留着他们，使他们忘却了温馨的家庭，一心扑在这远古荒瘠的异域里，他们每人速写了数千张草图，为他们以后创作西北风光和少数民族题材的作品，打下了坚实基础。

　　忘我的劳动，结出了丰硕的果实。他们在乌鲁木齐举办了新疆写生画展。赵望云创作的五十余幅力作由天山学会结集出版。

　　赵望云舍家撇业，外出写生，等回来才知道，夫人在这年五月又为他生下五儿赵振武。

　　他自从将两个女儿接来后，前妻生的女儿桂秋很快出嫁了。杨素芳生的大女儿桂敏已经十五岁，她和母亲长得一样，白净的面孔上，镶嵌着一对水汪汪的大眼睛，双眼皮，柳叶眉，一笑俩酒窝。前后邻舍的婶子大娘都夸赞赵家的女儿漂亮。赵望云非常疼爱这个闺女，每逢应邀赴宴，总爱带女儿一起去。当客人夸他的女儿长得好看时，画家便乐得咧开厚嘴唇，所以，他的学生们也都哄着这个小师妹。

黄胄从新疆回来，脱去了过去常穿的"老虎皮"，换上了用开画展的钱买来的西服、礼帽，脚穿一双新疆大皮靴。给唯一的观众小师妹，跳起了新疆舞，唱起了他改编的流行歌。

在赵家东屋里，少言寡语的徐庶之正聚精会神，翻看师兄的新疆写生稿。他惊异地看到，师兄跟师父的这次长途写生，收获之大，进步之快，实在出人意料。他被新疆那奇特的风光、古朴的民族服饰深深地吸引住了。便暗暗下定了奔赴大西北的决心，这成为他以后定居新疆的开始。

新疆之行，使望云对西北的认识有了更高一层的飞跃，他爱西北更加执着，画西北更加独到。在长安画坛上，众家公认，他是西北风情画独占鳌头的群龙之首。

第十五章　铁窗红烛

一

1949 年初，中国人民解放军以排山倒海之势，打得蒋介石节节败退，国民党的统治摇摇欲坠。他们纠集残余势力，妄图凭借长江天险负隅顽抗。同时大批逮捕和屠杀进步人士，整个国统区充满了阴森恐怖的气氛。

二月的西安，春寒料峭。捕人的警车在街上穿梭，好多无辜的百姓被抓走，过不了几天就枪决或者活埋了，古城的上空笼罩着令人室息的空气。市内人心惶惶，一到黄昏街上便没了行人。

近些天，赵望云心情忧郁，冯玉祥将军在黑海轮船失火遇难的消息传来，使他悲痛欲绝。等他冷静下来，便坐在椅子上悄悄垂泪。十几年来，这位知人善任的老兄、挚友，在自己的绘画生涯上给予了巨大的帮助，如今他去了，走得是那样匆忙，连告别一声也没有，叫人怎不痛断肝肠！

一连十几天，他神思恍惚，饭吃不下，觉睡不香，除了作画，就是呆呆地凝思。冯将军的影子和那亲切的音容笑貌总在眼前闪现。才 44 岁的望云，一下子变得苍老了。

西安风声日紧，特务们抓人、杀人红了眼，警车的嚎叫令人毛骨悚然。望云吃过晚饭便闩紧房门，躲在屋里作画，再也不出去唱京戏、会朋友了。

这天早晨，赵望云和徐庶之有事外出，黄胄留在家里作画。突然，外面响起了笃笃的敲门声，他以为是老师和师弟回来了，忙出去开门。

奇怪，门口站着一个戴礼帽和眼镜、身穿长袍马褂、腋下夹个皮包的中年人，他一张嘴，便露出黄黄的金牙："喂，你是赵望云的什么人？能做主吗？"声音满含着不屑一顾的气味儿。

黄胄听声看人，先产生了几分不快，但还是赔着笑脸问："您从哪里来？要做什么？"

"我是张公馆的账房先生，"那人神气地昂着头，哼着鼻音说，"是来收房租的。"

黄胄愣住了，有关房租的事他是知道的，他们租住的这座宅院是张自强的，他是本城的一个大富翁，有着成百套的房舍，靠出租房屋发了大财。这个月的房租已经交够了，又收什么房租？他忙答："俺们前几天已经交了。"

那人翻开账本看看，点着头说："不错，那是这个月的，我们收的是上半年的，再拿四个月的租金，总计五百二十元。"

黄胄吃了一惊，全家经济窘迫，一时拿不出这么多钱。这当儿，杨素芳走过来，申辩说："上次拿房租时说定了，不再预交租金的。"

"妇道人家懂个啥，叫你拿钱你就拿，没钱就干脆搬走，我们另找住户。"大金牙不屑地瞥了杨素芳一眼，朝黄胄张开手，"小伙子，还愣着干什么，拿钱来吧。"

黄胄年轻气盛，哪里受过这种窝囊气，看着他那蛮不讲理的样子，心里的火气直冲头顶，他大声说："租房是签了合同的，哪能张嘴就要钱！租金的事，等老师回来再商量吧。"

"不行不行，现在必须交齐！"大金牙寸步不让。

杨素芳气极了，指着他的鼻子尖说："你这人怎么这样不讲理，就是讨债也得宽限几天呀！"

"哼，和你们妇道人家有理也说不清。"大金牙一扬胳膊，把素芳推了个趔趄。黄胄在一旁早气得怒火燃胸，他扑上去。照准大金牙狠狠打了一个耳光，大声说："叫你蛮横！今儿个就得教训教训你。"

这一掌好厉害，打掉了他的眼镜和礼帽，大金牙急忙捡起来，冲着黄胄咬牙切齿地说："好小子，你敢打张公馆的人，骑驴看唱本，咱走着瞧！"

那人灰溜溜地走了，黄胄出了一口恶气，心里挺痛快，回屋继续作他的画。

　　晌午，望云和徐庶之回来了，他们听说了房租的事，老实憨厚的徐庶之不安起来，他担忧地说："张自强财大势大倒不可怕，听说这家伙和军统的人穿一条裤子，他哪肯受这个窝囊，到时怕他寻机报复。"

　　一听这个，全家人顿时紧张起来。望云却坦然地笑了，把烟蒂一扔，平静地说："我姓赵的一不偷二不抢，做事光明磊落，只是你们年轻人要留心，别让他们抓住把柄。"

　　黄胄和徐庶之点点头，一齐关切地看着赵望云，轻声说："老师多多保重吧，他们逮捕进步人士，管什么证据不证据。"

　　赵望云听了，觉得有理。这样，全家人都相互关照着，出门办事更加谨慎小心了。

二

　　又是一个漆黑的夜晚，几颗寒星在天上眨眼，特务们的警车在大街小巷里鬼哭般地驰过。望云吃过晚饭，关好门窗，躲在屋里作起了画——《新疆之行》，还有好多画没有完成呢。

　　突然，外面响起了敲门声，望云拿手电开了门，只见两个学生打扮的年轻人站在那里，其中一个开口问："赵望云老师是住这里吗？"

　　"啊，我就是。"赵望云畅快地回答。按照习惯，来者大都是请教绘画的学生，望云对他们格外热情。这次自然也不例外，忙把二人招呼到屋里，一边递烟倒茶，一边和二人攀谈。

　　两个年轻人四下里看看，显得有些紧张，避开绘画的事不提，却用极低的声音说："赵老师，俺们知道您的为人，想打听点儿事，到延安去怎么走？"

　　"噢！"望云吃了一惊，他感到诧异，从西安到延安，这是人所共知的事，想去延安的人，都是千方百计保守秘密，哪能贸然来问一个素不相识的人，这不等于是自投罗网吗！再说，自己也从未去过延安啊。他看这两个人来得蹊跷，便平静地回答："不知道。"

　　那二人一怔，其中一个大分头说："我们了解赵老师的为人，估摸着您一定知道去那边的路，俺们两个都深恨现在这种黑暗统治，想寻找共产党参加革命，您要是知道，就请给指一条路吧。"

望云见他们纠缠不休，便冷冷地说："不知道就是不知道，我是搞艺术的，对政治不感兴趣，你们还是问别人去吧。"

这两个人碰了一鼻子灰，不好再说什么，便相互看看，失望地站起来走了。

望云把门闩吭当插上，坐在屋里抽起了闷烟。

杨素芳走过来担心地说："外面到处是特务，你可哪儿也别去了。"

望云点点头，顺从地答应了。

一连三天，望云闭门作画，再不抛头露面。

又是一个漆黑的夜晚，天上彤云密布，冷风飕飕。赵望云早就把院门关好，躲在屋里作画。这幅大张的山水画，从早晨就开始构图，只是心绪不宁，才仅仅勾了一半。眼下已到九点多钟，街上万籁俱寂，他的心情终于安静下来，开始集中精力勾画。

突然，外面响起了一阵咚咚的敲门声，显然来者不善。望云心里一动，预感到事情不妙，便从容地放下画笔，镇静地走到大门口，轻声问："谁？有什么事吗？"

"查户口的，快开门！"外面的人语气生硬，有些不耐烦了。

望云哗地拉开门闩，门砰地被推开了，紧接着闯进了几个人。天黑看不清面孔，但望云从身形上辨出都是彪形大汉，门口还有两个人把守着。进来的人，有两个站在院子里东张西望，另外几个鬼鬼祟祟地进了北房。

趁着灯光，望云看清了，来人一个个腰里插着手枪，凶相毕露。

"你叫什么名字？家里有几口人？"一个军官模样的人用强硬的口气问。

望云平静地回答了他。那人看了看户口本，接着把手一挥，这些人便在屋里乱翻起来。他们像一群强盗，翻箱倒柜，把里面的衣服、书籍、破布统统扔出来，地上顿时乱糟糟摊了一大片。

当翻到望云的床铺时，在枕头下面发现了一本小说。这是高尔基的书，在当时列为禁书。

大个子军官如获至宝，哈哈狂笑着说："这书是哪儿来的？"

望云瞟了一眼，平静地回答："从书店里买的。"

"这，我们可要寻根刨底，请赵先生跟我们走一趟吧。"那人向手下人示意，有几个人上来推他，望云不屑地瞪了他们一眼，不慌不忙地跟着他们向大门走去，他听见身后的妻子和孩子们哇哇地哭起来。

门口停着一辆警车，有个家伙扑过来，用一条黑布紧紧蒙住他的眼睛，接着，望云便身不由己地被人架了上去。

汽车开动了，在街上那坎坷不平的碎石路上颠簸着，此时，望云什么都看不见。车上的人不说话，他也不知道开到什么地方了。脑海里只闪现着妻子与儿女们那瘦弱的身影和莹莹泪眼，还有那幅未作完的山水画……

三

赵家宅院里一片惊慌。

徐庶之和厨师老曹住在西厢房里，搜查时，特务们仔细看了他们的证件，又盘问了几句，把他俩放过了，扬言还要捉什么同伙，有两个家伙留在门口守候。

一家人顾不得收拾散乱的被褥、衣物，忙聚在一起商讨办法。孩子们还小，徐庶之又太年轻，老曹只有手艺没有能力，杨素芳急得什么似的。危难中，她想起了好友樊粹庭和何修尧夫妇，忙让徐庶之去请他们来商量。

徐庶之走近门口，有两个家伙在黑暗中拿枪对着他，低声吼道："滚回去，不许出门。"

庶之无奈，只好又退了回来。杨素芳急得直掉眼泪，嘴里嚷着："这可怎么办？这可怎么办？"

事到如今，徐庶之倒冷静下来，他劝师母不要着急，自己盯住门口的特务，只要他们一走，便立即出去找人。

突然，门外响起了黄胄的声音："这是常家吗？我是来收酱油钱的。"

全家人一愣，忙出去查看。

原来，黄胄出去看望画界的一个朋友，一时来得晚了，走到门口见院里亮着灯，门口又有两个鬼鬼祟祟的人影，情知不妙，他灵机一动，想到隔壁人家姓常，便打听常姓人家。

"混蛋，这是赵家，要钱也不看个时候。"一个家伙低骂，"滚他妈的蛋！"

"是，是，打扰了。"黄胄连连答应着，赶紧离开了。

"喂，不对呀，"另外一个家伙开了口，"这么晚了哪有要酱油钱的，一定是赵家的同伙。"

"我们上当了，快追！"

两个家伙寻着黄胄的背影拼命追去。

趁着这当儿，徐庶之几步跨出门外，飞快地去找樊粹庭和何修尧。

很快，樊粹庭夫妇和何修尧夫妇赶来了，杨素芳急忙把他们让到屋里，哭着讲了事情的经过。四个人向她说了许多宽慰的话，接着分析被捕的原因。樊粹庭忧郁地说："第一宗，赵先生接触的都是进步人士，国民党怀疑他和共产党有联系。第二宗，他所有的绘画作品，画的全是下层劳动人民的生活，国民政府看了反胃。第三宗，去年冬天他到新疆写生，国民党怀疑他回来的时候顺便去了延安，前几天那几个年轻人突然来问路，就是查看虚实的。"

杨素芳听了，心情更加沉重。

突然，大门被咣当踹开了，院子里响起了杂沓的脚步声。片刻，两个守窝的特务气喘吁吁地来到屋里，一见樊粹庭和何修尧夫妇就恶狠狠地说："你们是谁？深更半夜跑来干什么？"

二人急忙站起来解释："俺们是赵望云的亲戚，过来陪赵夫人说会儿话。"

那个满脸横肉的家伙朝另一个挤挤眼儿，得意地说："跑了一个，又来了两个，咱们总算没白等。"

接着，他们掏出枪来，冲着二人的胸口说："对不起，跟我们走一趟吧。"不容分说，推着二人就朝外走。

"你们不能这样啊！"徐庶之和几个女人一齐扑上来阻拦。

"快闪开，你们不要命了。"随着特务们的吼叫，外面又跑来几个带手枪的人，把他们狠狠推开。徐庶之不顾一切地去拉樊粹庭，被旁边的特务一拳打倒。

门口不知何时停了一辆吉普车，樊粹庭等人也被蒙上了眼睛，推上吉普车开走了。

赵家宅院里又是一片惊慌，三个女人抱头痛哭，徐庶之焦急地徘徊着。孩子们瞪着惊恐的大眼睛，谁也不肯睡觉。望着忽明忽暗的孤灯，一直坐到了天亮。

四

赵望云坐在警车里，一路颠簸，走了足足半个钟头，终于停下来。他被人拉下汽车，又走了一段路，这才揭去蒙眼的毛巾。他揉揉眼，慢慢恢复了视觉。这是一间很大的屋子，头上的电灯照得室内雪亮，对面摆着一张桌子，桌后坐着一个军官模样的人，旁边站着几个士兵。四周的墙上挂着各式各样的刑具，上面沾满了斑斑血迹，原来这是一间审讯室。

冷风在窗外呼呼地刮着，几个士兵横眉竖目地瞪着他，空气紧张地似要爆炸。

"你叫什么名字？"那个军官模样的人终于开口了。

"赵望云。"他淡淡地回答，声音出奇地平静。

"什么职业？"

"自由职业者，靠卖画为生。"

"你到延安去过吗？"

"没有。"

"你是共产党吗？"

"我对政治不感兴趣，什么党也不是。"

"别绕圈子了，"那军官不耐烦了，把手一摆，那个士兵在他眼前打开一卷东西，那军官逼视着问："睁大眼看看，认识这个吗？"

望云借着灯光仔细观看，哦，这不是前几年在重庆开画展时送给周恩来先生的《相马图》吗？上面还有自己的签名盖印，怎么落到他们的手里了？望云想着，定了定神，从容地回答："不错，这是我的画，是在重庆举办画展时卖出去的。"

那军官一怔。他满以为亮出这个罪证会震住对方，没料到他却这样回答，便瞪眼吼道："我问你，你的画怎么会挂在延安？怎么会挂在中共中央的接待室？"

赵望云起初感到莫名其妙。此时完全明白了，一定是周恩来先生看重自己的画，把它交给了党中央，才挂在了接待室里。真没想到，周先生对自己的艺术这样尊重！

想到这里，他心里一阵喜悦，理直气壮地回答："我是卖画的，谁给钱我就卖，至于挂在什么地方，我可就管不着了。"

"为什么偏偏共产党挂你的画？"

"我怎么知道，也许他们欣赏我的作品吧。"

"说，你是不是共产党？和他们有什么来往？"

"我说过了，我是自由职业者，无党无派，一身轻松。"

那军官气得脸色铁青，拍着桌子狂喊："太嚣张了，上家伙，撬开他的嘴！"

几个大汉恶狼一般扑上来，扭住他的胳膊，抬上了老虎凳，用绳索勒紧。

"上砖！"有个家伙凶狠地喊。

他的腿被掀起，一阵剧痛涌遍全身，豆大的汗珠沁满脸颊。

"说不说？不说还垫砖！"随着一声声的狂吼，脚下的砖头一块块地垫高，似有无数条毒蛇在噬咬着他。疼痛，疼痛……他几乎要狂喊起来，但一种正义的信念在鼓舞着他，自己一身清白，决不能信口雌黄！他咬紧牙关，拼尽全力忍着，忍着，终于，失去了知觉……

等他醒来的时候，发现自己躺在一间大屋子里。那高高的墙壁上，有两个小窗户，上面镶着铁栏杆，窗外，天空湛蓝，几朵浮云在随风飘动。

再看四周，只见地上散乱地铺着一些茅草，十几个衣服破烂、面孔污脏、头发蓬乱，仿佛疯子一样的人缩在上面。他们都戴着脚镣，一走动就叮当乱响，有几个脚腕处磨破了，渗着血，有的裹着破布条。

角落里放着一只大铁桶，飘散着刺鼻的屎尿味儿。人们神色暗淡，都不说话，屋子里死一般沉寂，原来这是一座牢房。望云下意识地动了一下，立刻，一阵钻心的疼痛袭上身来，疼得直冒冷汗。他感到脚上沉甸甸的，侧头看看，原来也戴着脚镣。他觉得口渴得厉害，便想吸支烟，两只手习惯地去摸衣兜——里面空空的，连个烟头也没有。

这当儿，有个人拖着沉重的脚镣哗啦哗啦地走过来，他蹲在望云的身边，伸手摸摸他的额头，脸上露出笑模样："哦，你总算醒过来了，整整昏迷了半宿啊。"

望云抬头看去，这人虽说衣衫褴褛，蓬乱的头发上还有虱子，但面目和善，年纪很轻，一双黑黑的眸子透出几许斯文，像个有知识的人。望云用手支撑着身子坐起来，和他低声交谈起来。

两个人很快就熟悉了，这个年轻人叫丁晓峰，是西安中学的英语教师。他是涉嫌与有问题的人交往被捕入狱的，说起来，还真有点儿滑稽。当时，他所在的学校有个语文教师因政治问题被捕，在查抄书籍时，在他的日记本上发现了这么一句话："昨夜与丁兄畅谈甚快。"学校里只有他一人姓丁，特务们自然就怀疑上了他，于是也被抓到狱中来了。家里贫穷无钱送礼，又没有关系保释，结果一直不能出狱……丁晓峰絮絮地说着，脸上充溢着悲怆和怨愤，顿了顿又愁苦地说："我家还有妻子和一个三岁的小男孩，平时全靠我的教学津贴生活，现在没了收入，娘儿俩还不知道怎么过呢。"

望云安慰了他一番，又把自己的遭遇简单叙说了一遍，二人成了知心朋友，丁晓峰熟悉这里的生活规律，事事提醒和照料他。

狱中的生活是单调而清苦的，屋子里黑暗、潮湿，跳蚤、虱子成堆成团，还常有蛇蝎出没。十几个人挤在这里，吃饭、睡觉、解手都在屋里，弄得臭气熏天。每天两顿饭，早晨是一个窝头一碗清水，晚上是一碗饭汤一个窝头，中午有五分钟的放风时间。

过了二十多天，赵望云的身体就垮了下来，他浑身酸痛，被老虎凳折磨过的双腿一直不能弯曲，头上、身上长满了虱子，肠炎一直没有断过，一天要解七八次大便。

恶劣的环境和疾病的折磨，始终没有把他压垮，精神一直很旺盛，有空就和丁晓峰谈天，有时还教他唱一段京剧。其余的时间便是坐在地上，望着窗外那蔚蓝的天空和飘浮的云彩出神。他幻想着，在那云巅之上，一定会有一处人间仙境，那里紫气缭绕，白鹤翱翔……

美妙的童年，多彩的少年，彩云伴他度过了人生这段美好的时光，他喜爱彩云，常对着那无际的天空遐想。后来，他闯入了绘画的殿堂，把彩云变成了他的笔墨艺术，那一幅幅彩色的画卷，在他的笔下都被赋予了生命、理想。他坚信，彩云满天的日子终将到来。

五

　　赵望云、樊粹庭、何修尧被捕以后，赵家宅院里一直处在悲怆之中。

　　家里的生活来源断了，一家人吃了上顿没下顿。小三、小四、小五，三个孩子又一个接一个地出麻疹，没钱打针吃药，赵夫人急得什么似的。她既担心丈夫的生死，又要操持这繁重的家务，两眼熬得通红。万般无奈，女儿桂敏只好中断了学业，留在家里照看几个弟弟，帮着母亲料理家务，小小年纪就尝到了生活的艰辛。

　　徐庶之仗着年轻力壮，成天在街里奔走，托人打探消息，凡和望云有来往的亲朋好友、学生、同事，他都找遍了。开始，谁都不知道被囚在什么地方，一直过了二十多天，才得到消息，说他被关在西安南城下的太阳庙门监狱。这是国民党设在西安的一个最大的政治犯监狱，关押着许多共产党员、进步人士和无辜的百姓，房高墙厚，戒备森严。门口有重兵把守，墙上拉有铁丝网和电网，不经许可，任何人不得出入。晚上，这里经常拉出一批批的犯人枪决、活埋，一提这个监狱，人们都谈虎色变。

　　当徐庶之把这个消息带给全家时，大伙儿一下子惊呆了，杨素芳急得团团转，小桂敏伤心地掉眼泪，几个孩子不知道是咋回事，吃惊地望着惊慌的大人。人们清楚，进了这个监狱，随时都有被杀害的危险。

　　徐庶之又去找望云的朋友、学生们，大家万分焦急，可绞尽脑汁，也想不出营救的办法。

　　这天早晨，高治怡来了，他是望云的好友，有名的儿科大夫，桂敏曾在他的医院学过医。赵家出事，不断有特务窥探，到这里来是冒很大风险的。杨素芳一见，很是感动，忙把他让到屋里。高治怡问了望云的事情，见家里炊粮已断，忙掏出五块银元放在桌上，钱虽不多，可关键时刻能救人一命啊！全家老小非常感动，杨素芳禁不住掉下了眼泪。

这当儿，外面响起了杂沓的脚步声，大家忙警觉地站起来。院里传来了徐庶之的声音："师母，看谁来了？"

大伙儿迎出去一看，原来是徐庶之陪着樊粹庭和何修尧进来了。大家顿时喜出望外，忙把二人迎到屋里。谈起事情的经过，樊粹庭气愤地说："那天夜里我们被汽车拉走，被关进了一个洞里，里面有很多人，吃住都在那里，我们以为是山洞，直到出来了才看清，原来是钟楼。说起被抓的原因，真叫人难以相信，他们问我为什么不演反对共产党的戏，上演的《柳绿云》《涤耻血》，是不是影射国民政府。妈的，真是岂有此理，压根儿就没想那么多。他们问我和赵老弟的关系，我说他爱看我的戏，我爱看他的画……他们见问不出什么，家里又花钱送了礼，便把我放出来了。我看哪，这些家伙八成是嫌我们没给他们送戏票，趁机报复一下子。"

何修尧和他关在一起，更是冤枉，特务们只是顺便敲了他一笔竹杠。

这两个有活动能力的人被放出来了，大家心里宽慰了许多，但马上又担心起了赵望云的处境。徐庶之着急地说："咱们马上凑些钱，也去给人家送礼吧。"

樊粹庭摇摇头，低声说："别忙，赵老弟是政治案，盲目送礼会起反作用，先弄清那里的情况再说。"

接着，他把徐庶之拉到一边，低声嘱咐："你到莲子公园去找一个人，他叫陈子敬，就说是我托他的，让他到太阳庙门监狱打听一下赵老师的情况。记住，要严格保密。"

徐庶之点点头，只要能救出老师，让他干什么都行。然而，他毕竟太年轻憨厚了，他压根儿没有想到陈子敬是西安共产党的负责人之一，狱中有共产党内线，他们在动用组织关系来营救赵望云了。为了严守机密，樊粹庭不便直接去找陈子敬，徐庶之出面自然最合适了。

天近晌午，徐庶之回来了，他在莲湖公园顺利找到了陈子敬。陈把他安置在宿舍里，自己只身去监狱打探了消息。事情果真很严重，主要是胡宗南进犯延安时，在中共中央的接待室里发现了那幅《相马图》，这便成了望云私通共产党的罪证，他们怀疑赵望云和共产党的领袖有密切的关系。

樊粹庭听了，心情沉重起来，凝眉思索了一阵儿，对着徐庶之的耳朵悄声说："事情紧急，麻烦你再跑一趟，告诉姓陈的，下午一点我在莲湖公园的假山背后等他。"

六

莲湖公园，风景秀雅，那一座座小巧玲珑的假山，怪石嶙峋，分外壮观。樊粹庭一身西装革履。风度翩翩地走来了。午饭刚过，公园里几乎看不到游人。樊粹庭绕过花丛，来到一座假山背后，这里，有个园林工人正拿扫帚清扫。

"哦，对不起，借火使使。"樊粹庭夹着一支烟，径直向他走去。

那人掏出一盒火柴，抱歉地说："火柴潮了，不好用。"

二人凑到一起，这人正是他要找的陈子敬。

陈子敬曾以商人身份和樊粹庭多次交往，他见这位表演艺术家有一颗拳拳爱国之心，便把他发展为地下工作者。

陈子敬看看四下无人，忙拉樊粹庭在石凳上坐下，低声说："地下党总负责人汪锋同志指示我们，要想尽一切办法营救这位爱国画家，西安快解放了，要防止敌人大屠杀。"

樊粹庭心里明白，汪锋和党中央有直接联系，陈子敬是汪锋的老师。他们代表着延安的意愿。于是，他心里渐觉宽慰了。

陈子敬继续说："汪锋已经给张治中先生拍了电报，还写了信，托他出面说情，帮助营救，我们有什么关系，也都利用起来。"

樊粹庭长叹一声："哎，可惜冯玉祥将军不在了，如果有他，这事肯定好办。"

陈子敬沉思片刻，说："我再给新疆的警备司令陶峙岳写一封信，这人很有正义感，私下里和咱们有来往，托他出面说说。"

"好，我走了，以后有什么事还由那个叫徐庶之的年轻人和你联系。"樊粹庭说罢，起身离开了公园，眨眼消失在街上的人流中。

两天后，赵家宅院里来了一位三十多岁的中年人，他头戴礼帽，身穿长袍，显得很斯文。问清了赵夫人的姓名，开口说："望云先生要一些替换的衣服。请你们拿几件吧。"

　　杨素芳看他是在监狱里做事的，忙急切地问："快告诉我，望云怎么样了？身体如何？"

　　那人微微一笑，说："请不要多问，过几天你们就知道了。"

　　杨素芳不好再问，便找了几件丈夫平时穿的衣服，包成一包，让他拿走了。

　　徐庶之天天到太阳庙门监狱附近去打探，回来再把听到的消息告诉师母。先是听说他被关在一个大牢房里，后来又转到一个单间牢房，再以后的消息就听不到了。杨素芳心里十分焦急、忧虑。

　　约莫过了一个星期，那位中年人又来了，这次他没提衣服的事，只说要赵先生的画笔。

　　徐庶之忙问："还要纸和颜料吗？"

　　那人摇摇头，说："那些监狱里都有。"

　　"能让我们去看看吗？"徐庶之和赵家的人一齐请求。"先生行行好，就给俺们通融一下吧。"杨素芳说着，随手把两块银元塞到了那人的手里。

　　中年人把钱收起来，叹口气说："好吧，我回去和当官的说一声，过几天再和你们联系。"

　　那人没有失约，两天后，又来到了赵家。他面露喜色，说："费了好多口舌，总算说通了，所长让现在就去，只能去一个人。"

　　"让我去吧。"徐庶之冲着师母恳求。其实，除了他再没合适的人了。黄胄自从那夜被国民党特务追捕，生死未卜，看样子特务们还在搜捕他。徐庶之成了赵家的主心骨，经过一番商议，决定让徐庶之先去。

七

　　望云被单独关在一间牢房里，虽说清静了许多，地上也不那么潮湿了，但虱子、跳蚤仍然不绝，每天放风的时间还是五分钟。

　　监狱的头头张所长知道他是个名画家，便派人买了纸和颜料，又给他取来画笔，让他在屋里给作几张画。

　　一贯作画成癖的赵望云，这次却对着铺好的宣纸和调好的颜料呆坐着，一连十几天过去了，却一张没画。

张所长不耐烦了，耐着性子来催促。望云嘴里答应着，就是不动手画。他火儿了，真想把这位固执的画家枪毙掉。本来，经他手杀死的人成百上千，只要上面一个电话，他杀死多少人也不眨眼。可这次不同了，这是个赫赫有名的大画家呀！前些天，西安警备司令张钫打来电话，说接到了西北长官公署行辕张治中的亲笔信，认为赵望云一案可能冤枉，命他们尽快说明案由，从宽处理。他吓了一跳，张长官位高权重，眼下是国共和谈的首席代表，万万得罪不得呀！

此事刚过，新疆警备司令陶峙岳又来了电话，说有个名画家被他们囚禁了，让他好好照料，查明情况后，尽快放出去。

这样，他们不得不对赵望云另眼相看了。

望云硬是不画，他也无可奈何。这夜，徐庶之来探监，赵望云趁机说："这是我的学生，画得不错，你要是真心喜欢画，就让他送你几张吧。"

得不到望云的画，能得到他学生的画，也是一种快慰，张所长欣然答应了。徐庶之马上返回去，取来了十几张近作，将这件事敷衍了过去。

在地下党的多方营救下，望云终于脱离了樊笼，又获得人身自由了。

八

非人的狱中生活，把望云折磨得简直变成了另外一个人，他瘦得皮包骨头，头晕目眩，肠炎常常发作。他闭门谢客，躺在屋里安心静养。

樊粹庭、何修尧来看望他了，杨素芳流着眼泪，讲了他们搭救的经过。望云紧紧握住二人的手，激动地说："樊老兄，何老弟，我这条命多亏了你们哪！"

黄胄回来了，赵家人又惊又喜，还以为他被国民党抓走了呢。谈起那晚的经过，黄胄低声说："我当时躲过了特务们的追捕，在西北工学院里藏了二十多天。特务们查得紧，在一天深夜又溜回了家，藏在阁楼上，母亲给我送饭，守窝的特务经常在我家附近出没，无奈，我只好在黑暗和尘埃中待了这么多天。"

　　总算万幸，经过一番折磨，人都活下来了，望云哀伤的心得到了莫大安慰。

　　这当儿，外面有人敲门。望云本想不见，徐庶之进来说："是个年轻女子，还领着个小孩，说她丈夫叫丁晓峰，也关在太阳庙门监狱里，想向你打听一下他的消息。"

　　望云一怔，丁晓蜂，不就是那个监狱中的难友吗！他连忙站起来，挣扎着到门口去迎接，嘴里嚷着："快，快让她进来。"

　　那女人进来了，这是一个文雅的少妇，穿的衣服虽然破旧，但掩饰不住她那秀美的身躯，白嫩的面孔上露出几许菜色，黑亮的大眼睛里透出忧伤、凄苦的神情。

　　她手里拉着个三四岁的小男孩，那孩子衣服破旧，瘦骨嶙峋，脑袋很大，一张面孔酷似丁晓峰。

　　望云连忙把她让到屋里，杨素芳拿出一个馒头，递给了那个孩子。孩子如获至宝，大口大口地咀嚼着，噎得眼泪都流出来了。

　　望云心里一阵酸楚，可怜的孩子，还不知多少天没有吃过饱饭呢！

　　那少妇嘴唇颤抖着，还未开口，眼里就含满了泪珠："赵先生，见到晓峰了吗？"

　　"哦，见到了，见到了。"望云连连说着，把狱中的情景一一告诉了少妇。

　　那女人焦急起来，泪水大颗大颗地朝下滚，抽泣着说："俺没钱送礼，晓峰还能出来吗？"

　　"别作难，救人要紧！"赵望云安慰着她，随手在屋里寻找起来。杨素芳知道丈夫要干什么，忙把仅有的五块银元拿出来，交给他说："就这些了。"

　　望云把钱递给那位少妇，抱歉地说："钱不多，拿着吧，兴许送些礼能把人救出来。"

　　晓峰妻扑腾跪在地上，声音呜咽着说："赵先生，您的大恩大德，我和晓峰永生永世不忘！"

　　"起来起来。你这是干什么！"望云把她拉起来，接着转身对徐庶之说，"她一个弱女子，不会送礼。你去帮她打探一下吧。"

　　这些天，徐庶之到太阳庙门监狱不知跑了多少趟，和那里的看守也混熟了，便答应一声，领着那少妇朝监狱走去。

时间不长，徐庶之一个人回来了。望云忙问究竟，徐庶之难过地说："丁晓峰已经在半月前被转移到四川去了，他妻子哭得泪人似的，想到那里寻找，又出不了城。"

望云难过地叹息一阵儿，无心作画，便早早睡下了。这天晚上，他失眠了，脑海里总闪现着丁晓峰的身影和他妻子那莹莹泪眼。

九

攻城的炮声打响了，国民党营垒一片混乱，那些达官贵人早已带着金银细软，坐飞机逃之夭夭。守城的这些残兵败将哪有心思抵抗，但在当官的严令下，不得不投入战斗。

赵望云和家人们坐在屋里，听着外面爆豆似的密集枪响，心情格外激动。是啊，蒋家王朝的黑暗统治即将完结，一个崭新的中国就要诞生了，每一个正直的中国人怎不感到兴奋呢！

在解放军强大的攻势下，国民党军队的守城主力被彻底击溃了，十几万军队土崩瓦解，鲜艳的红旗插上了西安城头。西安解放了，人民解放军举行了盛大的入城仪式。

整个西安城沸腾了，人们那个兴奋、激动的心情简直无法形容。赵望云和樊粹庭、何修尧高兴地在屋里跳了起来，又孩子似的顶头、拍手、搂抱……

樊粹庭激动地说："要不是共产党，我们哪有今天！"

望云眼里含着泪花，说："是共产党给了我第二次生命，我赵望云知恩必报，共产党我是跟定了！"

这时，街上传来了喧腾的人声。樊粹庭说："走吧，咱们到大街上欢迎解放军入城。"

于是，赵望云、徐庶之、黄胄和全家人一齐走上了大街，汇入欢腾的人流中……

晚上，西安举行了盛大的庆祝活动。大街上华灯齐明，人山人海，几乎所有的居民都投入了扭秧歌、打霸王鞭的队列。在咚咚锵、咚咚锵的锣鼓声中，一队队姑娘和小伙子们手挥彩绸，踩着鼓点翩翩起舞，徐庶之、黄胄、赵桂敏，还有小三、小四扭得特别起劲儿，煞是好看。

四十四岁的赵望云，不知从哪里弄来了两条红绸，居然也加入了队列。从小酷爱文艺的他，动作虽说缓慢，但姿势很优美，一举一动都恰到好处。解放的欢乐，使画家一下子年轻了十岁。猛然间，在如潮的人流中，他发现了一张熟悉的面孔，那是一位美丽的少妇，领着个孩子在望着欢乐的人群出神。

他看清了，这是丁晓峰年轻的妻子。她眼睛红肿，像是大哭过一场。

望云忙迎上去，关切地问："你怎么了，晓峰有消息吗？"

晓峰妻也认出了赵望云，她眼里闪着莹莹泪光，凄楚地说："有人捎信儿来，说晓峰在去四川的途中，被国民党枪杀在绵阳了。"

如同一瓢凉水，浇得望云一阵凄冷，他难过地流下了泪水，忍住悲伤安慰晓峰妻说："节哀吧，人死不能复生，现在解放了，好日子就要开始，你还年轻，可要振作起来呀……"

一番知心话，晓峰妻终子被说动了，在街上人们欢乐气氛的感染下，她拉着孩子，和赵望云一起加入了扭秧歌的行列。

咚咚锵，咚咚锵的锣鼓敲得更响了。

彩 云 篇

　　从旧社会的农家苦到新社会的农家乐，望云老师的作品是一部描绘中国农村的史诗，他无疑是这一时代杰出的艺术家……

　　　　——黄胄《怀念大师、宗师，我们的老师赵望云》

第十六章　雨露春风

一

西安迎来了中华人民共和国成立后的第一个春天。

赵望云吃过早饭，习惯性地踱到画案前，润好笔墨，对着一张大幅的山水画沉思起来——这是他被捕前未完成的那幅画。在狱中那阴暗的牢房里，他不止一次地想起了它，当时他心情悲怆，思忖着这一生再也没机会去画完它了，然而，绝处逢生，自己又重新操起了画笔……

一阵热流从他心中滚过，他暗暗告诫自己：是共产党救了自己的性命，今后凡事就要听共产党的，实实在在地为共产党去做事。

他按捺住激动的心情，抄起画笔，饱蘸浓墨，唰唰唰，在纸上恣肆地洋洋挥洒起来。不到半天，这幅泼墨山水大画就完成了。他把笔一掷，轻轻舒了口气，将画挂在墙上，仔细审视起来。

啪啪啪，门外响起敲门声。

望云一怔，一颗心提到了嗓子眼儿，三个月前被捕的余悸，使他的神经变得异常脆弱。

这当儿，闻讯去开门的黄胄跑进来说："有三位解放军干部要见您，其中一位在入城欢迎仪式上还讲过话哩，肯定是三位首长。"

部队领导来看望自己了！望云心里一阵激动，忙大声说："快请，快请。"自己也跑出去迎接。

木板门外，站着三个身穿绿军装的解放军，他们面目和善，一身风尘，有一位的头上还缠着绷带。前面的那位大个子笑看着望云说："早就听说赵先生的大名了，只是一直没有机会见面，今天总部首长特意派我们来看望您。"他指着旁边的两个人介绍，"这是王元方和刘时平，我叫赵光远。"

王元方连忙介绍："老赵是我们的军代表。"

赵光远热情地说："望云先生，我也是束鹿人，咱们不光是老乡，还是当家子哩！"

月是故乡明，他乡遇故知。望云心里一阵滚热，他一把拉住赵光远的手说："鹿驰山、雁穿云，到处都有束鹿人，快屋里坐。"

三个人来到屋内，看着里面简陋的摆设，王元方感慨地说："想不到一位名画家，生活这样艰苦！"

望云笑笑，满不在乎地说："没什么，我从小吃惯了苦，忍一忍就过去了。"

"赵先生，"赵光远用关切的眼神望着他，亮起嗓门说，"您有什么困难只管说话，千万不要客气，您在监狱里的事儿俺们都知道了，您受苦了……"

赵光远的声音有些呜咽，为了抑制感情，他没有再说下去。旁边的刘时平忙补充说："赵先生呀，有难处就说吧，解放军和老百姓是一家人。"

望云的眼睛有些潮湿，但他不愿麻烦对方，垂着头低声说："你们驰骋疆场，出生入死地和敌人拼杀，我这点儿事算得了什么！再说，日子也还过得去……"

三位首长看到他屋里确实寒酸，凑在一块儿低声商量了几句，赵光远便朝外大声喊："小张，小张。"

"哎，"随着一声稚气的回答，一位十六七岁的小战士跑进来，元方朝他吩咐："去，找辆排子车，送三袋面粉和两匹布来。"

小张答应着走了，几个人继续着刚才的谈话。赵光远看一眼赵望云，滔滔不绝地讲起来："现在西安解放了，人们都开始了新的生活，您是著名画家，我们要成立美术工作者协会，把具有绘画才能的画家们都召集起来，振兴咱中华民族的美术事业。还有，"赵光远接过黄胄递过来的一杯茶，用更加郑重的口吻说，"西安是十二代王朝建都的地方，有著名的碑林，华清池，大雁塔，小雁塔……需要建一座博物馆，供中外游人参观。先生精通绘画，这以后建馆的事儿可离不开您哪！"

三个人你一句我一言，话语里满含着对赵望云的信任、期待和渴盼。他越听越兴奋，忽地站起来说："三位同志，咱们算想到一块儿去了，振兴西安的美术事业，振兴咱中华民族的文物事业，这是我盼了多少年的事了，可惜以前总没这个机会。"

"现在解放了，共产党不拘一格选人才，赵先生的聪明才智可大有用武之地了。"

这当儿，通讯员小张拉着排子车进了院，上面装着几袋面粉和布匹。

赵光远几个人忙站起来说："赵先生，这是送给你们全家的，快卸车吧。"

"这……这可是无功受禄呀。"望云激动地不知说什么好，他满脸涨得通红，这个一生只知道慷慨解囊的汉子，终于第一次接受了别人的馈赠。

"看你说到哪儿去了，"刘时平埋怨，"咱是一家人，怎么说起两家话来了！"

杨素芳领着振霄、振川、季平过来了，她只说了句："解放军对咱真比亲人还亲哪！"眼泪就簌簌往下掉。

"别说那个了，快收起来吧。"三个人一齐宽慰着素芳。

赵家正没米下锅，这下真解了燃眉之急。黄胄和徐庶之跑来，把面粉和布匹扛到了屋里。

赵光远、王元方几个人起身告辞，望云全家依依不舍地送了出来。王元方紧紧握住望云的手，郑重地说："老赵呀，建设祖国离不开你们这些知识分子的聪明才智，咱们后会有期。"

望云眼睛有些潮湿，声音颤抖地说："你们来了，把我解放了，这是我一生中的新起点，党叫干啥就干啥……"

送走了看望的几个人，望云回到屋里，激动的心情久久不能平息。他坐不是，站不是，在屋子里来回踱步，和黄胄、徐庶之扯开了话匣子："……现在解放了，一个共产党领导的新国家就要诞生，咱们的生活都要改变了，我再不靠卖画为生了，我要参加到党的工作中去。"

"那好哇，"黄胄高兴地笑眯了眼，他激动地说："老师，如今我长大了，我也要参加工作，身为七尺男儿，是报效祖国的时候了。"

徐庶之孩子似的跳过来，一把拉住望云的手，撒娇地说："赵老师，我和黄师兄一样，也要干工作。"。

"好极了，"望云一手拉住一个，大声说，"咱们都去参加工作，为国家效力，这是大喜事，也是咱们施展才华的好机会。"

黄胄年轻心盛，跃跃欲试地问："老师，这工作的事，有着落了吗？"

望云沉思片刻，点上一支烟，吸了两口说："对了，刚才刘时平提到，解放军又要征兵了，而且最需要的是文艺兵，明天我带你去找他。"

"太好了！"黄胄高兴地一跳老高，他欢天喜地地准备习作去了。

望云看徐庶之正用期待的目光望着自己，忙安慰说："别急，工作有的是，眼下咱家里还离不开你，暂时留些日子吧，等过一段时间我再给你找工作。"

徐庶之点点头，安心地到室内作画去了。

二

列车奔驰，车轮滚滚，宛如长龙的列车，飞快地向着北京进发。车厢里，赵望云临窗端坐，手里捧着写生本，尽情地欣赏着窗外的景色。

"小麦熟了，小麦熟了……"天空中传来报节鸟的鸣叫。好熟悉的叫声，望云一怔，忙向对面的徐庶之询问："快看看到了什么地方。"

正捧着写生本作画的徐庶之忙探头向外望去。他和老师一样，写生本不离身，走到哪，画到哪。他看了好一阵子，突然高兴地喊起来："哎呀呀，这不是石家庄吗？赵老师，这可离您的家乡束鹿不远了啊，要不要回家看看？"

此时，望云的思乡之情油然升起，他探头向外望去，那一座座村舍，那远远近近的树木、森林，还有那在麦浪中纵横穿行的阡陌，不都是自己当年写生走过的地方！家里怎么样了？七个姐姐都好吗？乡邻们都好吗？她们终年牛马般地劳作着，可换来的又是什么呢？中国的农村实在太落后了。好在已经解放了，这种状况很快就会改变的。此时此刻，他真想插上翅膀，飞到家乡，飞进家门，和姐姐、乡亲们欢聚一堂。

　　三天前，西北局宣传部长张稼夫去探望他，带去了组织的问候，也带去了党的决定。这位工作干练、办事果断的干部，紧紧握住他的手，开门见山地说："老赵啊，从今儿起，你就成了咱这革命大家庭中的一员了，北京要召开一个全国规模的文学艺术工作者代表大会，党组织决定让你去参加，你看如何？"

　　这是组织的信任和器重。望云久已盼望的事情，终于变成了现实。他兴奋地站起来，大声说："我这条命是党给的，党叫我干啥我就干啥。中华人民共和国成立前，我自己摸索着为人民做了点儿事，可总不如意。现在共产党为我创造了这么好的条件，我赵望云绝无二话，一百个愿意……"

　　望云一下子年轻了许多，他那在狱中被折磨的虚弱的身子，不到一个月竟奇迹般地恢复了。出于对他的关怀，组织上让他和徐庶之同行，但上下车他都抢着拿包裹，而且总是走在徐庶之的前头。

　　"老师，请用茶。"徐庶之双手捧过一杯茶来。

　　望云接过，目光迅速地在他的脸上瞥了一眼，这个忠厚、诚实、虚心好学的小伙子，让他格外喜欢。特别是他在狱中的那些日子里，小伙子冒着生命危险奔波营救，更使他铭心难忘。可是，鸟儿长大了总得要飞翔，如今他长大了，绘画又有了一定的基础，回来就得参加工作。一想到学生就要离开自己了，一股眷恋之情从他心底油然而生，半月前送黄胄的那一幕又闪现在脑海中……当黄胄穿上绿军装、就要随王震部队西进的时候，他的眼睛突然潮湿了。说实在的，他打心眼儿里喜欢这个才华横溢的高才生。黄胄从师学画七年来，他悉心指教，刻意培养，视同亲生，希望他将来在绘画上能大显身手，青出于蓝而胜于蓝。黄胄不负厚望，果然技艺大进，但他要走了，望云的心里陡然产生了一股失落感。他不愿让别人看到自己的眼泪，忙偷偷抹掉，勉励黄胄说："要好好干，在绘画上精益求精，闯出自己的路子，画出自己的风格。"

　　黄胄连连点着头，用坚定的口吻说："老师，请放心吧，我一定苦心钻研，为祖国争光，为老师争气！"

　　还有杨素芳和桂敏，特别是振霄、振川、季平更是依依难舍，一句一个"黄胄哥"，送了一程又一程。七年来，赵家子女早已和他亲如兄弟了，现在要走，心里怎么能不眷恋呢！

黄胄激动万分，他泪眼莹莹地看着大家，声音有些颤抖地说："老师、师母，小妹妹，弟弟们，我黄胄永远不会忘记你们的栽培和关怀，以后我会常来看望你们的……"

黄胄走了，可是他的影子总在望云的眼前闪动，学生的进步、衣食住行，处处连着他的心哟！

三

中华全国文学艺术工作者第一次代表大会，在北京隆重开幕了，真是八方来宾，人才济济。参加会议的有全国著名的文学家、美术家、舞蹈家和戏剧界的知名人士，这是中华人民共和国成立后的第一次全国人才大聚会。望云在大会上见到了许多慕名已久的美术、文学名家，像齐白石、徐悲鸿、郭沫若、茅盾、巴金……特别是他又碰到了昔日的挚友老舍、叶浅予、关山月、黄苗子……几双大手紧紧地握在一起。历尽劫难，今日相逢，千言万语，一时不知从何说起。倒是老舍先开了口："望云老弟呀，听说你在西安扎下了根，那里有千年的古都和八百里秦川，正可以大显身手了，我看望驴该叫望山了！"

"哈哈哈……"人们一齐开怀大笑起来。

"你这个老北平哟，又在自己的家门口作文章了，"望云笑着回他，"该在你的名字中间加个不字，叫'老不舍'吧。"

"哈哈哈……"人们笑得更加响亮、舒畅。

几个人谈起了别后的情景和今后的打算，越说话越稠，越谈越投机。关山月关切地问："大嫂好吗？孩子们好吗？"

"都好，都好，"望云爽朗地笑着，望着这些昔日的挚友，他神情一转，惋惜地说，"可惜大千兄不在国内，如果有他，可就更热闹了。"

"是啊，大千才华横溢，绘画造诣颇深，"叶浅予敬佩地说，"现在解放了，八方人才，众望所归，他是该叶落归根了。"

"对对对，"望云显得分外急切，"我马上给他写信，让他回来参加工作吧，可他的地址在哪里呀？"

关山月沉思片刻，说："我听说他正在巴西经营一个种植园，可详细地址又不清楚了。"

望云见大家一个劲儿地摇头，只好叹口气，说："等以后打听打听再写吧，唉，那可是个人才呀！"

望云正在和人们畅谈，有个小伙子径直走来，冲他微笑着问："您是赵望云同志吧？"

这同志二字，使望云听起来格外亲切，他忙回答："对，我就是赵望云。"仔细一瞅，他并不认识面前这个人，但看他衣着朴素，浓眉下的大眼睛里闪着热情、友好的神采，心里产生了几分好感，忙问："您是……"

"我叫张明坦，"小伙子爽朗地笑着，"是从延安来参加文代会的，散会后被分配到西安去工作，往后咱们就常在一起了。"

"欢迎欢迎！"望云兴奋地握住了张明坦的大手，他很喜欢小伙子的率直和朴实，关切地问："你也喜爱绘画？"

明坦点点头，憨笑着说："我就是画不好，您的名字我早就熟悉。记得我 17 岁那年，在济南大明湖边看了您的画展，发现画的都是劳动人民的真情实景，和社会上的画都不一样，我就被深深吸引住了，您的名字也就牢牢刻在心中，从此我就暗暗学习您的画法，可十几年来进步不大。这次和您一起工作，可得对我多加指导哟！"

"没说的，"望云答应得十分爽快，又低声问："你是中共党员吧，我早就向往这个组织，你可得帮助我呀。"

张明坦紧紧握住他的手，认真地说："只要您热爱、向往这个组织，党的大门是敞开的。"

会议开得热烈而隆重，周扬主持了大会。大家学习了毛主席《在延安文艺座谈会上的讲话》，又进行了反复的讨论。越学，望云越感到亲切，心里越激动，让他浮想联翩。毛主席说得多好哇，有出息的文学家、艺术家，要到群众中去，到火热的生活中去，我们的文学艺术，都是为人民大众的，首先是为工农兵的，为工农兵所创作、为工农兵所利用的。几十年来，他徒步农村去写生，所描绘表现的，不正是这些人民大众吗？自己所追求的，竟和毛主席讲的不谋而合。十几年来，自己正是自觉不自觉地实践着毛主席的讲话精神，真是太巧了。此时，他真后悔自己当初没到延安去写生。

没有去拜访周恩来先生……

与会的作家、美术家们，不管是从老解放区来的，还是从新解放区来的，都群情振奋，士气高昂。会议进行了投票选举，德高望重、成就斐然的绘画大师徐悲鸿被选为全国美术工作者协会主席，赵望云被选为全国美术工作者协会常务理事。

整整一天，望云的心里一直处于激动和亢奋之中。这是党和人民的信任，自己一定要拼尽全力去干，决不辜负人民的重托。

晚饭后，突然传来一个振奋人心的好消息：中央首长要来看望大家了！人们奔走相告，纷纷拥进中南海怀仁堂，等候领导的到来。

赵望云和张明坦、徐庶之等几个人坐在西北代表团的位置上，兴奋地谈论着未来的工作和建设。他嘴里说着，手却在写生本上飞快地勾画着一幅幅草图，会场上热烈的气氛和攒动的人头，都成了他笔下的写生素材。

突然，人群中传来一阵低语："来了，来了。"望云急忙收起写生本，抬头向前望去。只见两个身穿灰色制服、身材魁梧的中年人健步走上了主席台。前面的那位胖胖的圆脸，头发自然地向后拢着，炯炯有神的眼里闪着慈祥、坚毅的神采，颔下有一颗明显的痣。后面的那位英俊潇洒，浓眉下的一双大眼睛显得神采焕发。啊，这不是毛主席和周恩来副主席吗！霎时，会场上响起了排山倒海般的掌声。在中华人民共和国成立的前夕，日理万机的毛主席和周副主席竟抽时间来看望大家了，这是对艺术家们的深切关怀和巨大鼓舞。多少人激动得热泪盈眶，望云更是泪水难禁，他提笔记下了这幸福的时刻：1949 年 7 月 6 日 7 点 20 分。

毛主席做了即席讲话，他讲了人民文艺事业的重要性，高度评价了文艺工作者的工作。周副主席勉励大家要团结起来，积极努力，为社会主义革命和建设贡献自己的聪明才智。大家听得心潮起伏，激情难抑，会场里不时响起雷鸣般的掌声。

接着，毛主席和周副主席来到代表们中间，同大家一一握手。从解放区来的作家、艺术家们，是第一次和这两位德高望重的革命领袖见面，激动地热泪涌流。望云挤在人群中间，一双眼睛紧紧盯着周副主席，暗暗思忖：在这人海中，周恩来能认出我吗？

周恩来走来了，那双明亮的眸子流溢着喜悦的神采。望云的一颗心提到了嗓子眼儿，啊，敬爱的周副主席，您还是那么年轻、潇洒，风度翩翩。

周恩来和人们一一握手，谦逊地谈笑着。到了望云近前，一双温热的大手紧紧攥住了他，周恩来深情地望着他说："赵望云同志，你送给我的那幅《相马图》，真抱歉，当时我挂在了中央的接待室里，可撤退时没顾得带走，落在了胡宗南的手里。我听说这事儿让你受了牵连，入狱后险些丢了性命，这是我们的疏忽……"

时隔六年，日理万机的周副主席居然记得这样清楚，还赔礼道歉。望云激动地红了脸，忙说："没什么，没什么，倒是我应该向您道歉，我没有去您的住处回访，也没能去延安写生，这真成了我终生的憾事呀！"

"哈哈哈……"周恩来爽朗地大笑起来，一对浓眉也在抖动，"我们完全能够体谅你的处境，现在好了，中华人民共和国就要成立，你可以大显身手了……"

毛主席和周副主席离开了大厅，代表们还久久沉浸在喜悦之中，望云更是心潮难平。他掏出速写本，凭着记忆，画下了那难忘的一幕。

一连十几天，毛主席和周副主席会见时的情景还在眼前闪现，他心里始终处在激动、亢奋之中。有时挥笔写生，还不断地对着徐庶之唠叨："过去我走路。看不见前边，现在好了，能看到前边的路了，这是一条宽广的人民艺术之路，也是我多年向往的阳关大道……"晚上睡熟后，有时还喃喃自语："敬爱的周副主席，士为知己者死。我赵望云决不辜负您的厚望，一定在绘画事业上干出一番成就！"

四

秋高气爽，绿海扬波，八百里秦川一片葱茏，山环水绕的西安古城犹如老树逢春，处处浓荫密布，生机勃勃。

今天是一个不平凡的日子，陕甘宁边区文协美术工作委员会成立大会，要在西安举行，一些美术界的名流、学者来到西安，为古城增添了喜庆色彩。

赵望云吃过早饭，便匆匆出了家门。从北京返回西安后，一连七八天，他早出晚归，来往奔波。

张明坦和妻子来到西安，望云仗着人熟地熟，给他安排了住处，购买了米菜。明坦的妻子即将分娩，可连一片孩子的尿布都没有。望云急忙跑回家，找了一大堆小孩儿的衣服、尿布，包成个大包一并给明坦送去，感动得明坦妻直掉眼泪……

方济众来了，他背个大包袱，从几千里外的农村，风尘仆仆如约赶来了。先从师赵望云，后从师张大千的年轻画家李遇春也赶来了。赵望云收留了他们，经与张明坦商量，都一一安排了工作。三天前，从延安又赶来了几个年轻人，他们都是精力充沛、血气方刚的小伙子。那天一见面，几个人就紧紧握住了赵望云的手，七嘴八舌地说："您的名字早就熟悉，您的国画艺术，尤其山水画更是独树一帜，令人敬佩！"

面对人们的赞美，望云一一应答着，一个个询问他们的名字：那个面孔白净、说话大大咧咧的叫刘旷；那个衣着朴素、面孔黑红的叫李梓盛；那个说话文雅、目光锐利、体态颀长的叫石鲁。

"石鲁，这个名字好熟悉。"赵望云微笑着朝这个满带知识分子气质的小伙子问，"你是不是搞版画的？那年延安出版的《群英会》《说理》《打倒封建》是不是你的作品？"

"是的，是的，"石鲁不自然地笑了，"我那画提不起来，和您的作品有天壤之别。"

望云看他背个大画夹，忙关切地问："你画国画吗？"

石鲁认真地回答："我才学国画，可总是画不好，尤其是山水画，用墨、着色总不如意。"

谈起绘画，望云马上来了兴趣，他关切地问："能否让我看看你的作品？"

石鲁立刻绽开笑脸，欣喜地说："这真是求之不得呀。"他弯腰从包裹里取出几幅画，小心地递给望云，说："别客气，有什么缺点只管说。"

这是两幅山水画，采用的是墨破色、色破墨、墨色兼容、以色皴擦来表现的手法，虽然笔法线条还十分稚嫩，但却体现了作者的独特风格，具有相当的创新意识，能看出绘画上有一定功底。

"真是后生可畏呀！"望云暗暗赞叹，又问："你是哪里人？今年多大啦？"

"我是四川仁寿县人，今年二十九岁，"石鲁侃侃回答，"原叫冯亚珩，我爱好绘画，也喜爱文学，我最崇拜石涛和鲁迅，就改成了这个名字。"

"这几张不错，你画得还行，"望云中肯地说，"现在尽管还有些幼稚，可照这条路走下去，一定能取得丰硕成果。"

"谢谢您的鼓励和支持，在艺术上我又找到了一位知音。"石鲁高兴地笑了，"您是著名的大画家，以后在艺术上还请您多加指导啊。"

这时，张明坦迎面走来，手里捧着一沓红纸，递到他面前说："您看，会标这样写行吗？"

望云展开细看，写的是"陕甘宁边区文协美术工作委员会成立大会"，每个字足有一尺左右，字体工整、秀丽。望云点头说："好，咱们贴到会场去吧。"

二人走进大厅，里面有几个人正在摆放桌椅。一位细高个儿、戴眼镜、约莫五十多岁的人正同一个小伙子抬桌子，老先生正是著名作家郑伯奇，那位小伙子还是第一次见到。明坦介绍："这是文坛新秀黄俊耀。"

会议开得十分热烈、隆重，陕甘宁边区的新老作家、艺术家们云集一堂，西北军政委员会主任习仲勋亲自到会，并做了热情洋溢的讲话，号召大家在以毛主席为首的党中央的英明领导下，为祖国和人民创作出更多更好的精神食粮。

代表们经过反复酝酿、讨论，选举张明坦为美术工作委员会主任，赵望云为副主任，石鲁、刘旷、李梓盛任委员。在热烈的掌声中，赵望云和张明坦登上了主席台。望着下面攒动的人头，望云的心怦怦直跳，当习仲勋把话筒递到他面前，让他讲几句话时，他的脸霎时就红了，这么多年来，他还是第一次在众人面前讲话。说点儿什么呢？他想起了党组织的信任、人民的重托，便激动地讲起来："感谢党和同志们的信任、支持，我赵望云要加倍工作，积极努力，为西北和祖国美术事业，贡献自己的毕生精力……"

五

一架巨大的银鹰，穿云破雾，在蓝天白云间翱翔。在客舱座位中的最后一排，坐着赵望云和张明坦。他们那简单的行李——一条被褥和几个馒头，被放在行李舱中。二人只拎个小提包，里面装着写生本和一笔款子——他们要到敦煌去。带着经费和党的指示，去做莫高窟的接收工作。

五天前，已担任西北军政委员会文化部文物处处长的赵望云和副处长张明坦，被召到西北局书记习仲勋的办公室里，一见面赵望云就请求说："让明坦担任处长吧，我任副职，他是党的人，我总觉得那样合适。"

习仲勋笑着问张明坦："你的意思呢？"

"我完全同意领导的决定，"张明坦诚恳地回答，"老赵是名画家，他做文物工作正合适，文物和绘画是相通的，他虽说不是党员，但工作能力和业务能力比我强，也便于团结党外的民主人士。再说，我俩共事这么长时间了，做美协的工作他是副的我是正的，做文物工作，我是副的，他是正的，可凡事我俩都商量着去办，而且一拍即合，从来就没有考虑过什么正职副职。"

"明坦的意见很好，"习仲勋赞同地点点头，"西安有十二代王朝建都，已有三千余年的历史，地上地下的古迹挺多，再加上山水园林交织，城楼建筑完整，我们要把这座历史文化古城建成全国第一流的旅游胜地，尽快向中外游人开放，文物的保护和建设可是头等大事啊！我们经过研究，认为望云同志精通绘画，业务和工作能力都不错，所以就把这副重担交给你了。"

望云默默地听着，组织的信任，领导的期望，使他充满了信心。他用坚定的目光望着习仲勋，声音不大却铿锵有力："那好吧，我一定拼尽全力把咱西安的文物工作搞上去，有什么任务只管吩咐。"

习仲勋笑笑，给二人沏上茶水，郑重地说："敦煌莫高窟是咱祖国古代文化艺术的瑰宝，现在敦煌解放了，莫高窟有一些人还在那里看守着，党中央十分关心这些文物的保护工作，指示我们一要加强对这些人的安抚和领导，二要把维修经费尽快送去，不使这些文物受到丝毫损害。组织上经过研究，决定派你俩携带经费去做接收工作，有什么困难吗？"

"没有，"望云满有把握地回答，"解放前我去那里搞过临摹，人熟地熟，请领导放心，我们保证把工作做好。"

"重点是要做好看管人员的思想工作，"习仲勋叮嘱说，"要让他们认识到管好莫高窟的重要意义，安下心来，扎扎实实地做好本职工作。"习仲勋沉思片刻，脸上显出了忧郁的神态，"听说河西走廊那一带有土匪出没，国家刚解放，有些地方还不稳定，要不要派几个战士保护你们？"

二人连连摇头说："不用，不用，我们这两个大活人还怕几个土匪？"军人出身的张明坦微笑着回答："我们有同敌人作战的经验，对付几个土匪还是不成问题的。"

习仲勋满意地笑了，翻翻日历，问："你们打算什么时候动身？"

望云看一眼明坦，略一思索，说："事不宜迟，明天准备一下，后天一早就动身吧……"

飞机在兰州机场降落，他们背着行李，拎着包裹，乘上了公共汽车。

汽车顺河西走廊，在崎岖的山路上颠簸。附近那耸立的山峰，嶙峋的悬崖峭壁，一望无际的平原、沙漠，在望云眼里是那么熟悉、亲切。他一遍又一遍地在心底呼唤："莫高窟啊，我又看你来了！"

前面出现了一座市镇，周围有夯起的土围墙，这在人烟稀少的河西走廊显得特别惹眼。望云指给张明坦说："这就是著名的酒泉镇。"

汽车到了这里已是终点，剩下的路程只有靠两条腿了，好在他们吃惯了苦，走惯了路，根本没把这事放在眼里。二人在酒泉寻个客店住下，铺上随身携带的被褥。望云打开包裹，把沿途见闻、异族风情，凭着记忆迅速地绘在写生本上。明坦没事儿干，便和店主拉呱儿起来。这是一对夫妻开的小店，男人忙外，女人忙里，夫唱妇随，倒也配合默契。

明坦看男人抽的旱烟叶放在一具人的头盖骨里，不禁想起了《水浒》中孙二娘开店的故事，又发现墙上红一道，黑一道，像人的血迹，忙低声告诉望云要多加小心。

望云扑哧笑了，说："没事儿，七年前我去敦煌临摹壁画，就看到过这个小店。至于墙上的血迹吗，我看八成是臭虫闹的，这地方臭虫特别多。"

明坦打消了顾虑，但他还是找到店主，开玩笑地问："你们这店里有臭虫吗？"说着在墙上扒拉了几下。

夫妻二人笑得合不拢嘴，那男的把烟袋一磕，大声说："你别找了。晚上它自然会找你的！哈哈哈……"

明坦看这二人十分诚恳、热情，心情舒畅了许多，便也学着赵望云的样子，掏出写生本作起了画。

　　他们在这里休息了两天，第三天便背上行李，拎着包裹，又在店里买了几个馒头，就踏上了漫漫的征途。

　　浩瀚无际的戈壁滩上，看不到一棵树一间屋。远处连绵起伏的祁连山，像一只长长的手臂，拥着他们前行。向北眺望，那更远的地方是龙首山、合黎山，与祁连山蜿蜒平行，他们就在这两山夹道中行进。

　　望云指着这条夹道，向明坦介绍："这就是有名的河西走廊，因它在黄河以西而得名。"

　　二人边走边谈，尽管路途艰辛，但望云有常年旅行写生的锻炼，明坦年轻力壮，自然不把这些当回事。他们一路风尘，从酒泉走到了安西，接着便直向敦煌奔去。

　　苍天茫茫，大地炎炎，沿途上，多是岩石沙砾，灼人的太阳把大地烤得滚烫滚烫。他们在这毒热的太阳下行走，晒得酷热难耐，眼睫毛干得打起了卷，有时还上下粘在一起，使人有说不出的难受。身上的被褥本来很薄，这会儿蓬松虚胀了好多，背在身上更是捂得闷热，卖掉吧又舍不得。那口袋里的馒头，早被烤成了面干。

　　终于，在茫茫的戈壁滩上出现了一座小城，这对几天来见不到人烟，完全被荒漠、野草充斥眼帘的旅行者来说，犹如溺水人摸到了救生圈，不由惊喜异常。望云舒了口气，高兴地喊起来："我们到敦煌城了！"

六

　　二人走进县城。先去了县政府，拿出了介绍信，说明了来意。政府领导十分重视，当即派了一辆汽车，将二人专程送往莫高窟。

　　莫高窟在敦煌城东南二十六公里的地方，也就是在万顷戈壁的一叶方圆只有一二百亩的绿洲上。它背靠鸣沙山，面对三危山，在两山相犄处，有一股清泉由南向北汩汩地流过，它浇灌着两旁的白杨红柳、蔬菜瓜果，给这片绿洲注入了无限生机。

　　汽车在崖前停住，望云和张明坦下了车，望云虽是旧地重游，但时隔七八年，外部还是有了一些变化。只见在莫高窟前竖着一座牌坊，上面镌刻着"三危揽胜"四个大字。那石窟群分布在鸣沙山麓灰色的崖壁上，有上下五层，错落有致，彩画浩繁，掩映在绿树丛中，使人有"别有天地非人间"之感。

莫高窟是我国规模最大的石窟寺之一，从公元 366 年开始兴建，到北魏、西魏、隋、唐、宋、元一千多年中，共开凿了一千多个洞窟，制作了大量壁画和彩塑。现在保存洞窟四百八十个，塑像两千余尊和壁画四万五千余平方米。莫高窟石洞外面，有木结构窟檐五座，这是石建筑和木建筑的巧妙结合，也是莫高窟的一大艺术特色。

莫高窟历史古老，绵延年代长久，规模巨大，艺术水平精湛，真称得上举世无双。

赵望云和张明坦顾不得仔细欣赏，在县政府办公人员的陪同下，匆匆来到莫高窟文物管理处，找到了那里的负责人——常书鸿。这是一位二十多岁的小伙子，喜爱绘画，精通历史，看守石窟的这二十多人大都是他从四川招来的。上任以来，他们尽心尽力，一直把石窟保护得很好。但因他们是中华人民共和国成立前驻守在这里的，县政府认为他们是国民党派来的，还没有予以承认。

赵望云和张明坦同常书鸿畅谈了一阵，觉得这小伙子才思敏捷，知识渊博，又有很强的事业心。商量了一阵儿，决定把这地方定名为"敦煌文物研究所"，委任常书鸿为所长。

两个人把这个意见对常书鸿一讲，小伙子苦笑着摇了摇头，说："你们来了就好了，我正愁工作没法儿干哩。现在全国解放了，有好多人说在这里干事是为封建迷信服务，想出去参加真正的革命；再加上这里地处偏远，有人耐不住寂寞，几次闹着要离开，唉，真是人心惶惶呀……"

望云听着听着变了脸色，他把烟蒂一扔，大声说："马上把人们召集到这里来，我们开个思想工作会。"

常书鸿出去叫人，望云和明坦商量了一下会议内容，决定按照上级领导的指示，原班人员不动，主要是做好安抚和思想教育工作。

二十余人很快就到齐了，大都是年轻力壮的小伙子，听说省里派人来了，大家怀着忐忑不安的心情等着上级的指示。

"同志们，你们辛苦了！"赵望云和蔼的话语，使大家紧张的神经松弛了下来。"我们受党的委托来看望大家，你们在祖国的边陲地带，完好地保护了国家的文化遗产，工作是应该肯定的。现在，我代表西北军政委员会文化部文物处宣布：把这里正式命名为'敦煌文物研究所'，任命常书鸿为所长。"

顿时，人们如释重负地松了口气，有人低声议论："这下好了，再没人说咱们是国民党派来的了。"

明坦插话说："保护文物，这是一项光荣的任务。"

接着，赵望云讲起了莫高窟的艺术成果，他从北魏、西魏时期，一直讲到宋元时代，反复强调："这莫高窟是我们祖国文化艺术的宝库，众多的塑像、绘画是我们宝贵的文化遗产，它为我们提供了研究雕塑、宗教、建筑、绘画、音乐，甚至服饰等的极其丰富的资料。因此，保护好这些遗产，意义重大，更是我们义不容辞的责任，稍有疏忽，将愧对列祖列宗，更辜负了党的信任和人民的期望啊！"

一番知心话，一场透雨，说得大家心里豁然开朗，有几个年轻人眉开眼笑地说："真是听君一席话，胜读十年书！以前我觉得这里没什么意思，没想到这工作还这么重要哩。"

"别忙，"赵望云摆摆手说，"我讲了半天，现在该你们说了，有什么意见和想法，只管说。咱们先申明一条：言者无罪。凡是对工作有利的，我们就采纳，大家畅所欲言嘛。"

于是，人们你一言我一语地说起来。有人说这地方太偏僻，交通不便，应该整修道路；有人说人员太少，需要增添，特别是科研人员；有人说对一些岩窟需要加固和保护，急需一批经费……意见渐渐集中到一点上：没有经费，就什么事都不好办，什么活动都没法开展。

这当儿，张明坦站起来，兴奋地说："这笔经费，我和赵处长已经给大家带来了，钱虽不多，可体现了党对这项工作的重视和支持，以后还会有第二批、第三批经费送来……"

哗……会场上响起了暴风雨般的掌声，有几个小伙子高兴地跳起来。

晚上，凉风习习，月光如水。近处的三危山、鸣沙山，远处那一望无际的戈壁滩，都沐浴在银色的清辉里。

戈壁滩的月光格外明，莫高窟的月夜分外美。赵望云、张明坦和敦煌研究所的二十多名小伙子聚在一起，举行月光晚会。大家兴致勃勃，吃着自己种的葡萄、甜瓜和苹果，尽情地欢笑着。

望云和明坦都是音乐好手，一个人一把胡琴，拉得婉转动听。望云自拉自唱，先唱了《四郎探母》，又唱了家乡小曲《小放牛》。张明坦不甘落后，演唱了在延安学的《子夜岗兵颂》。紧接着，常书鸿跳起了新疆舞，小伙子们大都会跳，纷纷加入跳舞的行列。大家跳啊，唱啊，欢歌笑语，在静谧的戈壁滩上回荡。

七

赵望云和张明坦要走了，常书鸿也要随他们到西安参加西北第一届文代会。

相逢容易别时难。文物研究所的二十多名成员全来送行，敦煌县政府，还有附近的一些群众也来送别。大家真是难分难舍，特别是这些在莫高窟工作的小伙子们，虽然和望云相处才半个月，可已经深深喜欢上了这位能拉、能唱、能画，又平易近人的老大哥，珍重的话说了一遍又一遍，一双双大手握了一次又一次，终于，送行的汽车开动了。

突然，不知谁喊了一声："他们要拉走咱敦煌的文物！看，就在那车上装着。"

犹如平静的水潭落入巨石，一下子激起了轩然大波。人们哄的一声炸了群。有人不信，跳到车上去看，箱子里果然装着这窟中的彩塑和一些经卷。人们被激怒了，刚才还友好热烈的场面，一下子变得剑拔弩张。

人们的愤怒是有原因的，就在本世纪初，有几个外国的文化窃贼窜到敦煌，不仅进行拍照、临摹，还盗走了大批经卷和塑像壁画。当他们把整车的藏书拉走后，人们才发觉了。大伙儿那个气愤哟，真想把他们碎尸万段！从此，广大群众形成了一个习惯：有谁敢动这里的一根毫毛，就豁出命来和谁干！

赵望云和张明坦也是事出有因的，就在昨天早上，他们接到了西北军政委员会转来的中央文化部的电报，说根据周恩来同志的指示，要在北京召开一个全国首次敦煌文物展览会和学术讨论会，要调敦煌的一些文物到北京展览和供专家们研究。事情紧急，赵望云和张明坦虽然事前和敦煌县政府及文研所的一些人讲清了，但他们并没有从思想上弄通，只是碍于上下级的面子，不好反驳罢了。现在有人一呼喊，他们马上转变了态度，跟着阻拦反对。

常书鸿被人拦住了，几张嘴同时冲着他吼："你为什么让他们把文物拉走！莫高窟的一草一木都不能动！"更有些人把身子抵在汽车的前轮上，嘴里嚷着："你们开吧，我赔上这条命也不能让你们把东西拉走！"

事情闹僵了，这是望云和张明坦没有料到的。二人商量了一番，望云果断地说："中央的指示不能违背，群众的工作还得靠咱们来做。"他跳上汽车顶，对着愤怒的群众，平静地说："同志们，敦煌的父老乡亲们，你们要保护敦煌的千年文化遗产，这种精神实在可贵。"

下面有人搭了腔："那为什么还不卸车？"

赵望云看了那人一眼，一字一板地答道："可你们想过没有，过去是外国帝国主义文化窃贼偷盗咱们的文物，现在是党中央重视咱们的文化，不仅拨来了经费，还要派专家来进行考察研究，周副主席指示在北京召开敦煌文化研究会，要送一些文物去展览研究。"接着扬了扬手里的纸片，继续说："这是文化部拍来的电报，中央如此重视这里的文物，我们自己可不能硬藏着不让人看哟。"

喧嚣的人群静下来，有人皱着眉头紧张地思索，有人在小声征求着别人的意见。突然，有个花白胡子的老人大声说："那为什么不到这里来开会，偏要送到北京去？"

有人立刻附和："对呀，为什么偏拉走？"

望云扑哧一笑，说："这位老伯说对了一半，是应该到这里开。可大家想一想，在这大戈壁滩上，连条公路都没有，全国各地的专家、学者到这里来一趟，要动用多少车辆、花多少路费、耽误多少时间啊！算一算，这合得来吗？"

没人再言声了，车前的几个小伙子在悄悄地朝后躲。望云趁机大声说："同志们，朋友们，我们要把目光放远点儿，现在全国解放了，莫高窟又回到了人民的怀抱，中央要研究它、保护它、修缮它，咱们只有大力支持，可不能拖后腿呀！"

终于，人们默默地闪开了一条路，有人大声说："还是赵处长说得对，莫高窟是全中国的，不只是一个敦煌县的，我们应该支持中央的展览和研究！"

"对，是这么个理儿。"

汽车满载着文物在人群中缓缓穿行。赵望云激动地望着大家，深情地说："谢谢同志们，谢谢敦煌父老的理解和支持！"

第十七章　依依乡情

一

赵望云和张明坦从敦煌返回西安后，立刻筹备召开了西北文代会，在会上又成立了西北美术工作者协会。望云仍担任副主任，明坦还任主任，原陕甘宁边区美协撤销。为了振兴祖国的绘画事业，望云紧接着又筹建了"国画研究会"，不拘一格，选拔人才。凡有绘画专长的，不管是推车的、挑担的……只要有真才实学，他都要请来，安排在协会或研究会里工作，充分发挥他们的一技之长。像蔡鹤洲、蔡鹤汀、叶访樵就是这个时候被选到美协的，以后都成了著名画家。

这年冬天，陕西的土改运动轰轰烈烈地开展起来，西北军政委员会号召艺术家们深入生活，去参加土改运动。赵望云头一个报了名，他和作家郑伯奇、黄俊耀分在一个组里，派到郃阳参加土改。

一见到郑伯奇和黄俊耀，望云就哈哈大笑起来，他亮开大嗓门儿说："这回可真是老中青三结合了，老郑最大，本人居中，小黄最小，干脆，咱们选个组长吧。"

推来选去，仨人有俩人同意让黄俊耀当，因为他是党员，而且年龄小，身体最壮，下去做基层工作挺合适。小黄谦虚了几句，扑哧笑了，说："那我就上任了，可有句话说在头里，我这是服务性的领导，照顾好你俩的工作和生活自然是我的分内事，但有了重要事情还得靠你俩拿主意。"

仨人商量了一番，便背上行李上路了，由黄俊耀负责，直奔郃阳县委会。

　　小黄口齿伶俐，反应敏捷，自然是由他出面办理报到手续。在办公室里，他正同几个工作人员交谈，突然，背后伸过一只大手，重重地拍在了他的肩上。

　　俊耀扭头一看，不由喜上眉梢，忙站起来，一把攥住那只大手，用力摇动着说："王彭，你怎么来了？"这王彭是他的战友，俩人关系密切，无话不谈。随着全国的解放，转业后便天各一方，想不到竟在这里见了面。

　　旁边有人插话："这是俺们的县委书记。"

　　"哟，太好了，"小黄又惊又喜，再次把王彭打量了一番，说，"你可还是老样子，哦，到你的手下工作来了。"说着，把介绍信递到了王彭手里。

　　小王看完，用敬佩的目光盯着赵望云和郑伯奇，微笑着说："原来你们是大作家和大画家，是来深入生活的，先住下来吧，有时间就到下面转转，邰阳这么大，足够你们画和写的了。"

　　于是，三个人便在县委会住下来。

　　一连七八天，望云除了参加会议就是坐在屋里写生，有时到街上走走，间接了解一些土改情况。他是个闲不住的人，没几天就感到无所事事、坐立不安了。吃早饭时，望云风趣地对俊耀说："小黄啊，外面的土改搞得轰轰烈烈，可咱们好像离群的鸟儿，人家为了照顾咱，可咱们也不能把自己当客人哟。"

　　年轻力壮的黄俊耀也是个坐不住的人，早就想出去闯荡一番了，他嘿嘿一笑，拍着望云的肩膀说："老赵呀，怎么我心里想的，你都替我说出来了？只是下乡多是山路，您这条腿……"

　　望云忽地站起来，板着面孔说："你不要看不起老头儿，别看我快五十岁的人了，论走路你还嫩着哪，当年我在华北写生，每天都走百八十里呢！"

　　"那是平原，这是山路，能比吗……"

　　"好，年轻人不服气，咱这就出去走走。"望云咧嘴笑着，到屋里去收拾行李，整理画夹、画笔。

　　黄俊耀一面整理，一面和郑伯奇商量，他年岁大了，又体弱多病，决定让他留下，自己和望云出去转转，了解一下土改运动的情况和进展。

三个人商量妥后，俊耀又去找县委书记王彭，王彭很是支持，当即给他们开了介绍信，又找来两头毛驴，让二人骑着。

望云本打算和小黄比赛走路，可一见到毛驴就迷上了，捧着画夹子一个劲儿临摹。再说，他还没有骑过山里这种毛驴，带着好奇和得意，他欣然跨上赶路了。

时值隆冬，外面是冰天雪地。在凛冽的寒风中，望云和黄俊耀抱肩缩头，顶着风雪，艰难地、一步一步地行进。不一会儿，脚冻僵了，手冻麻了，他们索性跳下来，牵着驴，踏着雪，一擦一滑地走着。

他们翻过了一座座山岗，走过了一座座村镇，看到一户户农家分到土地、房子的那股高兴劲儿，那喜气洋洋的甜蜜笑脸，贫雇农们斗地主、分浮财、烧地契、同声高唱翻身歌，庄里庄外一片红火。二人深深地受了感染，望云不时地朝写生本上画着，黄俊耀则天天写日记。白天，他们到庄子里访问，找村上的土改委员会座谈；晚上，二人就睡在农家的土炕上。憨厚、诚实的山民们，把土炕烧得热乎乎的，燃上他们逢年过节才舍得用的蜡烛。二人躺在炕上，议论着农村翻天覆地的变化，畅叙着农民翻身当家做主的喜悦，激动得彻夜难眠。

二

旭日东升，霞光万道，千山万壑的银装素裹又点缀上了一层金黄。望云和黄俊耀赶着毛驴，驮着行李，兴致勃勃地走着。前面，有一座松柏掩映的村落，在皑皑的白雪中显得安澜而恬静。

望云朝俊耀摆摆手，二人便向村里走去。

庄里街道宽阔，但房舍高矮不一，一看就是个贫富悬殊的村庄。但里面出奇地安静，看不到标语，也见不到开会的人群，没有一点儿土改的迹象，这和别处热火朝天的场面形成了鲜明的对比。

这是咋回事呢？望云和俊耀径直找到了村委会。村长是位四十多岁的汉子，他叹口气，皱着眉头说："难干哪，我们想斗地主分田地，可开会没人来，登门去找还躲着。"

"你们做没做土改的发动工作？"小黄插话问，"这关系到大家的切身利益，还能那样冷淡吗？"

"早说多少遍了，"那位村长有些气恼，"给他们分地分房子，倒没有人敢要，这不是邪门儿了吗！"

望云皱皱眉头问："那你们查过没有，这到底是什么原因？"

那村长沉思片刻，回答说："这里的人们大都信奉一贯道，烧香拜佛的挺多，有人吹出风来，说神仙讲了，蒋军还要打回来，别人的东西靠不住，结果就没人敢要了。"

"是什么人这样说的，要赶紧查查，这不是明目张胆地破坏土改吗？"小黄着急地催促。

"我们查了，可找不到造谣的人，费半天劲也没有结果，再说，这周围十里八乡的村镇都和俺村差不多。"

望云皱着眉头说："看来，这股势力还不小哩。小黄，咱们多转几个村子，看看到底是咋回事？"

于是，二人辞别了村长，向邻近的庄子奔去。他们一连走了七八个村子，都是冷冷清清，没人开会，也没人去召集发动。问到村干部，回答的几乎和那个庄子一模一样。

二人心情沉重起来，群众发动不起来，土改没法进行，还谈什么翻身过好日子？"

望云一连吸了两支烟，突然把绳一提，扭头对俊耀说："咱们到前边那个村子里转转，看看有什么新情况。"

他们牵着驴，走进村公所，只见院子里站着几个穿蓝制服的人，正在交谈什么。小黄眼尖，认出那个戴帽子的是县委书记王彭，便大声笑道："哈哈，原来你们捷足先登了。"

王彭扭头见是他俩，一下子乐了，快步迎上来，紧紧握住二人的手，敬佩地说："这么大的雪，你们还不坐在屋里写写东西作作画，居然转到这里来了。"

望云嘿嘿一笑，说："我们是循着你们的足迹来的。"

几个人交谈了一阵，话题很快转到这一带的土改上。王彭气愤地说："好多地方出现了这种情况，根据调查，这是一些潜伏的国民党特务和反革命分子干的，他们在暗中组织了一贯道，让群众入会。造谣说要变天，诈骗群众的财物。有些家伙还趁机奸污妇女，甚至惨杀人命。可有些人不觉悟，上了当不敢揭发。有的家中无粮，偏要给神捐献东西，当下教育群众成了头等大事。"

望云和俊耀按捺不住心头的气愤，急切地问："有什么具体任务，只管分派给我们吧。"

王彭笑笑，神秘地眨眨眼说："这任务可大啦，要利用文艺宣传来教育群众，正可以发挥专长了。"

望云点点头，说："好，利用文艺宣传来配合运动，这个主意高。"

王彭和县委几个人用期待的目光看着他，说："这画画的事，可就全靠您啦。"

望云信心十足地说："行啊，你们只管放心，到时拿不出画来，你们找我算账！"

"赵处长，真有你的！"大伙儿为他的爽快和慷慨所感动，一齐伸出了大拇指。

"别忙，"望云摆摆手，眼睛冲俊耀眨了几下，一语双关地说，"这画是有了，可这文章我写不来，你们看……"

"哦，差点儿忘了，"王彭一拍额头，指着俊耀说，"我这老战友是写戏的，就编一出教育群众的戏剧吧。"

"好哇，"望云兴奋地说，"这戏剧素材可有的是，写一本吧。"

俊耀为难了，他的脸一下子红到了耳根处。他搞戏剧创作不假，可毕竟年轻，尚在爬坡时期，能不能编成一出好戏，心里确实没底。便勉强笑着说："还是再等等看吧，我努力把这事办好。"

"看什么，"望云打断他，大咧咧地说，"别太谦虚了。"他把目光转向大伙儿，"我替他说了，到时编出一部让群众满意的戏。"

"好！"大家鼓起掌来。王彭端起两杯水，递到二人面前，恳切地说，"我代表县委，感谢你们的大力支持和配合，并祝早日成功。咱们以水代酒，干了此杯吧！"

于是，大伙儿端起茶杯，在一片欢笑声中，咕咚咕咚一气喝干了。

俊耀在这热烈气氛的感染下，心里一直处在激动和兴奋中。可人们抱的希望越大，他越觉得心里没底，写不好就辜负了县委的一片厚望，心里越发不安起来。

晚上，二人睡在一条炕上，望云吐着浓浓的烟雾，冲俊耀嘿嘿一笑，问："怎么样，小伙子，这戏有点儿谱了吧？"

俊耀叹口气，脸上显出一丝苦笑："老赵哇，我这半瓶子醋你还不清楚？编一出好戏谈何容易，我这只鸭子硬让你给赶上架了。"

"哈哈哈，"望云爽朗地笑起来，"没事儿，我知道你肚里有墨水，要说难处嘛，我比你还大。你看，"他掀开被褥，取出写生本，递给俊耀说，"今天我勾了七八幅草图，竟没有一张中意的，在配合形势搞宣传上我还真是力不从心，快给我提提意见吧。"

俊耀接过本子，见他眼里闪着诚恳、真挚的光彩，心里一阵激动：他偌大年纪还如此认真，那我还有啥说的，忙仔细看下去。

平心而论，他画得确实不错，但作为宣传画，似乎太严肃了。于是诚恳地说："要是画成有故事性的连环画就好了，把生活中的真人实事画进去，那多有教育意义。"

"好，"望云把烟蒂一扔，一骨碌从被窝里坐起来，说，"我怎么就没想到这一层，人们都爱听爱看故事，只要配上插图就能把人吸引住。可编故事的事，还得靠你哟。"

俊耀这回没推辞，点着头说："这好办，咱到下边采访一阵子，故事自然就有了。我配上说明词，你根据内容给画就行了。"

"好，一言为定。"望云啪的一掌，重重地拍在俊耀的手上。

三

二人牵着毛驴，又重新行进在村镇乡间。每到一地，他们就找土改委员会座谈，了解情况，或是到公安部门询问。听说他们是画家和戏剧家，人们都非常支持，公安局的人还把关押的那些反革命拉出来，让他们表演骗人的把戏。一些受害的贫苦人也找他们诉苦，讲解受骗的经过，二人边听边记，就这样一直采访了十几天。

　　这天晚上，二人在一个庄子里过夜。望云燃起蜡烛，正要整理速写，俊耀取出一个小本子，有些羞涩地说："根据这些天来的采访，我初步构思了一个剧本故事，你听听如何？"

　　望云立刻来了精神，放下画笔，用鼓励的目光望着他说："还是你来得快，说吧。"

　　望云的鼓励和认真的态度，使俊耀很受感动，心里也踏实多了，忙把构思的故事从头至尾讲了一遍。

　　望云听完，思索了一阵儿，点点头，肯定地说："行，有戏剧效果，整个故事梗概不错，个别地方再增删一些就更好了。"接着，他提出了几条修改意见，充实了几个情节。

　　俊耀边听边记，心里暗暗称奇。他只知道望云画得好，想不到对戏剧也这样内行，这几条意见，真是头头是道，切中要害！

　　于是，俊耀根据这些意见做了修改，然后又和望云商量，二人共同设计情节、场面，这样反复了几次，一个完整的戏剧故事框架初步拟成了。俊耀开始动笔写作，望云则根据这些情节创作连环画。两个人一个里屋一个外屋，遇到有人来访，外屋的望云就出面接待，他边聊边画，握笔的手一直不停。不过四五天，望云就画了十几张，拿给俊耀征求意见。

　　看着这些构图精美、线条流畅奔放的画作，俊耀觉得非常有情趣，可连起来细看，发现这些画面所表现的故事，像剧本，又不完全像。他一时不解，忙问："老赵哟，您这是中国画还是西画？"

　　望云笑着回答："当然是中国画喽，怎么，不像吗？"

　　俊耀说："怎么我总看着比实际生活有意思，好像有了某种升华。这情节也比我原来设想的丰富多彩了。"

　　"你说，这比照搬生活怎样？"望云问。

　　"当然好，"俊耀肯定地说，"这叫源于生活，高于生活。"

　　"对，咱俩又是不谋而合，"望云欣喜地说，"中国画也应当改革发展，提高它反映现实生活的能力，这和你们写戏一样，如果编得和现实一样琐碎，没个趣味儿，那谁还看！"

　　就这样，两个人相互吸收、学习对方的长处，一个编剧，一个作画，一口气干了十来天。黄俊耀年轻手快，终于编完了这部剧本，起名叫《血训图》。接着，他把剧本拿给作家郑伯奇修改。这老汉办事认真，戴着老花镜一字一板地给他润色词句文采。

望云可着急了，他一来画得十分精细，二来都是一米见方的大画，画面上都是丰富多彩的生活图景，再加上画幅众多。需要构思、起草、勾线、上色几道工序，他天天起早贪黑地干，也不如剧本来得快。郑伯奇没几天就把剧本改好，交给渭南文工团排演去了。望云这下坐不住了，他一边飞笔作画，一边向俊耀恳求："小黄呵，你可不能坐视不管呀，快帮我上色吧。"

小黄无可奈何地笑笑，摇头说："这我真是干不来了。"他看望云那埋头拼命的样子，心里又着实不忍，忙提议说："您看能不能再从单位抽个人来帮忙，这总比你一个人快些。"

一句话提醒梦中人，望云停下笔，略一思索，说："对，文物处的李遇春是张大千的学生，又学过我的技法，正好可以来帮忙，我去给他挂个电话。"

第二天，李遇春带着画笔、颜料应邀赶来了。于是，望云负责构思起草，遇春帮着勾线上色，速度加快了许多。

经过七八天的努力，这近百张的《血训图》连环画终于画成了，望云和遇春、俊耀、伯奇都长长舒了口气。

四

立春过去了。虽然还是春寒料峭，但一阵阵的南风中已经裹挟着微微暖意。这天正逢郃阳杏花镇大集，十里八乡的村民们赶着毛驴，挑着箩筐，三三两两地来赶集了。然而，今天可不同往日，渭南文工团在这里搭台唱戏，几天前就贴出了海报，上面红纸黑字赫然写着：上演革命现代戏《血训图》，还有大幅的连环画故事在集镇上展览。闭塞、寂寞的山乡沸腾了，人们扶老携幼，一早就涌到集上来看。

在万春楼那宽大的露天剧场里，台上高挂幕布，大型戏剧《血训图》开场了。这可不是一般的戏剧，而是根据这一带的真情实事儿编成的。剧中的主人公是一个老实憨厚的庄户人，可轻信了国民党特务的谣言，加入了一贯道，结果家中的财物被骗走了，女儿被道首奸污后，悬梁自尽。妻子气疯了，儿子被活活饿死了，他在土改工作队的教育下，终于觉醒，开始和这些反革命特务做斗争……

剧场的东边，拉着一排铁丝，上面挂着桌面大小的连环画。那逼真的人物，似曾相识的房舍、街道，催人泪下的情节，吸引着无数的乡民、游人。讲解员都是本地的青年学生，画中的内容大都发生在他们身边，因此讲起来感情真挚，声泪俱下。

台上演着《血训图》，台下展览连环画，这真是一堂活生生的革命教育课。再加上那内容、情节正切中时弊，动人心魄，憨厚、正直的乡民们，深深被感染了。他们边看边流泪，有的女人放声大哭，这剧中事，画中人，正是他们自己的真实写照啊！

在戏台左侧，公安局的人设了个检举揭发处，鼓励人们大胆揭发和控诉反革命特务的罪行，或者对自己的不法行为予以坦白交代，可以得到宽大处理。

于是，那些痛哭流泪，或者怒火燃胸的乡民们纷纷来到这里，揭发他人的，反省自己的，一时排成了长队。剧场变成了阶级教育的大会场。

这当儿，一直在剧场四周观看的赵望云、黄俊耀、郑伯奇也激动起来，三双大手紧紧地握在一起，相互祝贺着，"成功了，成功了！"

戏越演越红火，画越展越热闹，连环画随着文工团展遍了渭南各地，取得了辉煌成果，大大推动了土改运动。多年后，那些看过画的憨厚山民们还记忆犹新，一提起来就津津乐道。

后来，这套连环画改名为《一贯道信不得》，在陕西《群众日报》连载发表了。

五

梨花开了，一簇簇，一团团，缀满枝，挤满园。横贯梨园的束鹿古道上，走来一位风尘仆仆的中年人，这便是四十六岁的赵望云。他肩上背着包裹，手里拿着画夹、写生本，那双画家独具的慧眼，久久凝视着那一团团争奇斗艳的梨花，用心地摄取着每一处可以入画的景物。

　　此时，他踌躇满志又感慨万千，二十多年前，他在表哥王西渠的资助下，就这样背着包裹，拿着画夹离开了家乡。从此浪迹天涯，为绘画事业，他倾注了一腔心血，流下了无数汗水。新中国诞生了，他也终于以一个著名画家和西北文化部文物处长的身份赴京开会。出于职业的责任，他想起了在家乡珍藏的冯玉祥的那些书法和绘画作品。忠肝义胆的冯将军，既是自己的忘年之交，又是中国历史上叱咤风云的人物，他的这些书法墨宝，以后将成为珍贵的革命文物，应该尽快收集起来，以便捐献给国家。还有，离家这些年了，表哥王西渠怎么样了？自己那些姐姐们怎么样了？那些正直、朴实的乡亲们怎么样了？

　　走完这熟悉的中原古道，前面就是那座生他养他的周家庄了，他老远就看到了村口那棵老槐树，那座石碾，那棵歪脖柳树，那条熟悉的老街……

　　这一切变得那么陌生，又是那样亲切。此时，他真想大声呼喊："姐姐们，乡邻们，我回来了！二十多年的游子，终于回到了母亲的怀抱。"然而，他忍住了，他毕竟是一位四十多岁的名画家了，纵有如火的激情，也只能深深埋藏在心底。

　　这是他当年视如宫殿的赵三爷的家，黑漆大门不见了，破败的门楼内，几间大北屋断壁残垣，院内满是破瓦废砖，当年周家庄的首富如今已人去屋空。街道里还有很多砖房被拆去了，里面的土坯和木架裸露着，整座村庄变得破烂不堪。他一阵凄怆、悲凉的感觉涌上心头：老解放区了，怎么变成了这个样子！这和全国的大好形势可是格格不入啊！

　　快到家门了，他看到了那座熟悉的院落，那座低矮的门楼，大门虚掩着，里面安静得令人发悸。他推开门，轻轻走了进去。

　　院中的一切，一如二十年前那个样子，只是房舍显得更加陈旧，土墙、猪圈、厨房变得破败不堪了。

　　望云按捺不住凄凉而又激动的心情，轻轻唤了声："三姐。"

　　没人应声，屋里院外还是那样宁静。

　　"姐姐，姐姐，姐姐……"望云一连声地呼唤着，他觉得声音都有些颤抖了。

　　"谁呀？"屋里响起了一个苍老的声音，"生儿，快去看看谁来了？"

随着话音，屋里噔噔地跑出一个二十来岁的男子，他长得眉清目秀，两只怯生生的大眼睛盯着望云。

凭着画家的眼睛，望云一眼便认出了这是外甥振生，忙说："哟，不认识舅舅了吗？"

振生小时候跟着母亲和舅舅一块儿生活过，依稀记得，只是乡间的人腼腆、羞涩，怕见生人。此时经望云提醒，忙结结巴巴地朝屋里喊："娘，俺舅舅来啦！"

"啊，八妮儿回来了！"三姐闻声从屋里走出来。望云忙迎上去，大声说："姐姐，是我回来了。"

六十多岁的三姐，已经白发苍苍，满脸皱纹。她穿着打补丁的家织土布衣服，一双小脚颤微微地站立不稳。

她接过望云肩上的包裹，转身朝儿子吩咐："快去升火，给你舅舅做点儿好吃的。"

望云看着姐姐，千言万语，一时不知从何说起。三姐用那双拧惯辘轳、干过繁重体力农活的粗糙大手，不断梳理着弟弟那一头柔长的秀发，嘴里喃喃地说："八妮儿，怎么你也有了白发？"

望云感叹地说："我也是四十六岁的人了。"

姐弟俩感叹了一阵儿，望云问："王西渠表哥在家吗？我去看看他。"

"在，"姐姐絮絮地说，"他体弱多病，从土改一开始就呆在家里，日子过得挺紧巴。"

望云来到了都大营村王西渠的家，他的房子被拆掉了一半，院子里到处是破砖烂瓦，他坐在浓烟滚滚的灶前，正在烧火做饭。"表哥，表哥，我是八妮儿，我来看您来了！"望云一连呼唤了好几声，王西渠才迟钝地转过身子，眯起一双昏花的老眼朝他盯着。

望云吃了一惊，表哥比他想象中老多了，一头花白的浓发下，是一张木然的面孔，上面布满了刀刻般的皱纹。

此时，表哥也认出了他，慌忙站起来，脸上显出快活的神采。在这一刻，望云仿佛又看到了二十年前的王西渠。他一把拉住望云，嘴里连连说着："新国，你到底回来了，功夫不负苦心人，你总算有志气，成了名画家，争气呀！"

他把望云招呼到正房里坐下，又要去沏茶倒水，望云连忙拦住说："都是自家人，忙个啥呀。"他掐灭烟蒂，深情地说："去北京开会，顺便来看看您。不知怎么，当年您送我去北京求学的情景，这些天来总在我的脑海中闪现，人是有感情的，我在艺术上能取得一点儿成就，还不多亏了您哪！"

西渠连连摆手说："快别提那个了，是金子总要闪光，你是个人才，有良知的人都会拉你一把的。"

看着屋里那空空的四壁，望云心里生起一股怜悯，乡里人的日子不好过哟！临来时，他就打算送给表哥和姐姐们一些钱，可他手里也不富裕呀。思来想去，还是老伴儿开通，把自己多年珍藏的一副金手镯和两个金戒指拿到银行换了钱。

望云感动地握着老伴儿的手说："素芳呀，还是你最了解我，以后国家富强了，咱们的日子好过了，我还给你买新的。"

此时，看着满脸病态的表哥，他一下子从口袋里掏出了二百元，塞到他的手里，抱歉地说："钱不多，帮不了你多少忙，只是聊表小弟的一点儿心意吧。现在解放了，国家逐渐富强起来，咱们的日子都会好起来的。"

"你这是干什么！"西渠忙把钱朝望云手里塞，"你家孩子多，又有那些个姐姐们，用钱的地方多着哩，快收起来吧。"

"这是谁跟谁呀，"望云硬把钱塞到了他的手里，"你日子困难，在生活上补贴着用吧。"

西渠见他执意要给，只好把钱收了起来。

望云环顾四周，又看到了那残破的房舍，忙问："这些村的富户怎么都把房子拆成了这个样子？"

"唉……"西渠长长叹了一口气，脸上显出了无奈的苦笑，他压低声音说："土改那阵子，有人说俺们村富，砖房子多，地主多；四周的村子穷，地主少，所以外村的人们都到俺村里来分房子，可分了又不在这村里住，只好把分到的房子拆掉，把砖瓦木料运走了。"

望云沉默了，他一口接一口地吸着烟，吸着吸着，他把烟蒂一扔，猛地站起来说："哪能这样干呢？搞土改是为了解决农民的困难，可眼下把好端端的房子拆掉，这不成了破坏农村吗！"

"嘘，小声点儿。"西渠摆手制止他，"隔墙有耳，别惹了祸。搞土改闹平分，拆房分地是大事，让拆就拆吧。"

"分房是为了居住，"望云仍然坚持自己的看法，"难道就没有别的措施来解决吗？这房子一拆一盖，要糟蹋多少东西！"

"事情过去了，也就算了。"王西渠劝他。

望云没言声，他陷入了沉思。这样做对吗？符合党的政策吗？西渠家并不富，却被定成了地主，自己作为一个国家干部，应当对群众利益和革命事业负责呀……

六

一清早，望云的五姐、六姐、二姐……就先后从老家赶来了。姐弟们多年不见，今日相逢，又是欢喜，又是心伤，一见面就抱头痛哭起来。欢聚的泪水，幸福的泪水，在他们这些姐弟的脸上流淌。

等哭够了，他们才相互擦拭着眼泪，转哭为笑。望云细看这几个老姐姐，只见她们都已满头白发、皱纹纵横，破旧的衣服上打满了补丁，真是无情岁月催人老啊！他扶姐姐们坐下，一一和她们叙起了别后的情形。

这当儿，一个衣衫破旧、满脸络腮胡子的汉子领着个孩子走进来，一进院就大声说："八叔回来了，俺来看看。"

望云忙站起来，从对方那黝黑、多皱的脸上，一眼便认出了是儿时的伙伴赵庆余。忙跑过来，一把握住他的手，激动地摇着，用颤抖的声音说："你可变样儿了，日子混得咋样？"

庆余苦笑着摇摇头，用那双浮肿憨厚的眼睛望着他："听说你当大官了？"

望云嘿嘿一笑，连连摆手说："这共产党的干部和国民党不同，不管职位高低，都是为人民办好事，等着吧，好日子就在后边哩。"

二人正聊着，外面人声嘈杂，一群人走进了院子。望云扭头一看，有飘了一把胡须的叔叔大爷，也有白发苍苍的婶子大娘，还有儿时的伙伴赵大林，也有几个从未见过面的小伙子，望云忙给人们让座倒水。

老柳叔抖着雪白的胡须喊："八妮儿，八妮儿，让我看看你。"

　　望云忙跑过来，一把搀扶住老人，哈哈大笑着说："多年听不到有人这样叫我了，大叔这样一喊，我觉得一下子年轻了二十多岁。"

　　"呵呵呵……"老人爽朗地笑了，他一手拄着拐杖，一手抚摸着望云的手臂和脸庞，有些感伤地说："八妮儿啊，你要是再晚回来几年，咱们可就见不上面了。前几年，八路军把小日本赶跑。当时俺们就念叨，多会儿咱们的八妮儿回来了，那就是真正的太平了，还真言中了，哈哈哈……"

　　院里的人越聚越多，望云兴高采烈地和人们交谈着，他尽其所知，讲解着中华人民共和国成立后的大好形势，鼓励乡亲们努力生产，以后的日子会越来越红火……

　　不知不觉，天近中午，有人告辞要走。望云忙伸手拦住，大声说："今天中午谁也别走，就在这里吃饭吧。"

　　原来，他早已交给家人一些钱，让他们买了些面粉和猪肉，蒸了馒头，熬了肉菜，盛情款待乡亲和姐姐们。二十多年，难得一聚哟！

七

　　一连两天，来看望云的乡邻和亲朋好友络绎不绝。他热情地接待着，兴致勃勃地和他们交谈着。只是，他挂念的那件事，那个替他保存冯玉祥先生字画的石书轩先生一直没有露面。这个个性极强，且又知识渊博的老先生，平时喜爱收藏书画，望云才放心地把那些东西交给了他。几年来，他时时把这件事挂在心上，而今，石先生在哪里呢？

　　他向几个青年打听，小伙子们一齐摇头。又向他的好友赵大林询问，对方思索了半天，突然一拍额头说："我想起来了，石先生原在辛集居住，1945 年迁到天津去了，临走时把两大包袱什么东西送到了尚家庄他一个亲戚家里。说不定就是冯先生的字画呢！"

　　望云马上来了精神，高兴地站起来说："这下可好了，东西有了着落。"接着他朝大林恳求："陪我到尚家庄跑一趟吧。"

　　大林欣然答应，推上自行车，载着望云向尚家庄飞驰而去。

　　两村相隔很近，不一会儿便到了。大林人熟地熟，很快就找到了石书轩的亲戚家。开门的是位中年汉子，听完大林的询问，连连摇头说："石书轩是我舅舅，他走时送来了一些东西，可压根儿就没见到什么字画呀！到屋里来问问俺娘吧。"

望云和大林随那人进了屋，只见炕上坐着一位身板硬朗的老太太，她耳聪目明，一听完就回答说："有这么回事，是书轩走时亲手交给我的，还说这是冯玉祥将军写的，以后要交给周家庄的赵八妮。可土改那阵子，又是封门又是搜东西的，我藏到哪都觉得不安全，要是万一被搜出来，还不沾上了和国民党的大头儿有来往的罪名！唉，还是保命要紧，我就拿出来烧了，哟，足足做了一顿饭呢！……"老太太不好意思地说着，望云犹如被兜头浇了一瓢冷水，一下子闹了个透心凉！他暗暗叫苦，自己精心保存的这些珍贵书画想不到竟化为灰烬！面对眼前这位既糊涂又精明的老人，他万般无奈，勉强笑了笑，宽厚地说："那就算了，如果以后万一能找到烧剩下的一张半幅的，千万别再毁掉，要写信告诉我……"

"再也没有了，"老太太喃喃地说着，"一共两大包袱，都是我亲手烧的！"

望云黯然了，连最后的一线希望也破灭了。

怀着沉重和无限惋惜的心情，望云和大林离开了尚家庄。一进周家庄，看到这儿一座那儿一处的破房子，他的心里更加烦躁不安。走进家门，几个乡邻正和姐姐们议论着什么，望云顺便说起了这事儿。

一句话触到大家的心坎上，人们你一言我一语地议论开了："咱村富到哪儿了，不就是多几座砖房吗？凭什么让外村人到这里来拆！"

"有人提出用钱抵顶，可干部硬是不让，说那就体现不出平分的伟大意义了。"

"咱村出了七八个地主，还有那么多富农，人家尚家庄才几个？可解放以前这些人过的是啥日子啊！"

听着人们的议论，一股浩然正气从望云的心底涌起，他觉得家乡的做法违背了党的政策，自己有责任把它反映上去，这既保证了党在群众中的威信，又能挽回工作中的损失！想到这里，他站起来大声说："既是这样，我马上给河北省委写信，把咱村的情况反映上去。"

"八弟，你可别惹事了！"望云的姐姐们一齐反对，"你四十多岁的人了，怎么还是这个犟脾气！"

"那怕什么，心里没病死不了人！"在这些姐姐们面前，他还像三十多年前那个倔强的小弟弟，"我这是帮助上级了解情况，是一片好心啊。"

"算了吧你！"三姐也严厉地制止他，"多一事不如少一事，谁不知道祸从口出！再说，咱村这么干也是上头有人支持的，你写信不成了告人家干部吗！"

望云笑笑，不慌不忙地反驳："有错就改，失误就纠，这是共产党的一贯作风，我这样做，正是共产党所倡导的呀。"

"行了行了，动理论俺们辩不过你，反正这信是不能写的。"七个姐姐异口同声地冲着他吼。

赵大林忙岔开话题说："八叔哟，如今你成了大画家，还能不能给咱画几幅画哟？"

"嗨，你怎么不早说呀！"一提绘画望云便把什么都忘了，他畅快地把手一拍，马上打开包袱，拿出厚厚一沓宣纸，说："你要多少吧，我都满足。"

探望的乡亲们呼啦啦围上来，纷纷说："给我画一张。"

"好，好，别急，人人有份。"望云高兴地答应着，把炕上的被子卷起来，展纸润笔，风卷残云般地画开了。他画的都是农村风情，自从去北京参加了文代会后，他的画风和以前截然不同：在他的笔下，再也看不到那种荒凉、萧条、凄冷的农村景象了，展现在眼前的，是生机勃勃、蒸蒸日上且又充满时代气息的新农村、新农民的图景。真是天变了，地变了，社会变了，赵望云的画风也变了。

他画呀画呀，三十年前他给人们画灯笼、年画，就是这样画的，现在作为一个著名的画家，衣锦还乡后，又这样伏在炕前给人们画。

他画呀画呀，一直画到太阳落山，一直画到月亮升起，一直画到夜深人静。当万籁俱寂，村里人和姐姐们都沉入甜甜的梦乡时，他收起画笔，铺上稿纸，给河北省委写起了信。他怀着一腔情愫，用恳切的言语，把自己所看到和听到的，以及个人的感想，统统写了进去，他自信这是对党的信任和忠诚。

第二天，他亲自把信发了出去，也寄去了他的一颗心。

望云要走了，他给姐姐们留下了一些钱，给乡亲们画了许多的画。还给村里新办的戏班捐了一笔款。七个姐姐和他又是抱头痛哭，乡邻们也和他难分难舍。大家清楚，望云工作繁忙，此次一别，还不知何年何月才能相见。老人们拉住他的手，口口声声说着"八妮儿还来"，同龄人和他泪眼相望，握紧的手久久不忍分开，年轻人替他背着包裹，拎着画夹，送了一程又一程。

从周家庄到辛集，又从辛集到石家庄，真是十里长亭，泪水诀别啊！望云的眼睛模糊了，乡亲们对他如此厚爱，这使他激动万分。火车开动了，他的头抵在车窗上，好一阵儿，还看到赵庆余、赵大林朝他挥着手，三姐那苍老的声音还在耳边呼唤："八弟，常来信啊！"

时隔半个月，有一天，赵望云从单位下班回来，刚进家门，妻子杨素芳就冲着他埋怨："你呀你呀，想不到回家一趟，就闯了这么大的祸！"

"出啥事了？"望云丈二和尚摸不着头脑。

"你自己看吧。"素芳把一封信递给了他。

望云展开一看，是三姐托人寄来的。信上说给河北省委写信的事，村上的干部已经知道了，说这是地主阶级的反攻倒算，是向贫下中农的进攻，准备向有关部门检举揭发这件事。

此时，素芳跺着脚责备他："你回家就回家，多管这些闲事干啥？人家拆房与你何干？这下倒好，给自己和家庭惹了麻烦，值得吗？"

望云眼睛盯着信，嘴里喃喃地说："我总觉得这没有错，我是真心热爱党、热爱祖国才这样做的。"

"不管怎么说，反正你是跌了跤。"

果然，这事儿不知怎么传到了本单位，一些人便说三道四地指责。望云听到了，不解释也不辩白，他自信自己没有错，这事儿早晚会得到证实的。

一个月后，河北省委给他来了信，首先肯定了他的做法是正确的，是热爱国家、关心革命事业的表现。省委派人下去做了调查，证明他反映的情况完全属实。根据他的意见，省委又采取了补救措施，并再三对他这种为国为民负责的精神表示感谢。

没几天，家里又来了信，说上级派去了工作组，认为土改时有过"左"的地方，把几家地主、富农的成分做了更正，人们都很满意，说多亏八妮儿写了信哟……

赵望云释然了，妻子脸上也有了笑容，单位中那些风言风语也自消自灭了。望云自豪地对素芳说："怎么样，还是我正确吧！"

素芳没再说什么，她最了解丈夫。

第十八章　古迹新颜

一

爆竹声声，喜庆新春，粮道巷 15 号的赵家宅院里，喜气洋洋。六个孩子都穿上了新衣服，赵桂敏抱着两岁的小弟振陆，领着四个大些的弟弟在院里玩耍。孩子们玩得开心，可又都觉得像少了点儿什么，对了，黄胄哥参军走了，庶之哥也在年前参加了工作，搬到美协去住了，如果有他们，那一定会更有意思！

屋子里，望云正斜倚在被摞上，眨着两眼，似在思索什么。素芳收拾了碗筷，按照多年的习惯，她知道丈夫正在构思新画，便轻手轻脚地拿起针线活儿，默默地给孩子们缝起了衣服。

夫人没有猜对，望云此时并没有构思作品，党的安排使他放下了最心爱的事业，这时他已顾不得考虑自己的绘事了，脑海里正翻腾着文物工作。

西安文物建设该怎样插手呢？此时，西北局书记习仲勋那满含期望、鼓励的话语又在耳边响起："……西安是十二代王朝建都的地方，地上地下文物古迹甚多，出土散落民间的更不计其数，你这文物处长可大有用武之地哟！"

他把这些话铭记在心。一有空就反复品味、咀嚼。去年在敦煌回西安的途中，望云就和张明坦讲起了这事，明坦立刻赞同地说："对呀，咱陕西的文物得天独厚，西安碑林更驰名中外，文物珍品不胜枚举，早该筹建一座有陕西特色的博物馆了。"

　　"好，你真说到我心坎儿里去了！"望云笑得合不拢嘴，他拉着明坦的手说："我再补充一句，为了更有利于发掘地下文物，收集民间散落的珍品，这个博物馆应当具有发掘、搜集、保护、科学研究等多方面的功能，还能利用文物去搞宣传教育。"

　　"老赵哇，你比我看得远。"明坦敬佩地说，"你这个设想很好，咱们就冲着这个目标努力，一定要把它建成全国第一流的博物馆……"

　　两个人越谈越投机，还商量了一些具体细节。末了，明坦说："我报党委研究一下，你等着好消息吧。"他在党内是负责文化工作的，有他的支持，望云自然就更放心了。前天明坦向他传达了党委的决定，委任他全权主持筹建西北历史博物馆。当时，他激动得彻夜难眠，脑海里反复思考着建馆的事情：要建馆，首先要有一批优秀的行政管理人员和精通业务的骨干，这两种人才到哪里去找呢？

　　他靠着被擓，苦苦思索着。蓦地，他的脑海中闪出了两个人。第一个白净脸、双眼皮，办事精明干练，他叫鲁石安，现在文物处工作，此人是师专毕业，爱好美术，原是西安地下党员，工作泼辣能干，适合搞行政管理，把他调来负责博物馆的行政事务不是很好吗？第二个膀大腰粗，看起来憨里憨气，但这是个极端内秀的人，他叫范文藻，原在敦煌搞美术。去年自己去敦煌时，发现他的画很有功底，回来时，他和常书鸿到西安来办理交接手续，并带来了一大沓临摹的敦煌壁画，在省里的文化部展出后，受到了人们的称赞，此人业务能力挺高，把他调到博物馆负责业务方面的事情，真算是人尽其才了……

　　还有，这博物馆的地址选在哪里呢？为了方便中外游人，一定得设在交通方便的地方。华清池太远，大雁塔、小雁塔处都不合适，碑林，对了，这里交通方便，又是书法碑刻的艺术宝库，中外游人对碑林十分瞩目。好，就选在这儿。这会儿没事儿，自己先去勘察一番。想到这里，他一跃而起，妻子以为他要作画，也没往心里搁。谁知望云没去画室，却披上衣服转身就朝外走。素芳忙问："大年初一，不好好歇一天，要去哪儿呀？"

　　"去碑林转转。"

　　"哟，那么远，别误了中午吃饭。"

　　"没事儿，到时回不来别等着。"

望云甩下这两句话，人已到了大门口。

<h1 style="text-align:center">二</h1>

外面阳光和煦，但微风吹过，仍然使人感到十分清冷。赵望云裹紧衣服，穿街过巷，大踏步走着。他来到一座城门洞中，里面光线昏暗。他正要穿洞而过，忽见边上围着几个人。他感到奇怪，忙过去观看。只见地上摆着一堆旧书，旁边放着几张花鸟画，一位三十来岁的中年汉子蹲在摊旁，招徕着主顾，这显然是个卖旧书的。那汉子虽然衣衫破旧，但说话文雅，像个有知识的人。再看那画，虽然不是名家手笔，但那花、草、虫、鱼却也活灵活现，一看便知具有一些功底。再看那上面的题鉴，写着陈尧生几个字。

画家爱画，望云来了兴趣，忙指着那印玺问："这陈尧生是谁？"

那汉子忙回答："这是我的几篇拙作，见笑了。"

"你就是陈尧生？"望云又上下打量了对方一番，见他两眼凹陷，面有菜色，忙问："你是哪里人，在什么地方工作？"

"我是河南人，"陈尧生脸上浮现出无奈的苦笑，"原做小买卖，折了本，现在干起了这个，借城门栖身。"说着，指了指身边的一小卷铺盖。

哦，是个流浪汉。望云心里一酸，但转念一想，这不是个绘画人才吗，眼下正当用人之际，何不同他谈谈。

于是，望云蹲下和他畅谈起来。聊了一阵儿，见他人挺老实，知识也很渊博，便把话题一转，认真地问："老弟呀，你想不想参加工作？"

尧生扑哧笑了，说："我咋不想，可哪儿要我呀！"

望云也笑了，说："你别看不起自己，现在这里正筹建历史博物馆，急需一批精通绘画，又懂历史的人才，你去那里正合适。"

"行吗？"陈尧生疑惑地问，"就我这身衣服，贸然去闯，人家会把我当乞丐撵出来的。"

"没事儿，"望云胸有成竹地说，"明后天你去找我好了。"望云说着，掏出一张纸条，写上了自己的姓名和住址。

陈尧生接过，看着字条，突然眼睛一亮，惊喜地说："原来您就是大画家赵望云，我早就知道您的名字，崇拜您的作品，想不到您竟是这样一位侠肝义胆的人，叫我咋感谢您呀！"

望云红了脸，不自然地笑着说："别说那个，我正筹建博物馆，急需人才呀！像你们这样有绘画特长的，流落在民间不就埋没了吗！"

尧生唏嘘感慨了一阵儿，突然开口说："对了，前面的开颜寺中住着一位画师，画得比我强多了，听说是张大千的学生。"

望云心里一震，一股喜悦涌上心头。真没想到，西安还隐居着这样的人才！他辞别了陈尧生，匆匆向开颜寺走去。

走进大殿，按照一个和尚的指点，他在一个小厢房里顺利找到了那位画师。这是一位四十余岁的中年人，正盘腿坐在禅床上，身上搭着半截小褥子，倚着小矮桌画书签、火柴盒。

"打扰了，先生。"望云客气地朝他打招呼。那人打量了他一眼，放下笔，搓着冻僵的手说："快坐吧，先生从哪里来？"

望云在他身旁坐下，见屋里除了纸和笔，就是放在窗台上的一小碗结冰的浆糊粥了，这大概是画家的饭食。屋子里冷得出奇，一位名画家的高足，竟然沦落到这步田地？望云不禁升起一股怜悯，他笑笑说："我叫赵望云，听说您是大千兄的弟子，特来拜访。"

"哟，您就是著名的国画家赵先生。"那人慌忙下床，一把拉住望云的手，激动地说："张老师经常提念您，十分敬佩您的人品和作品，想不到您这样年轻。"

"先生过奖了，"望云微笑着说，"您是哪里人，现在有工作吗？"

那汉子腼腆地回答："我叫何海霞，原是北京人，现在这里借宿，大画没人买了，就画些小书签和火柴盒卖给公私合营的小企业，勉强混碗饭吃吧。"

"唉，您太清苦了！"望云同情地叹口气，和他攀谈起来。他心里挂念着张大千，便留意打听这位名画家的地址。

何海霞思索了一阵儿，说："1945 年我跟着老师入川，游览了蜀中的许多名胜古迹和高山大川，1948 年分手后，他就出国了，现在还没有接上关系，我也正在寻找他呀！"

望云惋惜了一阵儿，欣赏起了何海霞的几幅作品。只见他的画技法娴熟、线条细腻优美，既有富丽秀润的青山绿水和工整不苟的亭台楼阁，又有放笔挥洒、酣畅纵逸的水墨山水，淡妆浓抹，粗细相兼，艳丽与淡雅交相辉映，非常协调。真是名师出高徒，果然具有张大千的风格韵味。

望云越看越爱，末了，他一把握住何海霞的手说："老弟呀，别在这里受罪了，跟我走吧，去博物馆，去美协，随你挑选。"

何海霞激动了，他眼里噙着泪花，紧紧攥住望云的手，声音颤抖地说："士为知己者死，您这样器重我，我一定不负厚望，在绘画上干出一番事业！"

"好，"望云深情地看着他说，"咱们志同道合，往后，让我们在艺术上相互切磋、共同攀登绘画的高峰吧！现在百废待举，急需各种人才，流落在民间的一些画师，我们都要录用，您能提供一些吗？"

"有哇，"海霞来了兴趣，"据我所知，咱西安还有郑乃珖、叶访樵、蔡鹤洲、蔡鹤汀二兄弟……只是有的漂泊不定，还需查访一番。"

望云掏出本子，把这些名字一一记下来，末了，他兴奋地把本子一合，说："老弟呀，您可帮了我的大忙了！"

三

望云来到碑林时，天已晌午了，远远近近的爆竹又噼里啪啦地响起来。

碑林位于西安城内的柏树林街南端，由于里面碑石如林，所以人们便起了"碑林"这个名字。它是北宋时期宋哲宗元祐五年时，为保存唐《开成石经》所建立的，距今已有九百多年了。这地方收藏了汉、魏、隋、唐、宋、元、明、清的碑志二千三百余件，其中有欧阳询、颜真卿、柳公权等古代书法大家的稀有珍品。刻于唐文宗开成二年的《开成石经》，由一百一十四块石碑组成，两面刻字，排列整齐，气势雄伟，犹如一道峻峭的石墙。碑林简直是一座石体文化宝库，历代许多著名书法家的手迹、重要的历史事件、中外文化交流和地理名图等都被保存下来。著名的《华夷图》《禹迹图》和《兴庆宫图》都保存在这里。

此外，碑头、碑座、碑侧上的精美花纹、图案，人物画、凤鸟、游龙等，又是重要的艺术佳作。西安碑林以它独特的风格、精湛的艺术和苍劲的书法，吸引着无数的游人。

然而，现在这里却冷冷清清，偌大的庭院里看不到一个人影。望云轻轻走进大门，面前的景象使他的心里陡然一沉。只见庭院里长满没膝的荒草，给人一种荒凉、破败、凄冷的感觉，院子里看不到一块碑石，只是堆着一座座巨大的黄土包，就像一片坟墓。望云早就听说过，抗战期间，日寇的飞机在西安狂轰滥炸，为了保护这些稀世文物，原碑林保管所的工作人员，用黄土把碑林覆盖起来。他们说得好，留得青山在，不怕没柴烧，只要能保住碑石，有朝一日总能破土重见天日！

望云踏着荒草，围着黄土包步量着，只见这一个个土包大的直径约有几十米，小的也有十几米，当年人们为保护这些石碑，费了怎样的力气哟！望云感叹、思索着，来到中间的一排房舍前。只见这里砖瓦遍地，阶石破损，画廊的油漆已经剥落，鸟粪、垃圾遍地都是……真像一个人迹罕至的荒凉所在。望云这儿转转，那儿瞧瞧，终于，在西边的一座房角处，看到了一位中年汉子，那人也发现了他，径直向他走来。

近了，望云见他中等身材，穿着一身旧衣服，两眼警惕地望着他，显然是这里的看守人员，忙招呼说："同志，辛苦啦，就你一个人吗？"

那人点点头，憨笑着说："别人在城里都有家，回去过年了，我无牵无挂，留下看守房舍。"

"您贵姓？在这里工作多久了？"

"我叫王勋，"那人很有礼貌地回答，"在这里工作快十年了。西安解放后，政府送我们几个人到革命大学学习，年前毕了业，仍然分配到这里。"

望云听他一直待在碑林，立刻来了兴趣，用心地问："那你一定知道当时用黄土保护这些碑石的经过啦？"

"当然知道，"王勋认真地说，"当时，我们这儿的全体人员，再加上找来帮忙的居民们，几百号人用大车拉、小车推、人担，起早贪黑地干了一个多月呢……喂，同志，聊了半天，我还不知道您贵姓，是干什么工作的呢。"

"我呀，"望云嘿嘿地笑了，掏出一支烟，先敬了王勋一支，这才慢吞吞地说："我叫赵望云，在西北文化部文物处工作，眼下正筹建历史博物馆……"接着，他把自己的来意和计划一一说了。

"原来您就是名画家赵望云！"王勋瞪大眼睛，惊喜地说："我早就听说过您的名字，敢情您还是文物处长，想不到这样平易近人！"

小伙子乐了，他觉得望云不像个干部，倒像个知己、朋友，忙跑进屋里，端出一大碗白开水，两手捧着递给望云。

望云接过，一屁股坐在台阶上，边喝边和王勋聊起来。王勋见他心诚意切，便扯开了话匣子，把自己知道的事情，一股脑儿讲了出来。望云认真地听着，还不时地询问，王勋讲得更来劲儿了。

看着滔滔不绝叙说的王勋，望云心里不禁一动，暗暗思忖：这人不错，忠于职守，挺有责任心，办博物馆可不能少了这样的干部。让他负责总务再合适不过了……

二人一直畅谈到晌午，望云怕耽误了人家吃饭，忙告辞离开。王勋一直送到大门口，临别时提醒说："赵处长，西北革命大学还有些人没分配工作哩，那里可有人才呀。"

"还有多少？"望云注意地问。

"说不准，大概五六十人吧。"

"那好，我马上去看看。"望云顾不得回家吃饭，在小摊儿上买了几根油条，边吃边向革大走去。

四

学校虽然放了假，但有个副校长正好值班。望云掏出证件和文化局的介绍信，说明来意。那位副校长忙热情地给他拿出了待分学员的名单，并一一做了介绍，又把档案材料让望云看。经过仔细筛选，他挑出了两名干部：一个叫李长庆，中华人民共和国成立前在文物商店工作，擅长古文物的鉴定。博物馆经常和古文物打交道，这种人才自然不能缺少。另一个叫段绍嘉，入学前是自由职业者，有书法特长，这在碑林博物馆就会有用武之地。望云和这二人经过座谈，见确实有真才实学，便给他们办了调动手续。

各方面的人才，源源不断地来报到了，可望云仍然火烧火燎地坐不住。

他知道，要建博物馆，离不了精通业务的历史专家，可这样的名家到哪里去请呢？北京、上海……中华人民共和国刚刚成立，这样的专家真是凤毛麟角，人家能离开原单位到这里来吗？唉，千军易得，一将难求啊！

这天晚饭后，望云无心作画，倚在被摞上，大口大口地吸烟，苦苦思索着这件事。

突然，他的脑海里出现了一个人的形象，这个人中华人民共和国成立前在西安搞美术，叫王子云，他的妻子何正璜就是一位历史学家。夫妇二人都在日本留学，曾留在西安从事古代文物的收集工作。望云还依稀记起，中华人民共和国成立前徐悲鸿在西安开画展时，何正璜发表过评论文章，写得挺有水平，见解独到，可这夫妇俩在哪里呢？西安这么大，人海茫茫，找个人如同大海捞针！他到文化局去打听，到人事处去询问，都说不清楚，最后来到了方济众家里。

方济众听完了老师的叙述，兴奋地说："怎么这样巧，昨天西北中学有个旧友来找我，聊天儿中说起了他那里有个考古专家叫何正璜，因工作不合适，和丈夫一块儿调到四川去了。"

"哎呀，"望云两手一拍，惋惜得连连跺脚，"可不能放他们走哇，咱这博物馆没有专家咋行？调到四川什么地方去了？我马上去追，萧何月下追韩信，我要找回这个何正璜！"

"我也说不清，给那里挂个电话问问吧。"方济众说着，跑出去挂电话。

望云坐在凳子上，大口大口地吸着烟。半支烟工夫，方济众跑进来，惊喜地说："赵老师，他们虽然手续已经办妥，可人还留在西安，正在处理一些后续事宜。"

"太好了！"望云转忧为喜，烟也顾不得抽了，让方济众借了辆自行车，载着他向何正璜夫妇的住处驰去。

人急车快，不一会儿就来到了王子云的公寓。师生二人推门进去，见他们夫妻正在捆绑行李，一副就要起程的样子。望云和王子云是老相识，不用客套，便直截了当地说："听说你们要走了，我特地来挽留你们，不为别事，只因咱西安要筹建一座历史博物馆，正缺这方面的专家……"接着，他详细讲述了建馆的设想和发展前景，又恳切地说，"为了咱西安的文博大业，为了能建成全国第一流的博物馆，你们留下吧，这里大有用武之地，馆里没有专家，就像群龙无首，我们不能没有何教授哇！就算我赵望云求你们了……"

王子云夫妇静静地听着，既然手续已经办好，他们是决意要走的了，可望云这真诚、热切又充满无限期待的话语，使他们不忍拒绝。

"留下来，"赵望云苦苦地劝说着，"何教授就在博物馆里当专家，王先生愿在这里更好，愿意从事美术工作我负责给你介绍……"

方济众坐在一旁，听着老师滔滔不绝的劝说，心里满是新奇和感动。他深知：老师是个自尊心极强的人，从不为个人的事去求谁！没见过他跟谁说过好话。可今儿个一反常态，好话说了一大堆！唉，为了工作，老师这个红脸汉子也张嘴求人了……

渐渐地，二人动心了，其实，只要能人尽其才，充分发挥自己的特长，在哪里还不是一样地工作呀！

一番知心话，一腔真挚情，何正璜激动地站起来，感叹道："我们本来是不想走的，可在这里用非所学，实在是不愿荒废了知识啊！现在赵处长亲临寒舍，我们遇到了懂行、开明的领导，也算找到了用武之地。"她回头对丈夫说："子云，你看赵先生一片诚意，咱们还是别走了吧。"

"好，不走了！"王子云终于下定了决心，转身去解捆好的行李。

望云绽开笑脸，紧紧握住二人的手，动情地说："我代表文物处，衷心感谢你们啊！"

五

仅仅一个来月，经过望云的来往奔波，博物馆干部队伍的架子已经搭好，各种业务人才也已配齐，剩下的就是动手清整场地了。然而，他总觉得还缺少点儿什么。大前天，他和张明坦、何正璜、鲁石安几个人到厅院里查看了一番，感到地方虽不算狭窄，但随着祖国建设事业的发展，往后将不能适应西安旅游事业的需要，最好再扩展一倍。可向哪里扩大呢？此时，众人的目光一齐投向碑林南边的孔庙，如果能把这一片房舍合并起来，不仅面积能扩大一倍，就连博物馆的陈列室也解决了。望云高兴异常，和张明坦立刻去找西北局书记习仲勋请示。经过协商，这件事成功了，孔庙划归了博物馆。赵望云和张明坦、何正璜几个人商定：把孔庙画廊上原供72贤牌位的长条形房子，作为博物馆的主要陈列室。大成殿宽阔明亮，正好作为展览室，那些建造精致的小殿，可以安排成外宾接待室，碑林中原有的几间房子，陈列青铜器、陶瓷、民间工艺品等⋯⋯

一切准备就绪，大规模清理博物馆的劳动开始了，为了节约经费，赵望云决定带领大家自己动手去干。

清早，寒风凛冽，赵望云起了床，顺着荒草中的一条小径，信步朝前走去。

为了工作方便，他把家属从粮道巷迁到了碑林院内。这里房子少，地方拥挤，搬家时把一些家具送了人，倒也落得轻省。

扑棱棱一群栖息的鸟雀被惊起，啾啾叫着飞走了。前面，就是那几百座巨大的黄土包了。今天就要剥掉土壳，让这些碑石重见天日了！望云心里一阵激动，这可是一项挺有意思的事情，以后可以当作故事讲给后人听哩⋯⋯

快到门口时，突然外面涌进一群人，扛锨的，背镐的，拉排子车的，挑着土筐的。他们一见望云就喊："赵处长，您早哇！"

望云一看，是何正璜、鲁石安、李长庆、段绍嘉他们，诧异地问："不是讲好八点才上班吗？现在才六点多呀。"

何正璜笑着说："俺们家里有人做饭，早晨起来空气好，干活儿方便呀。"另外几个人也七嘴八舌地说："农民们早晨起来都干活儿，咱们为啥就不能！"

望云心里一热，兴奋地说："好，咱们一块儿干！"

一群人投入到清整的劳动中，多年沉寂、荒凉、凄冷的庭院里响起了喧闹的劳动号子声，锨镐叮当，人来车往，一座黄土包被开膛破肚，那没膝深的荒草被一点点儿铲掉，遍地的砖石、垃圾也在消失。虽然还是春寒料峭，可人们干得热火朝天，面前这个小土包就要被剥开了，大家来了兴趣，干得更起劲儿了。有人喊起来："先看看这头一个出土的碑石刻的啥！"

突然，旁边响起了何正璜那响亮的女高音："小心，别碰坏了石碑！"一句话提醒了大家。的确，这些碑石都是稀世之宝，稍稍碰坏一点儿，就成了难以弥补的损失。

赵望云立刻指挥大家丢掉大镐，改用小铁锨一点点地铲。人们小心翼翼地把四周的土掏去，那情景仿佛是考古专家在精心地挖掘出土文物。

早饭时分，一座碑石终于露出了它的真面目。何正璜凑到近前，围着碑石看了又看，用手擦掉上面的泥土，突然兴奋地说："好了，这是大书法家王知敬写的'李靖碑'，是世界上独一无二的墨宝啊！"

望云忙凑上去，见碑上沾满了泥土，但借着冉冉上升的红日，他依稀辨清了上面的"李靖碑"几个大字。

此时，有个小伙子举着铁锨想刮掉上面的泥土，望云忙拦住说："别用这个，等天气暖和了，担一些清水来，用笤帚蘸着水刷洗。这些碑石，一丝一毫不能损伤啊！"

六

碑林沸腾了，孔庙沸腾了，偌大的庭院内，从早到晚，洋溢着人们劳动的欢笑声。铲土的，拉车的，挑担的，抢镐的……一个个汗流浃背，有的手掌磨起了血泡，肩头勒得又红又肿，可没有一个人喊苦叫累。他们一看见赵处长在和自己一样地流汗，一样地拉车抢镐，再苦再累也就咬紧牙关挺住了。

住在后院的杨素芳，每天领着孩子们来送开水、绿豆汤什么的，见大家干得十分起劲儿，还有说有笑，有人还扯开嗓子唱京剧，不禁有些诧异：这些握惯画笔、写惯文章的"书生"们，咋还这样能吃苦？

然而，过了两个多月，她却担心起来。原来，博物馆的清整工作开始后，赵望云比谁都忙，他不仅要和人们一块儿埋头苦干，还要抽空到炭市街文物处上班。别人休息了，他还要开会，找人商量问题，恨不得把事情一下子干完。没有星期天，没有节假日，每天吃了饭，把嘴一抹就走，好像这个家是别人的。人不是铁打的，她眼看自己的丈夫一天天瘦下来，心里暗暗着急、心疼。几次想开口劝劝，可话到嘴边又咽回去了。老头子固执、倔强，他认准的理儿，一般人可劝不动啊！但是，就任他这样玩儿命地干，又心下不忍，她决定先和女儿商量一下。

此时，桂敏已经十八岁，正上高中二年级，已经出落成一个亭亭玉立的大姑娘了。对身边这个女儿，赵望云视为掌上明珠，从小就喜爱。走亲访友，常把她带在身边，当有人夸奖："哎哟，这小姑娘长得真漂亮！"望云便笑眯了眼，打心眼儿里舒坦。天长日久，父亲就对女儿百依百顺了。难怪母亲有些事，总爱找女儿商量，有些话叫桂敏去说，父亲还是能听得进去。

这天中午，望云又没回来吃饭，桂敏端着一碗面条，大口大口地吃着，偶一抬头，见母亲碗筷没动，她感到奇怪，忙问："妈，您怎么了？还不快吃。"

母亲仍然没动，两眼满是忧郁、苦涩的神情，幽幽地说："小敏，你这么大了，也该懂事了，你看看你爸爸这阵子瘦成了什么样？再这样下去，怎么得了！"

桂敏一怔，可不是嘛，父亲这阵子的确消瘦了许多。往日回到家里，有说有笑，得空便提笔作画。从今年以来，画也不作了，总爱一个人倚着被摞吸烟打盹儿，这究竟是怎么啦？她把心里的疑问向母亲一讲，素芳着急地说："傻闺女，这是干活儿累的，那么重的活儿，一干就是半天，早起和傍晚还要跑到机关上班，这不是玩儿命吗！你劝他另想个办法，别再这么干了。"

"对呀，我是该劝他。"桂敏点着头，仿佛一下子长大了许多。

这天晚上，望云拖着疲倦的身子回到家里，见一家人正围着桌子准备吃饭，便一屁股坐在旁边，掏出烟卷一口口地吸起来。

桂敏像父亲一样心直口快，她想着中午娘的嘱托，便一边摆着碗筷一边开了腔："爸，你们整天这么没命地苦干，就不怕累坏了？"

望云愣住了，平时对大人的事儿从不过问的女儿，今天这是怎么了？但他马上就明白过来，这一定是她母亲的主意，想劝阻清理博物馆的事儿，今儿个得借机向她好好解释一下。于是，便嘿嘿一笑开了口："小敏哪，你看我整天东奔西跑，还跟着大伙儿一块干，也没累坏呀。"

"你不嫌累，别人还嫌累呢！"桂敏的小嘴儿像敲梆子一样不饶人，"就不怕别人给你提意见？"

望云仍然不急不慌地反驳："照你这么说，工作就该停下，博物馆别建啦！"

"谁说停啦，"桂敏寸步不让，"难道就不会想个别的办法，依我看，找几个清洁工人，保准比你们干得又快又好！"桂敏很得意，思忖父亲一定被自己说动了心，素芳在旁边也满意地舒了口气。女儿所说的，正是自己的心里话呀。

然而，她们猜错了，望云根本没听进去。他把烟蒂一扔，理直气壮地说："找几个工人，说说容易，这要花多少钱？博物馆进了这些干部，开展业务活动又要花多少钱？整修庭院这些活自己能干偏偏不干，却要花钱雇人干，这不是浪费吗？再说，难道让我们整天坐在屋里看别人清整吗？解放时间不长，政府要办的事情很多，开销很大，钱不省着花咋行！"

桂敏没词儿了，默默地低下头去。

望云拿出一支烟，缓和了口气说："何况大家在一起干干活儿，既能加深理解，又建立了友情，往后工作起来就会相互支持，团结一致，就是累点儿也值得呀。"

此时，素芳坐不住了，她是个敏感又通情达理的人，早听出丈夫这套大道理是冲着自己讲的，忙开口说："是啊，你说的都对，我就是怕把你累坏了，还惹来别人一堆意见。"

"这好办，"望云笑笑说，"以后我注意劳逸结合，多关心别人的健康就是了。"

"还要注意自己的身体，"妻子多情地看着他，"每天多歇几次，叫大家喝点儿水，喘口气，别干得太急了，身体不好的，让他们回家休息几天再来。"

桂敏见两个大人说起了话，自己的任务算是完成了，便把碗一放，领着几个弟弟跑出去玩耍了。屋子里，夫妇俩的谈话变成了窃窃私语。

七

拓荒工作终于完成了，一座座巨大的黄土包不见了，一座座碑石冲洗得干干净净，秩序井然地排列着。庭院里整整齐齐，呈现着一派蓬勃向上的气氛。筹建博物馆的基础工作已经完成，进入了整理的关键时期：要修建新展厅，设计结构和布局，这任务自然就由负责陈列的同志负责；要整理现存文物分类展出，这事就由历史学家何正璜负责；哪里要美术插图，就由美术人员范文藻、陈尧生等人设计；前言、结束语和文字说明，先由专人拿出初稿，再经大家讨论、专家审核确定。管行政的负责跑腿联系，管总务的负责后勤供应……在赵望云的精心安排下，博物馆的干部们既有分工，又有合作，各就其位，各司其职，真是八仙过海，各显神通，建馆工作顺顺当当地展开了。这和以前的拓荒劳动不同，在一起集中工作的机会少了，多是独当一面，各自为战。望云则统筹全局，在各点之间联系沟通。按理说，这时候可以轻松一些了，可他偏偏闲不住，哪里都要去看看转转，事事爱较真。

这天上午，他来到了展览大厅，这是由孔庙中的大成殿改修的，宽敞明亮，有几个美术人员正站在梯子的顶端给大梁勾金描彩。望云站在下面，仰着头仔细看了一阵儿，便高声喊起来："喂，先涂金粉，再接着绘彩，那颜色太浅，再兑上一点儿绛红……"

他喊得满脸涨红，头上冒汗，似乎比梯子上的人员还费力。这当儿，后面有人招呼："赵先生，赵先生。"

望云回头一看，原来是鲁石安，忙问："有什么事？"

鲁石安看看他那该洗的衣裤和疲倦的面容，关切地说："没什么大事，叫我说呀，这里有范先生和我照看就行了，今天是星期日，你在外边跑了一上午，也该回家去歇歇了。你家小七还没满月，你也……"

"现在可不是歇着的时候，"望云打断他的话，认真地说，"这彩绘勾金一画坏，再改起来可就麻烦啦，我要是回家歇着，能放得下心吗！"

一句话噎得鲁石安喘不过气来，他本是好意，哪曾想惹得望云不快。正没处下台，突然，外面响起了一个孩子稚嫩的喊声："爸爸，爸爸。"二人扭头一看，只见望云的儿子赵振霄跑进来，呼哧呼哧地喘着粗气说："我给妈去买药，骑一下您的自行车吧。"

原来，组织上为了照顾望云，给他配了辆自行车，他当成眼珠子，平时放在家里，谁都不让动。

"不行不行，"望云严厉地望着他，大声说，"这是公家的东西，只能办公事，你还是跑一趟腿吧。"

振霄无可奈何地站在那里，鲁石安朝他做了个鬼脸，拍着他的肩膀说："小霄啊，你父亲办事特别认真，这自行车让不让骑倒是小事，可当心把你爸累趴下了呀！"

望云会意，嘿嘿一笑，说："我可不是那种文弱书生，俺从小种田浇园，熟皮挑水，早练就了一副硬身子骨，咱们走着瞧，看把谁累趴下了！"

这一年望云就像在创作一幅重大题材的美术作品，在博物馆里披肝沥胆、呕心沥血地工作，大事小情，事必躬亲，唯恐有什么疏漏。奇怪的是，他不但没有累病，反而精神焕发，好像越活越年轻了。

经过一年多的整理，新展厅布置好了，涂彩勾金后的雕梁画栋鲜艳夺目，散乱的碑石也按朝代集中到一处，昭陵六骏也在室外墙壁镶好。一块块的碑石，有的如群峰耸立，有的似排兵布阵，有的拼成一排排的石墙，走进里面，仿佛置身石林迷宫。虽然曲径回转，但处处相通，进出自如。院里栽满鲜花，一处处的路标赫然醒目，这个有着地方特色、全国第一流的西北历史博物馆终于诞生了。

为了提高干部的素质，望云还把几位业务骨干组成一个考察小组，先后到北京、上海、沈阳等地的博物馆参观学习。这一时期，他怀着对共产党的无限热爱和崇敬，先后写了九份入党申请书。党组织经过商量，鉴于他的名气和影响，认为留在党外更便于做统战工作，便让张明坦代表党组织动员他加入中国民主同盟会。望云怀着对党的无比信任和一腔深情，立即加入了这个组织，并且担任了民盟西安文艺支部主任。

次年春天，西北军政委员会撤销，改为西北行政委员会，赵望云担任了文化局副局长，鱼讯任局长。此时，他还兼管着博物馆的事情。他给领导打了报告，请求派一位馆长来主持博物馆的工作。在这里，他虽然洒下了无数汗水和心血，对这儿的一石一木都充满了眷恋，可现在各项工作已经就绪，是该交给别人的时候了。再说，自己这个文化局副局长、国画研究会主任、文物处长还有好多事情要去做啊！

八

月光皎皎，秋风阵阵，古城西安沐浴在一片银色的清辉里。已经到了吃晚饭的时候了，可望云还坐在办公室里批阅文件。

今天他是打算按时下班的，但后半晌徐庶之来找，望云看他言语之间总像有什么心事，便一个劲儿询问。徐庶之吞吞吐吐地说："赵老师，我想离开这里，到新疆去，我觉得去那里更能有出息。"

望云一怔，但他马上明白了徐庶之的用意。新疆是他和黄胄经常去的地方，每次回来，他们都会带回一批新颖别致的作品。服饰奇异的维吾尔族、哈萨克族姑娘，鲜美的新疆葡萄、哈密瓜，令徐庶之羡慕不已。今天，这个青年立志要步他们的后尘了。他默默地望着徐庶之，半天没有吱声。这个好学、上进的学生，几年来和自己亲如家人，现在就要走了，他怎么能不眷恋呢！

然而，另外一股更大的力量在促使着他：鸟儿长大了就要到高空飞翔，蹲在窝里一辈子练不硬翅膀！唉，喜别心掉泪，恨别心难平，走就走吧，自己小时候不也离开那可爱的家乡，到外面去闯世界了吗？

"你打算什么时候走？"望云终于抬起头来，深情地凝视着对方。

"只要组织上同意了，我办完手续就动身。"徐庶之说得挺畅快，看来去意已定。

"那你就筹办去吧，组织上的事有我呢。"望云关切地说，"还有，新疆文化局长是王元方，西安解放时到家中看望过咱们，我给他写封推荐信，到时也好发挥你的专长。"

说着，望云一气呵成，写了一封热情洋溢的信，交给徐庶之，说："见到王元方同志，请代我问候吧。有什么困难，只管来找我。"

望着赵老师那多皱的脸庞和头上斑斑的白发，徐庶之的眼睛潮湿了。四年前，他跟着老师学画，吃住在赵家，赵老师对自己视同亲生，每逢做了好饭菜，都要和学生们一块儿吃，却让自己的孩子们另在一处吃粗食。老师孜孜不倦地授艺，耐心地讲述和示范，从来没有发过脾气。这样的恩师，就是打上灯笼也难找到啊！他含着泪水，用颤抖的声音说："赵老师，我徐庶之永远不会忘记您的培养，忘不掉师母的悉心照料，忘不掉师妹、师弟们的友情，往后，我会常来看你们的……"

徐庶之擦着眼泪，一步三回头地走了。赵望云再也控制不住自己的感情，泪珠儿大颗大颗地淌下来。

笃笃笃，外面传来敲门声。这么晚了，居然还有人来。望云擦干眼泪，轻声招呼："进来吧。"

噔噔噔，一位魁梧的汉子走进来。他头戴安全帽，劳动布的裤褂上沾满土屑。他手里拎个手绢包，里面鼓囊囊地裹着什么东西。

他朝望云上下打量了几眼，有些憨气地问："文物处的赵处长在吗？"

望云忙站起来，热情地回答："我就是，有事吗？"

"哦，真是太巧了，"那人自我介绍，"我是西安建筑队上的，这几天在城东六公里处的浐河东岸二级阶地上的半坡村施工，开挖地基时，刨出了这么一堆瓦片。"

那人说着，把手里的东西放在桌上，打开绢帕让望云看。在明亮的电灯下，望云仔细地辨认着。这是一堆土黄色的碎陶片，制作得很粗糙，上面隐约绘着一些花纹，样子很普通，这样一堆"垃圾"，扔在哪里也不会有人捡。

然而，作为文物处长的赵望云，此时他那双画家独具的慧眼，似乎发现了什么。那花饰，还真是从未见过，这是不是失传已久的东西？作为三千年的古都西安，这附近埋藏的东西可都是宝啊！

他见那位工人还局促地站着，忙对他们及时上报的行动表扬了一番，又记下了姓名和地址，让他回去等候消息，说这些陶片等研究后再做处理。

那人走后，赵望云看着这些沾满泥土的瓦砾，陷入了深思。作为文物处长，如果随便说句什么，这些东西就当垃圾扔掉了，自己当然也就轻省了。可是凡事认真的他，一定要打破砂锅问到底。他把陶片小心地包起来，蹬上自行车，连夜去找考古专家何正璜。

在博物馆的职工宿舍里，何正璜正在灯下研究学问，屋子四周摆满了线装书籍。她见望云深夜赶来，猜想一定有重要的事情，忙起身让座、倒茶。

望云顾不得坐下，开门见山地说明了来意，接着把东西小心地放到桌子上。何正璜拿起来看看，突然神情一振，把大瓦数的台灯打开，将这些碎片一点点拼起来，望云也在旁边搭手。终于，一个完整的陶盂出现了，上面的花纹也清晰可辨。何正璜仔细地查看着，又取出几本厚厚的书籍翻阅起来。突然，她两眼放光，兴奋地说："这是原始社会居民的用具，距今足有六七千年了。目前，世界上发现的这种东西还没有几件，这可是无价之宝呀！"

望云又惊又喜，忙把发现地点对何正璜讲了，二人约好，明天一早到那里去勘察。

九

第二天上午，阳光灿烂，万里无云，一辆吉普车飞快地开出了西安城，向着东南面的半坡村驰去。这里正在施工，一堆堆砖瓦、石料堆满了工地。拖拉机、汽车载着石灰、水泥、钢筋穿梭其间，几十名工人正在舞锹抡镐，开挖地基。在不久的将来，这里将成为一片楼房林立的大工厂了。

吉普车在工地上停住，赵望云、张明坦、鱼讯、何正璜几个人先后跳下来，径直向施工的地基走去。

工人们不时从下面挖出一些陶片、骨片、石镰、石斧，甚至还有完整的陶盆、陶碗、钙化的骨骼。望云几个人陪着何正璜仔细地辨认着，一一查看分析。

突然，有人惊叫起来："你们快来看，这里发现了一大堆陶器。"一行人急忙向那里赶去。

果然，那个工人从齐腰深的地沟中抠出了一件件陶器，什么陶罐、陶盂……种类不少，下面软绵绵的黄土中，还有好几种。

何正璜忙喊："别刨了，这是原始人的一个制陶窑，让人保护起来，留给考古队去发掘吧。"

无疑，这里是一座原始社会的村落遗址，望云几个人凑在一起商议，何正璜说："各种迹象表明，它的内涵非常丰富，如果照现在的出土情况推断，它是世界上绝无仅有的，要立即停止基建，看管起来。"

赵望云、张明坦、鱼讯研究了一阵儿，决定采纳何正璜的意见，立即上报有关领导，停止施工，让建筑队撤出场地，由文化局保护起来。再和中央文化部取得联系，请求派考古小分队和专家前来勘察发掘。

很快，中央文化部派出了最优秀的考古小分队和著名的考古专家，在赵望云他们的大力协助下，终于查清：这是六千年前原始社会的村落遗址，面积达五万多平方米。有居住区、制陶窑和墓葬区，四周还环绕着防御沟。这个发现立即轰动了全国，令世界各国也为之瞩目。

于是，由中央文物局主持、西北文物处协助，组成了发掘小分队。赵望云和张明坦、鱼讯几个人跑前跑后，来往奔波，经过初步发掘，发现较完整的房屋遗址四十多处，各种墓葬二百多座，找到生产和生活用具一万余件。最可喜的是：在村落的遗址中，还发现了六千年前的粟米和油菜籽……这些巨大的发现，震动了整个世界。历史教科书上，从此有了半坡氏族这个名称，中央决定在这里筹建半坡博物馆。

赵望云激动得彻夜难眠，他在筹建西北历史博物馆的基础上，开始着手设计半坡博物馆了。为了突出原始社会的特征和气氛，体现六千年前人类生活的真实情景，他把博物馆的大门设计成像原始森林那样的棕红色结构，宽敞的南北展厅里，放置出土的各种器物。那些房屋，墓葬遗址，是最宝贵的原始资料，为了防止风吹、日晒、雨淋，准备在半坡上着手建一座巨大的拱形展厅，让人们直接看到六千年前半坡人在浐河岸上生产、生活的情景……对了，这博物馆的名字，要请昔日的老友、中国科学院院长、考古学家郭沫若同志题写！

"赵处长，电报。"邮递员那洪亮的声音，打断了望云的沉思。他急忙跑出去，接过一看，是王华岑发来的，要他后天赶到泰山去参加冯玉祥的骨灰安放仪式。

霎时间，望云的心里又如海浪般翻腾起来。冯玉祥，这个威名赫赫、驰骋疆场的将军，对自己有知遇之恩，此番前去，一定要好好地祭悼一番。他怀着激动的心情，挥笔疾书，凭着记忆，画了一幅冯将军的肖像，以此寄托自己的哀思……

第十九章　峥嵘岁月

一

　　1953 年 9 月，望云应邀到北京参加了中国文学艺术工作者第二次全国代表大会，被选为中国美协常务理事、西安分会主席。赵望云以他杰出的艺术成就和敬业精神，赢得了党和人民的信任，他自知肩上的担子更重了，任务更艰巨了。

　　这天早晨，秋风送爽，松柏滴翠，在西安浓荫笼罩的美协大院里，正在举行座谈会。这是一次人才济济的大会，石鲁、方济众、何海霞、郑乃珖、康师尧、陈尧生、叶访樵、蔡鹤洲、蔡鹤汀等人都参加了会议。赵望云新理了头发，穿着一身浆洗得干干净净的衣服，显得精神抖擞、容光焕发。前几年，国家百废待兴，他把全部精力投入繁忙的行政事务中，为了工作，他几乎中断了绘画艺术。眼下，各项工作已经步入正轨，美协和国画研究会也开始活动了。

　　会议由赵望云主持，他开门见山直奔主题："同志们，今天我们这次学术讨论会，着重研究一下中国画的革新问题。在北京开会时，有许多老画家就提出过这件事。他们说在用传统的笔墨技法来表现沸腾的社会主义建设新貌时，产生过不少困难，也很吃力。事实证明，要从思想和艺术上衔接上时代的发展，是很不容易的，需要努力探讨和切磋。大家要各抒己见，畅所欲言，在国画的革新上闯出一条新路。"

　　话音刚落，一位头发斑白的老画家就站起来发言："我先讲几句。中国绘画传统是注重写意的，表现对象是运用极其概括夸张的笔墨，精练而纯熟的技巧，再加上丰富的联想，而写出画家心灵深处的感受，是具有高度的形神兼备的表现手法。这笔墨可是中国画艺术语汇的主要特征，唯有笔精墨妙才能体现出美。我个人以为：要重视国画传统，就必须首先将历代名家的笔墨技法学到手，也就是说先钻进去，然后再走出来，以达到真正继承和发展中国画的目的。"

人们一阵长时间的沉默，的确，在中华人民共和国成立之初，如何用传统的笔墨来表现新时代的沸腾生活，确实困难重重。

半晌，一个小伙子站起来附和："王老先生的话很有道理，我赞同，先钻进去，再走出来。"

然而，大多数人仍然在苦思冥想，对他们的意见既不表示赞同，也不表示反对。

"我的意见是：一手伸向传统，一手伸向生活。"赵望云站起来侃侃而谈，"我认为画家的立意，就是为生活代言，也就是加深人们对生活的热爱。为此，我们就要了解生活，在创作中保持对生活的感情。如果只强调传统技巧，让新的生活内容屈就于古人的笔墨技法，那就是'削足适履'，不仅抓不到题材，也找不到合适的表现方法和技巧。反过来讲，即使有熟练的传统技巧，只是如法炮制，也不能创造艺术的美。因此应该以传统为出发点，在传统的艺术规律指导下，去探索新的表现方法。"

一席话引起了人们的注意，大家悄悄议论起来。此时，已担任美协副主席的石鲁赞赏地说："我赞成赵主席的意见，要一手伸向传统，一手伸向生活。要知道，艺术的创新和风格，不论是自己还是别人的，总是在生活的基础上，通过自己观察创造而成的，要正确处理国画继承与革新之间的关系，我们就要将时代精神和个人的爱国主义情感赋予作品。我个人的体会是：坚持深入生活，在长期的艺术实践中去磨炼积累。"开会之前，望云曾和石鲁交谈了这个问题，石鲁是按赵望云的思路提出来的。而这种思想，又是望云学习了毛主席《在延安文艺座谈会上的讲话》的结果。会场上活跃起来，何海霞感叹地说："赵先生几十年来的艺术道路和创作成就，不就证明了这些吗！他写生本不离身，随时随地抢画，他深入生活不断进行艺术耕耘的本身，已为我们闯出了一条成功的道路，还有什么犹豫的呢？我们就是要学着赵先生的样子，投入到现实生活中去！"

顿时，人们你一言，我一语，纷纷发表自己的看法。意见渐渐趋于一致。绝大多数人赞成赵望云、石鲁的意见，但也有一些老画家仍然坚持自己的观点。

这当儿，鱼讯站起来，笑笑说："在艺术道路的探索上，我们不强求划一，要的就是百家争鸣。但赵望云、石鲁同志的意见，体现了毛主席在延安文艺座谈会上的讲话精神，有出息的文学家、艺术家就是要深入到群众中去，深入到火热的生活中去，作品要贴近时代，贴近生活，创作出无愧于祖国、无愧于人民的好作品！今后咱们这些艺术家们，就要来一个友谊竞赛，看谁取得的成果最大，看谁为人民提供的精神食粮最好……"

二

美协的画家们在赵望云的领导下，不断举行集会观摩和艺术交流，每次聚会都像一把火，把大家的激情点燃。

这天上午，望云正在室内作画，石鲁领来了一位二十多岁的小伙子，他穿着浆洗得褪了色的军装，高鼻梁，大眼睛，显得很有精神。

他一见望云就敬佩地说："赵老师，您好，我向您学习来了。"

望云看他有些面熟，但一时想不起叫什么名字，回忆着说："你是搞版画的吧，那一年在欢迎吴作人先生的集会上，咱们见过面，你在部队搞宣传。"

"对，对！"那小伙子连连点着头，高兴地说，"老师的记性真好！"

石鲁在旁边补充："他叫修军，从朝鲜回来转业到咱这儿工作，还没有接触过国画。老赵哇，您是名家，这第一堂课还是由您来上吧。"

望云忙说："我这个人，拙嘴笨舌的，只会示范，讲不出个所以然来，你这几年在艺术上突飞猛进，又有理论，还是你来讲吧。"

石鲁摇摇头，微笑着说："不行不行，我的画哪能和您这名家相比，我看还是像您以前说的，具体的绘画实践由您讲，美术理论由我讲，怎么样？"

"好吧。"赵望云点点头。石鲁走了，望云和修军聊了一阵，他看这小伙子聪明好学，又有版画基础，立刻喜欢上了。他铺开宣纸，笑笑说："来，我先教你画松树。"他抄起画笔，边讲边画，"笔要这样握，松枝要这样点，树根要灵活多变。"说着，他笔走龙蛇，洋洋洒洒地画起来。他运筹自如，信手拈来，淋漓痛快又不拖泥带水，从一根线、一个点上表现出千钧之力，真是笔力雄健，墨色滋润。不一会儿，一棵屹立在苍山危崖中的千年古松便画成了。

修军看呆了，他感到看老师作画，本身就是一种艺术享受。他暗下决心，一定要好好学习，把老师的技艺真正学到手。

望云把画笔一掷，点上烟吸了两口，指着画对他讲起了用笔的力度、墨色的浓淡、皴擦点染……末了，笑笑说："就照我讲的那样，你比着临摹吧。"

于是，修军到自己的工作室里细心临摹起来。就这样，修军临完一张送他修改，如此反复几遍，望云再教他画别的树。他们二人教得认真，学得用心，修军对国画简直入了迷，他深深被望云那深厚的传统技法和独创性吸引住了。在望云的笔下，无论杨、柳、桃、李、苍松、古柏，都可穿插自如，树木东倒西歪，盘根错节，又皆成章法。他喜爱老师这种画树的技法，兜里装个小本子，一有空就临摹、练习。后来，望云专为他画了一本以各种树木为主的十开册页。修军十分喜爱，临摹之余总把它珍藏在自己的画箱里。

三

八百里秦川，秋高气爽，吉普车顺着盘山公路，左拐右旋，忽上忽下。年轻的司机张志生全神贯注，娴熟、沉稳地驾驶着车辆。上面坐着四个人：赵望云、方济众、刘旷和修军。他们去深入生活，创作贴近时代的佳作。

临来时，修军找到望云，一再恳求参加。望云笑笑说："下面可是很苦哇！我们要到秦岭林区、宝成铁路工地，再转到山区农村，不通车的地方就得靠两条腿去走。吃饭、喝水、住宿都比不得机关，你刚结婚，往后机会有的是，还是留在家里吧。"

修军使劲儿摇摇头，满不在乎地说："吃苦我可不在乎，在朝鲜战场上爬冰卧雪，早已磨炼出来了，再说，不吃苦怎能学好绘画呢！"

望云看他很坚决，便答应了。他们带着简单的行李、画夹、画笔和速写本，向着茫茫的大山进发了。

绕过一座座高山，越过一道道桥梁，汽车驶进秦岭深处。树木越来越多，那高大的鱼鳞松、参天的白桦树、粗大的山榆和千年的古柏，在阳光的映照下，显得更加浓郁苍翠。

山坡平坦处，不时能看到绿树掩映的小山村，有时传来几声鸡鸣和狗吠，更显得安澜恬静。林荫大路上，偶尔能碰到三三两两赶着毛驴的山民。他们吸着旱烟袋，悠闲地哼着不知名的小曲儿，驴背上的驮筐内，有的装满苞谷，有的装满黄澄澄的大柿子，使人们感到收获的季节已经来到了。

晌午时分，他们来到林区的边缘，眼前的公路已经变成崎岖的山间小径。几个人下了车，背着包裹，拎着画夹，顺着小径朝前走去。真是有山就有水，山水总相依。在茫茫的丛林中，嶙峋的山石间，不时能看到淙淙流淌的小溪、水花飞溅的瀑布、幽深碧绿的潭水。当他们翻过一座山岗、拐过一个山脚时，看到在一个山坳间，支着几个帐篷，几个工人正在劈柴、洗菜，一股炊烟在山间缭绕。这显然是林区工人们的宿营地了。他们立刻来了精神，快步走过去，同他们打招呼。

一个戴眼镜的小伙子看了他们的介绍信，兴奋地说："太好了，画家们光临这里，令山林生辉呀。来来来，你们先洗洗脸休息一下，准备吃饭吧。"

几个工人也都热情地给他们打来洗脸水，帮着拎包裹、画夹，把他们让到一顶帐篷里。里面很狭窄，工人们睡的都是地铺，周围放着饭盒、衣服和书籍什么的。

"工人同志们的生活真艰苦呀。"望云感叹，他们不愿给人家添麻烦，几个人商量了一阵，吃过午饭便由那个戴眼镜的小伙子引路，到林区里去游览、写生。

莽莽苍苍的大森林，一眼望不到边际。人一走进里面，真像到了另一个世界。那一棵棵参天的大树，枝挨枝杈搭杈，仿佛一个巨大的天篷。那裸露的树根，有的盘环缠绕，如蜘蛛结成的网，有的深深扎进石缝中，仿佛野兽的利爪，支撑住高大的躯干。正午的阳光虽然十分强烈，但偌大的森林里仍然显得十分昏暗、幽深和静谧。他们顺着林间小径，左拐右转，约莫走了半个小时。突然，前面豁然一亮，密密的森林里出现了一大片开阔的场地，前面传来了劳动的号子声，一群工人正在伐木，沙啦沙啦的锯木声和咔嚓咔嚓的斧头砍树声不绝于耳。鸟雀被惊得四处乱飞，一棵棵大树倒下了，又被工人们修成了一根根圆木，然后顺着山势，骨碌碌地滚下去。

　　面对这热烈的劳动场面，他们立刻振奋起来，刘旷提议说："这里宽敞明亮，咱们开始画吧。"

　　望云点点头，于是，大家分散开来，每人选取一个最佳场景，支上画夹，开始写生。

　　对于有三十多年乡间写生经验的赵望云来说，这自然是轻而易举的事。他没有支画夹，朝地上随便一蹲，掏出速写本，唰唰地便画起来。画完一幅，换个角度又画，不一会儿竟画了十几幅。

　　他环顾四周，见大家聚精会神画得正欢，不忍打扰。正想再绘几幅，突然，他看到司机张志生捧个小本子也在专心致志地画着，忙凑过去，关切地问："小张，拿来我看看。"

　　志生羞红了脸，本想掩藏，但看到望云那期待的眼神，只好怯生生地递过去，不好意思说："我才学着画，实在羞于见人。"

　　望云捧在手里，仔细翻看着，画得虽很粗糙，但他被年轻人这种好学上进的精神感动了。他指点着说："你第一次就画成这个样子，也就不错了，其实，画画并不神秘，只要下苦功夫就行。你看，松树应该这样画。"望云边说边做示范，志生心里一热，暗自思忖：一个名画家，居然这样乐于助人，自己不好好学，怎么对得起他的一片苦心啊！于是，便认真地学起来，一板一眼都画得挺细心。末了，望云拍着他的肩膀说："小张呀，好好练吧，有什么困难只管去找我，千万不要中断。"

　　望云又去看修军作画，他躲在一棵松树后面，支着画夹子正在写生。他画得十分专心，以至望云来到背后都没有发觉。

　　画面上是一堆散乱的圆木，有两个人正在上面锯着什么，旁边是一根根的树桩，画面单调、平板，显得毫无生气。

望云轻声问："你画的这是森林伐木吗？"

修军扭头见是望云，忙站起来说："是的，赵老师，您给评点一下吧。"

望云审视片刻，直截了当地说："说是伐木，似像非像，倒更像伐木场。"

修军不解，他指着前面的场景说："您看，前面不就是这个样子吗？我觉得够真实的了。"

望云板起面孔，严肃地说，"错了，画家的眼睛可不能和照相机的镜头等同起来，难道没入镜头的景物就不能入画吗！我们这是搞创作，作画时应该将地面掀起来看，换句话说，画家的立足点应该站得更高一些，这样视野就宽广了。"

修军听了，敬佩地点点头，红着脸说："那我把画撕掉另作。"望云忙笑着拦住："不用，你可以在这个基础上修改一下，保存好这些东西，前后对比，正好可以看出你的进步。"

回到宿营地，天已经黑了，望云几个人不顾旅途劳累，就着蜡烛，有的整理写生，有的进行即兴创作。望云就着一张小矮桌，展纸润墨，凭着记忆和十几幅写生的基础，酣畅淋漓地画了一幅"林区山径"图。他把白天见到的雄伟挺拔、高耸参天的松树排满了整个画面，显示出林海苍茫、无边无涯的雄伟气势。然而，这并不是他要表现的主要意图。在树干的间隙中，人们可以清晰地看到伐木工人们正在紧张、繁忙地工作。人物虽小，但他却通过突出描绘松树的高大来歌颂工人们征服自然、改造自然的雄伟力量和忘我的劳动精神，情景交融，既有现实生活，又有美的韵味。

修军、方济众、刘旷几个人反复审视着，久久舍不得放下。

在林区生活了十几天，望云先后创作了《森林伐木》《林区写生》《深入秦岭》等几幅佳作，还积累了厚厚的一沓写生稿。方济众、修军几个人也都画了许多速写，他们离开林区，辗转来到宝成铁路工地。

啊，这里又是一番动人的情景：只见在莽莽的大山之中，红旗飘飘，机声隆隆，人欢马叫，一派热火朝天的劳动景象。千山万壑也似乎沸腾起来，数不清的人群在舞锹抡镐，挥锤凿石，推车挑担，在这大山的傍河处干得正欢。

望云几个人下了车，徒步登上了盘山道。他们上上下下，爬坡过岗，来到了工地。这里，靠河边搭着几座简易的工棚，一群工人蹲在地上，一手持钎，一手抡锤，每人对着一块大石雕凿着什么。

一位穿蓝制服、手里拿个小本子的中年人迎上来，刘旷忙把介绍信递过去，又解释了一番。那人立刻绽开笑脸，热情地说："我是这里的工段长，有什么要求和需要帮忙的事尽管说话。"

望云被这热烈的劳动场面深深感动了，他恳切地说："修建铁路也有我们的份，我们干些力所能及的活儿吧。"

这下工段长可作了难，凿石这活儿技术性强，他们自然干不来。担石这活儿需要力气，这群文弱的书生哪能吃得消！他为难地说："算了吧，这里的活儿很累，你们还是多画几张画吧。"

方济众担心老师吃不消，正好就坡下驴，忙说："没有合适的就算了。"

望云却执拗地说："你们能干，我们怎么就不能干，挑石这活儿不就很好嘛。"

刘旷咧着大嘴嘿嘿一乐，说："老赵头都能干，我们这些小伙子们怕啥，来，挑。"大伙儿立刻来了精神，每人挑起一担箩筐，装上石头朝路基走去。

看时容易做时难，一担石头足有七八十斤，放在肩上，压得直不起腰，疼得一步一咬牙。不一会儿，小伙子们都坚持不住了，赵望云自然更够呛。可他上了犟脾气，不信自己这个从小吃惯苦的人，连石头也挑不动了。他咬紧牙关，抹着汗水，挑了一趟又一趟。后来，还是那个工段长和修军硬从他手里把担子夺下来。几个人心疼地说："您都快五十的人了，可得注意身体呀。"

"哈哈哈……"望云爽朗地笑了，他用毛巾擦着汗，满不在乎地说："没什么，现在赶上了好时代，我心里痛快，总觉得自己才三十来岁哩。"

那位工段长扑哧笑了，赞佩地说："凭这位老同志的精神，非活九十九不可！"

人们都被逗笑了，笑声汇聚在喧嚣的工地上。

他们在工棚里休息了一阵儿，便带上画夹、写生本，各自找合适的地方开始写生。

望云坐在山坡上，在写生本上一画就是十几幅。画毕，他点上一支烟吸着，四处望望，只见修军正在附近用心作画，便站起来，轻轻朝他走去。

画面上所表现的是铁路建设工地的一角，在几座巍峨的高山之间，有一片开阔的谷地，一群工人正在挥锤钎石。两名送水的妇女在人群中穿行，旁边立着几座房舍，这正是眼前的情景。

修军发现了望云，忙站起来请教。望云指着画面，侃侃而谈："这次很有进步，好就好在没有机械地照搬生活，没有那种平板单调的感觉。作画就应该这样，我们的视线不能被眼前的一个小土丘或一座山挡住，画家要目穷千里，把大自然的美尽收眼底，在云雾缭绕、虚虚实实的景象中，去丰富自己的想象……"

修军认真地听着，他被老师的话深深折服了。

晚上，几个人坐在工地的简易房里，就着那"气死风"的电石灯，整理写生或趁热打铁进行创作。望云习惯熬夜，他用了三个晚上，创作了一张大幅的宝成铁路工地写景的《万山丛中》，这幅画几乎囊括了整个工地，他用气势磅礴的画笔，勾勒出在万山丛中出现的热气腾腾的劳动场面。在崇山峻岭的山谷间，在滚滚奔流的黄河畔，数不清的人在热火朝天地劳动。汽车、拖拉机在工地奔驰，远处山脚下的幽谷新村，掩映在桃李果树的绿荫之中，显得幽雅恬静。他从具体图景和人物出发，运用各种对比的方法达到了情景交融的效果。那连绵的秦岭采用了大小斧劈的粗劲有力的笔法，浓墨重涂，淋漓尽致地展现了秦岭的雄奇峻拔。方济众一眼就看出，这是一幅描写中华人民共和国建设者们的鸿篇巨制。

四

他们在这里生活了半个月，便乘车到陕南丹凤县的山区农村去写生。汽车在一个小镇停下后，因为山高路陡，道路崎岖，便把车停放在镇政府里。他们拎着画夹，背着包裹，步行去山村考察。

这里七沟八梁几面坡，一条羊肠小路在大山里蜿蜒穿行。他们越过一座座山岗，翻过一处处山坡。望云毕竟上了年纪，累得呼呼直喘、汗水淋漓，其他人也很疲倦。大家走走歇歇，相互搀扶着。望云兴致很高，喘着粗气还给大伙儿鼓劲儿："快走哇，翻过这座山梁就到了。"

修军折了根棍子，递给望云说："带上这个吧，它能帮咱爬坡哩。"

望云还没来得及接过，突然刘旷失声喊起来："蛇，蛇！"

众人抬头看时，只见一条三尺长的大蛇，嘴里吐着红芯子，扬着头飞快地朝望云扑来。他们来时曾听人讲过，这大概就是那种眼镜王蛇了。

面对这突如其来的情况，望云想躲已经晚了，正在这千钧一发之际，修军忽地抢起木棍，照准蛇的七寸处狠狠打去。只听"叭"的一声，打个正着，那条张牙舞爪的大蛇立刻疼得翻滚起来，修军又照它的头部猛击几下，那蛇把头一偏，再也不动了。

大家松了一口气，望云擦着头上的冷汗，敬佩地对修军说："还是你行，不愧是军人出身！"刘旷忙提议："咱们每人拿一根木棍，既省力，又防蛇咬。"

于是，每人折了根棍子，小心翼翼地朝前走去。

天近晌午，他们来到一座小村边，几个人都累得腰酸腿疼，忍不住在路边的石头上坐下。这是一个贫瘠的小山村，几十座用石块垒砌的石头房子，依坡就岗地排列着。几棵半枯的山榆、老槐树，兀立在村口，像个老态龙钟的病汉。

趁着这个当儿，望云掏出速写本，唰唰地冲着山村画起来。不一阵儿，一个美丽可爱的村落出现了：村上人欢马叫，房舍鳞次栉比，一排排杨柳在秋风中摇曳，显得生机盎然。

方济众几个人看了，立刻来了精神，赞佩地说："真是笔下生花呀！"

修军不解地问："您是怎么考虑的，咋一画就成了这个样子？"

望云笑笑说："我喜欢农村，热爱生活，感到自然界中的一切都是美好的，因此总想把这种情感赋予作品，这也算是我作画的思想基础吧。"

此时，人们肚子已经饿得咕咕直叫。张志生跑到村内问路，一打听，离要去的柳林山庄还有十几里，大家商量了一下，决定就在这村里吃午饭。几个人来到村中，才知道这里遭了旱灾，庄稼歉收，山民们的生活十分困难。政府发的救济粮还没分到手里，一天两顿只吃稀粥煮洋芋。

尽管这样，来了总得吃饭呀！他们硬着头皮来到一位村民家中。只见炕上躺着一老一小两个人，大概是病了。一位衣衫破烂的妇女，正守着两个孩子做针线活儿，他们吃惊地望着进来的几个人，不知道发生了什么事。

望云笑笑，和蔼地说明了来意，又拿出钱和粮票，说："你们生活困难，我们不白吃饭，按价给钱。"

一家人这才打消了疑虑，那女人抱歉地说："俺家没有玉米面了，只好清水煮洋芋。"

几个人肚子正饿，忙回答说："没关系，能填肚子就行。"

那妇女忙出去收拾，望云几个人忍着饥饿，帮着涮洗、烧火。洋芋很快下了锅，不一会儿便飘出了香味儿。

这当儿，外面走进一个人来，他瞅瞅望云他们，疑惑地问："你们是……"

望云见他虽然衣服破旧，但上衣口袋里别着一支钢笔，显然是个有文化的人，忙掏出介绍信，又简要说了在这里就餐的事。

那人忙自我介绍："我是这里的村长，叫二牛，干脆，你们到我那里去吃吧。"

大家看这里的洋芋快煮熟了，不愿离开。二牛急切地说："让来你们就来吧，还愣着干啥！"说着，一手扯着望云，一手拉住刘旷，硬拖着朝外走。众人无奈，只好随他出去。望云看这家实在困难，临出门把五元钱放在了桌上。

他们匆匆走上大街，二牛看四下无人，压低声音说："这家有麻风病人，传染得挺厉害，不能不防啊。"

几个人这才恍然大悟，打心眼儿里感激二牛。

他们来到二牛的家中，这里整洁多了，二牛和家人一齐动手，很快做好了一大锅玉米粥煮洋芋。几个人饱餐一顿，望云还给二牛画了一张肖像。告别这家热心的山民，他们又踏上了路程。

五

在山里行路，半天走不了多远。他们翻山越岭，直到黄昏时分才来到了目的地——柳林山庄。这是一座百十口人的自然村落，村民们完全靠着种地为生。这里的土地少得可怜，山民们种庄稼都拿着儿童玩的红缨枪，在山坡的石头缝上钻窟窿，然后再把种子放进去。风调雨顺能有收获，遇上旱年庄稼就干死了。周围的山上盛产柿子、黑枣，这成了山民们的主粮。他们这儿第一顿饭，就是在全县著名的劳动模范刘西民的家里吃的，刘西民特意给他们做了柿子拌炒面。这面可不是一般的玉米面，而是用玉米秸秆上的嫩尖子晒干后碾成的，滋味像草面，还不时吃出沙子来。望云几个人看到西民一家吃得十分香甜，心里一热，这是多么淳朴、憨厚、诚实的山里人啊！便端起碗大口大口地吃起来。

他们在山村住下来，白天和山民们一块儿上山干活，晚上回来整理写生，或者即兴作画。每到这个时候，沉静的山村里便热闹起来，人们三三两两地来看他们作画，啧啧称赞这一处处神来之笔。望云一面和山民们拉呱儿，一面笔走龙蛇。不一会儿，一幅山村小景就在笔下诞生了：巍峨的大山脚下，环绕着一座幽静的小山村，村边绿树成荫，在近处一块梯田上，几个农民正在挥锨抡镐，深翻土地，一副恬淡的劳动景象。

有几个大孩子瞪着惊讶的眼睛看了又看，突然，他们跑到赵望云面前，扑腾一跪说："俺们听说了，您就是有名的画家赵先生，俺们想跟您学画。"

望云慌了，急忙把他们扶起来，连连说："现在新社会了，磕头拜师这一套早不时兴了，你们愿学只管来。"说着，他拿起司机张志生的画介绍道："你们看，这位小司机还是一个月前才学画的，可现在画得多好，画画看起来难，用心学就不怕。"接着，他随口向大家讲起了绘画的一些基本常识，这几个大孩子还真听入了迷。

打这儿以后，每到晚上，或是阴雨天时，这几个大孩子便出现在赵望云的住处，听他讲解，看他作画。别人都觉得不耐烦了，可望云总是乐呵呵地接待他们，毫无保留地把绘画技艺讲给他们听，这几个孩子越学越带劲儿。

不知不觉，一个月过去了，赵望云几个人画稿盈箱，收获巨大。他们兴高采烈地收拾好东西准备返回西安了，这当儿，那几个学画的孩子拎着一包包的东西进了屋。他们一个个半低着头，脸上满是难分难舍的神情。望云忙招呼他们坐下，看他们那个样子，心里早已明白了八九分。便笑笑说："我们在这里待的日子够长的了，也给乡亲们添了不少麻烦，你们的画，大多已经入了门，希望你们坚持下去，一边学文化，一边学绘画，往后有志于走这条路的，可到西安去找我。"说着，他打开包裹，把自己的一些画笔、画纸、画稿一一分送给几个人。方济众和修军几个人也把一些速写本什么的送给他们。

几个孩子如获至宝地收起来，突然，那个叫刘云的大孩子开了口："谢谢叔叔伯伯们，你们对俺们帮助太大了，说实在的，俺们本想拦你们再住几天，可你们还有更重要的事情要做。山里没什么好东西，这点儿柿子、黑枣、核桃，你们一定要收下。"说着，把手里的一包包东西递过来。

望云他们急忙推辞，一来大家要走很长的山路，二来山里人生活困难，大家怎好收人家的东西。双方推来让去，最后还是画家们让了步，答应收下一部分。

这些孩子可乐了，高兴地送他们上了路。分手时，大家真是难分难舍，几个大孩子都掉了泪。画家们又送给他们每人一个写生本，孩子们如获至宝。可当发现每个本子里夹着五元钱时，赵望云他们早已走远了。

六

这次深入生活写生归来后，望云先后创作了《林区写生》《万山丛中》《秦岭新貌》《雪天驮运》等一批佳作，入选"西北地区第二届美术作品展览会"，后来编入陕西人民出版社出版的《西北美展作品选集》中。这一年，西北行政区撤销，赵望云改任陕西省文化局副局长。为了工作上的方便，他把"国画研究会"并入西安分会创作研究委员会，改名为"民族美术研究会"，家也由博物馆搬到了西安美协。

赵望云白天忙着开会、作画，晚上还要和国画研究会的人们举行笔会，经常参加的有石鲁、何海霞、叶访樵、方济众、修军等人。大家在一起作画题诗，切磋技艺，相互吸收。

在对现代农民的艺术表现上，赵望云更进行了艰苦的笔墨探索，此时期已经达到了形神兼备、炉火纯青的地步。在他的笔下，写意人物可以信手拈来，线条刚柔相济，墨色滋润自然。从思想性到笔墨技巧，都反映了时代精神。

人们喜欢他的画，更喜爱他的人品。他平易近人，秉性耿直，虽然有点儿傲气、自负和矜持，但对待群众十分热情，因此有什么问题，大家都愿意向他请教，而他也耐心地解答。

这天上午，修军走进了望云的工作室，只见迎门墙上高挂着两幅画，望云正看得出神，以致修军来到身后都没有发觉。修军不忍打扰，便轻轻地站在旁边观看。

头一张题款为《幽谷新村》。画面上那大片的山石用的是泼墨大写意，显得深厚粗犷，就在这巍峨耸立的山谷中，长满了大片的竹林，里面掩映着几处房舍；这竹林用的是细笔中锋勾枝点叶；那被竹林掩映的房屋用重墨勾出轮廓着以赭色；那条穿过林间的溪流则用飘逸飞动的线条勾勒。在山峰的环抱中间，有一片翠绿的竹林和绿荫掩映的农舍，还有一条穿林而过的淙淙小溪，真是一个清幽雅静的世界。特别惹眼的是，在那山径深处还有一位挑担的红衣妇女，使这幽谷更增加了几分美，偏僻的山沟也变得美丽可爱了。

第二张题款是《杉林麋鹿》。只见在一片茂密的山林之间，有几头小鹿在干着什么。修军看了一阵儿，猛然醒悟：这张看似是风景画，其实不然，这密林中群聚的麋鹿，有的竖起双耳举目巡视动静，有的仓皇奔驰向群鹿靠拢，这不正说明附近有什么响动打破了这里的宁静？是猎人，是伐木者，还是勘探者？疑问虽然留在了画外，但通过对这些可爱的动物神情的动态刻画，用含蓄的艺术手法给人留下了丰富的联想，野兽的画外暗含着人类的劳作……

此时，望云转身发现了他，忙招呼说："哟，你什么时候来的？快坐，快坐。"

修军在一张椅子上坐定，取出笔记本说："昨天我在图书馆读了一篇古人论中国山水画的'六远'法，可那古文我似懂非懂，您能不能给我系统地讲讲。"

望云笑笑，诚恳地说："我也是一知半解，简单说吧，六远就是高远、深远、平远、阔远、幽远和迷远。前三远是郭熙提出的，后三远是韩拙补充的。所谓高远，就是从山下向山头仰望，它可以表现出山川的雄伟高大，可以达到'高山仰止'的效果；深远是指从山前看山后，这样表现出的画面，可以令人深得进去，看得明白；平远是指从近山望远山；这阔远和幽远，没什么新意，只不过是对深远和平远的某些补充；唯有迷远挺重要，它是表现一定空间深度的变化，它的巧妙，就在于使这种深度能起较多的变化，山水画家就利用这个变化，来表现河山的无尽和幽深莫测之景。总之，这六远在作画中不仅可以重点选用，还可以六远合一，如石涛的《黄山图卷》，张择端的《清明上河图》等，就是这种合一的作品……"

"高见高见。"门口一句话，打断了望云的讲述。二人扭头一看，石鲁不知什么时候已经站在了那里。他腋下夹着一卷画，正冲着望云微笑哩。

这位三十六岁的小伙子，不仅个性极强，而且有一股子恒心和毅力，靠着刻苦钻研，此时期在绘画艺术上突飞猛进。他将国画与版画相结合，将山水画和人物画相结合，情与景相结合，诗与画相结合，来反映历史题材，描写现实生活。在绘画中他特别重视意境的推敲和锤炼，将传统艺术表现手法中"藏"与"露"的处理运用得巧妙奇特又真实自然，达到了"笔简神全、画尽而意无尽"的诗意效果。他的绘画水平，不仅在同龄人中已经遥遥领先，就是在整个西安美协，也仅仅在望云之下。对他的进步和才华，望云很是看重，因此在国画研究室里，他曾对学生方济众说："你们都应该向石鲁学习。"

"老赵哇，我画了一幅画，请你给指点指点。"石鲁说着，把腋下的画展开，放在画案上。这是一幅高原放牧图，只见在黄土高原的一片草地上，有个骑马的牧羊人正驱赶着一群白羊在吃草。

望云仔细审视了一阵儿，点点头说："整个画面的立意构思很好，就是这羊画得太飘，影响了画中的意境。"

石鲁看着画，思忖了一会儿，连连说："对，对，这画面总显得呆板，根子就在羊上，你看这样画行吗？"石鲁说着，提起桌上的画笔，在一张白纸上画了一只。望云摇摇头说："还不行，应该这样画。"他接过画笔，随意一抹，一只羊便活灵活现地出现在纸上。

石鲁暗暗称奇，忙比着临摹起来。望云认真地说："你还是多去深入生活写生吧，那样才有自己的风格。"

　　石鲁扑哧一笑，说："临摹我也搞，写生我也去，只要对艺术有益就行。"

　　的确，这个要强的小伙子，近年来总在留心观察赵望云的笔墨技法，无论是当面请教还是暗中学习，都是一步一个脚印地前进。对这些，望云都是悉心指教，从不保留。有人提醒他在艺术上要留一手，可望云总是笑笑说："艺术成果是全人类的财富，万紫千红才是春啊！"

第二十章　异国乡音

一

1956 年春节期间，陕西美协在西安举行了"西北地区美术作品展览"，这是一次绘画艺术竞相媲美的比赛。赵望云、石鲁、何海霞、方济众等人的作品参展后，在社会上引起了强烈反响，专家们评论西安是藏龙卧虎、强手如林、阵容整齐之地，在这里，一个渗透着泥土气息的画家新派正在走向成熟，仿佛一颗新星冉冉上升。这批清新豪放、绚丽多彩、时代气息浓厚、艺术风格独特的新国画甫一问世，西安的画家们就令人刮目相看了。特别是赵望云，他以杰出的艺术成就赢得了人们的尊重，而且又是具体的组织者和领导者，自然被推为魁首。

春天到了，百花盛放，万紫千红，西安古城花香沁人。这时，从美协传来一个特大喜讯：中国文联要请西安两位有成就的画家经莫斯科到埃及去访问，头一个是赵望云，第二个是石鲁。石鲁虽说年轻，但他是美协副主席、党小组长，而且才华横溢，进步惊人，让他俩作为代表出国访问，大家自然心悦诚服。

晚上，望云回到家中，妻子素芳和孩子们高兴地向他祝贺。赵望云激动得什么似的，一边端着碗吃饭，一边滔滔不绝地和孩子们谈论着："……你们有福气，赶上了好时代，要用功读书，学好本领，将来从事何种职业，我可不强加给你们，这完全由自己凭着特长和兴趣去定，一句话，要你们自己去闯……"

孩子们默默地听着，此时，赵桂敏大学即将毕业，二儿振霄正在中央音乐学院读书，三儿振川已上中学……从小接受严格家教的孩子们，过早地成熟了。望着慈祥的父亲，一时不知说什么好。半晌，桂敏开口了："爸爸，我眼看就要大学毕业了，您省里熟人多，是不是先打个招呼，将来分配离家近些，照顾你们也方便？"

"不行不行！"望云变了脸色，严肃地说，"分配自有国家统一安排，你服从就是了，我怎么能再插一杠子。"他看女儿低头不语，又对着孩子们说："往后这类事谁也别向我开口，我没什么后门给你们走，就是有，我也不会那样办。"

望云吃完饭，抽过一支烟，思绪又回到了出国上，他腾出屋里的两个大皮箱，开始收拾东西。老伴儿不解地问："不是离走还有一个多月吗？现在收拾那干啥？"

"嘿，有空就慢慢收拾嘛，免得到时丢三落四。望云振振有词，素芳知道老头子的脾气，只好依了他，帮着把他平时穿的一些衣服和日用品放进皮箱里。

不料，望云又统统扔出来，把一大捆宣纸、画笔、画夹和几个速写本放了进去。

素芳不解地问："出国那么多天，你没几件换洗衣服怎么行？这些宣纸、小本本什么的，难道外国就没有？你到了那里再买吧。"

"不成不成，我的事你甭管。"望云执拗地说着，又把沉甸甸的几本书放进去。妻子无奈，只好由着他。

二

碧空万里，银鹰翱翔，在航班客机那舒适的客舱里，赵望云和石鲁并排坐着。舷窗外，那广漠的天空和苍茫的大地尽收眼底。望云心情异常激动，他凭窗眺望，只见脚下大地上的万物都显得十分渺小。那巍峨的群山，仿佛一个个绿色的土丘，那激流浩荡的长江黄河，也变成了一条小小的溪流。

望云贪婪地欣赏着，对于他这个多年写生、饱览祖国壮丽河山的画家来说，此时坐在飞机上观察，自然另有一番风光。

地面上的景物不断变幻着，高山大河突然变得陌生起来，地上出现了火柴盒似的一片片楼房。旅客中有人议论："看，这就是伏尔加水电站。"

哦，原来已经到了苏联境内。这当儿，扩音器里响起了播音员那甜润的声音："旅客们请注意，莫斯科机场就要到了，请检查一下保险带，做好降落准备。"

望云好生奇怪，从北京起飞到现在，不过才几个小时，怎么这样快就到了？果然，下面出现了林立的烟囱和一幢幢西式建筑物。一个红白相间的穹顶建筑群越来越清晰地出现在视线里，那一个个洋葱头式的穹隆，大小不一，高低错落，在强烈的阳光下，显得金碧辉煌。石鲁低声告诉望云，这就是世界上著名的莫斯科柏拉仁诺教堂。

飞机盘旋降落后，二人随着旅客们走出机舱，来到机场，苏联政府的有关人员把他们迎到机场附近的大都会饭店。

因为中国直飞埃及的航线尚未开辟，他们要在这里做短暂停留，然后再由莫斯科飞往埃及。

二人住的房间，幽雅舒适，凭窗眺望，可以看到那宽大的红场和莫斯科大剧院，还有那城堡式的建筑克里姆林宫。在克里姆林宫前面，是列宁的陵墓，它呈长方形，全用绛红色的花岗岩砌成，有宽阔的台阶，瞻仰的人们胸佩白花，来来往往，络绎不绝。

第二天，二人早早起来，先看了红场，瞻仰了列宁墓，便去参观著名的特列季亚科夫画廊。这是苏联规模宏大的一处画廊。它集中了全国的名画珍品，代表了苏维埃鲜明的时代特色，苏联著名的革命历史画家勃罗茨基创作的油画《列宁在斯莫尔尼宫》挂在一个显要的位置。画面通过列宁在办公室工作的一个普通镜头，突出地表现了列宁的质朴和伟大。拉克季奥诺夫的风俗画《前线来信》，则通过后方人民阅读前线来信的普通生活场面，塑造了关心祖国命运的苏维埃人民的形象。著名女画家亚勃隆斯卡娅创作的《春》，引起了赵望云的极大兴趣，这是一幅反映苏联卫国战争胜利后人民开始过着安定幸福生活的油画。在初春刚刚来临的公园一角，母亲们带着自己可爱的孩子在公园里尽情享受着春天给人们带来的温暖和希望。那些活泼可爱的儿童，使公园春天的气息显得更加浓郁，也使公园的环境变得五光十色，给人更加欢快的感觉。画家所描绘的画面，成功地展现出经过战争创伤的人民，迎来了万紫千红的春天。

望云凝视了好一阵儿，赞佩地对石鲁说："瞧，这是油画中的写意啊。"

三

三天后，他们乘飞机来到了埃及的开罗，一下飞机就受到了有关部门的热情接待。二人原计划要参加埃及的一个文化会议，但该会已经结束，埃及外交部便安排他们自由参观、游览，进行学术交流。

两个人在开罗的国际宾馆下榻，办好手续后，望云先在市内转了几天，接着便背上画夹，带着写生本，乘车出了市区，到附近的农村写生去了。石鲁留在市内，天天背着画夹子到公园和近郊写生，两位画家各有自己的绘画习惯。

异国风情，真是别有一番风味。那滔滔的尼罗河，浇灌着两岸万顷农田，供应着市镇居民的生活用水。河岸大堤上垂柳依依，风景如画。那一棵棵高大的榕树，枝干交错，盘根错节，仿佛嶙峋的山石，又似千年的虬须古松。

这里属于亚热带气候，到处是灼人的热气，可这榕树荫下，垂柳堤旁，却清爽宜人，凉风习习。

望云乘车来到埃及的乡间，只见一片片的椰枣林挺拔兀立，直插云天，在那树冠下的枝桠处，结着一串串硕大的椰枣。林间的小路上，几个身穿白衣、裹着白色头巾、顶着瓦罐或箩筐的妇女奔走穿行。那一片片松软的沙漠则随处可见，大的一望无际，小的也有几十亩。灼热的太阳把沙子晒得滚烫滚烫，人走在上面，上蒸下烤，酷热难挨。一方水土养一方人，望云这才明白了，埃及人大多穿白衣裤，裹着宽大的头巾，一是防晒，二是可遮沙尘。

乡间村镇，农舍柴扉，同中国千万个农村一样，勤劳、朴实的农民们靠着繁重的体力劳动，过着自给自足的田园生活。望云不断同他们接触，用手势和他们交谈。在椰枣林里，在木板门前，在河边树下，他支起画夹，抓紧这宝贵的时间，画出了一张又一张的乡间小景。河边汲水的妇女，下田归来的农夫，椰枣林里采摘的年轻人们……都成了他笔下的素材。每天黄昏，一回到宾馆，他就开始整理，或是即兴创作，一直画到深夜。另一个房间里，石鲁也在夜以继日地整理画稿。

这天，望云回到宾馆，拂去身上的沙尘，正要去沐浴，石鲁推门进来，沉着脸说："出事了，今日中国大使馆打来电话，说埃及外交部向我们提出了质问：有个来访的中国画家不画这里城市的高楼大厦，却偏偏到农村画那些落后的东西，是不是怀有其他政治目的。"

"他们是怎么解释的？"望云感到事态严重，着急地问。

石鲁思索着说："咱们的外交人员说了，你是一位擅长描绘农村题材的画家，在国内就经常深入农村反映农民的生活，这是在搞农村写生，没有什么政治目的。可让他们彻底消除误会，还得进一步做解释工作。"

望云沉思片刻，觉得事关两国的关系，丝毫马虎不得，便坚定地说："这样吧，明天我带着作品亲自到埃及外交部做出解释，误会不除，影响不好哇！我先和咱国家的大使馆联系一下。"说着，他拨了桌上的电话。

第二天，中国外交部的一辆汽车直向埃及外交部驶去，上面坐着赵望云和中国大使馆的有关人员，他们是专程去做出解释的。走进埃及外交部那宽敞、明亮的办公室，他们先通过翻译说明来意，接着，望云诚恳地说："先生们、朋友们，本人是一位农村画家，此次来访，重点是想领略一下贵国的风光。"说着，他打开皮箱，取出厚厚的一沓画稿说："先生们请看，我画的都是你们农村的秀丽景色和农民劳动的情景，我要把埃及的异国风光和风土人情介绍给中国人民，增进我们对贵国的了解，加深人民之间的友谊。"

埃及外交部的几个官员翻看着这沓画稿，被那一幅幅画作中健康的内容、精美的画面和高超的技艺吸引住了，这都是埃及农村的真实写照，那风景如画的尼罗河畔，如诗如画的榕树荫下，无一不是歌颂埃及的自然风光，特别是那幅《傍晚农归》，更使他们爱不释手。在那参天耸立的椰枣林间，几位农家妇女正顶着瓦罐、箩筐，领着孩子，顺大路悠闲地走着。画面用浓淡色彩的变化，绘出了田园生活那种恬淡、优美和人间仙境般的情趣。另一幅《乡村街头》，则表现了村民们生活中的情景：在一条清澈的小河畔，几位妇女挑完水正顶着瓦罐朝村里走去，村边，一排房舍和几幢小楼掩映在绿树中，充满了幽雅的气氛。整个画面显得恬静优美，洋溢着欢乐的农家气息……

他们用心看完，一个个绽开笑脸，伸出大拇指，用中国话称赞："好，画得太好了，以前全是误会、误会，先生尽管去看，去画，还有什么要求，一定尽力满足。"

赵望云放心了，他长舒了一口气，客气地说，"本人没什么要求，只想多转几个地方，多画一些画。"

"好，我们一定为先生提供方便！"一位身材魁梧、面孔黝黑的官员畅快地说，"我们为您配备一辆专车和一名知识渊博的向导，再开一封介绍信，无论走到哪里都有人为您提供服务。"

望云乐了，见对方盯着那些画爱不释手，便诚恳地说："先生们要是喜欢这些画，就随便拿吧。"

他们喜出望外，高兴地挑选起来。

四

打这儿以后，望云真是如虎添翼，他走得更远，访问的地方更多了。不管走到哪里，他写生本和画笔总不离手。在尼罗河畔，在椰枣林里，在莫罕赤木山前，在乡间的公路上……他把所看到的一切一一描绘下来。

这天，他们驱车向开罗西南的沙漠里驶去。这里屹立着二十多座大小不同的金字塔，其中位于吉萨省的三座金字塔最高最大。向导指着介绍："这就是建于埃及第四王朝第二个国王胡夫统治时期的胡夫金字塔、哈夫拉金字塔和门卡乌拉金字塔，距今约有五千年历史。胡夫金字塔原高一百四十六点五米，由二百三十万块石头砌成，每块重达两吨半。据考证，古埃及十万人花了二十年时间才把它建成。"

"哟，花这么多人力财力，统治者是为了什么？"望云不解地问。

那位向导侃侃而谈："金字塔是古埃及国王的陵墓，它是皇权的象征，体现着皇权的神圣不可侵犯。当然,现在已成为劳动人民伟大创造的纪念碑而供人瞻仰、欣赏了。"

二人来到了金字塔前,望云用他那双画家独具的慧眼,仔细审视着。这里位于尼罗河西岸,在那广袤的沙漠上,三座巍峨的金字塔反射着耀眼的光芒,显得格外庄严、雄伟。这三座金字塔,都是用淡黄色的石灰石砌的,外面贴一层磨光的白色石灰石。这砌塔的石块,不是用水泥之类的黏着起来的,而是一块块叠起来的,每块石头都打磨得十分平整,很难找到石块之间的缝隙。

解说员告诉二人:塔上的砌石,一块凸出去一部分,一块凹进去一部分,这样镶嵌在一起,是为了防震、结实,五千年来,风吹雨打,地震摇撼,金字塔不倒塌不变形,证明了埃及古代工匠建筑艺术的精湛。

那向导和服务员大概是老相识,他们轻声咕哝了几句,那位年轻的服务员指着金字塔的洞口对赵望云说:"这金字塔有两个出口,上面一个,下面一个,下面的这个出口是公元 9 世纪时一位国王打开的,如果画家先生愿意,我们可以进去看看。"

望云思忖:机会难得,何不进去看看,便欣然同意了。

于是,三个人登上了洞口,洞口四周镶嵌的黑色石头参差不齐,有凸有凹。通道很狭窄。他们躬身走了进去,通道约有三十多米长,有暗室、墓室,借着手电的光亮,可以看清四周那坚硬的岩石。

退出通道后,望云和向导又来到了哈夫拉金字塔旁边的狮身人面像前。这是与金字塔同样著名的埃及古代艺术,雕像面向东方,高约二十米,长约五十七米,它浑圆的头颅和巨大的躯体,同远处金字塔的方锥形产生了强烈的对比。向导告诉望云:这是根据哈夫拉的命令建造的,面部按哈夫拉的形象雕刻,身体雕刻成了狮子状。在古埃及,狮子是力量的象征,国王们总喜欢用狮子来比喻自己,所以,狮身人面像是最高皇权的代表。

望云听着、看着,不断赞叹着古埃及人民的聪明智慧和高超的建筑艺术。

参观完了,望云离开金字塔一段距离,支上画夹子开始写生。他审视四周,突然感到这金字塔和埃及的自然环境十分协调。大漠孤烟,长河落日,再配上这人工堆垒的山岩似的金字塔,不是更加地壮阔可观吗!此时,落日的余晖映在那无垠的大沙漠上，松软的浮沙变得金光闪烁，那巍峨的金字塔，沐浴在夕阳中，仿佛披上了一层金纱。在茫茫的天地之中，沙漠和金字塔，是那样地协调，浑然一体。

望云久久地凝望着，感慨地对那位向导说："这金字塔体现的不仅是古埃及人民杰出的建筑艺术，而且表现了人类早期对纪念性建筑艺术的理解，你看这建筑样式放在这里多么协调。"

向导点点头，赞同地说："对呀，这金字塔除了留下供人欣赏的雄姿外，还是人类文明发展史上的一个辉煌成就呢！"

望云听得心潮激荡，他调好笔墨，胸有成竹地画出《金字塔远眺》。

不知不觉，一个多月过去了，赵望云整整画了两大箱，石鲁也画了好几捆。二人告别了这里的朋友和乡民们，踏上了回国的征途。

一个月后，他们经过整理、创作，举办了"赵望云、石鲁埃及写生画展"，一下子轰动了美术界。中国人画非洲，这在世界美术史上开了先河。《人民画报》以及各报刊纷纷发表消息、评论，肯定了他们的成果，赞扬他们既交流了绘画艺术，又增进了两国人民的了解和友谊。赵望云激动得彻夜难眠，他反复修改着那些充满非洲风情的画稿，准备有机会出成画集，为人民奉献更好的精神食粮。

登 云 篇

　　赵望云这位杰出的画家，他的一生，从"农村写生"的初露头角，到"长安画派"的开花结果，对中国画的创新做出了卓越的贡献。他的贡献，不仅在于个人的艺术成就，而且在于他的组织活动和提携后辈的作用。

——叶浅予《中国画闯将赵望云》

第二十一章　雨猛松挺

一

为了繁荣社会主义的文艺创作，中央提出了"百花齐放、百家争鸣"的方针，赵望云按捺不住激动的心情，他工作更加扎实、勤恳。经过呼吁奔走，创建了长安美术出版社，亲自跑到北京，请郭沫若题写了社名，出版了《赵望云、石鲁埃及写生画集》。4月份，又在西安召开了美术界人士座谈会，讨论中央"双百"方针的贯彻执行问题。出席这次会议的有西北艺专的美术教授、讲师，以及一些报刊的美术编辑和专业画家共五十余人。会议在美协主席赵望云的主持下，开得生动活泼、团结热烈。《陕西日报》做了专题报道。

此时，党内开始了整风运动，号召党外人士给党提意见，以帮助改进工作，加强团结，促进社会主义建设。1957 年 9 月 12 日，《人民日报》发表社论《正确对待善意批评》。对这些，望云自然是积极响应，他马上写了《从爱护党出发，帮助党整风》的文章发表在 9 月 15 日的《陕西日报》上。

"反右"斗争开始了，整个美协骤然紧张起来，充满火药味儿的会议开了一个又一个。先是人人过关，接着便按照领导的意思转向了重点。起初，望云心中很坦然，自己光明磊落，从没有办过对不起党和群众的事，无论如何，自己是与右派沾不上边的。然而，一连几天，他从领导那频频瞟来的锐利目光中，已经嗅出了不祥的气味儿。

中午，喷火的太阳把大地烤得滚烫滚烫，杨素芳做好饭，和孩子们等着丈夫回来吃。可一直等到饭菜快凉了，还不见回来，素芳挂念着丈夫，便打发女儿去看。

桂敏出了家门，来到会议室门口，只见有两个年轻小伙子站着岗，不许人们随便出入。里面的会议开得正激烈，不同声音的讲话断断续续地传出。

"去去去，这里不许旁人来听。"

站岗的小伙子不耐烦地朝她挥着手，桂敏无奈，只好走开了。

全家人眼巴巴地等到晚上，大家宁可饿着，谁都不动一下碗筷。大家等啊等啊，孩子们轮流出去探望，会议一直在开，他们也不敢问什么。

约莫半夜时分，外面响起了踢里跶拉的脚步声，桂敏忙站起来开门，嘴里说着："是爸爸回来了。"

果然，望云踉踉跄跄地扑进屋里，他仿佛散了骨头架，身子一歪靠在墙壁上，他面孔扭曲，显得极度痛苦。

桂敏和季平连忙把他扶住，季平颤声问："爸爸，您怎么了，怎么了？"

突然，望云双手捂住脸，哇的一声哭了，他哭得是那样伤心，整个身子都在抽搐。

素芳和孩子们吓呆了。多少年来，不光孩子，就连老伴儿也从没有见过他这样动过感情。素芳走过来，抓着丈夫的肩膀用力摇晃："有什么事儿就说吧，我了解你，孩子们了解你，憋在心里更难受呀！"

桂敏也呜咽着劝阻："爸爸，您快说吧，这样会哭坏身子的。"

小六、小七先是吃惊地瞪着眼睛盯着父亲，这会儿也哇的一声哭起来。

终于，望云止住了哭，但一双红肿的眼里不断淌下滚滚的热泪。他颤抖着嘴唇，喃喃地说："我真傻呀，白白活了五十二岁，竟不知道身边还有拿着本子的人，把我说的话随时记录下来，准备算账！唉，我怎么事先就一点儿也没察觉呀！"

从望云那长吁短叹中，全家人知道了事情的原委：在今儿个整整一天的会议中，全市美协会员人人都要对赵望云的事发言表态，就连陈之中这样的好友也得说上几句。人们提了一大堆意见，有些属于工作中的失误，那倒能使人心服口服，可有人硬说他搞国画研究会是与美协抗衡，筹建博物馆，选拔人才是拉帮结派、培植亲信，加入民盟是为了捞取政治资本……天哪，自己是美协主席，积极工作难道也犯罪！

　　……

　　一条条，一句句，有理有据，时间、地点，人证、物证俱全。望云是个有口无心的人，早把这些忘光了，现在别人提起，他回忆一阵儿，似曾说过，忙承认这是不对的。但别人一上纲，说这是给社会主义抹黑，向往资本主义，反对党的领导，又一下子傻了眼。自己对党无限热爱，对社会主义无比向往，写入党申请也好，拼命干工作也好，这都是为了什么？天地良心哪，还有没有公理！对这些上纲的批判，他一概否认，反复表白，自己用心良苦，决不反党。

　　在这样的批判会议上，如果俯首帖耳，说啥是啥，老老实实地给人一个好印象，虽逃不脱被错划为右派的厄运，也就算闯过了批判这一关。可望云不会这个，生来的犟脾气，肚里有啥就说啥，就是不承认反党，领导们哪肯放过，会议也就越开越长，批判也越来越激烈。

　　桂敏望着父亲那满脸的泪痕，忧郁地说："您没有办过对不住党和国家的事儿，我们全家人都清楚，是他们硬不放过您，千万别再犟下去了。"

　　素芳拧一把鼻涕，呜咽着说："你要学乖点儿，人在矮檐下，不能不低头啊！"

　　"我不知道自己错在什么地方！"望云点上一支烟，固执地说，"我想过多少遍了，就是想不通，右派这顶帽子，我是死也不会戴的。"

　　"爸，快吃饭吧。"振武把一碗饭放到父亲面前，整整一天水米未沾的望云，此时早饿得前心贴后心。他端起来朝嘴里扒拉了一大口。肚里虽空，可他喉咙哽噎，心乱如麻，松软的面条在嘴里久久咀嚼着，就是吞不下去。

　　素芳和桂敏看在眼里，心里一阵酸楚，泪珠儿悄悄滚落下来。

二

　　早晨，桂敏上街买菜，忽见墙上贴着一张大红的海报，上面赫然写着：今有全国著名京剧大师、表演艺术家梅兰芳来西安演出，现在开始售票……

桂敏心里一喜，暗自思忖：父亲是一个京戏迷，早就崇拜梅派的表演艺术，多年来就嚷着要看梅兰芳的戏，现在送上门来了，这可是千载难逢的良机呀！一定给他买张票，也解解他心里的郁闷。

这样想着，她菜也不买了，三步并作两步朝人民剧院走去。那里，早已排了长长的一队人。为了照顾观众，剧院限了数额，每人只许买一张。

桂敏耐着性子，一直排到午饭时分。她手里攥着票，怀着喜悦、激动的心情，快步朝家里走去。

踏进屋里，见父亲正和全家人吃饭，他捧着粗瓷大碗，嘴里嚅动着，看得出，每咽一口都很吃力。一夜之间，父亲苍老了许多，头上的白发似乎更多了，红肿的两眼布满了血丝，不用问，昨晚失眠了。

"小敏。怎么这时候才回来？"母亲冲着她埋怨，"哟，你买的菜呢？"

桂敏拭去脸上的汗，喘着气说："梅兰芳到咱西安演戏了，我排队买了张票。"说着，她掏出票放在父亲面前，叮嘱道，"今晚八点准时开演，您去看吧。"

望云听了，那木然的脸上浮起一丝笑意，红肿的两眼也泛起神采："小敏哪，难得你记起爹这点儿嗜好。"他正要把票收起来，这当儿，外面传来了急促的脚步声，片刻，方济众推门进来了，他神色忧郁，一脸的愧疚和不安。望云忙问："有事吗？"

"赵老师，"方济众低着头说，"李书记让我来唤您，马上去参加会议。有人说了，您的态度不变，会议就没完，您，您要有精神准备呀！"

顿时，望云心里像堵了一团棉花，全家人心情也沉重起来，一齐担忧地盯着他。

望云把碗一推，说了声："不吃了。"其实，事到如今，谁还吃得下饭。他略一沉思，带上笔和本子，把那张戏票还给女儿，惨然一笑说："我看不成了，你们看去吧。"

说完，起身就朝外走。老伴儿急忙拦住，在箱子里找了件干净衣服给他披上，叮嘱道："心眼儿要活些，千万别硬顶啊。"

望云凄怆地看了妻子一眼，平静地回答："别担心，我知道自己该怎么说。"

望云拖着沉重的脚步，随着方济众走了。全家人替他捏着一把汗。大家的心头像罩了一块乌云，低着头都不说话，就连五六岁的两个幼弟也吃惊地瞪着大眼睛望着母亲。

桂敏噙着泪花，把那张票缓缓放到母亲手里，呜咽着说："妈，您去看吧，废了太可惜。"

素芳摇摇头，脸上浮起无限悲怆。她长叹一声，絮絮地说："多少年了，你父亲就唠叨着要看梅大师的戏，今儿个总算把票买来了，放在他的速写本里，留作纪念吧。"

桂敏听了，心里更加难受，但她还是用颤抖的手，把票小心翼翼地夹在本子里。

三

批判会上，气氛紧张得像要爆炸，严厉的质问一个接一个，今天不同于往常，是西安全市美协会员参加的"反右"斗争大会。几天来，由于望云不承认反党，领导给他做工作，让他在大会上宣读一下交代材料，再让群众发言帮助一下，事情就算完结了。在车轮战的批判下，望云也确实吃不消了，便答应下来。但交代材料一时写不成，于是，他们便让方济众代写了一份，望云捧着这份材料，磕磕绊绊地念完，大家便开始了批判。

突然，一个异样的声音传入他的耳中："……赵望云，你和资产阶级画家张大千臭味相投，关系密切，他跑到国外你还想法写信和他联系……"

望云一震，他抬头看清了，发言的是本单位的一个老同志。误会呀，张大千是那种人吗！望云心里一阵悲怆。

晌午时分，群众的发言和批判告一段落，主持会议者宣布，经过一个多月的"反右"斗争，现在取得了伟大胜利，隐藏的阶级敌人被挖出来了，无产阶级专政将更加巩固，接着宣布散会。望云和整风领导小组的成员被留下了，他们继续开会。小组负责人掏出一份写好的材料，平静地对赵望云说："整风领导小组经过研究，决定对你做出以下处理：第一，撤销美协西安分会主席职务，保留美协常务理事及政协委员；第二，行政上降一级；第三，撤销文化局副局长的职务，报定极右分子……"

望云脑袋里嗡的一声，顷刻间什么也听不到了，他眼前金星乱冒，半晌才回过神来，别的他不在乎，耳边只响着"极右分子，极右分子……"这是杀人不见血的软刀子啊！有这顶黑帽子，就会压得你一辈子抬不起头来，无疑在精神上判处了一个人的终身徒刑。

这当儿，党小组长把那张纸放在他面前，说："签个字吧。"

"不，我不是右派，我热爱党，热爱社会主义，兢兢业业干工作有什么过错，你们少数人的意见代表不了党组织。"

赵望云心里的不平和愤慨，终于像火山一样爆发了。

"好哇，顽抗到底是没有出路的！"组长冲着他严厉地斥责。

"老赵哇，别上犟脾气了。"石鲁苦笑着劝他，"签不签字由你，这材料是上报省委宣传部的东西，上级批复了才生效，先别有什么思想压力，回家去吧。"

望云不好再说什么，他从内心里感激石鲁的宽容，便挣扎着站起身，拖着疲倦的双腿，跌跌撞撞地朝家里走去。

四

望云一下子苍老了许多，他头上的白发更多了，脸上出现了刀刻般的皱纹，明亮的眼睛失去了神采。这突如其来的变化，弄得他失魂落魄。回到家里，他躺在床上，呆呆地冲着天花板出神，嘴里喃喃地说着："我不是右派，我有错误，但不反党……"

看着他变成了这个样子，一家人把心提到了嗓子眼儿，担心他想不开，万一有个三长两短可怎么好！老伴儿和孩子们不断说着宽慰的话，望云嘴里答应着，神情却没有什么变化，大家悄悄为他捏着一把汗。

这天晚饭后，望云一个人出去了，家人们以为他去开会，也没往心里搁。直到十点多了还不见回来，桂敏和振川急忙到会议室去找。值班人员说根本就没开会，全家人着急起来，又到附近的朋友、邻居家去寻，人们都说没见到他。

全家人都呆了，不知该怎么办。素芳抹着泪说："你爸爸要是有个好歹，我也就随他去了。"

"现在是什么时候，你还说这种话！"桂敏不高兴地埋怨母亲。

大家正分头去寻，外面传来了熟悉的脚步声。振川和季平几步跑出去，片刻，二人便兴奋地喊起来："爸爸回来了！"

果然，望云拖着疲倦的身子进了屋。全家人又惊又喜，才几个小时不见，却像几年那样漫长。素芳、桂敏、振川几乎同时冲着他问："你到哪儿去了？"

"我到一个老朋友家去了。"赵望云回答得很神秘，眼里也泛出快活的神采。

"这么晚了，找人家去干啥？"老伴儿不高兴地埋怨。

"是这么回事儿，"望云脸上又出现了愁苦的神情，"批判会上他说我和张大千臭味相投，关系密切。刚才我去找他做了解释，我说大千不是坏人，国家还正在争取他回国参加工作呢，咱们怎么能排斥人家。"

桂敏吃了一惊，看着父亲那认真的样子，不禁又气又笑，现在是什么时候，你还这样认真！但随即又担心起来：该不会捅了娄子吧。忙问："老刘怎么回答，和你争辩了吗？"

望云低声说："争辩倒没有，不过看法不一致，他说国家争取张大千那是过去的事，现在政策变了，早改变了看法。"

桂敏叹着气说："爸爸呀，您政治上太不精明了。"

老伴儿也插嘴劝道："人家怎么批判你就怎么听呗，解释那有什么用？你呀你呀，还是那个死犟脾气！"

望云被说得不高兴起来，他把烟蒂一扔，气呼呼地回答："我就是这个脾气，一辈子也改不了。"

时间在缓缓流逝，赵望云在悲痛之中，常常望着天上的白云遐想：自己少年丧父、失母，当学徒，做苦力……那样艰辛的岁月都闯过来了，现在就能被这点儿挫折压垮吗？不能，绝对不能，为了追求艺术，少年曾立下大志，从家乡束鹿一步一个脚印地走过来了。现在正是攀登艺术高峰的黄金时期，要继续拿起画笔，要用自己的作品来证明：我赵望云对党绝无二心！

他铺纸润墨，又投入了绘画的创作中。艺术，艺术，他把心里的惆怅、不快，化作对艺术的刻苦钻研，逆境的反作用力，促使着他写生不止，作画不休。

五

　　八月秋深，阴雨连绵，古城西安笼罩在雨雾苍茫之中。望云独坐屋内，对着画稿凝神沉思。此时，他心里是悲怆和痛苦的。右派这顶帽子，就像一副耻辱的招牌，插在背上叫他无颜见人。文化局副局长和美协主席这两项职务虽没正式公布撤销，但也是有职无权了。所有的领导工作他一概不能参与，只能作为一个职工的身份出现了。

　　不知怎么，望云在人们的心目中总是"臭"不起来，无论怎么上纲批判，大家就是觉得他不像个阶级敌人。特别是老伴儿和孩子们，近些日子见他一天天消瘦下去，每顿饭都要给他煮一个鸡蛋，或是蒸几片咸肉，让他补养身体。望云舍不得吃，总要给孩子们一人一口。

　　笃笃笃，外面有人敲门。望云不由一怔，受批判以来，他的办公室已经很少有人光顾了。

　　望云连忙把门打开，方济众跨进来，他诚恳地微笑着，对过去的恩师一如既往地敬重。望云很受感动，忙问："有事吗？"

　　济众回答说："为了筹备山区画展，美协决定组织一批人下去体验生活，山村里挺苦，报名的人不多，领导让我问问您去不去？"

　　自被审查以来，美协的大事小情，已由副主席石鲁和李梓盛全权处理了，对这些，望云并不妒忌，为了工作，谁多干一些不好？

　　他几乎没有思考就脱口而出："我去，画画的不深入生活，怎么能创作出好作品来？"

　　"赵老师，"方济众担心地说，"您身体虚弱，在美协中又是年龄最大的，出去就爬山，吃饭不准时，还是留在机关吧。"

　　"不，"望云固执地回答，"我经常出去写生，这点儿苦算得了什么！再说，"望云神情一转，脸上显出凄婉的神情，"如今我这个样子，不用行动来证实自己的心是红的，又怎么能说得清呢！"

方济众神色也暗淡下来，他不好再劝，点点头说："好吧，那我也去，照料着，您也方便些。不过，师母和桂敏、振川他们一定不会答应您去的。"

赵望云满不在乎地说："那没关系，他们犟不过我，到时候拔脚走就行了。"

于是，二人一起到办公室报了名。

六

几天的阴雨过后，天终于晴了，在阳光的照射下，八百里秦川雾气缭绕，那葱茏的树木，一望无际的青纱帐，浸满了蒙蒙的水汽，山山岭岭，显得格外新绿。赵望云、石鲁、方济众、何海霞，一行四人乘汽车到商洛山南部地区去体验生活。他们敞开车窗，尽情地呼吸着这雨后的清新空气，饱览着沿途的自然风光。

道路越来越崎岖，汽车顺着盘山公路上上下下，山里的雨下得很大，有几处路口被冲坏，他们不得不跳下来，把汽车推过去。临近中午，前面的道路被滚落的巨石堵塞了，无奈，他们只好把车寄放在附近的村子里。背上画夹，拎着包裹，徒步进山了。

他们顺着山间小路，爬坡越岗，不一会儿就汗水淋漓。望云挂着一根小木棍，尽管走得气喘吁吁，可还是紧紧跟在大伙儿的身后，一步不落。

走一段路，大家就坐在石头上休息一会儿，望云抓住这宝贵时机，掏出速写本，飞快地在上面勾画着一幅幅草图：山岗、树丛、小溪……这平凡的景物一落到他的写生本上，就显得那么美好，那么生机盎然，充满活力。

就这样，他们白天在山里考察、写生，晚上整理画稿，吃饭和住宿有时在村镇旅店，有时在老乡家里。

这天，他们来到了一座山前，只见山石耸立，巍峨壮观。山上树木葱茏，青翠欲滴。四个人都被这壮丽的景色陶醉了，争着向山上攀去。这当儿，有几个背着猎枪、扛着黄羊的山民从山上走下来，看到这肥壮的黄羊，大家一下子来了兴头，几天来，他们在山民家里几乎顿顿吃洋芋拌稀粥，早想换换胃口了。再说，到山上去行猎打黄羊，那可是富有诗意的事情。几个人围着山民们问长问短，石鲁还特意询问他们的猎枪是从哪里购买的。

有个山民告诉他，这附近的集镇上就有出售的，如果急用，他自己的猎枪才买来十几天，可以原价卖出去。

石鲁乐了，他拿过猎枪，翻来覆去地看了一阵儿，又试着放了一枪，准头儿挺好，便花了十几元买下了。

有了猎枪，大家的兴致更高了，又继续向山上攀去。直到此时，才发现不见了赵望云。石鲁忙问："老赵呢？"

何海霞回答说："他说自己腿脚不好，先走一步了，咱们快去追吧。"于是，三个人争先恐后地向上爬去。走了一阵儿，前面出现了三条小路，他们没顾得细看，随便拣了一条走去。

大家以为赵望云就在前面，但紧赶了一阵儿还不见他的踪影。来到半山腰，前面出现了灌木丛，脚下的小路消失了。他们仗着人多，左寻右找，但怎么也找不到通往山头的路，看来这是一条"死胡同"。退回去吧，这近半天的山算是白爬了，又实在不情愿，方济众和石鲁泄了气，这儿走走，那儿瞧瞧，上不是，下不是。何海霞倒开通，他拣块石头坐下，掏出本子写起生来。

过了一阵儿，方济众要过石鲁的猎枪，挑起一丛荆棘，兴奋地嚷起来："这里有野兽的脚印，好像是条路。"

二人来了精神，急忙跑过来，何海霞摘下眼镜，蹲在地上看了看，突然失声喊起来："这是老虎的脚印，山上有老虎！"大家一下子慌了神，何海霞跟随张大千游览名山大川好几年，还亲自和他喂养过老虎，肯定不会看走眼的。此时，一阵山风吹来，近处树叶哗哗，远处涛声阵阵，那密密的灌木丛中似乎真的潜伏着猛虎。大家惊慌之余，想起了赵望云，都把心提到了嗓子眼儿。他一个人爬山，该不会有什么危险吧？于是，三个人扯开嗓子呼喊起来：

"老赵！"

"赵先生！"

"赵老师！"

石鲁把猎枪顶上了火，万一喊声引来了老虎，就开枪射击。

"哎，我在这哪！"终于，山头上响起了赵望云那熟悉的声音，原来他早已爬到山顶上去了。

"你们快上来吧，山上风景可好哩。"望云站在一处高高的山崖上，朝他们挥着手呼喊。

此时，三个人惦记着老虎，哪还有心思登山，忙冲着他摆手呼喊："山上不安全，快下来吧，咱们在来路上碰头，要小心哪！"

几个人急忙朝山下走去，他们小心翼翼，担心老虎会突然扑过来。

他们一口气来到了山下，汗水湿透了衣衫，老虎始终连个影子也没有，他们这才把悬着的心放下，坐在石块上休息。好一阵儿，望云才不慌不忙地走下来。

"老赵哇，你没碰到老虎吗？"何海霞半开玩笑半认真地问。

"没有哇，"望云摇摇头，"这样秀丽的景致，哪来什么老虎。"

"真的有，"方济众余惊未消，黄着脸儿说，"刚才我们在树丛里发现了老虎的脚印。"

望云吃了一惊，但随即又坦然地笑了，满不在乎地说："老虎虽然凶猛，但只要你不招惹它，是不会轻易向人进攻的。"

看看天近晌午，几个人商量了一下，便到附近的一个小山庄里吃午饭。

这次深入山区写生，历时一个多月，四个人收获不小，望云先后创作了《养猪图》《山村新渠》《改造荒山，学习文化》《熊耳山庄》等优秀作品。望云由于工作努力，扎实肯干，更由于在画界的影响和知名度，这年秋被选为陕西省第二届人民代表大会代表，省政协委员，他的心情舒畅了，脸上也有了笑容。

冬天，中共陕西省委整风领导小组对赵望云在中华人民共和国成立前有特务嫌疑一事做了深入调查，走访了著名作家老舍和漫画家方成。

二人清楚赵望云的人品，打包票说："他追求艺术，正义感很强，痛恨国民党的黑暗统治，据我们所知，他从没有参与过此类活动！"这一有力的证据，澄清了赵望云在中华人民共和国成立前的历史。基于这些原因，省里给西安美协呈报的赵望云右派分子的材料上做了如下批示："定为右派，不以右派论处。"职务工资都没变动，赵望云心里又宽慰了许多，他反复给自己解释着：本人有错误，定为右派，是让群众帮着改造思想，修正错误，以便把工作做得更好。"不以右派论处"，这显然是上级明察秋毫，认为自己不是反党反社会主义的阶级敌人，是可以教育好的人，今后只有靠努力工作来报答党的理解和信任了。

事后，美协整风领导小组并没有向群众宣布这个批示，却在内刊《美术通讯》上报导了赵望云被定为右派分子的事情。赵望云觉得自己没必要和组织上去争辩这件事，那样反而会让人家说态度不好，企图翻案，唉，还是忍了吧。

这样，他在工作上任劳任怨，埋头苦干，但厄运还是不断降临到他的头上。他被当成了公开的右派分子，时时刻刻受监督。

七

1958 年，全国掀起了大炼钢铁的群众运动。不管是城镇还是乡村，一座座的土炼铁炉被建起，数不清的农民、商人、干部职工，一时变成了砌炉的泥瓦匠和烧火的炉前工。

赵望云所在的美协自然也不例外，全体职工一齐动手，搬砖和泥，在院子里砌起了小高炉。时当三伏，天气炎热，大家挥汗如雨，正热得难熬，突然乌云密布，一声闷雷，引来了瓢泼大雨，真是老天解人急呀！人们乐呵呵地奔跑着，躲到屋里休息去了。

此时，正上初中的振武放学回家，路过小高炉，抬头一瞅，只见在茫茫的雨幕中有一个人还在干活，他的衣服早已湿透，雨水顺着斑斑的白发小河似的往下淌，可他仍干得那么卖力，搬着一大摞砖在泥水中挣扎。

振武仔细一看，原来是父亲，他心里一酸，几乎要哭了，急忙跑过去，大声说："雨下得这么大，你还干，要淋病的，快回家吧！"

望云看他一眼，平静地说："我没事，多干点儿活儿也是个锻炼。"

振武无奈，把身上的雨布解下来，小心地给父亲披上，冲着那位监管人的背影狠狠啐了一口。

肆虐的暴雨终于停住了，天也渐渐黑下来，望云一身湿，拖着疲倦的身子，踉踉跄跄地回到家中。老伴儿早已给他找出了干净衣服，振武打来了洗脸水，帮他换洗。素芳压低声音絮叨："这些人哪，真是铁石心肠！你当初待他们不薄，可他们为什么对你这样狠哪……累坏了吧？"

"别说了，什么都别说了，"望云提醒着妻子，"我从小干惯了活儿，多掏点儿劲不要紧！"

素芳不再言声了，丈夫不就是因为说话太直才落个这种结果吗！她有泪往肚里咽，默默地给他换好了衣服，小六儿端来了饭菜，望云早就饿了，大口大口地吃起来。他现在想开了，决心不再折磨自己，为了艺术，要健康地活下去，只要有一口气，就要作画。

吃过饭，望云习惯地坐到桌前作画，但浑身酸疼得厉害，握笔的手一个劲儿颤抖。忙点上一支烟，极力把情绪稳定下来。

这当儿，屋门笃笃笃响了起来。

"谁？"素芳小心地问，她本想说："已经睡下了，明天再来吧。"但望云却先开了口："振陆，快去开门。"

门开了，一位戴眼镜的中年人和一位留分头的小伙子走进来。望云一见他们就高兴地绽开笑脸，兴奋地说："哟，罗教授，什么风把您给吹来了。"

"绘画的风。"那中年人风趣地笑着，他是西安美院国画系教授罗铭，一向赞赏望云的山水画，二人关系很好。他指着同伴向望云介绍："这是国画系的学生小崔，早就崇拜您的作品，只是无缘相见。"

"赵老师，"那位学生有些拘谨地开了口，"我缠着罗老师来拜访您，实在打扰了。"

"不客气不客气，"望云连连摆手说，"同行是朋友，今天我水平比你高，明天你就会超过我，绘画就是这样，相互促进，共同提高……"

小崔和罗铭认真地听着，还不时在本子上记录。望云心里很激动，自从被定为右派，他再也没有这样理直气壮地讲过绘画了。今天在自己家里，又见对方是那样诚心实意，顿时忘记了自己的屈辱和郁闷，娓娓谈论起来："中国画要求笔墨融洽一致，浑然一体。一旦拆开，而又笔笔分明，经得起推敲。就像写书法一样，锋芒转折，波澜相生，一丝一毫无败笔。所以学画的往往利用写字作为练习基本功的重要手段，要画好画，同时也要写好字。在用笔方面，既要大胆，又要细心，做到大胆落笔、细心收拾。"

说着，他铺纸润笔，边画边讲："当落笔的时候，提接起侧，轻重徐疾，要任意径行，信笔直下，不要犹豫彷徨。大体已定，然后再勾搭皴染，处处到家，不能有一点儿放过。要抓住章法上的重点之处，层层皴染，丰富厚重，做到不结不腻。其他部分，着墨不必过多，做到笔简意足，虚实轻重恰到好处。笔下无功夫，点画立不牢哇……"

他呷了一口茶，又饱蘸笔墨，一面笔走龙蛇，一面侃侃而谈："……用笔之际，提腕、运腕、运指，要使笔有较大幅度的回旋余地。提接起倒，进退顺逆，横拖竖抹，四面出锋。经过平时的不断训练，要做到使笔而不为笔使。笔头上水分的干湿浓淡，要掌握适当，以达到湿笔不烂，干笔不枯，心有定力。不管笔头有墨无墨，还是我行我素。不要画了几笔，又去蘸墨，弄得不干不湿，那就平淡无奇了……"

二人听得津津有味，小崔见他热情、开朗，此时也没了拘束，开口问："赵老师，我看过您不少画树的作品，为什么您用墨喜欢上浓下淡，而不是把受光的梢部处理得淡些、亮些，把离光源较远、接近根部的树干部分处理得浓些、暗些呢？"

望云笑笑，回答："到了白天你注意观察一下附近那些树木，在感觉上看看是不是上浓下淡？这内中的原因在于：树木下部由于受到地面反光的影响，比起树梢来就显得亮而淡了，这就叫'师法自然'。"

小崔听了，茅塞顿开，连连点头，又问："班上有些同学说，您作画惜墨如金，好用淡墨，欣赏您的画就像品淡茶，色清淡而味醇厚；还有人说您作画不仅好用淡墨，而且常把一些平淡无奇的北方景色拿来入画，使西北高原的景色蒙上了一层清幽淡雅的趣味。赵老师，是否这淡雅之作才称得上艺术中的上品呢？"

望云思索一阵儿，回答说："浓也好，淡也好，作画和看画的人都各有偏爱。不过要画好一张画，除了应注意笔墨和取材之外，更重要的是要使画面具有一种意境，以及由这种意境带来的艺术情趣……"

望云谈的时间长了，声音有些嘶哑，小崔看他额头上渗出一层细密的汗珠儿，关切地说："赵老师，您休息一下吧，如果有近期的作品，是否让我们一饱眼福？"

望云畅快地说："行啊，正好有两幅作品请二位评点呢！"

说着，他取出两幅画，让小崔帮忙挂到墙上。二人仔细观看，只见头一幅题着"黄河春讯"四个字。在那巍峨耸立的陡壁峡谷之间，一条大河奔流而下，画面采用的是鸟瞰构图，画家把奔腾咆哮的黄河处理在画面的右下角，屹立在黄河两岸峭拔的陡壁用枯笔皴擦、水墨渲染，从而衬托出了"黄河之水天上来"的雄伟气势；岸边有几株桃花掩映着待渡的人们；河中心，船工们驾驶着羊皮筏正与激流搏斗。此景此情，向人们昭示了一个主题：船工的劳动驱逐了寒冬，迎来了春天。

第二幅是《春耕图》，在那耸入云端的大山脚下，有一片开阔的土地，几辆排子车满载着黑粪土在大路上行进。远处，拖拉机带着犁铧正在来往耕作。在那更远的地方，一群大雁在空中奋飞。画家用抒情的大写意手法，在辽阔的原野上以枯笔赭墨把拖拉机刚刚翻起的泥土沟壑，描绘得富有韵律感，那苍茫迷蒙的远山用色墨融合，淋漓挥洒，展现出了春霭烟岚的秀丽景色，又用流畅轻松的笔法随意点出了成群的飞鸿与正在耕作的拖拉机。纵观全图，画家是用轻快流畅的笔墨，谱写了一曲春天的赞歌。

……

不知不觉，已经到了深夜，送走罗铭和小崔，望云长长打了个哈欠，身子一歪，坐在椅子上就和衣睡着了。

八

早晨，雾气迷蒙，秋风送爽。汽车开得很慢，但还是颠簸得厉害，敞篷车厢里，赵望云和十几个小伙子挤在一起，他们要去农场参加劳动。

在华山脚下，有一个叫桃下的地方，这里是三门峡水库的淹没区，居民们都迁走了，遇到旱年，这里的土地还是可以耕种的。此时正是全国的三年经济困难时期，人们勒紧腰带，想方设法度灾年。国家把这个地方分配给美协机关作农场，让组织人力，搞好生产自救。

本来，望云年岁最大，身体又弱，而且是全国著名的画家，但因为他是右派，是被改造的对象，便被裹到这伙儿年轻人中来了。五十多岁的人和二三十岁的青年们在一块儿劳动，似乎有点儿不协调，有人为他鸣不平，要去找领导提意见，望云却苦笑着拦住了，他说："下去可以写生，多干点儿活儿也没坏处，还是去吧。"

"唉，你呀你呀，真是让人不可理解。"这回连劝阻的人也忍不住了，"问题不是多干少干些活儿，他们是把劳动当作一种惩罚的手段，劳动改造嘛！去了是搞收秋种麦，紧张繁重，哪有时间写生！"

"那我就用眼看，用心记，回来再画。"望云固执地说着，"我是右派，谁说都会受牵连的，别言声了……"

临上车，老伴儿拉着振武、振陆、保平给他抬着行李送行。望云瞅个空子，把两个速写本和半截铅笔塞进被褥里。

……

突然，咣当一声，汽车猛烈颠簸了一下，望云猝不及防，一个趔趄，向着前面的栏杆栽去。这当儿，后面一双大手有力地抓住了他的衣服，缓解了冲力，等扑到栏杆前，他身子已经站稳了。

"赵老师，当心点儿。"后面传来了一个熟悉的声音。望云感激地回头瞥了一眼，原来是何海霞的儿子何继曾。半年前，他被分到美协工作，他牢记父亲的嘱咐："学画要跟你望云伯学，他阅历广，功力高……"于是，他怀着崇敬的心情，跟望云拜师学画，二人一见如故，感情日深。

桃下农场到了，时值深秋，那大片的河滩地上，棉花雪白，玉米金黄。人们一看就乐了，有了这些庄稼，"低指标、瓜菜代"的日子就好熬过去了。

这里没有房舍，周围几十里看不到村庄，留守人员住在一个三尺高的帐篷里，一下子来了这么多人，另搭窝棚吧，风沙太大，一会儿就刮塌了。多余的帐篷又没有，大家只好挤在一起。

收秋和种麦，两种农活挤在一起，人们一放下行李就投入了这繁忙、紧张的劳动中。望云同小伙子们一样，系上包袱到地里摘棉花、收玉米，又拉着排子车到地里送粪。这河滩地全是松软的沙子，车轮一压，就深深地陷在里面。他们三个人一辆，前面的用力拉，后面的拼命推。望云年岁最大，小伙子们不让他驾辕，可他总是争着去驾，抢不到了就用力拉帮套、推车尾。每拉一趟，他的头上就挂满了汗珠儿，衣服被汗水浸湿，累得上气不接下气。何继曾在旁边暗暗心酸，唉，多么善良忠厚的艺术家啊！

天气一天比一天冷。华山脚下，风沙肆虐，呼呼的北风昼夜不停地嘶吼。人们在大风里干活儿，在风沙里吃饭，一碗稀粥喝完，下面总有一层沙子。沙砾打在人的手上、脸上，像针扎一样疼痛。此时正是低指标时期，农场的伙食很简单，一两一个的馒头像核桃大小，又干又硬掰不开。没有蔬菜，便吃带去的萝卜缨，又硬又涩难以入口。不管怎么样，总算有一口饭吃。

望云从小吃惯了苦，自然不把这些放在心上，餐餐吃得很香甜。他年岁大，饭量小，刚能吃饱。可那些小伙子们就不同了，几口就吞完了分给的那一份。望云看在眼里，这天午饭后，他把节省下的一个馒头递给何继曾。

继曾红了脸，不好意思地朝他怀里推："赵老师，活儿这么累，您还是留着自己吃吧。"

"不，这是我给你的。"望云用浓重的束鹿口音，把"给"字拖得很长。

继曾心里一热，喉咙里像塞了一团棉花，他清楚，赵老师心肠直，不会拐着弯儿说话，这馒头是他当时没吃完的，可在这缺粮的关键时期，半块馒头就能救活一条命。赵老师本该放着自己吃，但他硬是送给别人，这里面饱含着他的多少情怀啊！他不忍再拒绝，接过来两口就吞到了肚里。

收完了秋庄稼，人们便抓紧时间送粪、撒粪、翻地，拖拉机嘣嘣地响着，昼夜在田野里耕作，大家抢时间播种小麦，早出晚归地苦干着。望云一天天瘦下去，但他精神很好，劳动时和人们说说笑笑，看不出是受监督改造的。

晚上，大家沙丁鱼似的挤在这不到一米高的帐篷里，连翻身都困难。由于活儿累，年轻人一躺下就打起了呼噜。赵望云可作了难，他上了年岁，有个小便频的毛病，夜里要解两次手。外面天冷倒好说，出来一次就得从别人的身上爬过去，一个人起夜要弄得几个人睡不成。望云不忍心打扰别人，便想了个法子，把装速写本的塑料袋当了便盆，夜里用过，白天倒掉洗净，倒也方便卫生。

在这样繁重、紧张、艰苦的环境中，望云以惊人的毅力，仍然坚持着写生。白天劳动时，他用心看，努力记，看拖拉机来往奔驰，听机器日夜轰鸣。劳动时不能画，晚上别人要早睡也不能画，他就把速写本装在衣兜里，午饭后有个短暂的休息时间，他就掏出来，三下两下便把眼前的景物勾画出来。

"这老人为艺术真是拼了命呵！"何继曾从心里敬佩和可怜他，但又不便相劝，只好在劳动时设法替他干些。

冬天来到了，人们经过一个多月的苦干，终于收完了秋，在那大片的土地上播上了冬小麦。望云拖着虚弱的身子，衣兜里装着写生的小本子，和大家风尘仆仆地回到西安。谁能弄清这个小本会给他提供多少幅大画的素材啊！这其中的分量，只有赵望云自己最清楚了。

次年春天，人们在他的画室里，看到了这么一幅生气勃勃的作品：远山苍翠，成群的鸟雀在山间翱翔。拖拉机奔驰着、轰响着，沉睡的大地苏醒了，波涛汹涌，像大海，像江河，肥沃松软的土浪，散发着阵阵清香。春天来了，阳光明丽，野树杂花，一齐绽开了蓓蕾。就在这松软的土地上，几辆架子车装满了粪土，人们拉的拉，推的推，好一副繁忙、紧张、充满生机的劳动景象。从画面中，谁也找不出一丝一毫的惆怅与怨愤、不满与悲凉。有谁能够相信，这样壮丽恢宏的画幅，竟会出自一位受改造的"右派分子"之手！

第二十二章　云霞满天

一

1961年9月，赵望云到中央办的社会主义学院学习，系统地学习马列主义。这个学院是1956年4月成立的，是民主党派和无党派人士的联合党校，是中国共产党领导的、统一战线性质的、有中国特色的新型高等政治学院。第一任院长是吴玉章。望云作为民主党派人士去学习，这对一个画家来说是一次体验生活和提高认识的好机会。他带着行李、画夹和速写本欣然前往。

北京的九月，树木葱茏，清爽宜人。学院设在紫竹公园，这里古树参天，幽雅静谧。望云办了入学手续，放好行李，习惯地掏出速写本，凭着记忆，把一路见闻描绘下来。出门必带本，带本必速写，这习惯同吸烟一样成为他的嗜好。

正画得来劲儿，突然，门外有人轻轻唤了一声："老赵。"望云抬头一看，只见门旁的垂柳下，有个小伙子正笑眼望着自己。他从那憨厚的眼神中，一下子认出了是黄俊耀，忙迎出来，兴奋地招呼："哎哟，这不是小黄吗？当年的《血训图》唱红了陕南！怎么，你也来参加学习？"

小黄点点头，诙谐地笑着："许你来，就不许我来吗！最近在画什么，有佳作发表吗？"

望云的脸上浮起一丝苦笑，神色暗淡下来："画得不少，可发表的园地不多呀。"

小黄心里一沉，望云的事情他早就听说了，当时他不相信这是真的。可后来美协的人们都这么讲，但他怎么也不相信望云会是坏人。

"别灰心丧气，"小黄恳切地劝他，"发表不发表有什么关系，你只管画你的，以后当作家产，也算是对生活的积累。"

望云被深深感动了，自从被定为右派，还没有谁对他说过这样诚挚、体贴的话，患难之中见真情啊！他眼里涌满了泪水，声音颤抖地说："小黄，有你这句话，我心里就踏实了，可是，"他抬头看看四周，见寂静无人，压低声音说下去，"我现在是阶级敌人，和我这种人交往，当心受牵连呀。"

"不，你是我的朋友！"黄俊耀诚恳地回答，"别说什么牵连，朋友之间讲真话。"俊耀本来就心直口快，和望云又很说得来，他滔滔不绝地讲下去："去年，我在文协的小组讨论会上就说过，我和老赵搞过一年多的土改，对他是了解的。把他定为右派，是某些人别有用心。没想到一散会，领导就找我谈话，劝我不要信口开河，注意影响……"

"你以后千万别这么说了，弄不好要受牵连的。"望云着急地打断他。

俊耀自信地笑笑，说："没事儿，我心里有底。"

望着眼前这个正直的小伙子，望云只觉得心里一阵阵滚热，人世间，毕竟还有真情在啊！

二

学院开学了，望云和来自全国各地的几百名学员聚集一堂，举行了开学典礼，接着便分班授课。学习的主要内容是哲学、政治经济学和马列主义原著，望云正巧和黄俊耀编到一个班里。大家上午听课，下午自学，或者分组讨论，晚上没事，同学们可以自由活动。轻快、单纯的学习环境，为赵望云提供了良好的作画机会。每天晚饭后，同学们相约着去看电影、看戏，望云按照自己的习惯，在画案上铺平宣纸，润好笔墨，然后斜倚在床头的被摞上，他身体虚弱，怕冷，便在肚子上搭一条小褥子，一边吧嗒吧嗒地抽烟，一边冥想构思。不一会儿，一幅完整的画面在他的脑海里出现了，便披衣而起，提笔润墨，笔走龙蛇。

黄俊耀每逢看他作画，总要惊喜地赞叹："神笔，真是神来之笔呀！"然后再补上几句："还是当画家好哇，画熟了眨眼就成。俺们这编剧本的，到啥时也练不成这个样子。干脆，我跟你学作画吧。"

"嘿嘿，"望云脸上出现了少见的笑容，戏谑地说，"可甭这么讲，我还准备改行编剧本呢。"

"哈哈哈……"俩人开心地大笑起来。

这天晚上，黄俊耀看戏去了，望云一个人正在室内作画，突然，屋门笃笃笃响了起来。望云忙把门打开，一位高个子、白净脸皮、目光和善的中年人走进来。他见望云用心地打量自己，忙笑着问："赵先生，不认识我了？"

望云终于从对方那宽厚的脸庞中，想起了他的名字。"你叫常黎夫，这一晃快十年不见了。"望云惊喜地说。这常黎夫是杜斌丞的外甥，杜斌丞原是刘志丹的老师，后来成为杨虎城的幕僚和座上客，中华人民共和国成立前是民盟西北支部的负责人，望云和他私交甚厚。常黎夫就是通过舅舅的介绍和赵望云认识的。西安解放后，常黎夫从延安调去担任宣传工作，后来大区撤销，他就去国务院工作了，两个人从此再没见过面。

旧友相见，分外亲热，望云紧紧握住他的手，兴奋地问："还在国务院工作吗？"

常黎夫摇摇头说："你呀，怎么消息这样闭塞，我又回咱西安了，在统战部工作。"

"哦，我早就听说统战部调来个常部长，没想到就是你呀。"望云惊讶地说着，"你身体好吗？弟妹和孩子们都好吧。"

"好，都很好！"常黎夫一一回答了他，又轻声说，"你的事我都知道了，这几年，真委屈你了。"

望云长叹一声，絮絮地说："我有错误，可我并不反党啊！现在我才真正体会到，一个人最大的痛苦莫过于被人误解呀。"

"老赵，"常黎夫递给他一支烟，恳切地说："今晚我来找你，不光是探望，更主要的是告诉你一个好消息：最近中央在广州召开了会议，主要精神就是要给在"反右"运动中错划的知识分子平反，我是搞统战工作的，对爱国的知识分子要团结呀。你的问题我们经过反复调查，事实正如你自己说的那样，有一些错误，但只是工作中的失误，构不成罪行，所以，我们根据中央的指示，决定给你平反。”

“这是真的！”望云又惊又喜，简直不相信自己的耳朵，他紧紧抓住对方的手，急切地问：“那，这右派的帽子也就摘了？”

“当然，当然。”常黎夫郑重地说，“这几年，你任劳任怨，仍然努力地为党工作，我们对你关心不够，我代表西北局统战部向你表示歉意。”

“快别说那个了，”望云兴奋地涨红了脸。这突如其来的喜讯，使他激动万分，连声音都颤抖了，“过去的事儿，我绝不会怨天尤人的。”

常黎夫也开心地笑了，透过那涨红的面孔和闪着泪光的眼，他似乎看到了这位老画家那颗滚烫的心。他安慰说：“上级的批示还没有下来，先耐心等候一段时间吧。”

“那是，那是，”望云喜滋滋地合不拢嘴，“只要有你这句话，我就去掉了那副精神枷锁，干起工作来就有使不完的劲儿。”

两个人畅谈起来，常黎夫诚恳地指出了他过去的一些不足，望云认真地听着，不住地点头。他暗暗思忖，老常说得多好，走过的弯路，是应该总结检查、回头看一看了。

深夜，望云躺在床上，激动地难以入眠，压在自己头上的这顶无形黑锅，就要被掀掉了，从今后自己就要堂堂正正地做人、理直气壮地绘画……他越想越兴奋，一股创作的激情，如翻腾的海浪冲撞着他的胸腔。他睡不着，索性披衣起床，拉开电灯，铺纸润笔，龙飞凤舞般地画起来。真是笔笔含情，点滴入心，三十多年的功力，凝在笔端，在纸上宣泄。洋洋洒洒，忽而如狂风疾雨，忽而如溪流浅瀑。不一会儿，一幅笔酣墨饱的壮丽图景出现了：只见在那辽阔的大地上，桃花展蕊吐艳，迎风摇曳；远处，江河解冻，银带似的河流穿过大地，伸向无际的天涯；农民们扶着犁，赶着牛驴，在复苏的田野里来往耕作，好一幅大地回春的风景画。

三

北京的冬天，寒风吹过，松柏婆娑。望云倚在树下，和同学们尽情地说笑着。大家海阔天空，谈论得十分惬意。

突然，远处走来一位十七八岁的小伙子，肩上背个小包袱，不断朝这里张望。

赵望云觉得挺面熟，忙迎上去，走近了，看清是三儿振川，此时，小三也认出了他，惊喜地喊起来："爸爸，妈妈让我给您送衣服来啦！"

望云笑了，一股暖意涌上心头，老伴儿和孩子们对自己多关心呀！在自己被定为右派的这几年里，他们节衣缩食让自己吃好，没有说过一句埋怨的话，唉，人生在世，有个好家庭也是一件莫大的幸福啊！

"眼下到了春节，妈妈让我接您回去。"振川忽闪着一双稚嫩的大眼睛，怯生生地说着。

"好，好。"望云笑呵呵地点上一支烟，此时，他心情舒畅，和孩子的话也多起来，"我上的这所大学还没放假，你先住下来吧，后天是星期日，我陪你到外面转转，家里有什么事吗？"

振川回答说："没有，不过，听何海霞叔叔说，咱西安美协的国画习作展览在北京美术馆展出后，受到了观众的好评，一些专家说这些作品富有浓郁的地方特色和时代精神，在技法上能大胆探索创新，风格独特，好多人称这是新崛起的'长安画派'呢！"

"都有谁的作品？"望云认真地问。

"我听说有您的，还有石鲁、海霞叔、李梓盛、康师尧、方济众的。"

望云笑笑，平静地说："不错，这些人的作品都是注重传统和生活的，共同特点就是清新豪放，时代气息浓厚，但也各有自己的特色。不过，被誉为'长安画派'还为时过早。在画界，凡开宗立派的都有巨大的成就，我们才刚刚起步，不管别人怎么夸奖，心里总得有个实底儿。"

振川听着，不住地点头，他被父亲这种谦逊和深远的见识深深折服了。

尽管望云谦虚之至，可为这六位画家联合举办的"西安美协国画习作展览"在上海、杭州、南京等地展出后，引起了强烈反响。观众们感到：这批作品有着共同的风貌，都以表现大西北、黄河流域和黄土高原为主要对象，满腔热情地描绘了中华人民共和国成立后革命和建设欣欣向荣的壮丽图景。在艺术上推陈出新，笔情墨韵间，体现了古长安传统文化精神的内涵。荒漠野岭之中蕴含着崇高、博大的美学思想；山庄牧场里萌发了极其光彩的人文景观。画家们的作品大部分取材于北国风光，当然也有秀丽的江南景色，但在创作上整个趋向致力于追求一种深沉、浑厚、朴实的北方风格，他们各具艺术特色又共同体现了新颖的北国风貌。因而，"长安画派"的名称越叫越响，知名度也越来越高，越来越为绘画界所公认。

"长安画派"的形成，是西安画家们通过长期艰苦的努力所取得的。大家公认，赵望云在这个画派的形成过程中，始终居于首领地位。西安美协从创立到现在，赵望云和画家们多次到秦岭、陕南等地写生，体验生活，赵望云以他自己的写生实践，带起了一大批人，推动了一个画家群体的诞生。他为长安画派洒下的心血和汗水，将永远为人们称道。

振川在学校住了几天，他待在屋里看书，陪着父亲作画，倒也蛮有趣味。这日，天色突变，西北风呼呼地刮着，纷纷扬扬的大雪下了一天一夜，到了第三天星期日，虽然风停雪住，但天气仍然阴沉沉的，地上的积雪有了厚厚的一层。

振川看着大雪犯了愁，这可怎么去游览呢！

不料，望云却精神抖擞地换了衣服、鞋袜，带上写生本，喜滋滋地说："小三儿，走，到外面看雪去，这雪天雪地更有一番情趣呢！"

振川是个听话的孩子，忙换上胶鞋，跟着父亲来到院里。只见"紫竹院"松柏参天，此时，密密的枝叶上挂满了皑皑的白雪，真是雪压青松，松托白雪，白绿相间，分外壮观。望云被这迷人的景色陶醉了，他掏出写生本，选了个合适的角度，正要下笔，突然神情一转，开口说："小三呀，你也不小了，对自己将来的前途考虑过没有？"

振川红着脸摇摇头。

"你过来。"望云举着速写本冲他招呼。振川顺从地走过去，望云把笔递给他，说："你试着把面前这棵雪松画下来吧。"

"我，我可从来没有画过画呀！"振川有些胆怯。

"没关系，试试嘛。"望云鼓励儿子。

振川接过速写本和铅笔，认真地画起来，头一次作画，他握笔的手有些发抖。

为了让他放心大胆地画，望云点上一支烟，踱到一边去了。一支烟抽了半截，振川便捧着速写本跑过来，嘴里说着："爸爸，画成了。"

望云接过，仔细审视着，他有些不相信自己的眼睛，这是儿子画的吗？一棵雄姿勃勃的雪松跃然纸上，细密的松针，团团白雪，黑白相间，笔法虽是那样稚嫩，但很有韵味。望云惊喜地问："这是你画的吗？"振川点点头。

"那再临摹一张。"振川当场又临摹了一幅。望云高兴地笑了，夸赞说："不错不错，第一次就画成这个样子，比我有出息，我可以给你打个'甲'。"他神情一转，意味深长地说："看来，你具有绘画这方面的素质和特长，可以在这方面多下些功夫。"

振川认真地听着，在这之前，他只是看父亲怎样作画，连他本人也不知道，自己的画居然能绘得这么好。此时，他那纯净的心田里，激起了对绘画的强烈兴趣，他暗下决心，一定要像父亲那样，把这门艺术学到手。打这儿以后，他就用心跟父亲学画，兜里装个速写本，随时写生作画。有志者事竟成，振川日后终于成为陕西美术界的翘楚。

此时，望云见自己儿子的作品酷似当年自己作的画，心里欢喜，再加上那则平反的消息，一时来了兴趣，他一把拉住儿子，兴奋地说："三儿，父亲陪你到街上开开眼！"

于是，父子二人一前一后走出了"紫竹院"。外面是一个雪的世界，马路上行人车辆很少，有几个人正在扫雪。望云和振川信步走着，不知不觉来到一座古建筑旁，只见红墙绿瓦，衬着皑皑白雪，分外壮观。

望云仔细看了一阵儿，掏出速写本就画了起来。这当儿，对面走来一位中年人，他披着棉大衣，步履蹒跚，来到二人面前，突然开口问："你是赵望云吗？"

望云忙"嗯"了一声，抬头细看对方，好面熟哟，这不是恩师王森然吗！他不由喜出望外，一把握住他的手，惊喜地招呼："王老师，真没想到在这里遇见您，您这是……"

王森然深情地说："听说你进京学习来了，特地来看看你。"

望云感动地说，"师母好吗？孩子们都好吗？"

王森然一一回答了他，接着认真地说："你又忘了，别叫老师，你我不是兄弟相称吗。"他把目光转向振川："这位年轻人是……"

"哟，忘了介绍，"望云抱歉地说，"这是三儿振川。"

又指着王森然对儿子说："这是我经常对你们提起的王森然伯伯，也是在绘画上给了我巨大帮助的恩师。滴水之恩，当涌泉相报，王老师的大恩大德，你们永远不能忘了哟！"

王森然连连摆手说："不敢不敢，当初我看你是个人才，埋没了怪可惜的，现在日子混得可好？"

望云把自己的情况做了介绍，末了说："孩子们大了，我们已经老了，在我的感觉里，总以为自己还年轻哩。"

两个人畅谈起来，多年不见的挚友，都攒了一肚子的话，说起来没完没了。振川陪着站的时间长了，脚冷得厉害，便得空插上一句："王伯伯工作忙，咱们该回去了。"

王森然急忙拉住二人的手，诚恳地说："今儿上午哪也不准去，到我家里吃饭，对了，我迁进了新居，条件不错，还有，我那子女们都参加了工作，春节就剩下我和老伴儿了，这样吧，过年你别回去了，给家里捎个信儿，让弟妹和孩子们都来，咱们痛痛快快地过个大团圆年！"

望云是个直性子脾气，喜欢谈文会友，他两手一拍，高兴地说："好，明天就让小三回去，把家里人都接来，在你家里过个喜庆年！"

"就这样定了！"好客的王森然一手拉着望云，一手拽着振川，"走，到我家里去，中午咱们包饺子！"

四

第二年夏天，赵望云以优异的学习成绩，在社会主义学院毕业了。带着大量的写生画稿回到西安，一进美协大院，人们便兴奋地告诉他：陕西省委宣传部做出了给他摘掉右派分子帽子的决定，正等着他回来公布呢。望云心里一阵激动，常黎夫讲的就要变成现实了，他默默地在心里念叨：感谢上级领导的理解和信任，一个真心报国的画家，现在终于又有了为人民效力的机会。

7月23日，这是望云终生难忘的日子。这天，太阳格外亮，天空格外蓝，西安美协的全体人员聚集在会议室里，为赵望云举行平反大会，统战部长常黎夫亲自出席了会议。石鲁怀着不安的心情，声音沉重地说："在'反右'中，由于我们工作上的疏忽，错整了一些好人。原美协主席、国画研究室主任赵望云就是其中的一位。本来，他工作积极主动，大胆果断，有魄力，敢负责，善于联系群众，有很高的威信。但是，由于我们调查了解不够，不看主流看支流，把他工作中的一些失误和平时的几句牢骚话，当成了主要思想表现，结果被定为右派。现在，我们根据中央广州会议精神，给他予以平反，摘掉右派分子帽子，恢复他原来的一切职务和工作，所有不公正的待遇完全取消。这几年，赵望云同志受委屈了，我代表党组织向他表示歉意……"

赵望云听得脸热心跳，耳边反复回响着刚才的话。后来，常黎夫讲了一些什么，他一句也没听清，直到文化局长鱼讯说了句："请老赵同志讲几句吧。"他才如梦初醒，忙大步跨上讲台。他环视会场，只见人们正用内疚、不安的目光望着自己，有人还低下了头，他心里不由滚过一股激流，脑子也清醒了许多。五年前，就是在这个大厅里，他站在这里挨斗。就是这些人，迫于形势，说着连自己都不相信的话。如今，面对着他们曾经泼过污水的画家能不羞愧吗！

望云抑制住激动的心情，平静地说："我万分感谢党和人民的信任，从此我又成为革命大家庭中的一员了，这使我感到非常兴奋和欣慰，以前由于自己学习不够，讲过一些错话，办过一些错事，今后自己决心改正，把工作做得更好。还有一点需要说明。"望云环视了一下会场，见人们正抬头静听，便提高声音说："过去的事就算过去了，我赵望云是个有口无心的人，决不追究谁的责任，在咱们这个革命大家庭里，就是需要互相谅解和友爱，大家要把精力放在工作上，放在艺术上……"

哗……会场上响起了热烈的掌声，赵望云走下来，和大家一一握手，曾批判过他的老刘激动地说："老赵哇，你是个好人，今天我才真正认识了你。"

五

回到家里，望云激动得站也不是，坐也不是，五年来，这顶无形的大帽子压得全家人抬不起头来，孩子们在学校里受歧视，在工作单位里遭白眼，如今，大家可以挺直腰杆舒一口气了。

桂敏高兴地给他沏茶，振川给他递烟划火，望云吸着烟，喝着茶，兴奋地和儿女们畅谈着。几年来，他很少有兴致和孩子们这样聊天了。

这当儿，小七保平跑进来，高喊着："爸爸，俺四哥回来了！"

望云抬头望去，可不是，四儿季平背着行李，拎着包裹，和振武说笑着走进来。季平高中毕业后，考入西安音乐学院学作曲，四年来成绩优异。他学习抓得紧，从没歇过星期天，也很少回家。望云忙接过他肩上的行李，关切地问："毕业了？"

季平点头回答："已经分配下来了，在陕西戏曲剧院工作。"

看着儿子那消瘦的面孔和一套粗布被褥，望云感慨地说："这几年你很艰苦，听老师们讲你是班里的高才生，不错，一个人年轻时就该吃些苦，这对今后的成长有好处。爸爸今天要好好地慰劳慰劳你。"说着，他从衣兜里掏出一沓钱，递给振川说："去，给你弟弟买块手表，以后他参加了工作，没个手表怎么按时上班。"

"哟，小四儿呀，"桂敏推了他一把，羡慕地说，"你真有福气，爸爸还从没有给谁买过这么好的东西，你可享受特殊待遇了！"

望云哈哈大笑，冲着季平说："看，你姐姐眼馋了。"

季平洗了脸，用毛巾擦着，兴奋地说："眼馋也没办法，爸爸最疼我呀。"

"哈哈哈……"全家人都笑了。

望云正在兴头上，他慈爱地凝视着季平，笑呵呵地问："小四儿呀，过几天就上班了，戏曲剧院可是个好地方，你要像在学校里那样，努力把工作干好。"

季平点着头，突然，他收敛了笑容，凑到近前，声音低低地说："爸爸，有件事我想和您说说。您知道，我学的是作曲专业。"季平说话有些吞吐，"可剧院是以演秦腔为主，这作曲和秦腔距离挺大，我在那里工作是学非所用。爸爸，您是文化局副局长，现在平反后又复职工作，能不能通融一下，给我换个地方，只要能发挥我的专业特长就行了。"

望云脸上的笑容消失了，他一口接一口地吸着烟，好一会儿没吱声。

季平小心地等着，他盼望父亲能点一下头，那就一切遂心如愿了。这当儿，振川推门走进来，他握着一枚亮晶晶的手表，递到父亲面前说："爸，买了一块梅花牌的，您看怎样？"

望云接过手表，只扫了一眼就收起来，抬头对振川吩咐："去，给你哥哥挂个电话，让他马上回来一趟。"

老二赵振霄在西安音乐学院教大提琴，离家不远。他毕业于中央音乐学院的大提琴专家班，与殷承宗、李明强是同学。后来被选到北京参加了全国的独唱独奏音乐会，进行了大提琴独奏表演。他那精湛的演技轰动了全场，周总理、陈毅曾与他合影留念，《人民日报》做了报道。中央音乐学院要调他走，可陕西哪肯放走这个"台柱子"？因此，他一直去不成。他也曾让父亲出面说情，但望云一直没有答应。

不一会儿，振霄骑着自行车赶来了。他身体颀长，面孔像他父亲年轻时那样英俊，再加上举止文雅，颇有艺术家的风度。振霄平时在学院里吃住，很少回家。桂敏已经结婚生子，也不常来，今天可是一次全家大团圆哪！母亲兴奋地出出进进准备着可口的饭菜。望云却把桂敏、振霄和季平招呼到内间，点上烟吸了几口，郑重地说："在咱们家里，你仨可是大学毕业生啊！别忘了，这可是国家花了好多钱把你们培养出来的。国家的需要，人民的需要就是你们的志愿，可不能挑三拣四的。不错，你们都有各自的专业和特长，可这个爱好应该服从国家大局。以前桂敏和我提过要求，振霄也讲过，现在小四儿又提，我不能不和你们讲清楚，只要所学专业和本职工作差不多就行了，别让工作去服从你的需要，应该体谅国家的难处。桂敏在中学教书要当好园丁，你们哥俩都是搞音乐的，在大学里学了不少外国名曲什么的，应该把外国的精华和咱们民族的优良传统结合起来，我对国画就是主张一手伸向传统，一手伸向生活，你们从中是否应该借鉴一些什么……总之，我对你们的要求是：热爱本职工作，在平凡的岗位上做出不平凡的成绩！"

……

三个人认真地听着，桂敏和振霄低声说："爸爸，您尽管放心，俺们这当老大的，一定给弟弟们带个好头。"

季平抬起头来，用恳切、坚定的目光望着父亲，一字一句地说："爸爸，您放心吧，我想通了，您这样做是对的，如今我们长大了，绝不能仗父辈的权力去讨便宜。应该靠自己的真才实学去生活。我就要在这里干出一番事业来……"

"好，有志气！"赵望云伸出大拇指，"这才像咱赵家的后人！"他把手表掏出来，郑重地给儿子戴在手腕上。

后来，赵季平果然不负爸爸的厚望，在剧院里安心工作，创作了一大批具有独特风格、渗透着黄土高原气息的优秀作品。著名电影《红高粱》的曲谱、电视连续剧《大宅门》《水浒传》等配乐就是他创作的，并被选为中国音乐家协会主席。

六

茫茫的戈壁滩上，没有草木，没有人烟，没有虫鸣鸟飞，除了大风和遍地的沙砾，整个大地仿佛是一个永远沉睡的世界。汽车在上面颠簸，车上坐着赵望云、常黎夫和赵振川。振川从西安统计学校毕业后就在美协学习绘画，这次随父亲外出写生，他心情格外激动，看到什么都感到新奇，捧着个小本子不停地画。

常黎夫要到西北的甘肃、青海等地视察工作，请望云父子一路同行，此举别有一番用意，是想借这些慰藉一下画家被压抑五年的心绪，可谓用心良苦。他们来到兰州后，乘汽车走河西走廊，经过酒泉、敦煌，过当金山来到了阿克塞哈萨克族自治县。

辽阔的草原，一望无际。那翠绿的青草，星星点点的小花，显示着大自然的勃勃生机。一片片奔腾的马群，犹如洪水迅猛涌过，声音就像闷雷，由远而近，震人心魄。遥望远处，驼群就像巡海的航船，在地平线上缓慢地游弋。那大片的羊群，似团团翻滚的白云，在蓝天碧野间游动，上下辉映，形成一幅绝美的风景画。

他们边走边画，汽车在戈壁滩上行驶了一天一夜。这天，前面出现了一片乌蒙蒙的峰峦，望云兴奋地指着说："看，那就是祁连山，我现在是第三次游览它了。这山雄伟壮观，我每次来都看不尽，画不完。"

振川听了，激情难抑，他恨不得一下子飞到那里，看个够，画个够。

汽车在大山里行驶，路边一会儿是危崖峭壁，一会儿是开阔的草原，地上绿草茵茵，野花点点，三三两两的放牧人，骑着骏马，挥着长鞭，带着牧羊犬，放牧着大群的白羊。牧羊人那高亢的歌声、吆喝声，在原野山间回荡，真是别有一番情趣，赵望云不顾汽车颠簸，在本子上迅速勾勒了一幅祁连放牧图。

天气变化莫测，一会儿是暴雨，一会儿是冰雹，有时，近处的山峰被乌云风雨笼罩着，远处的雪峰却在橙色的阳光中闪烁着光彩。一群群的牲畜和几个牧人在风雨中欢跳，毫无惧色。壮观的暴风雨，剽悍的牧民，独特的景色，使赵望云他们看不够，画不完。

前面的山势越来越险峻，有几座山峰拔地而起，直刺青天，几朵白云在山腰飘动，几个牧人骑着马从山下经过，相比之下，人和马都变成了小黑点儿。赵望云指着那高高的山峰说："这就是著名的乌鞘岭，这里 8 月份才收小麦，天气变幻无常，冰雹和风雨会随时来临。"

话音刚落，突然，从山中飘出了一团乌云，霎时天色大变，明净的天空阴沉起来，几道闪电过后，震天动地的炸雷便爆响了。狂风裹着鞭杆子似的疾雨，铺天盖地朝下倾泻。常黎夫隔着车窗玻璃，新奇地盯着眼前的变化，赵望云安慰说："没事儿，这雨下不长，一会儿就停了。"

几个人正望着车外出神，猛然间，他们看到远处有个牧马人赶着一群马跑来，不一会儿便到了近前。在暴风雨和一声声的炸雷中，受惊的马群嘶鸣狂奔，蹄声杂沓，大有炸群跑散的危险。可后面的那位牧马人挥着长鞭，不慌不忙地拦挡着想要离群的惊马，驱赶着落后的马匹，前后左右，四面八方，照应得十分周到。三个人被这动人的情景深深吸引住了，直到马群擦车而过，他们还久久地凝望着。望云感叹道："山里的牧马人真勇敢呀，在这样的雷雨天里，赶着这群烈马不崩不散，确是放牧中的艺术。"

　　常黎夫兴奋地说："看了刚才那位牧马人的精彩技艺，我觉得像是欣赏一幅好画。老赵呀，你能不能把它画下来，让更多的人一饱眼福？"

　　"好，"望云毫不犹豫地回答，"我今天晚上就构思起草，一定绘出让您满意的作品。"

　　常黎夫乐了，他递过去一支烟，说："好，我等着看你的佳作。"

　　汽车在大山里穿行，他们边走边画。经过茶卡、达日，这天来到了一座明净的湖泊前，望云兴奋地嚷起来："快看呀，我们来到青海湖了，这可是戈壁滩上的一颗明珠！"

　　几个人下了车，来到湖边，只见波光粼粼，水清如镜，成群的海鸥和各色水鸟在湖面上飞翔，远处水天相接，微波荡漾，几只小船在湖心行驶。

　　在这万山丛中，戈壁滩上，居然有这么一座清亮无比的大湖，真是令人振奋啊！望云父子支上画夹，把眼前这动人的湖水、蓝天、海鸥、水鸟……一笔笔描进了画中。

　　离开青海湖，经过日月山，他们来到了西宁市。这里风景优美，气候凉爽，望云决定整理一下作品，在这里举办一次画展。

　　一连十几天，他坐在画案前，精心创作着一幅又一幅的作品。振川就守在旁边搭下手，不是铺纸研墨，就是洗涮笔砚。

　　这天下午，常黎夫和市领导谈完工作，来到他的卧室。只见墙壁上挂满了一幅幅的画，琳琅满目，仿佛是个画店。

　　望云忙招呼说："请给品评一下吧。"

　　常黎夫从头看起来，他仔细观察着，第一幅是《祁连夕照》，接着是《松林行猎》《走马乌鞘岭》《青海湖》《溶雪》……最后，他把视线停在《风雨归牧》这幅作品上。这是一幅在风雨中赶着群马归来的放牧图，画面不仅表现了马群在深山风雨中的逆行搏斗，大自然气象的骤变和强烈的动势节奏，而且由于气氛的渲染造成了特别的意境——画幅中仿佛传出了风雨交加、雷电轰鸣的声响，以及奔马杂沓的蹄声和嘶鸣。常黎夫反复审视，觉得这既是一幅生活气息浓郁、格调较高的画，又像是一首立意很深的诗，更似变幻的电影，处处引人入胜。画面上那巍巍群山，莽莽草原，咴儿咴儿的牧马，沥沥的风雨，确实是一幅生机勃勃的山麓牧场的写照。画面巧妙的虚实处理，衬托出了祖国的大好河山。然而画家的笔锋却落在那持马鞭、吆喝奋进的牧人身上——尽管狂风怒吼，山雨倾注，但饱经风雨的牧马人却镇定自若，他像惊涛骇浪中的舵手，又像战场上的指挥官，不慌不忙，稳如泰山……画面不仅引人入胜，而且令人肃然起敬。

常黎夫感叹道："老赵哇，你果然不食前言，创作了这幅感人肺腑的好画，我向你祝贺。"

"谢谢你的鼓励！"望云笑了，说："艺术无止境，我一直在追求新的东西，近来心里舒畅，情绪也好，画起来格外顺手。去年咱们在北京的那夜长谈，使我解除了精神枷锁，我感到一下子又年轻了许多。"

常黎夫笑笑说："7月份你在社会主义学院毕业时，上级要把你留在北京，担任全国美协副主席，这对你是件大好事，可我们考虑到西安不能没有你啊，硬是拦住了。为振兴咱陕西的美术事业，你就留在这里吧。"

望云坦然一笑，说："都是工作需要，谈不上什么别的。西安是我的第二故乡，我早就拿定主意把根子扎在这里，怎么能舍得走呀！"

"哈哈哈……"常黎夫爽朗地大笑起来，接着询问："你的画展筹备了多少幅？什么时候开幕？"

望云计算了一下，回答："有二百多幅，计划下月3号开始。"

"那我马上去联系场地。"常黎夫出去了，望云投入到紧张的创作中。

在西宁的画展结束后，他们又去兰州举行了巡展。观众反映强烈，认为这些作品立意新颖，构图简洁、笔清墨爽、气势宏大，对表现西北黄土高原的笔墨技法进行了有益的探索，在山水画创新中取得了重大的成就。根据西北画界朋友们的要求，这些作品在西安举行汇报展览后，编成《赵望云祁连山写生画选》，由甘肃人民出版社出版了。

第二十三章　乱云飞渡

一

　　赵望云又像从前那样，热情洋溢地投入了工作，他早出晚归，总有使不完的劲儿。他在艺术上大胆探索，不断追求新东西，第二年，长安美术出版社出版了《西安美协国画创作研究室国画选》集子，他的《风雨归牧》《白杨曲路》等六幅作品入选。陕西省长李启明视察农村农田建设，特地邀了熟悉农家生活的赵望云同去。他又搞了许多写生，回来创作了《重林耸翠》《醉染重林二月花》等作品。1964 年 10 月，为庆祝中华人民共和国成立十五周年，美协的画家们在西安举行了西北地区美术作品展览，赵望云的《高原春晓》等三幅作品入选。此次展览，比 1961 年在北京的那次展览水平又大大提高了一步，赵望云、石鲁、何海霞、康师尧、方济众、李梓盛……这些画家们的作品都富有浓郁的地方特色和时代精神，都以反映西北风土人情为己任，以画黄土高原为共同特色，风格相近而又各有千秋。此时，陕西美术界人才济济，这在国画界引起了强烈反响，人们再次赞誉他们为新崛起的"长安画派"，赵望云作为组织者和领导者，被誉为"一代宗师"。

　　每当听到这些议论，赵望云总是郑重地说："开宗立派要有重大的成果和特殊的贡献，如果有了一点儿成绩就开宗称派，那就太可笑了，立派要经得住时间的考验和大家的公认，不是靠别人捧起来的，更不是靠自己吹起来的，而是闯出来的……"

　　六十一岁的赵望云，这时又焕发了青春，他不知疲倦地工作着，一幅接一幅地作画、写生。按他自己的话说，真是越活越年轻了。

1966 年 5 月初，赵望云和美协画家石鲁、何海霞等人到丹凤县马楼公社马兰台村劳动锻炼、体验生活。望云踌躇满志，画了三本子速写，准备回去创作一套农村题材的系列国画。一天，单位来了电话，让他们回去参加"文化大革命"运动。于是，他们收拾好行李，带着速写本和画夹，乘上美协的汽车朝回驶去。

中午，汽车开进了西安市，他们发现气氛有些异常，街上贴满了白纸黑字的大标语。到处都能看到戴红袖章的人，上面写着三个大字：红卫兵。

望云疑惑不解，这里究竟出了什么事？怎么一下子热闹起来？他扭头问身边的人，石鲁和何海霞都摇头不知。这时，汽车驶进了美协大院，只见院子里贴满了大字标语，一群人聚在一起正谈论什么。突然，一伙儿戴红袖章的年轻人跑过来，不由分说就扭住了赵望云、石鲁的胳膊，推推搡搡到几张拼凑的方桌上。

望云低下头，这才看见了胸前牌子上的大字，上面写着"打倒反动艺术权威黑画家赵望云"。

这时，只听旁边有人高声讲："革命的同志们，红卫兵战友们，现在，开始对美协头号走资派、反革命黑画家赵望云进行批判！"接着，发言批判的便一个接一个讲起来，不知是从哪里抄来的材料，反正都是过去的陈谷子烂芝麻。此时，望云才弄清了，原来自己又成了反革命，是人民的敌人！唉，自己一心一意干工作，怎么又落到了这个地步！长途乘车的疲劳、饥饿，心里的哀伤，一齐向他袭来，他感到头昏脑胀，天旋地转，两腿一软向后倒去，押解的小伙子急忙把他托住。

批斗会整整进行了两个多小时，有个"造反派"宣布让他们停职反省，随时接受批判，这才放他们回家。望云支撑着虚弱的身子，喘着粗气，顾不得拿行李，却把画夹和速写本紧紧抱在胸前，踉踉跄跄地朝家里走去。

二

"爸爸，"振武和振陆老远就跑来接他，振武搀住他的胳膊，振陆替他拎着画夹。这两个孩子因为父亲的问题，在学校里不仅没能加入红卫兵，而且受到了歧视。

走进屋门，望云一屁股坐在沙发上，浑身像散了骨头架子，素芳忙把饭端过来，听说丈夫挨斗，她心疼得什么似的，特地给他煮了三个鸡蛋，炒了一盘土豆丝。

一家人开始吃午饭，望云心里难受，饭在嘴里咀嚼着吞吃不下。这当儿，院中的高音喇叭里响起了批判大会的录音，一声"打倒反革命黑画家赵望云"的口号响过，望云把嘴里的饭噗地吐出来，气愤地喊起来："我有什么罪？为什么这样对待我！一不询问，二不调查，上来就挂牌子批斗，我冤枉啊！"

老伴儿忙打手势制止他，低声说："小声点儿，叫人听见了可不得了哇。"

振武劝道："别说了，你没学过'文化大革命'十六条吗？这次运动的重点，是整党内那些走资本主义道路的当权派，还有那些反动的学术权威。凡是领导都逃不脱挨斗啊，连刘澜涛、尚小云、杜鹏程这些人都被揪斗，你是美协主席、国画研究室主任，能跑得了吗！"

这当儿，门外响起了杂沓的脚步声，片刻，屋门被砰地推开了，几个戴红袖章的人横眉竖目地站在门口，高声喝道："赵望云，快出来！"

望云被吓了一跳，不知所措地问："你，你们这是干什么？"

"开斗争你的会，"对方强硬的口气似在训斥一个调皮的孩子，"装什么蒜，快走吧！"

望云在前面走，一队红卫兵在后面跟着喊口号，内容自然是有关他的罪恶。素芳和孩子们看着眼前的一切，心里似在淌血。

从此，赵望云几乎天天挨斗，或者游街示众，给他加的罪名也一个劲儿更换，先是美协头号走资派，接着变成反动学术权威和黑画家，后来又从极右分子、右派分子，变为漏网右派。

一场接一场的批斗，各种各样的折磨，使望云的精神已经麻木。平时，他除了承受各种批判外，其余的时间都被造反派规定干一些惩罚性的劳动，什么清理垃圾，打扫院落，清整厕所……他虽被人监督，但干起活儿来有人没人总是挺卖力气，院子扫得干干净净，厕所清得利利落落。每天回家，他都精疲力尽，瘫倒在沙发上。老伴儿和孩子们心疼得厉害，他们没有像一些家庭那样，和这个反革命分子划清界限、断绝来往，而是一直尽心尽力地帮助和体贴他。从挨批斗那天起，老伴儿每顿做饭时，就特意给他煮一个鸡蛋。望云有冠心病，不能吃蛋黄，老伴儿就给他剥开，取出蛋黄，只让他吃蛋清。孩子们也尽力替他干一些活计。一天早晨，振武看到父亲正弓腰拉着一大车垃圾，累得满头大汗，额上的青筋都暴出来了。振武看看四下无人，忙接过父亲手中的架子车，一溜小跑送到了郊外。

三

面对这场突然到来的运动，望云渐渐理出了一些头绪，他意识到自己是这场运动中的革命对象，再加上他在 1957 年"反右"时受的磨难，内心里便做好了承受各种凌辱的准备。他暗暗给自己定下了一条原则：在这种混乱的情况下，要以不变应万变，这个不变，就是自己的一贯做法，即：老老实实做人，实事求是办事，只要不做亏心事，随他们去批去斗，心里自然有底儿。

经过一段痛苦的熬煎之后，望云的内心终于又恢复了以往的平静，他吃得下，睡得着，对各种惩罚性的劳动都卖力地去干，从不偷懒耍滑。至于接连不断的批斗会，他随叫随到，已成为习惯。还有一件事，他连老伴儿都瞒着呢。就是他随时坚持作画，只要一有空闲，他就沉浸在绘画艺术的海洋中。画画是他的精神支柱，有了这个支柱，什么烦恼、委屈、不幸，都被统统抛在了脑后。渐渐地，他那愁苦的脸上也慢慢变得坦然了。造反派以为他是嬉皮笑脸迷惑人，企图蒙混过关，便不断叫去训斥。

中午，灼热的阳光炙烤着大地，雀鸟都热得耷拉着翅膀，站在树枝上大张着嘴喘气。西安全市规模的批判大会正在邮电大楼前举行。所有的"黑帮"几乎全来了，文艺界的胡采、罗铭、赵望云、柳青、杜鹏程……又见面了。望云意想不到的是：在这里竟碰上了黄俊耀。这个诙谐逗趣又才华横溢的小伙子，如今也成了"黑帮"。他一来就盯着赵望云做鬼脸，杀鸡抹脖子地使眼色。

　　望云见附近有红卫兵，不便说话，只好一个劲儿地点头。会场上人太多，看管的造反派把赵望云、黄俊耀和杜鹏程三个人留在附近的雪松树下，便去安排会场了。他们只顾在那里忙活，竟把三个人忘在了这里。一时间，三个人恢复了自由，无拘无束地说笑起来。黄俊耀拉着望云的手，半开玩笑半认真："老赵哇，我现在还不如你，编的剧本都成了毒草，人家说我是资产阶级的应声虫，批斗会上让岑着胳膊学喷气式，嘿，多亏我在部队上练过擒拿，这一手做得蛮漂亮，你呢，也让人揪脖领子了吧？"

　　他轻松自如地谈笑着，望云深深受了感染，他忽然想起了人们讲的著名相声大师侯宝林，造反派批斗他时，一听见喊"打倒"二字，便扑腾倒在地下，别人不知所措，他却一本正经地说："不是要打倒我吗，我哪敢不趴下？"弄得造反派们哭笑不得。有人给他戴高帽子，他反而嫌太小，拿出自制的一顶戴上，一按弹簧，一下子高过了屋顶，逗得人们哈哈大笑，把一场严肃的批斗大会变成了滑稽剧场。自己反正就是这个样子了，为什么就不能像小黄那样，用乐观精神去对待呢！想到这里，望云心情开朗起来，朝俊耀笑笑说："我是新账旧账一齐算，人家说我是漏网右派，你可没这么多帽子。"

　　"帽子多要什么紧，"小黄挤眼耸眉，"只管戴上就是了，夏天能遮太阳，冬天能御寒冷，蛮舒服哩……"

　　望云忍不住笑了，和小黄在一起，再沉闷的场面也会被他冲淡。他正想再说什么，小黄却低声提醒大家："嘘，别说了，造反派来了。"

　　果然，有个戴红袖章的小伙子径直冲这里走来，他发现这三个"黑帮"没到会，不禁大发雷霆："浑蛋，谁叫你们躲在这里的！"

　　"是这么回事，"口齿伶俐的小黄忙回答，"红大刀的王司令让我们在这儿等着的。"

　　望云差点儿笑出声来，红大刀哪有什么王司令？这小黄竟然和造反派逗起乐来了，人家识破了可不得了哇！

　　"那边的会议早开始了，你们躲在树荫里倒挺自在。"这红卫兵被晒得满头大汗，他大概正饥渴难耐，有气无处泄，便照着小黄的屁股踢了一脚，"走，快到会场上去。"

　　几个人被他押到了会场，但台上的"黑帮"早挤满了，只好站在下面的群众队列里。

按照惯例，批斗大会是一个人发言，另有人领着喊口号，这样上下呼应，显得十分激烈。

此时，望云几个人站到群众的队伍中，周围的人都喊口号，他们便掏出套着红塑料皮的语录本，随着群众呼喊。此景此情，使赵望云觉得异常快活，自己居然成了革命群众，也呼叫着批判起别人来了，真是滑稽透顶。他仰头振臂，喊得很卖力气，又弯腰撅腚地嬉笑。对着小黄和杜鹏程直嚷："嘿，咱们都成了革命群众，今天也来批判别人，过过瘾吧。"他说得随便，笑得很响。小黄生怕被人发现，忙用手指捅他："快站好，别说话，小心被造反派打耳光、踢屁股。"

望云看看四周，见大家都很严肃，忙闭住了嘴巴。

天气实在太热，那些整人的造反派们大概也受不住，会议很快就结束了。望云趁人不注意，紧紧拉住小黄的手，握了又握，舍不得放开。

四

随着"文化大革命"的深入，赵望云等文艺界"当权派"，在被批判斗争了一个阶段之后，便集中到陕西歌舞团大院。这里都是文艺界被称作"黑帮"的人，在工人宣传队的监督和领导下统一活动。有时集中学习，有时干一些惩罚性的劳动，所定的纪律也很严，要早请示晚汇报，每人还要随时找工宣队员检查自己和揭发别人。在这种情况下，有人为了争取宽大处理，早日解脱自己，见了工宣队员就点头哈腰，毕恭毕敬，对别人不负责任地乱说，对自己的问题就上推下卸，这在当时被工宣队看成明智之举。望云却又上了犟脾气，实事求是，自己的事从不推给别人，平时抬头走路，挺胸做人，在工宣队面前从不媚笑取宠。

这天上午，赵望云和石鲁用排子车朝外运垃圾。石鲁架辕，望云拉套，二人满头大汗地走着。已经步入中年的石鲁，这时已在国画创新和艺术探索中取得了显著的成果，他的作品《延河饮马》《转战陕北》《东方破晓》《南泥湾途中》《南国之晨》等，被画界赞誉为用"情"与"景"结合、"诗"

与"画"结合来反映历史题材、描写现实生活的好作品。正当他在艺术上突飞猛进、大展雄才的时候，"文化大革命"开始了。这个才华横溢、性格倔强，却又精明狂气的小伙子，和赵望云一起被卷了进去，二人一样地跪着挨斗，一样被监督劳动。特别是自从望云被打成右派后，他和李梓盛成了美协的主要领导者，"推行资产阶级文艺黑线"的罪名自然也有他的份。他的作品被批为黑画、修正主义的东西。他有口难辩，只好默默承受着。再加上他性格内向，平时少言寡语，内心的痛苦也就更加剧了。

这当儿，一位戴红袖章的造反派匆匆走来，他拦住赵望云，摆手让石鲁一个人把车拉走了。望云以为又是例行审问，忙站好等着问话。那人把他拉到门外，那里停着一辆吉普，二人登上汽车，朝大街里驶去。

望云不知是怎么回事，以为又是去会场批判，恭谨地坐着不敢问。汽车开进美协大院，他一眼看到，厕所门口有两个持枪的人守卫着，几个挎照相机的人在进进出出。

那造反派拉他走下汽车，这才低声告诉："厕所里发现反动标语，有人说像石鲁的笔体，你最熟悉他的字和画了，去辨认一下吧。要大胆揭发，现在是你立功赎罪的时候了。"

望云吓了一跳，他跟着那人走进厕所，只见几个造反队的司令、副司令正用心观看。那些人见了他，让开一个空子，吩咐说："快辨认吧，要说实话。"

望云仔细观看，平心而论，他确实难以肯定是谁写的。过了一阵儿，那位造反派在他耳边低声说："望云哪，想开点儿吧，1957年整风'反右'，是谁把你弄成了那个样子？后来你一直是个挂牌主席，是谁把你一脚踢开，掌握了美协的大权……他们对你无情，你也别对他们有义啊！'礼尚往来'，只要你一句话，还不判他个无期死缓的，现在是你出气的时候了！"

望云思忖着：人命关天，可不能胡说乱讲啊！应该对得起良心。他低声回答："过去的事我们只是工作上的分歧，现在和那时是两码事。"

"得了得了，"那人不耐烦地打断他，"快说是不是吧。"

望云又仔细看了一阵儿，平静地说："我看不像石鲁的笔体。"

"你呀你呀，真是个糊涂虫！回去吧。"那人惋惜地嘟囔着，领他出了厕所。望云刚来到院里，就见美协的几个"黑帮"被红卫兵们用枪押送了回来，打头的就是石鲁，他们想必是来接受审查的。

果然，望云他们没有被押送回去，而是留在美协继续接受审查。先是对笔体，逐个儿审问，内查外调，足足折腾了一个多月，紧张的气氛这才缓和下来。

六

早晨，望云去食堂吃饭，突然看到一张桌子前坐着个蓬头垢面、衣衫褴褛的人。他仔细一瞅，原来是石鲁，只见他眼神呆滞，嘴唇颤动，似在自语着什么，完全是一副病态。望云倒抽一口冷气，思忖：他这是怎么了，唉，石鲁自尊心太强，性格又太内向，前几年就疯过，但总算治好了，莫非又犯了……

正想着，只见几个职工把一些吃剩的饭菜放到他面前，他却把身子转向别处，掏出一支牡丹牌过滤嘴香烟，大大咧咧地抽起来。

"哟，这疯子有钱。"有人低声议论着。石鲁两眼望着天花板，对周围的一切似乎没有看到和听到。

望云心里一阵凄凉，此时，他忘记了自己的处境，倒可怜起石鲁来了。等食堂里没什么人了，他买了两份饭，端到石鲁近前，低声说："老石，吃点儿东西吧，不然要饿坏身子的。"

石鲁怔怔地盯着他，无神的眸子里泛出了感激的神采，他机械地摇了摇头，嘴里费力地说着："不，不用了，只要有酒喝就行，一，一醉解千愁哇！"

望云嗅到他嘴里喷出的浓重酒气，惊讶地问："你喝酒了？这东西会伤身子的。"

"身子，没用了。"石鲁凄然地苦笑着，突然，他紧紧握住望云的手，压低声音说："老赵哇，那事我全知道了，你一句话，就救了我一条命呀！你，你是个好人……路遥知马力，日久见人心，现在我才真正认识了你。过去的事，我对不起你呀……不过，你知道，1957 年把你打成右派，那全是所谓党代表干的，我，我也有责任，现在想起来真后悔呀！咱们都是搞艺术的，何必要这样自相残杀呢！"他声音呜咽起来，泪珠大颗大颗地朝下滚。

"老石，别说了。"望云也动了感情，他眼睛潮湿了，低声说："留得青山在，不怕没柴烧，你可千万要保重身体，往后，咱们还要为振兴陕西的美术事业卖一膀子力气，你我还要互相切磋技艺，同攀艺术高峰啊……"

石鲁呆呆地听着，似有所悟地点了点头。

随着"文化大革命"的发展，造反派们忙于打派仗，对"黑帮"们的管制相对地放松了，批斗大会已不像从前那样频繁。赵望云他们除了干一些惩罚性的劳动外，暂时有了一点儿空余时间。望云如获至宝，又把全部身心投入了写生作画。每天早晨，他天不亮就起床，把要清理的垃圾都运走，上午这半天的时间他就可以安心作画了。没有纸张，他就把垃圾中的大字报、传单拣出来，在背面绘画。司机张志生偷偷来到他的家中，请教绘画技艺，还给他带来一些宣纸。望云惊喜之余，又有些担心地说："小张呀，你和我来往，就不怕受牵连吗？"

志生满不在乎地笑笑回答："要是那样我就不来了，人活一世，草木一秋，总得要学点儿真本事才好，我再不想跟着他们去空耗时间了。"

望云放心了，他精神又变得充实起来，除了作画、教画，还给儿女、学生们画册页，有许多旧友还偷偷地送来宣纸，让望云给他们作画。望云手中的画笔，又成天挥舞不止。

七

清晨，星星还没有完全消退，整个古城沉浸在酣梦中。突然，有条街道里响起了叭叭的枪声，夹杂着手榴弹轰隆隆的爆炸声，造反派又打派仗了。人们从睡梦中惊醒，心情又紧张、沉重起来，革命营垒中的兄弟啊，也要煮豆燃萁！

望云睡不着，索性穿起衣服，老伴儿不安地问："外面不安全，你干什么去？"

望云系着扣子，轻声回答："趁凉快把垃圾运出去，响枪的地方离这儿远，没事儿。"

家人知道他的脾气，不再说什么，望云擦了把脸，提上铁锨出去了。

城市的凌晨，空气清新，行人稀少，正适宜干活儿。望云拉着满满一车垃圾，大踏步走着。不一会儿，他头上冒起了热汗，身上的衣服也被汗水浸透了，嘴里呼哧呼哧地喘着粗气。他顾不上这些，脑子里只有一个念头：把活儿快干完，腾出时间好去作画。

一天的活计，他一个早上就干完了，吃过饭后，他在家里展纸润墨，挥笔作起了画。突然，外面有人高声喝喊："赵望云，快出来！"

望云忙应声走了出去，只见有个身高膀大，臂戴红袖章的小伙子在怒视着他。望云认出这是红大刀造反队的一个小头目，忙站好等着训示。

"走，到我的办公室去！"那人生硬地说着，望云早已习惯了这种态度，便顺从地跟着他走进了一间大屋子。

那人在椅子上坐定，突然一拍桌子，瞪起血红的两眼吼道："赵望云，你挑动群众斗群众，该当何罪！"

望云吓了一跳，他丈二金刚摸不着头脑，不知所措地问："什么挑动群众斗群众，我没有哇！"

"住嘴！"那汉子站起身子走过来，咄咄逼人地说，"你鸭子死了嘴硬，不给你点儿厉害是不想说实话。"

"我真的没有哇，"一贯性情耿直的望云又上了犟脾气，"今儿个一早我就去送垃圾，根本不知道别的事，也没人来找我，不信你去问……"

话还没说完，一根几尺长的大木棍已经狠狠落到头上，立刻，一阵钻心的疼痛袭上身来，他只觉得天旋地转，扑腾一下，重重地摔倒在地上。

约莫过了几分钟，望云听到那人在喝喊："……你装死，打死了我也不怕，打死一个反革命少一个祸害，滚起来！"接着，一双大手便抓着他的领子往上提。

望云挣扎着站起来，那汉子摇着他的身子吼："快老实交代，不然我一棍子把你打死，说！你是不是干了挑动群众斗群众的事？"

望云白了他一眼，脑子里迅速闪过一个念头：没有就是没有，何必说假话，他费力地从嘴里挤出了两个字："没有！"

叭叭叭……那人抡着棍子，没头没脑地抽打起来。这次，望云没感到疼痛，只觉得眼前金星乱冒，接着一黑，便什么都不知道了……

不知过了多长时间，望云又苏醒过来，他只感到头晕脑胀，眼上像贴了封条，怎么也睁不开。他休息了一会儿，用力把眼睛睁开，只见屋子里没有一个人影，周围静得出奇。他想站起来，可身子不听使唤，用了几次力都无济于事，两条腿像断了一样。老呆在这里也不是办法呀！他试着爬了爬，还好，勉强能挪得动。他一寸一寸地爬到门口，看到一根带血的木棍在旁边放着，这想必就是用来打他的那根木棍了。他不由一阵颤栗，伸手拿过棍子，支撑着身体站起来。他一手扶墙，一手拄棍，忍着剧烈的疼痛，慢慢走出了这间恐怖的屋子。

院子里阳光强烈，正是后半晌的时候，望云咬牙挪了几步，脚下一软，扑腾又重重摔在了地上。

这当儿，一位过路的工人走过来，他发现了这个满脸是血的老头子，吓了一跳，忙关切地问："你怎么了？怎么了？"

望云嘴唇哆嗦着说不出话，那人忙把他扶起来，搀着向家中走去。

刚到门口，全家人便迎了出来，他出去了老半天，大家为他捏了一把汗。见了亲人，望云一阵伤感，无限委屈涌上心头。六十二岁的人了，他受不了这样的屈辱，他嘴唇哆嗦着，喃喃地说："红大刀的造反派打我，说我挑动群众斗群众，我，我实在不知道这是咋回事呀！"

一家人见他满脸是血，两眼发红，扶着门框瑟瑟发抖，简直变成了另外一个人，先是吓了一跳，接着哇的一声大哭起来。老伴儿和女儿扶他在床上躺下，一看，头上破了好几个口子。素芳心如刀绞，哭着问："这些人好狠哪，把你打成了这个样子！"

桂敏一看，肺都气炸了，她什么都不顾了，疯了似的哭喊着："我去找他们讲理！"

母亲和两个小弟弟死死拽住她，素芳哭着劝阻："桂敏，桂敏哪，你犯什么傻气！别再去给我惹麻烦了！"

"我爸爸犯了什么罪？他们凭什么这样打他！"桂敏泪眼里喷射着愤怒的火焰。

"你爸爸是右派、黑帮，他们才敢这样下毒手，你去了，再被打个半死不活的，我，我也就不活了，呜……"

母亲哭得浑身抽搐，老泪横流，桂敏不忍看到母亲这样悲伤，便打消了这个念头，忙着给父亲包扎起来。

望云浑身疼痛难忍，更重要的是精神痛苦，挨了打居然不知道是怎么回事。他气得心里像灌了一块铅，饭吃不下，觉睡不着，嘴里自言自语地念叨着："凭什么打我，凭什么打我……"

八

第二天早晨，望云忍着失眠的痛苦，从床上爬起来，他觉得头部更加肿胀，浑身发麻，右腿和右手就像安的假肢，完全不听自己的使唤了。他刚一下床，便咚地摔倒在地上。完了，自己完全瘫痪了，右手不能动弹，还怎么作画？艺术，绘画，统统完了，顷刻，一股巨大的悲痛和绝望袭上身来，这个一生沉醉于艺术的画家，再也挺不住了，哇的一声大哭起来。他哭得是那样伤心，整个身子都在颤动，泪珠儿从红肿的眼里一串串往下滚。

素芳、桂敏、小六、小七都吓慌了，望云一生乐观，这么多年只哭过一次，那还是整风"反右"时，忍受不了精神上的折磨，这次是精神和肉体的双重打击。他一生忠厚待人，勤恳作画，忘我工作，想不到竟落得如此结果。

家人们正不知如何是好，这当儿，屋门被砰地推开了，三儿振川拎着包裹走进来。他早在1964年就去陇县下了乡，每逢农闲时，就回家探望父母。此时，一见父亲这个样子，吓了一跳，忙问究竟。桂敏简单说了事情的经过，振川又惊又怒，但他很快镇静下来，吩咐说："先送医院治疗，等爸爸好转了再去调查被打的原因。"

于是，振川很快找来一辆三轮车，桂敏和母亲把望云扶上去，直向附近的一所医院蹬去。

一位老医生接待了他们，他查看了伤势，惊讶地问："这是怎么搞的，伤成了这个样子？"

桂敏灵机一动，忙说："我父亲年迈体弱，腿脚不好，不小心跌伤的。"她不敢说是被造反派打的，怕医院不收治。

那医生叹了口气，根据伤势开了住院证明。

没有住院费，桂敏和振川东拼西借，总算凑足了五百元，让父亲住下了。经过检查，望云颅骨受伤，神经受损，造成右腿右手偏瘫。儿女们守在床前，尽心照料。尽管造反派说望云是黑帮、反革命……子女们也受了株连，但在他们的心目中，望云永远是他们尊敬的父亲，是个好人！

经过一个多月的治疗，望云的身体有了好转，头部的伤口结了疤，偏瘫的右腿和右手也能活动了，虽不及以前灵便，但总算能勉强持笔作画了。

望云又有了精神，脸上露出笑模样，他高兴地对老伴儿和儿女们说："现在好了，我又能作画了，我以前说过，要活到齐白石老先生那样的年龄，画好多好多的画。现在虽然受了伤害，但我估计活到八十岁是不成问题的，我还能作好多好画哩！"

家人们没吱声，都被他这种精神深深感动了。

望云住院期间，振川通过各种途径进行了调查，终于把事情打听清了：原来，是美协一个造反派头头的孩子泄了密，与望云根本无关，他是被屈打了。

望云含着委屈的泪水，又重新挥起了画笔，他支撑着痊愈后虚弱的身子，进行着艰苦的艺术探索。虽说不能下去写生了，但他就像耕牛反刍，把过去的写生作品统统翻出来，集中精力重新消化，回味以往的种种体验和审美感受，艺术上开始进入一个更高更成熟的时期。

然而，他的身体却大不如从前了，头部的损伤，使各种疾病接踵而来，冠心病、高血压、便血、半身不遂……就是这样，造反派并没有放松对他的管制。一天，他正在作画，造反派送来通知，让他带着行李到陕西省文化系统专政对象学习班去学习。无奈，儿女们只好送他去了。在紧张的学习之余，他一有空就注意观察周围的景物，眼观心记，一幅幅草图，一个个优美的画面，在头脑中不断变换着，勾画着，为他日后的绘画打着腹稿，积累着素材。不管在什么时候，始终没有忘记自己的历史使命，艺术追求。为了绘画事业，他始终这样醉心、执着、痴迷地追求着。

第二十四章　壮心不已

一

　　转眼到了 20 世纪 70 年代初，随着中日邦交正常化，中国的外交工作出现了新局面。西安丈八沟的高级宾馆，准备对外开放，便组织人力投入了紧张的装修工作。为了创造良好的环境，宾馆的领导想请西安著名画家给宾馆绘一些装饰画。当时西安的人民大厦已经请了何海霞去作画，所以丈八沟宾馆决定邀请赵望云前去。

　　此时的赵望云，正是劫后余生，他已由敌我矛盾落实政策为人民内部矛盾，恢复了人身自由，在战备疏散中去三原县云阳农村落户生活。林彪集团暴露后，这年冬天又返回西安，尽管身体虚弱，连走路都很困难，可他写生作画一直没有停止，不断给朋友、学生和子女们画册页什么的。

　　这天上午，他坐在阴冷、潮湿的小房间里，正挥笔画着一幅册页，突然，门口响起了一阵熟悉的脚步声，接着，门板笃笃响了几下。

　　老伴儿忙打开门，外面站着的是石鲁，腋下夹着一卷纸。

　　这些年来，作为同事，二人是朝夕相伴的老友，"文化大革命"期间，石鲁这位才华横溢的艺术家，同样受到了非人的折磨。尽管环境恶劣，挨批挨斗，但一有空闲，他还是作画不止，利用同住一个大院的机会，经常拿着自己的书画作品，来找望云研讨品评。有人笑他们是画痴，说是什么年代了，还迷恋这个。但他们却不以为然，二人怀着对艺术的热烈追求和向往，不断向那无尽的高峰攀登，任何力量也休想把他们阻拦住，绘画绘画，这成了他们生命中的一部分。

由于下乡，他们已经几年不见了，如今相见，觉得分外亲切，望云费力地站起身来打招呼。

"老赵，坐下，快坐下。"石鲁忙趋前一步扶住。

"又作了什么好画？"望云开口问。

"你看看吧。"石鲁把画展开，摊到望云面前。

这是一幅荷花图，只见在偌大一张纸上，仅画着三两枝荷花，一枝盛开，另两枝含苞待放，旁边题着"春卷风云"几个字。

望云反复审视着，发现着墨虽不多，但"藏"与"露"处理得相当巧妙，两枝待放的花苞，显示着春意盎然和勃勃生机，整个画面就像一首抒情诗。

望云看了一阵儿，中肯地说："不错，不错，确实是笔简神全，达到了画尽而意无尽的诗意效果。只是这空白处留得太大，如果再配上一首诗，和画面相互映衬，诗情画意，效果会更好。"

石鲁认真地听着，不时点头说："对，对，回头我再仔细推敲推敲，琢磨一首七言诗好了。"

望云来了兴趣，把画好的一本册页递到石鲁面前，诚恳地说："这是我近期画的，你也给品评一下吧。"

石鲁捧在手里，用心翻看起来。画面虽小，一幅幅画得却是那样纯熟、精到，饱蕴着西北黄土高原的风土人情，把劳动生活中的美和自然界的美融为一体，渗透着一种浓厚的生活气息和香醇的泥土味儿。他看着看着，抑制不住心里的激情，随手抄起桌上的羊毫，润好笔墨，在册页上写起来：

艺高人贵，术巧成风。

写完，意犹未尽，在另一页上补上几句：

观望云之画，自然朴实，生气勃勃，洞悉西北高原之气息，可谓之神矣，谨观志题。

　　石鲁性格内向，自负，平时从不轻易称赞别人，但望云的画确实使他动了真情。

　　望云见他喜欢，把画好的另一本册页拿过来，递到他手里，说："你都看看吧，有不妥之处尽管提。"

　　石鲁乐了，小心地收起来，开口说："在这里不方便，我拿回去仔细看看吧。"

　　望云笑笑，点头同意了。

　　石鲁回到家中，如饥似渴地翻看起来。他越看越喜爱，越看越激动，看完后，他激情迸发，挥毫在上面写道：

　　　　观望云之画如自然之再造也，落落大方，骨高气淳，出对大自然
　　独创格局，无愧于前人之别作也。艺贵独创，犹贵于人品，此之一代
　　画师也。濛濛雨露下甘霖，山川无处不生春，操管如生称大作，清坛
　　无不敬先生。

　　又是一个阴冷的上午，赵望云吸完一支烟，铺纸润墨，正想创作一幅大画。突然，门板又笃笃响了两下，老伴儿以为是石鲁，忙打开门，抬头一看，不禁愣住了，原来是一个陌生的男人。他面目和善，头上白发斑斑，素芳正要开口问，那人笑笑，很有礼貌地开了口："打扰了，请问赵望云同志是在这里住吗？"

　　素芳见他彬彬有礼，产生了好感，忙回答："在，请进屋吧。"

　　那人跟着素芳来到内间，看着这幽暗、狭小的房间，感叹道："真没想到，一个著名画家竟住在这样简陋的地方。"

　　此时，望云早已听到外面的说话声，挣扎着站起来，他见来人陌生，小心地问："您是……"

　　"我是丈八沟宾馆的。"那人忙自我介绍，"我叫翟明，哦，您就叫我老翟好了。"翟明说话很爽快，看来是个办事麻利的人。他掏出烟，递给望云一支，接着恳切地说："老赵啊，有这么点儿事，我们宾馆正在装修，您知道，这是陕西省接待外宾和国家元首的地方，想请名画家给作一些画，供外国友人观赏，您是著名的大画家，我受领导的委托，特地请您来了。"

望云垂着头，一口接一口地吸烟。此时，他心里很激动，这样的事情，从"文化大革命"开始后，就再也没人提及了。如今，它像一股春风，吹得望云心里好快活。能说什么呢？这是对方的信任和期望，有什么理由推辞呢！

这当儿，老伴儿在旁边搭了腔："不行啊，老翟，不是俺们推辞，是他的身体实在支持不住哇，早在前几年就瘫痪了，走不得路，大小便失禁……唉，你们另找别人吧。"

素芳说的是实情，望云右腿偏瘫，出门都要人扶着，到宾馆去绘大画，耗费体力很大，确实难以承受。

"这……"老翟也为难了，这高级宾馆的装饰画，关系到国际声誉，不是谁都能干的，到时画不成，要影响外事工作啊！他恳求说："赵先生不能走路这没啥，宾馆有专车接送，绘画时我可以照顾他的。"

"那也不行，"素芳着急地说，"他弱不禁风，站一会儿腿就发胀。"

"我还是去吧，"望云开口了，他认真地说，"国家的外事工作不能耽误，再说，宾馆这样信任咱，我更不能辜负了人家的一片诚意呀。"

"你不要命了？"素芳真的生了气，她板着面孔说，"快七十岁的人了，还拿着身体当儿戏，到时摔着碰着了怎么办？"

小六、小七正好放学回来，他们听爸爸要去作画，也一齐恳求："好爸爸，别去了，您的病没好，在家里养着吧。"

"别管我！"望云不耐烦起来，他像是对家人、又像是对着自己，絮絮地说："我年岁是大了，这几年又多病，我自己知道也活不了几年了，趁着现在还能动弹，我想给咱陕西留下点儿什么，这是我的心愿！"他说得挺动情，连声音也颤抖了。

素芳听了，止不住泪溢眼眶，她呜咽着说："你别这样玩儿命，万一有个三长两短，叫我怎么办哪！"

"素芳，"望云深情地望着老伴儿，声音不大却坚定有力，"你要是硬不让我去，我待在家中心里也放不下啊！别说了，这宾馆我是去定了。"

素芳知道老头子的犟脾气，无可奈何地叹口气，说："你呀你呀，什么时候才能改掉这个老毛病哪。"

老翟见他答应了，心里高兴，忙安慰说："老太太尽管放心，他出来进去有我搀扶，生活上的事也包给我了，你们安心让他去吧。"

第二天早上，一辆黑色的小轿车把望云接走了。

二

这丈八沟宾馆，真是名不虚传，茶色钢化玻璃的自动大门，使望云大开眼界。大厅里，水磨石地板，乳白色的墙壁，天花板上，一盏盏枝形吊灯富丽堂皇。宾馆的负责人老常走过来，和望云握手，兴奋地说："您来了就好了，您看，这大厅里再配上具有咱陕西特色的山水大画，外宾看了一定喜欢。"

望云点点头，就要马上去工作。老常哈哈大笑，说："急什么，您身体不好，先休息一天吧。"接着吩咐老翟："给赵先生找个清静的房间，安排好饭食，需要什么东西，你看着办吧。"

就这样，望云在宾馆里住下，连日创作起来。宾馆需用长四米、宽二点七米的巨幅大画，必须放在大画案上，站着俯身去画。望云腿脚半瘫，每次都是在老翟的帮助下挪来挪去，但只要一抄起画笔，他便什么都忘了，整个身心都进入了画境。他不顾身体虚弱，挥着那只仍有些颤抖的右手，饱蘸墨彩，把祖国壮丽的河山尽情地描绘上去。他画呀画呀，一站就是半天，偏瘫的右腿麻木肿疼，特别是还有个小便失禁的毛病，更使他痛苦万分。

一次，望云正画得来劲儿，突然想要解手，可是已经晚了，还没来得及去厕所，那衬裤早被尿得透湿。老翟看在眼里，忙把他搀到房间，帮他脱下，又拿自己的干净衬裤给他换上，把衣服洗干净，晒干拿给他。

望云挺受感动，每逢星期日回到家中，总要对着老伴儿夸赞："老翟对我太好了，生活上尽心尽力，每逢画画就守在旁边照料，劝我注意休息，真是位难得的好人哪！"

在大厅的正墙上，他画了一幅高两米、宽四米多的大画——《深入祁连山》。画面上，那气势雄伟、高峻挺拔的山峰，连绵不绝，如奔涌的波涛涌向无际的天涯。在那险峰危崖上，一棵棵苍松傲然挺立，迎着秋风，沐着朝阳，充满了勃勃生机。山间的溪流，宛如一条银带，在巍峨的山脚流过。绝壁危岩上，一道长长的瀑布飞泻而下，犹如垂挂的银链。在这白云缭绕的万山丛中，三三两两的游人骑着毛驴，在高山云海中穿行。祁连山本是望云笔下多次出现过的题材，然而这一次，他集几十年来的精华，把他的全部精力，几乎是孤注一掷地全用在这幅一面墙大小的巨幅中了。"明月出天山，苍茫云海间。"李白心目中的天山就是祁连山。可望云画中的祁连山不是月夜而是早晨。画面上，霞光万道，千山披彩，这是一幅充溢着爱国主义情调的精心力作。

在另一面墙上，他作了一幅《桃花园忆写》。这是一张绝美的风景画；在那迷人的春天里，一片桃花盛开了，一簇簇，一团团，布满枝头，挤满果园，汇成一个花的世界，花的海洋。她带来了春天的信息，更给人们带来了生活的希望。望云以生动的笔墨把一棵棵桃树表现得虚实、疏密得当，细枝粗干交错合理。一棵棵姿态各异的桃花参差分布在地头沟畔，村落人畜在花丛树影中隐约可见，满目春色喜人。然而，细细品味，这又不是一般的仅供人欣赏的田园自然风光，而是一幅热情歌颂劳动人民在改造大自然中所显示出巨大力量的新图画，是一幅具有鲜明时代特征的高原景色。作者把对人民群众的一腔情愫融进了画中，达到了思想内容与艺术形式的完美和谐。

此外，他还创作了《平湖秋月》《山中何所有，岭上多白云》《深山行》等作品，一变过去明朗的格调，意境深沉，发人深省，寄托着他对生活痛苦的思考和对人民命运的满腔深情。

三

望云的身体一天天垮下去，被人毒打后的各种疾病接踵而来，走路更加费力，腰酸腿疼，小便失禁……春、夏、秋还好熬，一到冬天就更难受了。再加上他住的房子阴冷潮湿，简直是雪上加霜。儿女们劝他住院治疗，但望云怕花钱，虽说是公费，可他不愿向公家伸手，嘴里反复唠叨："能在家里休养，为什么偏去医院！"

儿女们无奈，和母亲商量了一番，经过多方奔走，终于申请到一套位于莲湖路的新房。这套房在一层，很小，一共两间，二十六平方米，还有一个极小的厨房，厕所是两家合用。虽说小了些，但它温暖向阳，望云和老伴儿搬进去后，非常满足，也很兴奋。他在窗前放张桌子，再接上一块木板，这样就拼成了一张一米长、半米宽的画案。旁边再放张床，就成了他的卧室兼工作室了。望云不断用手抚摸着画案，望着窗外射进来的阳光，高兴地说："这就挺好，我又可以在上面作画了。"

像以前那样，他又一张接一张地画起来。大画放不开，他就画半张再移动一下，并且尽量画小些的。只要一抄起画笔，他就感到精神充实，生活也就变得丰富多彩了，疾病的折磨似乎就减轻了许多。在他生命的历程中，不能没有画，作画已经成了他生活中不可缺少的一部分了。

这天上午，他正挥笔作画。突然，门板笃笃地响了几下。素芳打开一看，外面站着两位衣冠楚楚的人。他们很有礼貌地问："望云先生在这儿住吗？"

素芳回答了他们，其中一人自我介绍："我是西安外贸局的。"另一人说："我是天津外贸局的，今天特意来拜访赵先生。"

望云在屋里听见，忙招呼说："欢迎欢迎，快屋里坐吧。"

二人走进内间，先看了望云的画，那位西安外贸局的高个子说："您画得太好了，日本友人看了丈八沟宾馆的壁画，非常欣赏。说这些中国画在他们国内很受欢迎，一张小画可以换回一辆丰田牌汽车呢！"

那位天津外贸局的矮个子说："赵先生，您就放心地画吧，这是周总理的指示，他老人家为了发展咱们国家的经济建设，想用中国画换些外汇。您是有名的画家，希望能为国家建设做些贡献，作画时别受什么条条框框的约束。将来画卖出后，对个人也有一些报酬。"

望云用心地听着，两眼流溢着快活的神采。他的心怦怦跳起来。周总理的指示，为国家换取外汇，自己又能为国家贡献力量了，这是多好的事情啊！

他激动地说："好，既然是国家需要，我一定努力去做，你们啥时来取？"

两个人翻着日历计算了一阵儿，商议着说："两个月以后吧，盼望赵先生多画一些，为咱们国家多创造一些财富。"

"那没说的，"望云爽快地答应着，"到时候只管来拿。"

送走二人，望云取出上等的好宣纸，润好笔墨，专心致志地画起来。他精神振奋，眉宇间掩饰不住兴奋的笑靥。画了一幅又一幅，他忘记了吃饭，忘记了睡觉，也忘记了自己多病的身体……

老伴儿心疼地劝他："你呀你呀，又犯老毛病了，自己的身体不注意，生病时别人怎么替代得了哇。"

"没事儿，没事儿，"望云头也不抬地回答，"现在是为国家出力的时候，我怎么能顾得上休息呢！"

老伴儿拿他没办法，只好独自叹气。

两个月下来，望云就画了《登高图》《深夜行》《雪山送粮》等厚厚的一沓。再加上原有的一些，整整八十幅。外贸局的那两个人开着小轿车来了，他们翻看着这一幅幅精美的作品，激动地握住望云的手，用力摇动着说："赵先生，您知道这要换回多少外汇？一幅画换回一辆日本丰田车，一辆车价值十万元吧，这八十幅画就能换取八百万元的外汇，这顶几万农民干一年的收入……赵先生，等着好消息吧，换取了外汇我们再给您报酬。"

望云兴奋得两眼放光，他认真地说："你们去吧，我等着好消息，但我一分的报酬都不要，能多给国家创汇就满足了。"

外贸局的人走了，也带去了望云的一颗火热的心。

四

望云坐在小桌旁，虽然仍在画，可他的思绪飞向了远方，飞到了即将运往国外的那批画上。他虽然腿脚不便，自己很少上街，但还是不断让儿女们去打探消息。从大家的口中，他得知这批画中还有著名画家吴作人、李苦禅、王雪涛等人的作品，他心里充满了喜悦，不断自语着："看来，祖国百花盛开的春天就要到来了！"

这天上午，他正在室内给五儿画册页，突然，四儿季平慌慌张张跑进来，黄着脸说："不好了，运往日本的那批画被文化部扣住了，并且以黑画的名义拿到各处去展览，当反面教材供群众批判。现在批林批孔运动又加上了一个批黑画，吴作人、李苦禅都成了黑典型，听说咱西安市也组织了大批判班子，要专门批判您呢！"

犹如兜头一瓢冷水，浇得望云浑身透凉，他心里像压了一块石头，费力地问："他们说我的画怎么了？"

季平回答："说您画的是穷山恶水，污蔑知识青年上山下乡……嗨，罪名可多了，把您给丈八沟宾馆和外贸局画的全挂出来了，市政协的大院里贴满了大字报和声讨标语……"

"这可怎么办哪！"素芳变了脸色，她浑身颤抖，焦急地说："刚过了几天平安日子，现在又要挨批斗了，唉，都怪宾馆的老翟多事，都怪外贸那两个人糊涂，这不，如今他们躲远了，让你站在前头挨批判……"

望云沉着脸，一口接一口地吸烟，半晌不吭声。季平着急地说："爸爸，大批判班子说要找您，快想个应付的办法吧。"

望云好像没听见，继续吸他的烟。

老伴儿颤微微地说："把门闩插紧，任谁叫都不开，看他们能怎么样！"

望云扑哧笑了，把烟蒂一扔，说："没什么可怕的，把门打开，让他们来吧，怎么批判都行，我赵望云反正是豁出去了，饭我照常吃，画我照常作，顶多不要这条老命了，他们还能把我怎么样？"

看到他这平静、沉稳的态度，老伴儿和儿子放心了。但素芳平日里总为他捏着一把汗，只要听到有人敲门，就心惊肉跳。

望云像往常一样，照旧作他的画，饭吃得香，觉睡得着。外面的批判尽管如火如荼，可他这小小的画室就像一个避风港。

实际上，这次批黑画是雷声大雨点小，运动的中心另有所指，赵望云他们只不过是替罪羊罢了。在疾病缠身的情况下，望云由人搀着到会上挨了几次批判，事情便不了了之了。

不久，周总理住院的消息在报纸上公布了。望云天天在报刊上寻找有关周总理病情的报道，每逢儿女们回家，他总要询问："你们听说了吗，总理怎么样了？"

这天早晨，桂敏回来了，望云又照例地询问。桂敏红着眼圈，低声说："快打开收音机，中央有最新消息。"

望云一打开，里面便传出了播音员那悲怆的声音："周恩来总理于 1976 年 1 月 8 日夜间逝世……"

犹如晴天一声霹雳，望云惊呆了，他不相信自己的耳朵，急切地追问女儿："怎么回事？怎么回事？"

"周总理逝世了！"女儿呜咽着回答。

望云怔怔地站了片刻，一股巨大的悲痛涌上心头，顷刻，周总理那慈祥的面容又在他眼前闪现。他扑在床上，放开喉咙大哭起来，老伴儿过来相劝，她清楚，丈夫对周总理是有深切感情的：20 世纪 40 年代在重庆开画展，他亲手送给了总理《相马图》；在中华人民共和国成立后第一次全国文代会上，又受到了周总理的亲切接见；去埃及访问归国不久，有一对埃及画家夫妻回访，他陪着去拜访了周总理。这短暂的三次会面，给望云留下了终生难忘的印象，每逢和家人们提起，就激动得什么似的，现在周总理去世了，他怎么能不悲痛呢！

素芳劝了几句，望云好像没听见，哭得还是那么伤心，老伴儿抑制不住内心的悲痛，也掩面大哭起来。

五

人老了最怕寂寞，此时的望云，心里却非常充实，他觉得自己有干不完的事情，作不完的画。他终日坐在自己的小屋里，翻出自己几十年来的下乡写生作品，比较对照，重新提炼，重新加工，重新消化，用从传统笔墨中吸取的高超技巧进行艺术加工，创作出了一幅幅的新作。

平时，子女们回家，他总是喜欢让他们替自己一段一段地念《农村写生集》《西北旅行画记》等几本青年时期的写生作品集。他一边津津有味地听着，一边闭眼回忆着那有趣的往事，思绪飞向了远方。望云人虽然老了，但对大自然的新鲜事物始终保持着一颗童心。有好几次，他兴致勃勃地对孩子们说："将来我的腿好了，我要到振武下乡的华县去转转，那里的十里杏花真美！"

晚上，秋雨绵绵，凉风阵阵。望云坐在窗前，挥笔作着一幅秦岭山水画。突然，他觉得脚下的大地似乎颤动了一下，窗棂也咣当咣当响起来，一个念头升上脑际：莫不是闹地震了！

这当儿，桂敏风风火火地闯进来，大声说："闹地震哩，快躲出去！"接着不由分说就把望云背到肩上，快步朝外走去。

望云心里挂着那幅画，不满地嘟囔："我还没画完哩，等一会儿再出去不行吗？"

"不行！"女儿大声说，"高音喇叭广播好几遍了，你还拿着性命开玩笑！这边太窄小，搬到我们那边去住吧。"

赵桂敏找了辆车，将二老拉到陕西师范大学院内。

原来，桂敏的丈夫是这所大学的著名教授，家住大学宿舍楼，一闹地震，校部赶紧为教授们搭起一顶顶窝棚。数百亩的大院内，就像古时扎下的军营，蔚为壮观。

赵望云老两口被安置在一顶窝棚里，他不甘寂寞，又为女儿画起了册页。

忽然，门帘一挑，一个高大魁梧的老人钻进他的帐篷。望云抬头一看，不由喜出望外，来人正是他多年的好友刘泽如。刘泽如是"三八式"老革命，是老家束鹿第一任县委书记，反围剿时曾在他家避难，后转战陕北。中华人民共和国成立后任陕西师范大学党委书记、校长。刘泽如不忘故交，经常去美协看望他，听说老朋友躲地震到他的地盘来了，自然要来探望。

数十年友情，两位古稀老人在简陋的窝棚架下，促膝谈心。他们从当年不同战壕的学习、奋斗，到初出茅庐参加抗战的洗礼；从"反右"斗争的蒙冤，到"文化大革命"的被迫害；从陕西美协的发展，到师范大学艺术系的创建……总有说不完的话题和一拍即合的共鸣。

每天茶余饭后，刘泽如便钻进望云的窝棚，向他请教课业授徒的经验，望云还多次应邀为美术系广场讲学。几年后，从这里走出了一批美术精英。

第二十五章　云天长望

一

　　一个春光明媚的上午，西安碑林博物馆，走进来一位鬓发斑白、手拄拐杖的老人。他步履艰难，几乎是一寸一寸地向前挪动。这便是七十岁的赵望云。此时，他的身体已经十分衰弱了，各种疾病折磨得他只剩下皮包骨头。昔日潇洒、豪爽、欢乐的赵望云，现在完全变成了另外一个人：浮肿的面孔，木然的双唇，一脸苦笑的神情。岁月的风霜，精神的折磨，给他留下了深深的印痕。

　　他淌着汗水，一处一处地观看，碑林、展厅、工艺美术处……当年，他和张明坦为筹建这座博物馆，遍访群贤，追回专家何正璜……他早起晚归，带领人们清淤土、除杂草、建展室……那热火朝天的情景仿佛就在眼前。后来，这里成了全国第一流的博物馆，中外游人络绎不绝地来寻古访幽。一晃二十多年过去了，如今，经过一场"文化大革命"，这里已经变得门庭冷落、游人罕至，雕梁画栋结满蛛网，冷清得令人叹惜……

　　望云走一阵儿，看一看，一会儿抬头凝视那油漆剥落的画梁，一会儿又伸手抚摸那贴着封条的展厅大门……这里的每一座石碑，每一座水池条石，都凝结着他的汗水和心血啊！他一边用手抚摸，一边喃喃地说着什么，似在和别人讲话，又像是自言自语。

　　夕阳无限好，只是近黄昏。如今，画家老了，他自己也清楚，留在这个世界上的时间已经不多了，就要告别人生到另一个地方去了，面前的一切，勾起了他的无尽思念和无限眷恋。他用手抚着，抚着，滚滚的泪水夺眶而出……

"赵先生，是您哪！"一位头发斑白的老人走过来，他扶住望云那瘦削的臂膀，眼里闪动着浑浊的泪花。

"您是……"望云一时认不出对方是谁。

"我是王勋哪，当年的碑林看守员。"

"哎哟，王勋！"望云惊喜地握住他的手，仔细打量了一番，感叹道："您也有了白发？"

"岁月不饶人哪……"王勋凝视着他问，"您身体不好，干吗还到这里来？"

望云惨然地笑了笑，好一阵才回答："我也说不清，反正是想它呀。"

这当儿，一位学生装束的小青年走过来，有些胆怯地问："如果我没认错，您就是赵望云老师吧？"

望云见对方一脸稚气，友好地回答："对，我就是赵望云，你有事吗？"

那人立刻憨笑着说："我叫赵成发，是西安中学的学生，从小酷爱绘画，只是缺乏名师指点，进步不大。我想拜您为师，学习绘画，恳望赵老师收下我这个学生。"

望云浮肿的脸上，出现了木然的苦笑，他叹口气，说："前些日子批判我是黑画家，你还是个学生，就不怕受牵连吗！"

"不怕！"成发回答得十分坚决，"现在学校里老师不敢教，学生不愿学，成天没事儿干，我已经十七岁了，再不想这么干耗下去了，要学点儿真本领。"

望云笑笑，平静地说："先不要着急，你要慎重考虑一下，最好和你的父亲商量妥了再说，我住在莲湖路 15 号，绘画上有什么困难我可以帮助你，但不一定非要拜师。"

望云擦掉脸上的汗水，和王勋、赵成发握过了手，就要转身离开。成发见他走路吃力，忙挽住他的胳膊，热情地说："赵老师，我送您回家。"

望云推辞不掉，只好由他搀扶。

二

　　星期天，张志生带着习作来了，赵成发和他的父亲也来拜访赵望云。他拖着虚弱的身体，热情地接待他们。素芳心里很不是滋味，张志生常来学画，倒也没啥，可这素昧平生的赵成发也要拜师，老伴儿就犯了嘀咕：望云啊望云，你现在疾病缠身，不安心养病，还收什么学生！她对丈夫一个劲儿挤眼努嘴，望云全然不觉。直到成发的父亲说："这孩子从小爱画，现在更是入了迷，常常忘了吃饭睡觉。现在上大学和美院都实行推荐，咱又没有亲戚托后门，上大学的事儿哪会轮到俺家呀！好在这孩子肯下功夫，可惜没有老师指点，现在求您帮个忙，让成发跟着您学画吧。"

　　素芳忙插话说："按理儿这个忙是该帮的，可俺孩儿他爸病得厉害，实在力不从心哪！"说着拿出一大堆药瓶子让二人看。

　　成发和父亲红了脸，急忙道歉："啊，实在对不起，不知先生病成这个样子……"

　　说着起身要走，望云伸手拦住，诚恳地说："没什么，我虽然有病，可还能坚持作画，你们想学就只管来吧。"

　　成发和父亲又惊又喜，一时不知说什么好，倒是父亲先回过神来，忙对儿子吩咐："快给老师叩头！"

　　望云一把拉住，笑笑说："如今是新社会，早不兴这一套了，师生之间平等相待，咱们相互学习吧。"

　　望着眼前这位善良、热情、平易近人的名画家，赵成发的拘谨一扫而光，他拿出自己厚厚的一摞习作，请望云指教。

　　素芳见丈夫又忘情地看起了画，不好再说什么，便悄悄踱出去了。

　　望云一张张仔细翻看着，这些画虽很粗糙，但也有一些功底，从这大堆的画幅中，他似乎又看到了自己的过去。五十多年前，自己不也是这样一步步走过来的吗？那时是旧社会，自己受了多少冷落和白眼。现在，一定不能让他们再遭受自己那种挫折了。他对成发先鼓励了一番，肯定了优点，又指出了一些不足，接着，他给二人讲起了绘画常识："……写意画，表现对象是运用极其概括夸张的笔墨，精练而纯熟的技巧，再加上丰富的联想来写出画家心灵深处的感受。它笔简意繁，以一当十，写意画又具有强烈的表现力，追求以少胜多的含蓄意境，着重整体效果，大的对比，不拘物象，力求传神，来抒发画家丰富的情感和想象。学习写意画要练习三快：一是眼快，即观察敏锐；二要手快，即下笔稳准，意到笔随；三是脑快，即随机应变，灵活机动……有些画让人看了觉得浅薄，主要是作者缺乏所表达的景物内在的生命力，只是冷漠地去描摹地貌地物，不注重意境创造，作者没有动情，作品怎么能动人呢……"

二人听得津津有味，他们用心地做着笔记。赵成发是第一次听望云讲述，更是如醉如痴，等望云讲完了，开始绘画做示范，他才如梦初醒，忙帮着铺纸研墨。

从此，在赵望云这简陋的画室里，便经常看到张志生和赵成发的身影，他们帮着洗笔研墨，看赵望云作画，聆听老师的讲解，奋力向艺术的高峰攀登着。

三

望云的身体一天不如一天，他饭量锐减，肠炎、脱肛时时在折磨着他。老伴儿看在眼里，疼在心上，家庭生活虽然拮据，但为了丈夫的身体，她总是想方设法给丈夫弄点儿好吃的。除了鸡蛋，还经常买点儿肉。当时肉类非常缺乏，素芳常常半夜起来去排长队。

平时，儿女们都不在家，望云除了作画，就由老伴儿搀扶着到门口坐坐。每到星期天，儿子、女儿回来了，便是他最高兴的时候，他除了给孩子们画一些册页、小画，还让他们搀扶着到街上走走，到公园里转转。素芳总想给丈夫买一把轮椅，只是苦于囊中无钱。四个儿子上山下乡，连买牙膏的钱都没有，非花不可的钱都得家中供给。再加上家里的生活开销、看病吃药的费用等，她纵然掐着手指头过日子也攒不下这笔钱来，无奈，只好暗地里叹气。

儿女们不在身边，老两口儿相依为命，望云几十年来都把精力用在作画和工作上了，此时，他深深感到老伴儿是世上难得的好人，她几十年含辛茹苦，拉扯大了七个孩子，生活上对自己无微不至地关怀。自己 1949 年前入过狱，1957 年被打成右派，"文革"中挨斗、遭毒打……老伴儿为此担惊受怕，始终把自己放在心上啊！有这样一个妻子，是自己终生的幸福！

这些年来，妻子给予自己的太多了，自己给予妻子的太少了，唉，是自己补偿的时候了……

这天，老伴儿扶他在门口闲坐，望云深情地看着她，开口说："这些年来，我给朋友、同事、学生和子女们作了无数的画，可还从来没有给你画过一张，现在有时间了，我想给你画一百张画。"

老伴儿正惦记着中午买粮买米的事，随口说："行啊，有空你就画吧，画什么都行，只要你心里痛快就好。"

于是，望云让老伴儿扶进屋去，裁好了一百张规格统一的宣纸，开始了作画。望云又把全部身心沉浸到艺术的境界中。每天下午，他开始构思动笔，考虑成熟了就一挥而就。不打草，不修改，到第二天上午再精雕细琢，润色加工。随即用图钉按在墙上，吸着烟品味。他把几十年来的绘画功力、艺术技巧和写生的积累凝于笔端。那连绵不绝的秦岭，雄伟壮观的祁连山，各种各样的山石树木、黄土高原、山乡村落……早已成竹在胸，他信手拈来，看似随意涂抹，漫不经心，实际一点一画皆成妙趣，真实自然……

由于右腿病瘫，下地行动非常困难，只能坐在床上，就着三斗桌作画。右手也不甚灵便，平时划火柴点烟，拿筷子吃饭都显得笨拙、迟钝，可一旦抄起画笔，就似乎换成了另外一个人，稳稳当当、挥洒自如，追求艺术的那股神奇力量，主宰着他的精神生活，支撑着他的虚弱病体。

他拖着虚弱的身体，几乎是玩儿命干了，每天一幅，从不间断。他写了两张条幅，贴在自己的室内，上联是：丹青不知老将至；下联是：富贵于我如浮云。这成为他的座右铭和精神支柱，每天看一眼，心里就觉得舒服、坦然。

这天上午，他正对着一幅画审视，赵成发进来了，他喜滋滋地说："赵老师，中央粉碎了祸国殃民的'四人帮'，开大会提出要在本世纪内实现四个现代化哩，郭沫若到会做了振奋人心的讲话，号召人民学文化、讲科学，走又红又专的道路！"

"真的？"望云又惊又喜，他疑心自己听错了。

成发点点头，说："现在学校又开始抓学生的文化学习了，中央教育部说要培养我们自己的作家、科学家、艺术家……"

"这可太好了！"望云欣喜异常，他激动地说，"看来，社会主义的春天就要到来了。你年轻，赶上了好时代，努力学习吧，国家将来要靠你们这一代人去建设，实现四个现代化的大业，已经历史地落在了你们的肩上。"

成发兴奋地满脸通红，他拿出几幅习作，让望云指点了一番，便告辞走了。

望云把最后一笔涂完，让老伴儿钉在墙上，顾不得品味，便对老伴儿说："去，拿酒来。"

"哟，你啥时喝起酒来了？"素芳诧异地问。在她的记忆中，丈夫是从来不喝酒的。

望云笑呵呵地说："我心里痛快，喝点儿助助兴。"

老伴儿关切地说："你刚吃了药，喝酒不好，还是以水代酒吧。"

"行啊。"望云乐了，对着老伴儿夸赞："还是你有办法。"

他接过素芳递过来的一杯温开水，咕咚咕咚一气喝完，把嘴一抹说："快数数我作的这一百张画还差多少？"

老伴儿数了一阵儿，开口说："还差十五张。"

望云没再说什么，铺上宣纸，低头又画起来。老伴儿心疼地劝道："着什么急，歇几天再画吧。"

"不行啊，"望云头也不抬地说，"中央提出要实现四个现代化，年轻人们都在努力学知识，我已是风烛残年的人了，更要抢时间干哪！"

素芳没再说什么，悄悄退出来，让他安心作起了画。

望云又把全部身心投入了作画中，每天一幅，画得更加认真、精美。仿佛赛跑中的冲刺，他支撑着虚弱的身子，在和疾病拼搏着。此时的他，已经到了绘画艺术的黄金时期，只可惜，病魔已经悄悄地向他逼近了。

他画呀画呀，从早到晚，伏案挥毫。此时的他，似乎不再考虑什么笔墨技巧了，画些什么，也用不着去想。他熟悉生活，熟悉他写生走过的那一处处山川林木、江河湖泊，腹稿甚多，已经到了不经意、自然而然的地步，老伴儿给他往墨盒里倒一点儿水，他蘸一蘸就画起来。墨枯就枯，湿就湿，宿墨就宿墨，用笔也不太讲究了，但画面却是那样的丰厚，空灵感是那样的充实。

终于，他把这一百幅画作完了，他长长吁了口气，就像一盏将要耗尽的油灯，他感到疲倦极了，索性闭眼休息起来。

不知过了多长时间，突然，一声清脆的"爸爸"把他唤醒。望云睁眼一看，原来是七儿保平回来了，他在农村下乡，难得回来一聚。

望云高兴地坐直身子，冲着七儿询问："国家政策有什么变化吗？"

保平笑笑，显得很兴奋，说："国家改革了招生制度，大学招生再不用那种后门儿式的'推荐'了，恢复了过去的高考制度，也不看什么出身门第了，考生们在分数面前人人平等，大学向全社会敞开了大门。我现在已经开始复习功课，准备参加高考了。"

"好，有志气！"望云向儿子伸出了大拇指，"你们年轻人就应该多学知识，多学本领，将来为国家出力。"

停了一阵儿，他又激动地吟诵起来："九州生气恃风雷，万马齐暗究可哀，我劝天公重抖擞，不拘一格选人才。"

"是降人才嘛。"儿子提醒他。

"我知道，"望云坚持自己的看法，"改成选人才，不更具有现实意义吗！为了祝贺招生制度的改革，预祝你能考上大学，今天中午咱们吃饺子。"

素芳听说儿子在复习功课，心里欢喜，便忙着买韭菜去了。

这天中午，一家三口高高兴兴地吃了顿韭菜馅饺子。

四

第二天，送走七儿，望云突然觉得不舒服起来，腹痛，便血，老伴儿给他请来医生，打针，吃药，仍不见好转。此时，家中只有他们这老两口儿，素芳有心让丈夫住院，可一没押金，二来自己身体也不太好；送病人，挂号，办理手续……这一套繁杂的住院程序，自己一人太吃力，便只好找人给女儿捎信儿，给儿子们挂电话。

这天上午，素芳正等得焦急，突然传来敲门声。她以为是女儿回来了，急忙把门打开，外面却站着一个陌生的小伙子，一身风尘，满脸倦容。

"你找谁？"素芳小心地问。

"赵望云老师在这儿住吗？"那人胆怯地问。

"他病了，正在治疗，你有啥事？"老太太有些不耐烦了。

"啊，实在对不起！"那小伙子抱歉地说，"我叫刘云，从陕南山区特意来拜访赵老师的。"

"谁呀？快进屋吧。"望云在内间搭了腔，"陕南离这里路途遥远，来一趟不容易，快来喝杯水。"

老伴儿听他说得有理，不好反驳，便把刘云领进了屋。

那人见了望云，惊喜地说："赵老师，您还记得我吗？那年，您和美协的几位老师到陕南的柳林山庄去体验生活，还给俺们讲课来哩！"

望云想了一阵儿，恍然大悟，说："啊，你就是硬给我们核桃的那个小画迷！一晃二十多年了，如今，你已经长大成人，我却是快入土的人了。"

望云有些感伤，那人紧紧握住他的手，深情地说："赵老师，别悲观，您的病很快就会好的。"

"我也是这样想的，"望云的眼中又溢出了神采，"我还有好多事情要做，不能就这么走哇。"接着，他和刘云谈起了别后的情形。刘云告诉他，自从那年学了绘画之后，便对美术产生了强烈兴趣，后来参了军，在部队画墙报、幻灯片。复员回家后，给乡邻们画影壁什么的，去年县文化馆招考美术人员，他报名应试，被选去在那里上班了。

望云点点头，赞许地说："你能持之以恒，几十年如一日，这种精神是难能可贵的，现在总算踏进了艺术的大门，我能帮你什么吗？"

刘云不好意思地笑笑，红着脸说："您身体不好，我看看您就行了。"

"别客气，"望云板着面孔说，"有事只管说，你这是和谁呀！"

刘云只好嗫嚅着说："我久慕老师的大名，想让您给作一幅画。"

望云略一思索，开口说："好吧，你不是要参观西安的名胜古迹吗，先住下来，过几天来取吧！"

刘云答应着走了，老伴儿轻声埋怨："你病成这个样子，还作什么画！"

望云笑笑，解释说："年轻人喜欢画，从千里之外跑来，我能忍心让他空着手回去吗？再说，这对他也是个极大的鼓励呀！"

老伴儿不再吭声，丈夫说得全在理呀！

当天晚上，望云挣扎着坐起来，饱蘸墨彩，给刘云精心画了一幅山水画。为了防止别人拿走，他还提了几个字"刘云同学存念"。

望云的病情迅速恶化，连续便血，老伴儿守着他，急得团团转。桂敏和振川赶来了，他们见父亲面色蜡黄，说话无力，忙送医院抢救。和上次一样，医院诊断了一下，给开了些药，说床位太挤便推了出来。儿女们心里难受，望云却宽厚地对他们说："那就在家里治疗吧，我的病不要紧。"

到发病的第五天，儿女们全来了，见父亲继续便血不止，面孔更加黄瘦，感到病情严重。大家商量了一下，四儿季平说："市中心医院有个朋友，我马上去找他，无论如何得住院治疗！"

终于，望云住进了西安市中心医院，被安排在一间病房里。里面住着一个垂危的肝昏迷工人，已经没有床位了。桂敏从家里拿来一个折叠小铁床，望云躺在上面，床太小，他个子太高，一双脚只好搁在床外。尽管这样，大家仍很高兴，父亲总算住了院，可以安心地治疗了。望云闭眼休息着，儿女们守在床前，默默望着父亲出神。下午，望云突然发起了高烧，病情急剧恶化。医生们马上投入抢救，输血，输液……然而，望云还是昏迷过去了。诊断结果，他发烧是出血的地方感染引起的，一位老医生埋怨："病成这个样子才住院治疗，你们为什么不早些送来呀。"

儿女们红着脸，面面相觑，他们有苦说不出，泪往肚里咽，这个时候还能说什么呢！

望云一直处在昏迷中，儿女们守在床前，内心里一遍遍地呼唤：敬爱的父亲，快醒来吧，醒来吧……

此时，时间是那样漫长，大家度日如年，在焦灼和不安中等到了第三天。突然，望云睁开了双眼，嘴唇颤抖着，费力地说："拿，拿纸来，我，我要作张大画。"

桂敏急忙拿来一张大宣纸，挂在床头。望云久久凝视着，思绪飞到了纸上，在冥冥之中，他觉得自己已经站起来了，手挥彩笔，尽情描绘着祖国壮丽的山河。他画呀画呀，画了一座座山，一重重水，一片片森林和黄土高原，《山谷人居》《春到水暖》《戈壁行舟》……一幅又一幅，哟，怎么水彩这样鲜艳，这样耀人眼目？是谁呼唤了一声"爸爸"，他猛地惊醒，看到了那张空白的宣纸，哦，原来自己刚才那是幻觉，已经力不从心了……

看到儿女们那一双双泪眼，他心里一阵滚热，万般依恋的泪水夺眶而出。他使尽全身力气，断断续续地说："孩子们，你爸爸一生追求艺术，宽厚待人，从没有干过对不起党和人民的事，我不是黑帮，不是反动学术权威啊！"

"爸爸，您是个好人，俺们心里有数。"儿女们呜咽着，异口同声地说。

"孩子们，"望云含泪凝视着大家，恳切地嘱托，"爸爸两手空空，没给你们留下什么家产，你们要好好做人，多学知识，为祖国多做贡献啊！"

"爸爸，您放心吧，"二儿振霄动情地说，"我们一定要干出一番事业，为您老人家争气！"

望云嘴唇颤抖着，想说什么，但发不出声音，接着又昏迷过去。

"爸爸，爸爸，爸爸……"儿女们一连声地呼唤，可是，望云呼吸急促，紧闭的眼睛一直没有睁开。

1977 年 3 月 29 日，望云的心脏停止了跳动，这位"长安画派"的奠基者、一代宗师，走完了自己七十一年的人生旅程，带着多少未了的心愿，告别了家人，告别了画坛，告别了忠心报效的祖国，默默无闻地走了，走得是那样匆忙、那样凄楚！

"爸爸呀，您就这样走了吗！"儿女们悲恸地痛哭，一个个泪如泉涌。

"好爸爸，您说过的，"女儿桂敏呜咽着，"您不止一次地说过，您那健壮的体魄，完全能活到齐白石大师那样的年岁，还能再画二十年，再攀上一个新高峰啊！可是，可是……"桂敏说不下去了。

终于，房间里安静下来，儿女们望着父亲的遗容，默默地致哀。

起风了，满山的枫叶掉了下来，一片又一片。

天亮了，被朝霞染红的云锦，一朵朵，一团团，似在为望云铺着黄泉之路。

石鲁赶来了，此情此景，使他忍不住放声痛哭。大家好歹劝住，石鲁抹着泪，呜咽着说："望云是周总理喜欢的画家，他送的《相马图》，还是总理让我挂在延安的接待室里呢……"这个很少掉泪的倔强汉子，此时也泪如雨下。

五

望云逝世的消息不胫而走，美协的人们赶来了，国画研究室的人们赶来了，亲朋好友们赶来了，一条条的挽联，挂满了殡仪馆，饱含着人们的深切悼念：

"缅怀国画大师赵望云"

"精神不朽，流芳千古"

"忠厚待人，品德高尚"

……

其中，石鲁送的挽联最为醒目，他除了和美协会员们一块儿送了幅"艺高人正"的挽帐之外，自己又单独送了两副条幅，上面写着："望云大师千古"，上联是："尊美重德"，下联是："艺为人民"，落款"老友石鲁痛挽"。

著名油画家蔡亮赶来了，他满含深情，饱蘸墨彩，为望云画了一幅肖像。他画得非常传神，同望云生前一模一样。

遗体告别仪式正待举行时，有关领导赶来了，说望云的问题还没落实，"反右"斗争和"文化大革命"中的事情还没做出结论，追悼会要限制规格，肖像不能挂，哀乐不能奏，一些挽联必须摘去。家人们无奈，只好依从。火化后，骨灰也不让安葬在烈士陵园内，子女们只好放在家中。

大家含着眼泪，整理父亲的遗作。这当儿，陕南山区的刘云如约来取画了。桂敏含着眼泪，把父亲临终前作的那幅画拿给他。

刘云得知了实情，他双手捧画，热泪涌流，泣不成声地念叨："敬爱的赵老师呀，您的深情我领了，日后若不在画坛上干出一番事业，我决不罢休！"

望云逝世的消息飞过千山，越过重洋，传到台湾著名画家张大千耳中，他先是惊呆了，接着"啊哟哟……"一声长叹，摘下眼镜，摔出两米多远，水晶镜片被打得粉碎。他那炯炯有神的大眼睛里，滚下了一串串的泪珠儿，嘴里喃喃地说着："望云弟才华横溢，正当艺术的黄金时期，不幸逝世，痛哉，惜哉……"

时光荏苒，岁月流逝，转眼间到了 1979 年，党中央拨乱反正，对"反右"运动及"文化大革命"运动中的一系列错误结论，进行了纠正平反。赵望云在他逝世两周年之际，加在身上的一切不实之词，终于得以平反昭雪，恢复名誉，并为他举行了隆重的骨灰安放仪式和追悼会。

这天，灵堂里庄严肃穆，哀乐高奏，无数的人静默致哀。主持会议的文化局长鱼讯声音哽咽，泪溢眼眶，他无限悲痛地致着悼词："……望云同志的一生，是光荣的一生，是兢兢业业勤勤恳恳的一生，是独树一帜、走自己艺术道路的一生，他在我国美术史上的功绩是不可磨灭的……"

这是对国画大师的公正评价，这是对赵望云一生追求绘画艺术的概括总结，他奠定了"长安画派"的根基，在中国美术史上写下了光辉的一页。画坛公认，人民可鉴！

一代画师的骨灰，被安放在西安革命烈士陵园内，历史的车轮，终于又按照它自己的规律开始运转了。

光阴似箭，岁月如流，艺术珍品是经得住时间的检验和选择的，赵望云卓越的绘画成就，在时间的长河中，得到了画界的公认和广大人民的真心喜爱，一代宗师，画史留芳！

1981 年，中国美术家协会主办了"赵望云画展"，并在各地巡回展出。

1985 年，人民美术出版社出版了《赵望云画集》；泰山重新复制《泰山社会写生石刻诗画》石碑。

1992 年，陕西人民美术出版社出版《从学徒到大师——画家赵望云》。

1994 年，陕西人民出版社出版《国画大师赵望云》。

1996 年，台湾锦绣出版公司出版《中国美术巨匠——赵望云》。

1997 年，陕西人民美术出版社出版《中国画名家精选——赵望云作品》。

1998 年，陕西人民教育出版社出版《赵望云画集》。

2002 年，河北教育出版社出版《中国名画家全集——赵望云》。

2006 年，中国美术馆举办"赵望云诞辰一百周年画展"。展后，赵家子女遵照父亲遗愿，将全部作品捐献给国家，由美术馆永久收藏。

2018 年，赵望云故乡辛集市举全市之力，筹建赵望云艺术馆。

附录

赵望云年表^①

1906 年（1 岁）

农历 8 月，出生于河北省束鹿县周家庄。祖先以农为业，至父亲赵元英（人称赵老朝）兼营皮行生意。姐弟八个，排行老八，有七个姐姐，赵望云是父母的老来子，因此非常受家庭宠爱，乳名叫作"八妮"。

1913 年（8 岁）

开始在邻村北付庄上小学，因辛亥革命推翻清政府统治建立了中华民国，学名赵新国。自幼对绘画、音乐、戏剧产生兴趣，尤喜绘画，四五岁时便用笔涂鸦。

1919 年（14 岁）

在本县辛集镇完小毕业，同年父亲因病去世。

1920 年（15 岁）

由于父亲去世，家境衰落，在亲人迫使下到辛集镇恒盛皮店当学徒，直到 1925 年，他厌弃商业，酷嗜绘画，因此受到主人斥责，且遭亲邻鄙视，认为是不务正业。对身世前途感到渺茫，将居室名为"望云轩"。

1923 年（18 岁）

由家庭包办结婚，娶妻权氏，本县倾井村人。

1924 年（19 岁）

秋，大女儿桂秋生。冬，母病丧。

1925 年—1927 年（20—22 岁）

秋，由姨表兄王西渠资助赴北平，入私立京华美专学习绘画，因不满

---

① 此年表原为令孤彪编撰，收入本书时略有删节。

其教学，半年即转入国立北平艺专选科，专攻国画，由于没有中学毕业文凭，受到排挤，致使未升入正科。于是流落社会，发愤自学。

此时结识了王森然先生，在其进步思想的影响和介绍下，阅读了一些国内外进步文艺理论书籍。同时，由于"五四"新文化运动和"普罗文学"思潮的启发，在艺术家应该"走出象牙之塔""到十字街头""到民众中去"的号召下，开始摒弃旧的画风，尝试用国画方法进行大胆写生，描写劳动人民的现实生活。

在此期间，还与李苦禅、侯子步等人组织"吼虹艺术社"，从事国画改革运动。

1928 年（23 岁）

与"吼虹艺术社"画友李苦禅、侯子步、张伯武在北平中山公园水榭举行首次联展，正式用笔名赵望云。作品《疲劳》《风雨下之民众》等反映了当时劳动人民的苦难生活，引起社会关注，人们评论为"苍头特起"之艺术前锋。

由王森然推荐任北京师范学校美术教员。

秋季，初次赴天津举行个人画展。

受《大公报》邀请与王森然合编该报"艺术周刊"，其作品《贫与病》《雪地残生》《狼狈荒途》《厂笛》《幸福梦》《担负着》陆续在"艺术周刊"发表。

此年妻权氏病故，留一女一子，子于第二年因出麻疹夭折。

1929 年（24 岁）

4 月，中华民国教育部在上海举办第一届全国美术展览会，携带百余件作品，满腔热情前往参加。结果因作品题材内容不合官方口味而被拒绝入选，作品亦扣压不予退还。

由上海回北平，继续与李苦禅等人合办"吼虹艺术社"。

1930 年（25 岁）

春，携带个人作品赴东北营口、沈阳等地举行展览。其中《生育后》《农村之役》颇受社会赞赏。同年 12 月北方最有影响的画报《北洋画报》发表了《生育后》。此后至 20 世纪 30 年代初期，该画报经常发表他的农村题材作品。

主编《吼虹月刊》，发表改革国画的文章，出版两期，终因经费困难及国民党宪警干涉被迫停刊。又编李苦禅、赵望云画集两册，由震东书店出版。

1929 年至本年间，因生活所迫，曾去山西临清十一中学教书。

1931 年（26 岁）

农历春节前夕，通过朋友介绍，与本县城杨素芳结婚。春，由朋友推荐介绍，试任上海中华书局插图编辑，不及半年离去。

1932 年（27 岁）

上半年在家乡创作农村题材作品。秋季赴天津举行展览，并将在各报刊发表的作品铜版搜集起来，自费印制《田园集》，交由《大公报》代办发售，开始直接与该报发生联系。旋即受《大公报》特邀为旅行写生记者。年底从北京出发向冀中农村进行写生。

1933 年（28 岁）

春节后，从家乡束鹿县起身在冀南各县沿途写生。每日将画稿寄《大公报》连载，至五六月间已发表 150 幅。接着，由《大公报》编辑出版《赵望云农村写生集》。出版后社会上争相抢购，一售而空，以至再版五次，印数达几万册。在拟出第三版时，受冯玉祥邀请赴泰山会面，冯主动提出为画集配诗。从此，开始和冯玉祥进行诗画艺术合作。画集第三版，扩大了版面，冯玉祥为每幅作品配以通俗易懂、含有爱国主义思想的打油诗，并撰序高度评价，使画集更增加了社会意义。

农历 5 月，女儿桂敏生。

夏，被《大公报》派往陇海铁路沿线写生，因患病，时间不久即结束。

秋，携夫人杨素芳、女桂敏及三姐居天津。此时受天津民众教育实验学校之聘，任美术教师，为期四个月许。

本年，《北洋画报》发表《农夫》《秋农》《归来》《这也是打高尔夫球》等作品。

1934 年（29 岁）

春，赴泰山。此时冯玉祥提出泰山社会写生石刻诗画合作设想，工作断断续续进行了数年。

夏，《大公报》派其赴江西黎川等地写生，在该报发表四十余幅作品。

1935 年（30 岁）

春，赴泰山与冯玉祥合作。接着，又应《大公报》新的邀请，与该报记者杨汝泉同行，开始塞上旅行写生。由唐山出发，西行经沦陷区罗文峪、古北口到八达岭，顺京绥铁路线到张家口，远及山西大同和内蒙古自治区草原。得画稿百余幅，在《大公报》连载后出版《赵望云塞上写生集》，由冯玉祥配诗，杨汝泉写说明词。

农历 10 月，子振湖生（此子八九岁时夭折）。

1936 年（31 岁）

春，在济南举行个人画展。

应冯玉祥之约赴南京，得其帮助举办"赵望云旅行印象画展"。此时结识田汉、徐悲鸿等人。展览结束后，由上海《大公报》出版《赵望云旅行印象画选》一册，徐悲鸿题书签，盛成写序。

为上海《宇宙风》杂志创作《秃子的故事》农村故事连环画。

被上海《大公报》派往江浙写生，因时间较短，作品不多。

夏秋之际，携夫人杨素芳、女桂敏赴泰山，继续完成泰山社会写生诗画石刻的工作。此时曾赴南京一次，至农历年底回束鹿。

1937 年（32 岁）

春，应津浦铁路局之约，与叶浅予、陆志庠同行，进行线路旅行写生，画稿百余幅，后因"七七"事变发生未能出版。

农历 5 月，子振霄生。

夏，"泰山社会写生石刻诗画"竣工，共 48 块石碑，每块高 1 米许，宽 50 厘米许，上画下诗，诗由冯玉祥亲笔书写。刻石安放在冯玉祥出资创办的泰山科学馆内，遂将每块刻石拓片复制。未几，日寇飞机轰炸，刻石遭毁。

7 月，由中华民国教育部主办的全国美术展览会在南京举行，《鲁西水灾忆写》入选，并编入当年 12 月出版的《教育部第二次全国美术展览会专集》之《现代书画集》分册，此为展览会中唯一反映农村现实生活的作品。

冯玉祥任国民党第六战区司令，住济南附近，邀其做宣传工作。不久，又随冯至南京，撤退到武汉。

1938 年（33 岁）

1 月，冯玉祥出资，老舍、老向主编《抗到底》半月刊，赵望云主编《抗战画刊》（旬刊），由三户印刷厂出版，积极宣传抗日。

2 月，根据拓片，出版与冯玉祥合作的《泰山社会写生石刻诗画集》，老舍撰序。

秋冬之际，由武汉撤退至长沙，随冯玉祥赴西南后方检阅部队。经衡阳、桂林、柳州、施秉、黄平、遵义抵达重庆。又应冯玉祥之约与老舍等人赴成渝沿线及长江沿岸各地视察。

1939 年（34 岁）

由重庆搬璧山县，在编《抗战画刊》之余，在此曾办绘画训练班。

任中苏文化协会理事。

1940 年（35 岁）

春，离开冯玉祥到成都举办个人画展。在这里结识著名画家张大千，饱览其收藏的古代书画，在继承优秀传统上受到启迪和教益。

在重庆时所编《抗战画选集》图画教材，本年由重庆华中图书公司出版。

1941 年（36 岁）

与关山月赴灌县、青城山一带暂住，专事创作。经常来往于成都灌县之间。

秋冬之际，在成都举行第二次个人画展。

1942 年（37 岁）

春，旅游川西风景区五通桥、牛花溪、峨眉山，此间曾赴嘉定举行个人画展。

从嘉定回成都后患重病月余。不久，夫人杨素芳携子振霄从家乡赴成都。

七八月间携家眷与学生杨乡生启程赴西安，在此结识豫剧艺术家樊粹庭，以后成为忘年之交。安顿家眷暂住小雁塔民生工厂朋友处，即与杨乡生赴西北旅行写生，远至嘉峪关。

归途过西安，旋即去重庆准备画展。

1943 年（38 岁）

1 月，在重庆举行西北旅行写生作品展览，引起美术界强烈反响。郭沫若写诗相赠。周恩来参观画展，并购《相马图》。

7 月，《赵望云西北旅行画记》在成都出版。

春夏之际与关山月、张振铎为伴再赴西北旅行写生，经成都到西安。为筹措旅途经费，在西安举行三人联合画展。接着，顺西兰公路西行，经兰州、武威、酒泉抵达敦煌石窟，进行壁画临摹和研究。归途中又深入祁连山写生。

冬，在兰州整理画稿，与关山月、张振铎分别举行了个人画展。

年底，回西安，举行西北风光写生画展。

农历腊月，子振川生。

此时，黄胄经樊粹庭介绍，从师学画。

1944 年（39 岁）

夏，由西安老关庙迁居粮道巷 15 号。

秋，为避日寇轰炸，暂移家甘肃平凉。在此地整理画稿，曾举行画展一次。

1945 年（40 岁）

春，只身回西安进行创作，来往于平凉、西安之间。

农历 7 月 20 日，子季平生于平凉。

秋，全家迁回西安。

1946 年（41 岁）

5 月，在西安举行个人画展，之后赴开封举行画展。

秋，正式收方济众学画。

12 月，与郑伯奇、贾若萍等人创办《雍华》图文杂志，由黄胄具体负责编辑。经常在该刊物撰写文章及发表绘画作品。

本年曾联络青年画友，组织"平明画会"。

1947 年（42 岁）

在西安举行画展一次。

秋冬之际，因经费困难，《雍华》杂志停刊。

1948 年（43 岁）

春，正式收徐庶之学画。

4 月 22 日，西北解放军收复延安。

农历 5 月 20 日，子振武生。

春秋之际，受西北文化建设委员会会长张治中邀请赴新疆写生。与黄胄、徐庶之同行，先至兰州与张治中会晤，并举行个人画展；后让徐庶之返回西安照料家庭，遂与黄胄同行抵新疆旅行写生。在乌鲁木齐举行画展一次，其中作品五十余幅由天山学会出版。

冬，与黄胄经兰州回西安。

1949 年（44 岁）

2 月，被国民党逮捕入狱。原因是：一、胡宗南进占延安时，发现中共中央接待厅内悬挂着他的绘画作品；二是怀疑新疆旅行写生归途曾到延安；三是经常接触进步人士，怀疑与共产党有联系；四是绘画作品全是反映劳动人民生活的内容。

由于共产党地下工作者奔波营救，并通过正与中共谈判的国民党代表张治中出面，以及陶峙岳等人保释，于 5 月 13 日出狱。在狱中共 76 天。

5 月 20 日，西安解放。

21 日，中国人民解放军派王元方同志到家看望。第三天送黄胄参加解放军。

未几天，解放军又派赵光远同志携带面粉、布匹来家慰问。

6 月初，与徐庶之同行赴北京参加中华全国文学艺术工作者代表大会。

7 月 2 日至 7 月 19 日，在北京参加中华全国文学艺术工作者代表大会，会议期间被选为中华全国美术工作者协会理事。会后赴东北解放区参观学习。

8 月 15 日，与徐庶之返抵西安。陕甘宁边区文协美术工作委员会成立，任副主任（主任为张明坦）。

1950 年（45 岁）

1 月，西北军政委员会成立，任文化教育委员会委员。

4 月，任西北军政委员会文化部文物处处长，张明坦任副处长。后又改社会文化处处长。

8 月，与张明坦同行赴敦煌石窟进行接收工作，并与常书鸿同返西安。

9 月 21 日，在西安召开西北文学艺术工作者代表大会，会上成立西北美术工作者协会，任副主任。不久，即筹建"国画研究会"并任主任。

冬，与郑伯奇、黄俊耀到郃阳（今陕西合阳县）参加土改运动。

12 月，子振陆生。

1951 年（46 岁）

春，由黄俊耀编词，合作创作连环画《血训图》，很好地配合了土改运动的进行。后又整理改名为《一贯道信不得》，由陕西《群众日报》出版。

本年还参加"镇反""三反"等运动，创作《枪毙恶霸秦颂臣》等连环画。

主持筹建西北历史博物馆（即陕西省博物馆前身）。

由粮道巷 15 号迁家住博物馆内。

1952 年（47 岁）

中华人民共和国成立后，曾多次申请要求加入中国共产党，当时为了便于做统战工作，张明坦代表党组织指示其加入中国民主同盟会。本年加入民盟，曾任民盟西安市文艺支部主任。

1953 年（48 岁）

西北军政委员会撤销，改为西北行政委员会，任委员会文化局副局长。

积极组织发掘半坡遗址工作。

9 月 23 日至 10 月 6 日，参加在北京召开的中国文学艺术工作者第二次全国代表大会。会议期间被选为中国美术家协会常务理事、西安分会主席（即陕西分会的前身）。

1954 年（49 岁）

创作《深入祁连山》《雪天驮运》，入选该年在西安举行的"西北地区第二届美术作品展览会"，并编入陕西人民出版社出版的《西北二届美展作品选集》。

1955 年（50 岁）

西北行政区撤销，被任命为陕西省文化局副局长。

春，改西北美术工作者协会为中国美术家协会西安分会，仍任主席。同时，将"国画研究会"并入西安分会创作研究委员会，改名为民族美术研究会。此外，家由博物馆搬至美协西安分会内。

3 月，由中央文化部和中国美术家协会主办的"第二届全国美术展览会"在北京举行。《雪天驮运》入选，并编入人民美术出版社出版的《第二届全国美术作品展览彩墨画选集》。

本年曾参加陕西省赴宝成铁路慰问团，并深入生活，归来创作了《秦岭工地写景》《万山丛中》等作品。

1956 年（51 岁）

春节期间，在西安举行"西北地区美术作品展览"，《万山丛中》入选，并编入陕西人民出版社出版的《西北三届美展作品选集》。

创作《终南春晓》。

8 月，与石鲁同行经莫斯科访问埃及，归国后举行画展，在各报刊发表写生作品。代表作品有《椰枣林》《在公路上》《轻骑访古》《我爱尼罗河》等。

1957 年（52 岁）

3 月 24 日，经过呼吁奔走，创建长安美术出版社，请郭沫若题写社名。

3 月，长安美术出版社出版《赵望云、石鲁埃及写生画集》，各选作品12 幅。

夏，"反右"运动开始，并错误地扩大化，被错划为"极右分子"，在政治上受到打击。

冬，为筹备"山区画展"，与石鲁一行赴商南地区体验生活，创作《养猪图》《山村新渠》等作品。

1958 年（53 岁）

1 月，在商县创作《改造荒山，学习文化》《熊耳山庄》。

春夏之交，和西安美协画家赴陕南体验生活。

秋，与石鲁等人赴陕北写生。

本年创作代表作品有《深入秦岭》《北国风光》《延安行》等。

本年被选为陕西省第二届人民代表大会代表，同时为陕西省政协委员。

12 月 5 日，中共陕西省委整风领导小组正式在西安美协整风领导小组呈报的《赵望云右派分子定案处理材料》上批示："定为右派，不以右派论处。"

1959 年（54 岁）

与西安美协画家石鲁、何海霞、刘旷、李梓盛、方济众等人经潼关过黄河，沿同蒲线到侯马、临汾，再到禹门口等地写生。

本年创作《黄河春讯》《风雪造田忙》《白杨曲路》《山麦丰收》《社员之家》《山村小学》《林海田山》等作品。

10 月，为庆祝中华人民共和国成立十周年，在西安举行"陕西省美术作品展览会"。《林海田山》《黄河春讯》入选。

本年为首都人民大会堂陕西厅创作《陕北之春》。

1960 年（55 岁）

本年创作了《轻车飞过万重山》《幽谷新村》《炊烟》等作品。

冬，到西安美协经办的三门峡库区农场劳动。

1961 年（56 岁）

与西安美协画家深入秦岭林区写生，创作了一批反映林区生活的作品，有《森林伐木》《林区山径》《秋林归牧》等。本年还创作了《延安道上》《春耕图》等作品。

9 月 1 日，到北京中央社会主义学院学习。

10 月 1 日，西安美协国画习作展览在首都中国美术馆展出，参加展览的画家为：石鲁、赵望云、何海霞、李梓盛、康师尧、方济众。这些作品富有浓郁的地方特色和时代精神，在技法上大胆探索创新，风格独特，获画坛好评，被誉为"长安画派"。

1962 年（57 岁）

7 月，在社会主义学院学习结束。

7 月 23 日，中共陕西省委宣传部做出"同意摘掉赵望云右派分子帽子"的决定。

秋，随西北局统战部长常黎夫到西北甘肃、青海等地写生，由于心情舒畅，情绪高昂，创作了大批作品。代表作品有《风雨归牧》《青海湖》《祁连夕照》《松林行猎》《杉林麋鹿》《溶雪》《走马乌鞘岭》等。分别在西宁、兰州举行画展，并由甘肃人民出版社出版《赵望云祁连山写生画选》。

冬，回西安举行汇报展览，《陕西日报》发表评论文章及写生作品。

1963 年（58 岁）

本年长安美术出版社出版《西安美协国画创作研究室国画选》。《风雨归牧》《白杨曲路》《深入秦岭》《杉林麋鹿》等 6 幅作品入选。

随陕西省省长李启明视察农村的农田建设，回来创作了《秋实累累》《乡村四月闲人少》《水歌山乐图》《原地新春》等作品。

1964 年（59 岁）

创作《大地回春》《高原春晓》《踏遍青山》《重林耸翠》《青纱帐里》《醉染重林二月花》等作品。

10 月，为庆祝中华人民共和国成立十五周年，在西安举行西北地区美术作品展览，《重林耸翠》《高原春晓》《原地新春》入选。

1965 年（60 岁）

夏，与石鲁、何海霞到安康山区深入生活，回来创作《桑山行》组画。

1966 年（61 岁）

夏，与西安美协画家修军、何海霞、刘旷、陈嘉庸等人到丹凤县马楼公社马兰台大队劳动锻炼及体验生活。

8 月，回西安美协参加"文化大革命"运动。此后，便成为"专政"对象，经常受到批斗，在政治上又一次受到打击，在精神、肉体上受到从未有过的摧残折磨。

1968 年（62 岁）

6 月，遭人毒打，造成后遗症，致半身不遂。

1969 年（63 岁）

进陕西省文化系统"专政"对象学习班。

1970 年（64 岁）

陕西省革命委员会斗批改办公室宣布，由敌我矛盾落实政策为人民内部矛盾处理。随即恢复人身自由。

秋，由于战备紧张，疏散到三原县云阳农村。

1971 年（65 岁）

冬，由三原回西安，开始挥毫作画，应友人作册页。

1972 年（66 岁）

夏秋之际，受中共陕西省委丈八沟高级宾馆邀请，带病作画，创作《深入祁连山》《万山红遍层林尽染》等作品。

1973 年（67 岁）

春，创作《桃花园忆写》《深夜行》《晚秋山林》《平湖秋月》《雪山送粮》《登高图》等作品，并为外贸部门创作出口作品。

10 月，由西安美协院内迁居莲湖路。

1974 年（68 岁）

"四人帮"指示在全国范围进行批黑画活动，被作为陕西黑画批判对象。

1975 年（69 岁）

由于几次犯病，身体渐弱，作画较少。

1976 年（70 岁）

本年虽行动不便，仍孜孜以求，坚持作画一百余幅，进行笔墨探索。

1977 年（71 岁）

3 月 29 日，终因病重治疗无效，逝世于西安中心医院。